BERNARD HOLTZMANN

LA SCULPTURE GRECQUE

Une introduction

LE LIVRE DE POCHE

Sommaire

Claude Rolley
μνείας χάριν

Avant-propos

Dans le cadre limité de ce petit ouvrage, des choix ont été nécessaires. Afin de présenter la sculpture grecque dans toute son ampleur historique, depuis le début de l'époque géométrique jusqu'au Bas-Empire romain, soit une durée d'environ un millénaire et demi, il a fallu restreindre le champ géographique en se limitant, sauf exceptions, aux rivages de la mer Égée, foyer de la civilisation grecque. On ne trouvera donc pas ici de témoins des hybridations suscitées par la colonisation de l'époque archaïque, puis par les conquêtes d'Alexandre. En revanche, la réception de la sculpture grecque par Rome y sera présente, par le biais des copies et des reprises de styles provoquées par l'engouement pour elle de la classe dirigeante romaine. Si restreint que soit le choix d'œuvres présentées, il ne peut en effet se limiter à des originaux, ni même à des œuvres tout à fait complètes : le recours aux « copies romaines » est indispensable.

La rareté des originaux à partir du Ve siècle et leur état souvent fragmentaire ne sont pas les seuls obstacles à une appréciation exacte de la sculpture grecque. Deux altérations plus subtiles s'y opposent également : la perte de ses couleurs et de son environnement. On sait depuis toujours par les textes, et maintenant par les procédés modernes d'analyse, que les statues et reliefs en marbre étaient peints de couleurs vives. Or nous n'en avons, sauf rares exceptions, qu'une vue décolorée, que le goût néoclassique du XIXe siècle a fait prévaloir jusqu'à nos jours. Cette polychromie* très vive était en partie justifiée par l'environnement où étaient placées les sculptures grecques : pénombre d'intérieurs peu éclairés pour certaines, lumière intense et mobile du plein air grec pour la plupart – rien de comparable avec la lumière fixe des musées, autrefois diffuse et pâle, aujourd'hui souvent trop concentrée par l'éclairage artificiel.

Ainsi, apprécier pleinement la sculpture grecque, ce n'est pas seulement reconnaître les styles d'époque, de lieu et d'artiste et pouvoir les placer dans leur exact rapport chronologique, c'est aussi pallier les altérations qu'ont subies ces œuvres en les imaginant parées de leurs vives couleurs et dans leur juste lumière.

Les termes suivis d'un astérisque (*) sont définis dans le Glossaire (page 396).

Les nombres entre parenthèses et en caractère gras renvoient aux œuvres commentées dans la seconde partie (pages 109 à 369).

Les références abrégées en notes sont développées dans la Bibliographie (page 404).

Les abréviations désignant les musées où sont conservées les œuvres citées ou commentées sont développées à la page 401.

L'index (pages 441-447) se limite aux lieux, personnes, phénomènes et notions en rapport direct avec la sculpture.

INTRODUCTION

Place de la sculpture dans l'art grec

Pour l'opinion commune, la sculpture est l'art grec par excellence : dans le monde du tourisme et de la publicité, la Grèce antique est évoquée par des colonnes ou par quelques statues célèbres, qu'on retrouve jusque dans les dessins des caricaturistes. Cela n'est pas faux, dans la mesure où seule la sculpture nous permet de suivre précisément l'évolution de l'esthétique et du goût durant toutes les phases de la civilisation grecque. Mais cette prépondérance est trompeuse : elle résulte de la disparition presque complète d'autres arts, qui étaient tenus en égale estime par les Anciens. De la peinture grecque, presque rien ne s'est conservé, hormis des échos plus ou moins déformés [1] ; encore moins de la musique [2] et des pratiques corporelles – danses et évolutions gymniques, individuelles et collectives [3] – qu'elle accompagnait. Si la sculpture et, à moindre degré, l'architecture semblent exprimer le mieux le génie grec, c'est donc surtout parce que les matériaux qu'elles utilisent leur ont permis de traverser les siècles, leur assurant

1. Reinach 1985 ; Rouveret 1989 ; Lydakis 2004 ; *Peinture et couleur* 2007.
2. West 1992 ; Bélis 1999. 3. *Dons des Muses* 2003, p. 227-294.

une pérennité interdite à d'autres arts, immatériels ou tributaires de supports plus fragiles.

La sculpture grecque n'est pas non plus un art isolé, qui se serait développé d'une manière autonome. À toutes les phases de son évolution, elle entretient des rapports avec les arts ou les artisanats qui travaillent les mêmes matériaux qu'elle : avec la céramique par la terre cuite ; avec l'ébénisterie par les bois, végétaux et animaux ; avec la toreutique* et l'orfèvrerie par le bronze et les métaux précieux. Mais c'est avec la peinture et l'architecture que ses connivences sont particulièrement étroites.

Si le relief, dans toutes ses variantes, s'éloigne peu à peu du graphisme*[1] en prenant du volume, il reste toujours proche de la peinture par la polychromie* qu'il a héritée, tout comme la ronde-bosse*, de ses matériaux d'origine, le bois et la terre cuite. Cette tradition est si forte que certaines statues ont fait l'objet d'une véritable collaboration : selon Pline l'Ancien (XXXV, 133), Praxitèle déclarait préférer dans son œuvre les statues en marbre qui avaient été peintes par Nicias, autre artiste fameux. Cependant la peinture semble avoir plus souvent joué un rôle de substitution permettant de limiter la réalisation plastique des œuvres en marbre, en sorte qu'on peut juger de l'ambition de celles-ci par la place qui y est faite aux effets de couleurs, sans doute plus faciles et rapides à obtenir : une œuvre peu poussée plastiquement, comme l'offrande de Dionysermos **(27)**, était certainement moins coûteuse qu'une œuvre exécutée plastiquement dans tous ses détails **(33)**.

Les rapports n'étaient pas moins étroits entre la sculpture et l'architecture religieuse et funéraire, seule à recevoir des décors sculptés[2] : les décors ornementaux et figurés, d'abord peints sur bois ou terre cuite durant la phase d'émergence de l'architecture monumentale (VIIIe-VIIe siècle), ont subsisté après le passage à la pierre. Ils sont désormais en relief

1. HOLTZMANN 1993 A. 2. KNELL 1990 ; RIDGWAY 1999.

pour les métopes* de l'ordre dorique (53) et les frises* continues de l'ordre ionique (54, 59, 97) et en ronde-bosse* pour les frontons* depuis la fin du VIe siècle (35, 49, 55). En dépit de leur originalité iconographique* et de leur exécution généralement excellente, ces décors sculptés sont pour la plupart anonymes : ces travaux d'équipe impliquant de nombreux exécutants n'ont pas intéressé les historiens d'art antiques, attachés surtout aux réalisations individuelles mieux en phase avec la mentalité agonistique* des Grecs anciens. Au demeurant, ces décors sculptés sont toujours facultatifs et leur extension dépend des fonds disponibles : certains temples très soignés n'en ont pas, comme le temple de Zeus à Némée, tandis que certains trésors*, comme celui de Siphnos à Delphes (28) et le Parthénon (53-55), en sont saturés.

Par-delà ces complémentarités qui remontent aux origines communes des « beaux-arts », la sculpture grecque a nourri nombre d'arts mineurs en leur fournissant motifs et modèles. Les meubles de luxe produits par l'ébénisterie [1] présentaient des décors appliqués en ivoire depuis le VIIe siècle (7) – une tradition qui s'est maintenue au moins jusqu'au seuil de l'époque hellénistique, comme l'attestent les trouvailles récentes faites dans des tombes macédoniennes. Quant à l'apport de la sculpture à la toreutique* [2], il est important dès le VIIIe siècle, où se développe sur le bord des chaudrons votifs en bronze un décor figuré de plus en plus ambitieux (3). Plus tard, les anses de différents récipients en bronze, les pieds et les couvercles de miroir recevront également un décor figuré, tandis que certains grands vases d'apparat ornés de scènes narratives, comme le Cratère de Vix (29) et le Cratère de Dervéni (73), comptent parmi les chefs-d'œuvre de l'art grec. L'orfèvrerie, malgré ses dimensions réduites, puise également depuis

---

1. Richter 1966 ; Kyrieleis 1969. 2. Rolley 1983.

le VIIe siècle dans le répertoire de la sculpture[1], tandis que les bagues-sceaux en pierre semi-précieuse[2] et les monnaies[3] reproduisent parfois des statues, mais plus fréquemment s'en inspirent pour produire des variantes assez libres. La céramographie* elle-même, après avoir, à la fin du VIe siècle, montré la voie dans le dépassement des conventions archaïques, entre dans l'orbite de la sculpture : elle s'inspire de ses plus grandes réalisations, comme le Doryphore de Polyclète **(52)** et le fronton ouest du Parthénon, et les représentations de statues ne sont pas rares sur les vases figurés des Ve et IVe siècles[4].

Tel qu'il se trouve circonscrit par ces contiguïtés et le large halo qu'elles déterminent, le champ de la sculpture grecque est très vaste : il comprend non seulement le double foyer central de la statuaire en marbre et de la plastique en bronze, mais aussi un certain nombre de domaines annexes liés à des techniques et à des fonctions particulières, depuis la production en série des figurines en terre cuite jusqu'aux œuvres composites colossales, comme le Zeus de Phidias à Olympie.

Si la permanence de l'héritage romain en Italie a permis de conserver un grand nombre de marbres pendant le millénaire où l'art grec a été occulté, c'est grâce à l'archéologie* que le corpus d'œuvres grecques de toute nature et de toute époque ne cesse d'augmenter : il n'est guère d'année où une œuvre importante ne vienne compléter – parfois aussi troubler… – des connaissances qui restent incertaines sur bien des points, en dépit de plus de deux siècles d'études modernes et d'une documentation abondante, renforcée par le témoignage des inscriptions et des textes anciens[5].

---

1. DEPPERT-LIPPITZ 1985 ; DESPINI 1996. 2. HORSTER 1970 ; ZAZOFF 1983 ; BOARDMAN 2001. 3. LACROIX 1949. 4. DE CESARE 1997 ; OENBRINK 1997. 5. OVERBECK 1868 (nouvelle édition avec traduction en allemand et commentaire en cinq volumes, réunissant 2000 textes et 1500 inscriptions, à paraître en 2010) ; MULLER-DUFEU 2002.

PREMIÈRE PARTIE

Caractéristiques de la sculpture grecque

ESPACE ET VOLUME

Parmi les arts, l'architecture et la sculpture ont pour caractéristique commune de mettre en jeu la troisième dimension : l'architecture en créant des espaces ou des volumes creux où l'on circule ou séjourne ; la sculpture en produisant des volumes pleins qui polarisent la vacuité de l'espace[1]. Aussi ces deux arts complémentaires ont-ils été souvent associés, notamment dans la civilisation grecque. Le rapport à l'espace est donc l'un des enjeux fondamentaux de la sculpture[2], qu'il convient de toujours envisager en priorité pour apprécier une œuvre.

Dans sa forme majeure, la ronde-bosse*, la sculpture propose des volumes indépendants, travaillés sur toutes leurs faces, même si la face antérieure du sujet reste souvent privilégiée – héritage de la frontalité* archaïque. Dans sa forme mineure, le relief, le volume est plus ou moins

---

1. La première structuration de l'espace par la sculpture, à la manière égyptienne, est le fait des Naxiens, à Dèlos, vers 600 av. J.-C. : en étendue avec « l'allée des lions », en hauteur avec l'Apollon colossal qui signalait de très loin le sanctuaire ; *GDélos* 2005, p. 224-227, n° 55 ; p. 177-181, n° 9.   2. SCHWEITZER 1969 B, p. 187-188.

engagé dans un fond : il s'agit d'un haut-relief lorsque les volumes sont plus qu'à moitié saillants **(53, 96, 124)** ; d'un bas-relief **(31, 45, 54)** lorsqu'ils restent plus qu'à moitié engagés dans le fond. Alors que le haut-relief se rapproche de la ronde-bosse* au point qu'une partie du sujet peut être entièrement détachée du fond, le bas-relief, où les valeurs spécifiquement plastiques sont limitées, reste proche du graphisme*, dont il procède techniquement[1].

Le relief n'ayant pas à se soucier de statique*, puisque ses figures sont engagées, c'est-à-dire tenues par le fond, celles-ci peuvent avoir un rapport ténu, voire inexistant, au sol[2], ce qui autorise des mouvements tout à fait libres. Il n'en va pas de même pour les figures en ronde-bosse*, qui doivent se tenir par elles-mêmes : pour elles, le rapport au sol est essentiel et c'est par lui que doit commencer toute analyse d'une statue. Alors que la sculpture archaïque s'efforçait d'animer l'immobilité, depuis le début du Ve siècle la préoccupation première du sculpteur est d'équilibrer le mouvement selon une formule compatible avec la loi de la pesanteur. Ce problème reçoit des réponses diverses suivant le matériau employé : les grands bronzes creux (p. 37-40), donc légers et faciles à fixer au sol, permettent une gesticulation beaucoup plus libre **(47)** que le marbre, à cause de sa massivité pondéreuse. La qualité et l'originalité d'une statue en marbre se mesureront dès lors à sa façon de déjouer cette contrainte impérative **(41, 56)**.

La sculpture est théoriquement dans sa plénitude lorsque, ronde-bosse* faite pour être vue de tous côtés, elle est campée dans un espace qui le permet : plein air des sanctuaires ou des places publiques, demi plein air d'un

---

1. HOLTZMANN 1993 A. 2. La métope* du Trésor des Athéniens, à Delphes, où Hèraclès est représenté en train de s'abattre sur un cerf, en est l'exemple le plus ancien (490-485 av. J.-C.) et l'un des plus éloquents ; ROLLEY 1994, p. 216, fig. 209.

baldaquin* protecteur, espace intérieur clos. C'est en fait très rarement le cas pour la sculpture grecque, qui a mis longtemps à s'affranchir de la frontalité* : celle-ci domine jusqu'au IVe siècle et revient souvent par la suite, en sorte qu'on pourrait faire une histoire de la sculpture grecque en prenant pour fil sa lente et toujours précaire conquête de la troisième dimension. Ce phénomène esthétique s'explique en grande partie par des contraintes extérieures : les statues de culte (**5, 39, 91**) sont installées généralement au fond de la grande salle (*cella*) des temples ; les offrandes sculptées (**9, 11**) faites dans les sanctuaires depuis le VIIe siècle et les statues honorifiques (**81, 103, 125**) dressées dans les lieux publics depuis le IVe siècle l'ont été en si grand nombre que, pour éviter un encombrement anarchique, il a fallu très vite créer des alignements : contre les murs, contre la colonnade de certains portiques, en bordure de voies privilégiées. Ainsi, quand bien même les sculpteurs avaient la capacité d'inscrire leur œuvre dans la profondeur, ils ont rarement disposé de l'espace permettant de la mettre pleinement en valeur. Sauf exceptions (l'Athèna Parthénos de Phidias au Parthénon, l'Aphrodite de Cnide, **69**), l'espace de la sculpture grecque est donc restreint et préexistant, ce qui a bridé son déploiement avant que la régression décorative que lui inflige le goût romain ne la cantonne dans des niches où les copies, souvent, n'ont plus le volume des originaux.

Quel que soit l'espace où elle prend place, une statue grecque est presque toujours surélevée par rapport au sol environnant, ne serait-ce que pour assurer sa stabilité quand le sol est meuble. Cet isolement accentue l'effet de majesté[1] et de distance procuré par la figuration

---

1. ALAIN 1958, p. 625 (*Entretiens chez le sculpteur*, 1937), fait sienne la remarque de Baudelaire, dans son *Salon de 1859* : « La majesté est l'objet propre du sculpteur. »

immobile d'un être vivant mobile. En dépit d'un grand nombre de variantes locales [1], l'évolution générale des bases de statues grecques [2] est caractérisée par une hauteur croissante, suscitée par le désir de se distinguer dans la masse des statues qui encombrent les sanctuaires et les lieux publics, surtout à partir du IVe siècle av. J.-C. [3]. Inversement, les stèles funéraires, qui étaient hautes et étroites à l'époque archaïque **(25)**, sont plus larges et moins hautes ensuite **(46, 58, 68, 96, 118)**.

Les stèles et les statues en marbre, plus pesantes, ont une base plus développée que les statues en bronze. Pour celles-ci, il suffit de fixer ponctuellement les pieds à la face supérieure de la base par des scellements [4] ; les statues en marbre, au contraire, ont une plinthe* taillée dans le même bloc que la figure [5], qui prend place dans une cuvette de forme correspondante creusée à la face supérieure de la base, la parfaite cohésion de l'ensemble étant assurée par le plomb qui est coulé dans l'espace restreint toujours laissé entre plinthe et cuvette. À partir du IIe siècle av. J.-C., cependant, les plinthes de certaines copies en marbre destinées à l'exportation peuvent recevoir une inscription donnant l'identité de la figure et de l'auteur [6], ce qui indique que la statue était posée sur la

---

1. Seules les bases de statues archaïques d'Athènes, votives (Acropole) et funéraires, ont été systématiquement étudiées ; KISSAS 2000. 2. JACOB-FELSCH 1969. Sur les statues équestres en particulier, SIEDENTOPF 1968. Le recueil de SCHMIDT 1995 montre que, parmi les dix-sept types définis, plus de la moitié – les plus complexes – sont des créations de l'époque hellénistique. 3. Cette manière de se distinguer pour attirer l'attention s'observe dans le sanctuaire d'Athèna Polias (Acropole) d'Athènes dès la fin du VIe siècle ; RAUBITSCHEK 1938 et 1939-1940, p. 17-37. Elle culmine à Delphes à l'époque hellénistique, où, faute de place au sol, les monuments poussent en hauteur ; BOMMELAER 1991, p. 165-175 ; *Espace grec* 1996, p. 135-138 (D. Laroche) ; JACQUEMIN 1999, p. 103-105. Sur les offrandes perchées, JORDAN-RUWE 1995, p. 7-51. 4. Dont la forme a évolué ; BOL 1985, p. 162-163, fig. 117. 5. Dont la forme a également évolué ; pour l'époque archaïque, voir JACOB-FELSCH 1969, p. 18, n. 58-59, et DUCAT 1971, p. 455. 6. KRON 1977.

base et non pas encastrée. L'ampleur croissante de ces bases permet de déployer davantage, sur leur face antérieure, l'inscription précisant l'identité des personnages concernés (initiateur, figure, auteur [1]).

UN ART MANUEL

Plus que tout autre art, la sculpture exige un travail manuel considérable [2] : façonnage du modèle préliminaire, fonte, assemblage des pièces et finitions pour le bronze ; taille directe du bloc pour le marbre. Sans doute de l'habileté est-elle requise, comme dans toute activité artisanale (τέχνη, *technè*), mais il y faut aussi de la force – alliance que manifestent, dans le temple d'Hèphaïstos, à Athènes, les statues contiguës du dieu forgeron et d'Athèna Erganè – Ouvrière –, qu'un vase attique [3] montre achevant de façonner le modèle en argile de la statue en bronze d'un cheval. Quant aux tailleurs de pierre, qui dégrossissent les futures statues dans la carrière pour faciliter le transport des blocs, ils pourraient bien avoir eu pour patron Hèraclès, expert en labeurs [4]. D'autres figures mythiques subalternes – les Dactyles, Prométhée, Palamède, Dédale – patronnaient également tel ou tel savoir-faire [5].

Ce rapport particulièrement intense à leur matériau range les sculpteurs, si complexe et parfois sublime que soit leur art, parmi les ouvriers (βάναυσοι, *banausoi*). À ce titre, ils sont généralement moins considérés [6] que les artistes du langage (λόγος, *logos*) – poètes, dramaturges,

---

1. Les inscriptions gravées sur les statues elles-mêmes **(6, 9, 14, 18, 19, 27)** disparaissent dans la seconde moitié du VIe siècle. 2. Comme le fait dire Dion de Pruse à Phidias dans son *Discours olympique* (69-70), où il développe un parallèle entre l'art du sculpteur et celui du poète. 3. Berlin, StaatMusAnt F 2415 ; ROLLEY 1983, p. 30, fig. 12. 4. HOLTZMANN 1994, p. 123. 5. FRONTISI-DUCROUX 1975. 6. PHILIPP 1990 ; FEYEL 2006, p. 432-437 ; voir aussi *Artisti e artigiani...* 1980 (recueil d'articles en italien).

philosophes, historiens, orateurs –, une différence de prestige attestée par divers phénomènes [1]. Pindare se vante au début de la cinquième *Néméenne* de n'être pas un sculpteur qui produit des statues fixes, qu'on ne voit que là où elles sont dressées : ses poèmes – au demeurant aussi cher payés qu'une statue de bronze – se répandent partout, volant de bouche en bouche. Ce thème de la supériorité de la littérature sur les beaux-arts, du fait de son immatérialité, sera souvent repris [2]. D'autre part, Platon note (*Ménon* 91d) que Protagoras a gagné beaucoup plus d'argent avec ses cours de rhétorique que Phidias avec ses statues fameuses. Même si les plus grands sculpteurs arrivaient à la fortune [3], leur activité restait perçue comme un artisanat d'art, plutôt que comme une création [4]. Enfin, il n'y aura jamais de portraits posthumes des grands sculpteurs comme il y en eut tant des grands écrivains et penseurs [5]. Ce n'est que tardivement, avec le

---

1. Pline nous apprend cependant (XXXV, 77) que les activités artistiques étaient interdites aux esclaves ; ainsi seule la personnalité civile donnait accès à la personnalité artistique, manifestée éventuellement par la signature – ce qui n'exclut pas la présence d'esclaves dans les ateliers dirigés par des hommes libres, citoyens ou métèques* (très présents à Athènes depuis le VIe siècle). 2. Par Isocrate (*Evagoras*, 73-74), Plutarque (*Vie de Cimon*, 2), Lucien (*Les Portraits*, 23 ; *Le Songe ou la Vie de Lucien* : la Sculpture et la Culture se disputent le jeune Lucien, qui choisit la seconde…). Sur les rapports entre sculpture et littérature dans la Grèce archaïque et classique, STEINER 2001. 3. Comme le prouve le cas de la famille de Praxitèle, dont on peut suivre l'ascension sociale pendant plusieurs générations ; LAUTER 1980. 4. C'est vrai en tout cas pour les travaux d'équipe que sont les décors sculptés de l'architecture religieuse, sur lesquels nous sommes mieux renseignés grâce aux comptes de construction ; HIMMELMANN 1979. Pour la statuaire, le prix moyen d'une statue honorifique en bronze semble avoir été de 3 000 drachmes ; celui d'une statue de marbre devait être très inférieur (voir n. 3, p. 33). 5. Quelques statues de sculpteurs en bronze sont cependant attestées : un autoportrait de Théodôros de Samos (milieu du VIe siècle) tenant une lime dans la main droite et, par trois doigts de la main gauche, un quadrige miniature (Pline XXXIV, 83) et le portrait d'Apollodôros, « le sculpteur dément », par Silaniôn (Pline XXXIV, 81), au IVe siècle ; ROLLEY 1999, p. 304, fig. 318. Quant à l'autoportrait de Phidias sur le bouclier de l'Athèna Parthénos, destiné à rester clandestin, il lui fut

collectionnisme effréné des Romains[1], que les œuvres d'art grecques acquirent une valeur marchande éminente et leurs auteurs un prestige qui leur avait été mesuré de leur vivant.

Cette matérialité de la sculpture, qui en fait pour Baudelaire le plus primitif des arts[2], est confirmée par son rapport au toucher : instinctivement, la main se porte sur une statue, veut entrer en contact avec elle, d'autant plus qu'elle représente des formes vivantes. Si ce sens pouvait se sublimer dans un art, ce serait dans la sculpture. Pourtant, cet élan premier est toujours réfréné : les statues grecques, comme celles de presque toutes les sociétés, doivent être vues et non touchées ; leur caractère divin, sacré ou honorifique, ne saurait s'accommoder d'une familiarité qui, démentant leur majesté, risque aussi de leur nuire matériellement. Toutes sortes de dispositifs de mise à distance, voire d'isolement, sont donc établis pour limiter ou même empêcher ce contact[3]. La sculpture grecque est ainsi l'occasion d'une ascèse, qui connaît bien entendu des transgressions : l'illustre athlète Théagénès de Thasos, alors âgé de neuf ans, arrache et emporte chez lui, parce qu'elle lui plaît, une statue en bronze dressée sur l'agora (Pausanias VI, 11, 2) ; après sa mort, un de ses ennemis politiques vient toutes les nuits fouetter sa statue en bronze (Pausanias VI, 11, 6) ; un admirateur passionné de l'Aphrodite cnidienne de Praxitèle **(69)** s'accouple avec elle pendant la nuit (Pline XXXVI, 21), etc.

---

reproché (Plutarque, *Vie de Périclès*, 31, 3) ; Holtzmann 2003, p. 113, fig. 95. Il y eut aussi des statues honorifiques de sculpteurs : Damophon de Messène, au début du IIe siècle av. J.-C., fut honoré d'une statue de bronze à Lycosoura et à Leucade ; Sève 2008.

1. Amorcé par les pillages des généraux romains depuis la fin du IIIe siècle av. J.-C. ; Chevallier 1991. 2. Baudelaire, *Salon de 1859*, p. 670-671, coll. « La Pléiade », tome II, Paris 1976. 3. Surtout dans le cas des statues de culte (p. 48-51) incarnant les divinités, alors que les offrandes ne font que les représenter ; sur les balustrades isolant les statues de culte, Mattern 2007.

Ces passages à l'acte, où, dans une régression animiste, s'efface la différence entre la représentation et son sujet [1], sont favorisés par le rapport étroit existant dans l'esthétique grecque entre l'œuvre et son modèle vivant.

MATÉRIAUX ET TECHNIQUES

Une forme sculptée peut être obtenue par deux voies opposées : par addition progressive d'un matériau plastique ou bien par soustraction, en taillant un matériau dur. La voie agglutinante peut aussi être appelée chaude, puisqu'elle suppose des installations de chauffe complexes : four pour la terre cuite, fonderie pour les métaux. La voie soustractive peut être dite froide, puisque, ne requérant aucune transformation thermique du matériau, elle peut se pratiquer aisément en tout lieu, de préférence en demi plein air. Durant la longue histoire de la sculpture grecque, ces deux approches furent d'abord pratiquées avec la terre cuite et le bois, avant que les pierres (essentiellement le marbre) et les métaux (essentiellement le bronze) ne les supplantent sans les éliminer jamais tout à fait. Chacun de ces matériaux ayant été tour à tour au premier plan dans l'évolution de la sculpture, jusqu'à ce qu'elle acquière, au milieu du Ve siècle, la maîtrise absolue des techniques [2] et des formes, on les présentera ici dans l'ordre où ils ont été tour à tour prédominants.

La terre cuite

C'est par elle qu'il convient de commencer, car l'argile est le matériau le plus ductile, celui auquel, dans les mythes grecs, on peut insuffler la vie [3] ; c'est aussi le premier à avoir fait l'objet d'un usage plastique dans la civilisation grecque.

---

1. SPIVEY 1995. 2. DEONNA 1930, p. 121-171. 3. Hèphaïstos façonne ainsi Pandore, selon Hésiode (*Théogonie*, v. 571-584), et Prométhée les hommes (Ésope, Fable 124, et bien d'autres auteurs postclassiques). On a montré à Pausanias (X, 4, 4), en Phocide, l'argile ayant l'odeur de l'homme que Prométhée aurait employée…

Qui le travaille (πλάττω, *plattô*) est un plasticien (πλάστης, *plastès*). Partageant avec la céramique la plus grande partie de ses procédés, la terre cuite a été, comme celle-ci, beaucoup moins touchée que les autres artisanats par la régression des techniques qui caractérise la fin de la civilisation mycénienne [1] : on n'a jamais cessé de façonner des vases en terre cuite et de les décorer, fût-ce sommairement. Comme la fabrication de figurines en terre cuite était alors une production secondaire des ateliers de poterie, on comprend pourquoi les statuettes ont reçu jusqu'au VIIe siècle le même décor que les vases : des formes vivantes, animales ou humaines (1), ont été dotées d'un décor géométrique [2] par simple contiguïté des pratiques.

La plupart des figurines primitives, modelées à la main et pourvues sommairement de quelques détails anatomiques, sont déjà fabriquées en grandes quantités [3]. La production en série, grâce à des moules partiels composant une figure, ne s'impose vraiment qu'au cours du VIe siècle, entraînant un déclin qualitatif de la production, qui s'industrialise au moment même où la grande sculpture prend son essor. La créativité des coroplathes* (κοροπλάθοι, *coroplathoi* : modeleurs de jeunes filles, ainsi nommés en raison de leur sujet principal) se limite dès lors à une combinatoire de moules (τύποι, *typoi*) incessamment repris [4], ce qui permet de varier un peu les attitudes et les têtes [5]. Cette pacotille, surtout destinée aux

1. L'existence d'une grande plastique en terre cuite au IIe millénaire av. J.-C. est attestée depuis 1960-1961 par la découverte dans l'île de Kéos (Tzia) de statues en terre cuite, qui ont été enfouies vers 1450 av. J.-C. ; CASKEY 1986. 2. Tout comme les modèles réduits de maisons, sans que cela indique que ceux-ci étaient réellement ainsi décorés ; SCHATTNER 1990. 3. Le sanctuaire de Zeus, à Olympie, en a fourni plus de deux mille exemplaires, qui varient quelques types ; HEILMEYER 1972. 4. Ces surmoulages rapetissent le prototype (de 15 % environ à chaque génération) et l'affadissent progressivement, à moins que les détails ne soient reprécisés. 5. MULLER 1996 en a démontré les modalités à propos des figurines votives du Thesmophorion de Thasos.

sanctuaires[1] et aux tombes, est très répétitive et souvent retardataire par rapport à la grande sculpture, notamment dans les régions qui ne sont pas des foyers de celle-ci, comme la Béotie[2] ou l'Occident italiote[3]. À partir du Ve siècle, leur usage profane se développant, certaines figurines imitent et varient les grandes créations de la sculpture : les élégantes femmes drapées dites Tanagréennes[4] pourraient dériver de statues honorifiques de femmes créées à Athènes **(81)**. Enfin, le goût hellénistique du pittoresque poussé à la caricature donnera à certains ateliers l'occasion de développer une veine grotesque débridée[5] qui n'a guère d'équivalent dans la grande sculpture **(89)** – dernier coup d'éclat d'un artisanat en déclin.

À côté de ces innombrables figurines, dont regorgeaient les sanctuaires et les tombes, et dont les grands musées présentent un choix très large[6], il a existé aussi une production plus ambitieuse de statues de grandeur naturelle, qui ne nous est que très peu connue[7]. Il ne s'agit pas seulement de figures d'acrotère* **(38)** ornant le faîte et les angles de la toiture d'édifices de prestige – un usage qui se maintient jusqu'au Ve siècle dans les régions dépourvues de marbre, comme le Péloponnèse (Corinthe, Olympie) ou l'Occident italiote[8]. Il y a eu aussi des sta-

---

1. Un débarras du sanctuaire d'Artémis hors les murs à Dyrrhachion en a livré 1,8 tonne, essentiellement des protomes* ; MULLER 2004. 2. SZABO 1994. Le conservatisme du style n'y exclut pas des particularismes dans la thématique, comme les « idoles en cloche » et les scènes de métier. 3. *Western Greeks* 1996. 4. *Tanagra...* 2003. 5. HOLTZMANN, PASQUIER 1998, p. 274-275 ; *Smyrne* 2009, p. 170-191 (L. Laugier). 6. Pour le musée du Louvre, voir BESQUES 1994. 7. Le recueil esquissé par DEONNA 1906 demanderait à être repris. Seuls les fragments de Corinthe (WEINBERG 1957) et d'Olympie (MOUSTAKA 1993) ont été étudiés systématiquement. 8. DANNER 1997. Pline, dans son développement sur la sculpture en argile (XXXV, 151-158), s'intéresse surtout aux terres cuites architecturales italiques, dont il fait remonter la tradition à des artistes grecs du VIe siècle : divers Corinthiens et l'atelier samien de Rhoïcos-Théodôros.

tues indépendantes en terre cuite, et pas seulement dans les régions où le marbre était rare (Étrurie, Chypre[1]). Si Pline n'en cite guère, Pausanias en a vu quelques-unes à Athènes (I, 2, 5 ; I, 3, 1) ; à Tritaia, en Achaïe (VII, 22, 9), les statues de culte des Grands-Dieux étaient en terre cuite. L'archéologie* confirme leur existence depuis la seconde moitié du VIIe siècle : en Crète[2], dépourvue de marbre, tout comme le sont les colonies grecques d'Occident[3], où des œuvres de grand format ont été créées jusqu'au milieu du Ve siècle ; à Thasos[4] et dernièrement à Paros[5], îles à marbre où l'on n'attend guère *a priori* un tel développement de la sculpture en terre cuite. Les colonies grecques d'Italie, dépourvues de marbre, en ont produit durant tout le VIe siècle et plus tard encore. À Olympie, les trouvailles sont également toutes antérieures au milieu du Ve siècle et la plupart attribuées à des ateliers corinthiens, mais la Grande-Grèce[6] et Corinthe[7] produisent encore de la grande ronde-bosse* à l'époque hellénistique.

Pasitélès, sculpteur éclectique du Ier s. av. J.-C. établi à Rome, affirmait pour sa part que « la plastique [le travail de la terre cuite] était la mère de la toreutique* et de la sculpture » et « qu'il n'avait jamais produit d'œuvre qu'il n'en ait d'abord fait un modèle en argile » – ce qui explique que ces προπλάσματα (*proplasmata*) aient pu

---

1. Hermary 1991. 2. Rolley 1994, p. 135, fig. 112 ; p. 136, fig. 114. 3. Rolley 1994, p. 304-305, fig. 309, 312-315 ; p. 309-310, fig. 320 ; p. 313, fig. 323-324 : deux visages féminins (προτομή-αί, *protomè, -ai*) votifs, qui étaient suspendus aux murs d'un sanctuaire. 4. Fragments de deux statues féminines debout de type dédalique, trouvées à l'Artémision ; Weill 1985, p. 140-146 : n° 131-132, pl. 34-36. 5. Partie supérieure d'une statuette féminine debout, haute de 0,65 m, coiffée d'un *polos** et peinte, trouvée dans le sanctuaire d'Apollon de l'îlot de Prépésinthos (Despotico) : Kourayos, Burns 2004-2005, p. 153-156, fig. 28-29. 6. Le musée Getty (Malibu, Cal.) a acquis en 1976 un groupe intact provenant peut-être de Tarente (inv. 76.AD.11), de grandeur presque naturelle, représentant un poète entouré de deux sirènes : *Getty-Handbook* 2002, p. 116-117, avec fig. 7. Bookidis 1982.

alors être collectionnés pour eux-mêmes[1] (Pline XXXV, 154-155). Cette habitude de réaliser des modèles préliminaires en terre cuite a probablement été favorisée par les techniques du bronze, qui supposent l'établissement préalable d'un modèle très exact en argile (p. 39).

Les quelques observations faites sur ces fragments de grandes statues[2] montrent que leurs éléments étaient formés d'au moins deux couches d'argile : l'une grossière et plus épaisse à l'intérieur, probablement modelée et montée par bandes superposées, comme l'ébauche d'un vase ; l'autre, extérieure, beaucoup plus épurée et fine. Les corps étaient généralement modelés à la main, à l'aide d'une spatule pour égaliser les surfaces et d'un poinçon pour tracer des lignes fines ; les têtes, en revanche, à cause de leurs multiples détails, étaient plutôt moulées. L'assemblage des différentes pièces détachées était certainement le point le plus délicat de la réalisation[3] : leur montage était étayé intérieurement par une armature (κάναβος, *canabos*) en bois ou en roseau qui disparaissait durant la cuisson. Le décor peint était appliqué avant celle-ci, souvent sur un engobe* faisant fonction de couche d'apprêt. La cuisson, poussée jusqu'à 800-1000 °C, nécessitait un four construit spécialement autour de l'œuvre, trop fragile pour être déplacée avant d'être cuite.

Les Grecs ont aussi fabriqué des reliefs figurés en terre cuite, toujours rehaussés de couleurs vives. Les premiers connus sont les décors architecturaux (chéneaux* et antéfixes*[4]) des bâtiments de prestige des VIIe-Ve siècles[5] ; les sujets sont répétitifs, ces éléments étant fabriqués en séries

---

1. FUCHS 1999, p. 85-88, pl. 64-66 : têtes classicisantes trouvées sur le Palatin (Rome). 2. SCHÜRMANN 1988 : figure d'acrotère, vers 520-510 ; MOUSTAKA 1993, p. 4-7. 3. Surtout dans le cas extrême de statues colossales, comme à Chypre : 2,60 m à Tamassos ; 4,60 m à Salamine (Toumba) ! Voir n. 1, p. 23. 4. Parfois même, des figures ponctuent les angles des corniches : DANNER 1993. 5. Quelques exemples thasiens sont commodément reproduits in *GThasos* 2000, p. 212, fig. 152-156.

à partir d'un moule, mais leur polychromie* varie parfois d'un exemplaire à l'autre. D'autres sont des offrandes de dimensions variables, destinées à être accrochées au mur d'un sanctuaire ; la série la plus ambitieuse de ces plaquettes votives est celle de Locres[1]. D'autres enfin, les « reliefs méliens[2] » du Vᵉ siècle, sont des plaques décoratives en très bas relief, dont le fond est souvent découpé ; peintes et fixées sur des meubles en bois, elles leur donnaient à moindre prix, avec leurs scènes mythologiques, l'allure de ce mobilier précieux à décor figuré, dont la description minutieuse du coffre de Kypsélos par Pausanias (V, 17, 5-V, 19, 10) et quelques appliques figurées en ivoire nous permettent d'entrevoir le faste.

Le bois

Ce matériau organique est le plus fragile de ceux que la sculpture grecque a utilisés : son volume peut sensiblement varier suivant le milieu ambiant ; il est rongé par les insectes ; il est combustible et putrescible. C'est pourquoi il reste si peu de témoins de son emploi[3] (**10**), qui a pourtant été important et constant. Seules les essences les plus dures et les plus denses, résistantes à l'humidité et aux altérations de température, étaient en usage, nous dit Théophraste (*Histoire des plantes,* V, 3, 9) : le cèdre, le cyprès, le lotus de Libye, le buis, l'olivier. Mais Pausanias, au hasard de ses visites, voit encore, au milieu du IIᵉ s. ap. J.-C., nombre de statues[4] en bien d'autres bois :

---

1. Prückner 1968 : offrandes faites entre 500 et 450 par des jeunes mariées dans un sanctuaire de Perséphone. 2. Jacobsthal 1931 ; *EAA* IV (1961), p. 988-990, fig. 1176-1182, *s.v.* « Melici rilievi » (W. Fuchs). 3. Hermary 1997 en a récemment établi une liste. Les principales trouvailles proviennent de l'Hèraion de Samos, dont le sol marécageux a bien conservé le bois : Ohly 1953 et 1967 ; Kopcke 1967 ; Kyrieleis 1980. Sur les trois statuettes de Palma di Montechiaro (fin du VIIᵉ s.), Böhm 2007, p. 47-50, fig. 38-46. 4. Pritchett 1998, p. 204-294 ; Pritchett 1999, p. 168-182.

chêne, ébène, figuier, if, thuya, poirier sauvage, vigne[1]... Ces statues en bois, il les appelle volontiers des *xoana* (ξόανον, *xoanon*, pl. *-a*), c'est-à-dire, étymologiquement, des objets rabotés et polis (du verbe ξέω, *xéô*). Le mot[2], qui n'apparaît qu'au Vᵉ siècle, désigne alors tout objet en bois au travail raffiné, un instrument de musique par exemple. Le sens tardif de statue *primitive* en bois n'est attesté qu'à la fin de l'époque hellénistique. Il importe de le souligner, car le mot, pris dans cette acception, fréquente aussi chez Plutarque, a joué un rôle important dans la théorie sur les débuts de la sculpture grecque qui a longtemps prévalu : avant de passer à la pierre durant la seconde moitié du VIIᵉ siècle, la sculpture aurait d'abord connu des idoles en bois presque non figuratives[3]. Cela est peut-être juste pour l'époque géométrique, qui nous échappe, mais ce que nous connaissons à partir du milieu du VIIᵉ siècle montre que la sculpture en bois est alors un art raffiné **(10)**, dont la sculpture en pierre naissante **(8)** s'efforce de reproduire les effets de surface complexes[4]. Car le bois appelle la polychromie*, comme la terre cuite, et permet, beaucoup plus que celle-ci, toutes sortes d'incrustations et de pièces rapportées qui donnent aux statues cet aspect chatoyant et précieux que les Grecs désignaient par l'adjectif *daidalos* (δαίδαλος). Il est à ce titre le matériau de base[5] de statues composites (p. 42) très ambitieuses : *sphyrélata*, acrolithes et statues chryséléphantines[6]. Cer-

---

1. Meiggs 1982, p. 300-324 : « *Woods for Sculpture* ». 2. Donohue 1988, avec l'étude de 403 occurrences du mot. 3. L'exemple de la statue de culte d'Athèna Polias, sur l'Acropole d'Athènes, comme celui d'autres statues de culte très anciennes (celle d'Hèra à Samos, par ex.), allait dans ce sens : Holtzmann 2003, p. 42-43. 4. Herrmann 1975. 5. Despinis 2004 A, p. 249, a proposé dernièrement, pour ces techniques où le bois sert de support à divers revêtements ou pièces rapportées, le nom générique d'hypoxyles ; voir p. 45. 6. Ce que confirme le passage où Strabon (VIII, 3, 30) qualifie par trois fois le Zeus colossal de Phidias, à Olympie, de *xoanon*, terme auquel il recourt aussi pour désigner les statues chryséléphantines de l'Hèraion d'Argos (VIII, 6, 10).

taines de ces statues de culte en bois faisaient l'objet de rites de dépouillement, de bain et d'habillage [1] qui montrent l'importance de la parure amovible (ἐπικόσμησις, *épicosmèsis*) de ces figures divines, parfois assez légères pour être promenées en procession [2].

Mais la pratique du bois ne concernait pas que ces statues très particulières : elle est attestée jusqu'à l'époque hellénistique pour des œuvres moins prestigieuses [3]. Les deux plus anciennes statues d'athlètes vainqueurs (troisième quart du VIe s.) mentionnées par Pausanias à Olympie (VI, 18, 7) étaient l'une en figuier, l'autre, mieux conservée, en cyprès – apparemment exposées en plein air, mais peut-être protégées par un baldaquin dont Pausanias ne parle pas. Les fils de Praxitèle, Céphisodôtos et Timarchos, à la fin du IVe siècle, avaient réalisé des statues-portraits en bois de Lycurgue et de ses trois fils, qui étaient installées dans la partie ouest de l'Érechtheion, sur l'Acropole d'Athènes (Pseudo-Plutarque, *Vie des dix orateurs*, 843E-F). Au début du IIe siècle av. J.-C. encore, Damophon de Messène est l'auteur d'une statue d'Hermès en bois, exposée dans le temple d'Aphrodite à Mégalopolis (Pausanias VIII, 31, 6).

Quant à la technique du bois, peu évoquée par les textes, elle est très peu représentée : une coupe attribuée à Epictétos représente un sculpteur achevant de tailler un petit pilier hermaïque* qu'il tient entre les genoux, et qui ne peut donc être qu'en bois [4] ; une herminette (hache

---

1. *ThesCRA* II, p. 419-427 : nettoyage, entretien (P. Linant de Bellefonds) ; p. 427-437 : vêtement, parures (A. Kauffmann-Samaras, A.-V. Szabados) ; p. 477-488 : déplacements (C. Lochin). 2. La comptabilité des administrateurs du sanctuaire d'Apollon, à Dèlos, a conservé de multiples traces de la statue éphémère en bois (un phallus gigantesque), fabriquée, menée en procession et brûlée chaque année lors des Dionysies : VALLOIS 1922. 3. Son usage est abondamment attesté à Dèlos : MARCADÉ 1969, p. 89-95. 4. Copenhague, MNArch 119 ; *CVA Copenhague, Musée national*, pl. 139, 2 a-b ; catalogue de l'exposition *Hommes et dieux de la Grèce antique*, Bruxelles 1982, p. 235, n° 149.

légère utilisée pour équarrir une pièce de bois brut) est suspendue dans le champ, tandis que l'artisan tient un ciseau à bois qu'il utilise sans maillet, comme une lame. En fait, il semble que l'outillage de la sculpture en bois soit à peu près identique à celui de la sculpture en pierre, mais moins massif et plutôt en bronze qu'en fer [1].

Parmi les *bois animaux* utilisés en Grèce ancienne, il convient de bien distinguer les os, que la chasse des bêtes locales – cervidés surtout – fournissait en quantité pour un artisanat plutôt populaire, et les ivoires, produits exotiques de grand luxe. Des analyses récentes ont permis de distinguer entre ivoire d'éléphant d'Afrique [2] et ivoire d'hippopotame [3], celui-ci apparemment plus fréquent. En sculpture [4], ces matériaux ne permettent que des œuvres de petites dimensions, rarement indépendantes : la plupart décoraient un mobilier précieux en bois, imité de l'Orient depuis la fin du VIIIe siècle. Ce phénomène de mode correspond à une conjoncture où entrent en composition la pratique déjà bien établie des bois végétaux, qui se transpose facilement à l'ivoire, des rapports maritimes intenses avec l'Orient [5] et une prospérité matérielle croissante. Éphèse [6], Samos et Corinthe, grandes cités commerçantes, semblent avoir été les centres principaux de cet artisanat de luxe. Est-ce un hasard si ces statuettes en matériau oriental sont aussi parmi les plus orientalisantes de l'art grec **(7)**, comme les cinq figures de

1. Sur la forme, l'usage et le nom de ces instruments : BLÜMNER 1879, p. 186-237 ; *Sculpture* 1978, p. 589-621. 2. SCULLARD 1974, avec le recueil des sources antiques. 3. KRZYSZKOWSKA 1990. Pausanias signale (VIII, 46, 4) à Cyzique une statue de la Grande-Mère, dont le visage est en ivoire d'hippopotame. 4. CARTER 1985. 5. On a trouvé dans le sanctuaire d'Hèra de Samos, lieu d'observation privilégié des rapports avec l'Orient durant les VIIe et VIe s., des dents d'hippopotame non travaillées, offrande probable d'un négociant ; *AM* 98, 1983, p. 21-24. 6. Diverses statuettes et des fragments d'objets découverts dans les fouilles de l'Artémision sont reproduits par BAMMER 1984.

femme nue, trouvées dans une tombe d'Athènes datant d'environ 730, qui reproduisent des figurines syriennes d'Astarté [1], ou encore le danseur de Samos, tenu pour un élément figuré d'une cithare d'apparat [2] ? Le singulier groupe de New York [3] (MetrMus 17.190.73), qui date de la fin du VIIe siècle, est en revanche d'un style plus spécifiquement grec, peut-être crétois. Quant aux offrandes faites à Sparte dans le sanctuaire d'Artémis Orthia [4], elles témoignent d'une élaboration locale plus marquée, mais également d'une moindre virtuosité ; la plupart des ivoires sont des plaquettes à reliefs figurés qui étaient fixées sur des objets, tandis que les offrandes en os, répétitives et malhabiles, s'apparentent à la pacotille de terre cuite.

Les figures d'applique en ivoire, surtout quand elles sont découpées, peuvent cependant être d'un grand raffinement, comme celles retrouvées à Delphes [5]. Les scènes figurées sur la céramique attique attestent que ce mobilier d'apparat (fauteuils et lits [6]) n'a jamais cessé d'être fabriqué et les trouvailles récentes faites en Macédoine [7] montrent que ce type de décor a su, dans la seconde moitié du IVe siècle, s'adapter à l'évolution du goût sans rien perdre de sa qualité.

La pierre : calcaires et marbres

La sculpture en marbre a eu en Grèce une préhistoire éblouissante avec les œuvres – ustensiles et figures – pro-

---

1. KUNZE 1930 ; HAMPE, SIMON 1980, p. 252, fig. 393-396. 2. OHLY 1959 ; HAMPE, SIMON 1980, p. 275, fig. 422-426. 3. BOARDMAN A 1994, fig. 39. 4. MARANGOU 1969. 5. *GDelphes Musée* 1991, p. 219-222 (P. Amandry) : ces quelque deux mille fragments appartenaient à au moins deux objets de grand prix fabriqués au VIe siècle. 6. KYRIELEIS 1969, p. 98-201, pl. 16-24. 7. ANDRONICOS 1984, p. 198-217 ; sur l'un des plus beaux fragments, HOLTZMANN, PASQUIER 1998, p. 224-225.

duites par la civilisation dite cycladique au IIIe millénaire av. J.-C.[1].

Mais lorsqu'elle reprend, plus d'un millénaire et demi plus tard, elle a tout oublié de ce premier essor[2]. L'évolution très rapide des techniques durant le VIIe siècle conduit à postuler une séquence chronologique théorique : bois – terre cuite ; calcaires tendres ; marbres. Ce serait oublier que ce processus de « pétrification », en sculpture comme en architecture, se présente différemment suivant l'activité artistique des différentes régions et que le marbre, même en Grèce, est un matériau relativement rare, surtout dans les conditions d'exploitation primitives de l'époque archaïque. D'autre part, les œuvres sont très peu nombreuses et donc difficiles à dater, en sorte qu'il vaut mieux se borner à constater les phénomènes tels qu'ils apparaissent dans l'état actuel des connaissances plutôt que de leur imposer une rationalité peut-être illusoire[3].

La Crète a produit dès avant le milieu du VIIe siècle une sculpture[4] de grande taille, dont le matériau local, le calcaire tendre (πώρος, *pôros*), peut être travaillé avec les mêmes outils que les bois durs et peut recevoir des décors incisés et peints[5] **(8, 14)**. Des variétés locales de *pôros* ont été utilisées partout dans le monde grec **(14)** jusque dans la seconde moitié du VIe siècle : même à l'Acropole d'Athènes, le passage au marbre se fait tardivement, durant le dernier

1. GETZ-PREZIOSI 1987 ; GETZ-GENTLE 2001. Les formes presque abstraites de ces figures ne doivent pas tromper : les détails peints, aujourd'hui disparus, leur donnaient une allure beaucoup plus figurative. 2. Pour une explication de son évolution stylistique par la transposition de la perception visuelle, CARPENTER 1960. 3. Il n'est pas impossible que la sculpture en pierre soit apparue à peu près au même moment en Crète et à Naxos, chaque centre développant une technique adaptée au matériau dont il disposait : les calcaires d'une part, le marbre d'autre part. 4. ADAMS 1978, p. 4-107. 5. Comme le prouve le bas de statue de femme assise trouvé à Gortyne : Hèracleion, MArch 380 ; BOARDMAN A 1994, fig. 30 ; ROLLEY 1994, fig. 115.

quart du VIe siècle, pour l'architecture et la sculpture qui la décore[1].

Peu après le milieu du VIIe siècle, Naxos commence à travailler le marbre, probablement à l'imitation de l'Égypte[2], ce qui suppose l'usage d'outils beaucoup plus résistants, en fer et non plus en bronze. Elle produit des statues de grandeur naturelle en marbre[3], qu'on trouve exportées à Dèlos **(9)**, à Thèra, à Samos. Il semble que, pendant une génération au moins, elle ait eu le monopole de ce matériau nouveau, peut-être à cause de la relative facilité d'extraction de son marbre. Son savoir-faire s'épanouit à la fin du VIIe siècle en prouesses techniques sensationnelles : le premier temple d'Apollon à Dèlos, premier bâtiment tout en marbre, y compris la toiture ; à Dèlos encore, l'Allée des lions et surtout le Colosse, dont les quelque neuf mètres de hauteur dominaient le site ; tout comme à Delphes, la Sphinge **(20)**, plus récente, perchée sur une colonne très fine haute de dix mètres. Vers 550-540 encore, un *couros* colossal en marbre de Naxos est dressé à Mégare[4] (Athènes MNArch 13+4545).

Durant le premier quart du VIe siècle, quelques œuvres attestent cependant qu'un « transfert de technologie » est en cours dans des centres ayant déjà une tradition artistique : les *couroï* colossaux du cap Sounion **(15)** et les Jumeaux d'Argos **(17)** sont bien en marbre de Naxos, mais leur style est local, attique et argien ; ils ont donc été fabriqués par des artistes locaux mais sans doute formés au marbre de Naxos. Passé le milieu du VIe siècle, ce marbre à très gros grains se

1. HOLTZMANN 2003, p. 70-81. 2. Il n'existe cependant aucun témoignage écrit ou archéologique de rapports entre Naxos et l'Égypte, comme il en existe entre Samos et celle-ci pour la technique du bronze (p. 38). 3. KOKKOROU-ALEWRAS 1995. 4. La statue colossale (10,45 m, 69 tonnes) d'un vieillard barbu et vêtu (Dionysos ?), restée inachevée sur le lieu même de son extraction (Apollonas), est difficile à dater ; KOKKOROU-ALEWRAS 1995, p. 101-103, n° 60, pl. 31-33 : « 500-490 ».

trouve supplanté par les marbres de Paros [1], beaucoup plus fins, tandis que d'autres carrières commencent à être exploitées, à Thasos, à Samos, à Proconnèse, en Attique, où le marbre de l'Hymette est d'abord plus en usage que celui du Pentélique. Seuls deux marbres acquerront un usage panhellénique durable : le meilleur Paros (λυχνίτης, *lychnitès*), marbre par excellence de la sculpture [2], et le Pentélique, dont l'exploitation intense commence avec la construction du Pré-Parthénon, après 490.

L'identification des carrières antiques, l'étude technique et historique de leur exploitation et leur mise en rapport avec des œuvres conservées grâce à différents procédés d'analyse [3], l'étude des œuvres inachevées enfin ont beaucoup progressé depuis une génération, en sorte qu'on peut désormais reconstituer le processus de réalisation d'une statue en marbre [4]. Il s'effectue en deux temps et deux lieux différents, que sépare une opération délicate : le transport [5].

Une fois l'œuvre à réaliser et son coût précisément définis avec le commanditaire, le sculpteur se rend dans la carrière du marbre qu'il veut travailler – ce qui suppose souvent un voyage plus ou moins long – pour choisir

---

1. Voir les différentes contributions réunies dans *Paria Lithos* 2000, p. 25-103. On distingue essentiellement deux variétés ; celle de moindre qualité (Lakkoi, alias Choridaki ou Haghios Minas) correspond très souvent au « marbre des îles », dans la terminologie établie en 1890 par G. R. Lepsius et souvent reprise par les spécialistes de sculpture. 2. Korrès 2000 : la strate exploitée ne dépasse pas 3 m d'épaisseur ; les deux galeries pratiquées ont pu fournir environ 20 000 m³ de matériau durant toute l'Antiquité. À partir du Ier s. av. J.-C., ce marbre, d'une densité et d'une finesse incomparables, a été concurrencé par le marbre de Luna (Carrare), en Italie centrale. 3. Les Actes des congrès tenus régulièrement par l'Association pour l'étude des marbres et autres pierres utilisées dans l'Antiquité (ASMOSIA) témoignent de la vigueur de ces recherches ; Asmosia 2009. 4. Nolte 2006, p. 206-237. 5. Korrès 1992 a reconstitué et illustré très précisément les différentes phases d'élaboration d'un bloc architectural, de la carrière du Pentélique jusqu'à sa mise en place sur le Pré-Parthénon. *Mutatis mutandis*, le processus serait à peu près le même pour une statue.

et acheter, mais plus souvent pour commander un bloc adéquat, dont il attend la livraison. Lorsque les carriers ont achevé leur travail, que le bloc disponible a été accepté, ayant été reconnu sans défaut, le dégrossissage est souvent effectué sur place par une équipe de deux ou trois marbriers, de manière à réduire le plus possible la masse à transporter. Le degré de finition atteint alors devait varier suivant la distance entre le lieu d'extraction et le lieu de finition : plus le voyage par terre et mer était long ou difficile, plus l'œuvre devait être avancée pour la rendre plus maniable – au risque, si elle était endommagée durant sa manutention, de devoir être abandonnée sur place, comme le montrent certaines statues inachevées retrouvées dans les carrières, notamment à Naxos. Dans les ateliers importants – par exemple celui de Praxitèle –, on peut supposer que toutes ces opérations préliminaires étaient dévolues à des assistants expérimentés qui choisissaient, préparaient et accompagnaient la pierre jusqu'à son arrivée dans l'atelier. La comptabilité de la construction de certains grands édifices montre que le transport pouvait à lui seul représenter un tiers de leur coût total [1] ; il ne devait pas en aller différemment pour les sculptures en marbre importé, notamment dans les sites prestigieux de Delphes, perché à six cents mètres d'altitude, et d'Olympie, très éloigné des grandes carrières de marbre [2]. Le coût d'une statue en marbre est moins bien connu que celui d'une statue en bronze : il semble en tout cas très inférieur [3].

---

1. Martin 1965, p. 170-172. 2. Le transport et l'érection à Dèlos du Colosse des Naxiens (base : 34 tonnes ; statue : 23 tonnes) vers 600, une génération après le début du travail du marbre à Naxos, constituent un exploit technique impressionnant, que souligne à juste titre l'inscription énigmatique gravée sur sa base ; Holtzmann 1996 ; Di Cesare 2004. 3. À Athènes, à l'époque hellénistique, une association cultuelle prévoit une somme de 500 drachmes pour la facture d'une statue de Dionysos (*IG* II^2 1326), très vraisemblablement en marbre, alors qu'une statue honorifique en bronze revient à environ 3 000 drachmes (*IG* II^2 555).

Après la phase critique du transport, la statue est achevée dans l'atelier du sculpteur [1] : le modelé final une fois obtenu, la surface est polie – travaux minutieux, où le savoir-faire l'emporte désormais sur la force physique ; l'objet acquiert alors sa dimension esthétique. L'usage préférentiel de tel ou tel outil, qui a laissé quelques traces, ou de tel ou tel procédé, comme les pièces rapportées [2], peut aider à déterminer l'origine d'une statue en marbre ; des recherches récentes le démontrent [3].

Avec sa mise en place sur une base qui n'est pas forcément fournie par l'atelier du sculpteur, surtout si elle porte une inscription, souvent gravée par un spécialiste, la statue acquiert enfin sa dimension religieuse et sociale. Il est vraisemblable que, pour éviter d'éventuels dommages lors de cette ultime manipulation, la statue n'est peinte, voire dorée, qu'une fois installée à son emplacement d'exposition [4].

Il convient de souligner l'importance de cette opération finale : la polychromie* qui est imposée au marbre, comme elle l'a été plus tôt à la terre cuite et au bois, est un élément esthétique important des statues et des reliefs, puisqu'elle ajoute à leur effet plastique une bigarrure de surface (ποικιλία, *poikilia*) qui concourt d'une manière décisive, selon le goût des Grecs anciens, à la qualité

---

1. Lucien donne dans *Le Songe ou La Vie de Lucien* (13) le nom de certains instruments utilisés par les sculpteurs marbriers : μοχλίον (*mochlion*, le levier), γλυφεῖον (*glypheion*, le ciseau), κοπεύς (*copeus*, le pic), κολαπτήρ (*colaptèr*, la masse) ; Blümner 1879, p. 211-212. 2. Claridge 1990. 3. Sur les traces d'outils, D. Braunstein, *Les techniques de la sculpture grecque avant 450 av. J.-C. : l'apport des traces d'outils*, thèse inédite soutenue à l'université de Paris Ouest-Nanterre, en décembre 2007 ; sur les pièces rapportées, R. Jacob, *La technique des pièces rapportées dans la sculpture grecque en marbre, de la fin du* v^e^ *au début du* iiie *siècle av. J.-C.*, thèse inédite soutenue à l'université d'Aix-Marseille II en décembre 2007. 4. C'est ce que suggère le vase apulien (MetrMus 50.11.4) représentant un artisan qui peint à l'encaustique la peau de lion d'une statue d'Hèraclès déjà installée sur un haut socle ; Rolley 1994, p. 10, fig. 2.

d'une sculpture. Praxitèle, le plus grand sculpteur marbrier du IVe siècle, ne disait-il pas que ses œuvres préférées étaient celles qui avaient été peintes par Nicias, peintre célèbre qui collaborait régulièrement avec lui (Pline, XXXV, 133) ? Grâce aux techniques d'observation contemporaines, on redécouvre aujourd'hui cette dimension très largement effacée et sous-estimée de la sculpture grecque, qui heurte notre goût de la statuaire antique hérité du néoclassicisme du XIXe siècle [1].

Si, dans le rendu des vêtements, les effets plastiques sont souvent restreints et distinguent mal les étoffes, c'est parce que le sculpteur sait que les couleurs créeront le contraste voulu. Les chairs elles-mêmes pouvaient être peintes : Pausanias (II, 2, 6) note sur l'agora de Corinthe des statues dorées de Dionysos au visage peint en rouge. On a d'ailleurs décelé sur le *couros* colossal de Samos **(18)** les traces d'un enduit rouge brique qui devait masquer les veines foncées du marbre local [2]. D'autre part, la mode des statues en marbre dorées à la feuille se répand depuis le IIe siècle av. J.-C. [3], à l'instar de ce qui se faisait plus naturellement pour le bronze : une statue en marbre dorée faisait, à moindres frais, le même effet qu'une statue en bronze doré. Il faut donc en prendre son parti : la sculpture en marbre était peinte, et de couleurs vives, contrastées.

Les métaux : bronze et métaux précieux

Les métaux exigent un travail préliminaire considérable – extraction et raffinage du minerai [4], transport des lingots – qui les rend d'autant plus coûteux qu'ils sont rares et d'origine lointaine [5]. Or le bronze est un alliage consti-

---

1. Reutersward 1960 ; Brinkmann 2003 ; Posamentir 2006 ; Bourgeois, Jockey 2007. 2. Kyrieleis 1996 ; observation qui corrobore le témoignage de Plutarque (*Quaestiones Romanae* 287 d), suivant lequel on enduisait autrefois les statues de vermillon. 3. Bourgeois, Jockey 2005. 4. Domergue 2008. 5. Forbes 1963, p. 103-245.

tué de cuivre (90 %) et d'étain (10 %), ou de substituts de celui-ci (plomb, arsenic). Le cuivre [1] a d'abord été extrait en Eubée, comme l'atteste le nom de la principale ville de l'île, Chalcis (χαλκός, *chalcos*, cuivre), puis à Chypre, qui a donné son nom latin (*cuprum*) au cuivre, et en Étrurie – deux régions fréquentées très tôt par les Grecs ; les Balkans, la Sardaigne, l'Andalousie (Tartessos) en fournirent également. L'étain (κασσίτερος, *cassitéros*), en revanche, est beaucoup plus rare ; il fallait le chercher dans le Caucase (Ourartou), mais surtout en Grande-Bretagne, par des voies aventureuses qui expliquent les aléas de l'approvisionnement et la présence de superbes produits de la toreutique* grecque dans des lieux inattendus **(29)**. Après la disparition de la civilisation mycénienne, le commerce de ces métaux semble s'être interrompu entre 1025 et 950 environ ; et quand la production reprend, c'est avec un cuivre durci au plomb (2,5 %). Il faudra attendre le VIIe siècle pour que l'étain soit de nouveau disponible, mais le bronze au plomb, moins léger et malléable, l'emportera à nouveau à partir de l'époque hellénistique [2].

Les premiers bronzes sculptés grecs sont des figurines votives comparables à celles de terre cuite, mais que leur matériau rare place d'emblée dans une catégorie supérieure d'offrandes. Ici encore, c'est le sanctuaire de Zeus à Olympie [3] qui a fourni les séries les plus riches [4], les offrandes qui l'encombraient ayant été enfouies à la fin du VIIe siècle pour faire place nette. Parmi les figurines animales, les plus abondantes sont celles de chevaux [5], qui sont stylisés d'une manière différente suivant les ateliers : laconien, argien, corinthien **(2)**… Les figurines humaines, à partir du milieu du VIIIe siècle, font partie du décor

---

1. FORBES 1964, p. 1-150. 2. ROLLEY 1983, p. 14 ; BOL 1985, p. 9-15. 3. HEILMEYER 1979. 4. Sur les trouvailles de Delphes, ROLLEY 1969 et 1977. 5. ZIMMERMANN 1989.

des grands chaudrons votifs qui sont l'offrande la plus prestigieuse de l'époque **(3)**. Tous ces petits bronzes d'époque géométrique[1] sont réalisés dans la technique de la fonte pleine à la cire perdue : le modèle en cire (positif), sur lequel sont branchés des canaux de coulées et d'écoulement, est enveloppé dans un manteau extérieur formé de couches d'argile. Au moment de la coulée, ce modèle fond sous l'effet de la chaleur, laissant la place à un lingot de bronze de forme semblable. Après refroidissement, il reste à démouler, à faire disparaître les raccords aux canaux, à égaliser la surface et à la décorer éventuellement de motifs ou de détails incisés au burin. Cette technique simple a deux inconvénients : elle consomme beaucoup de matériau[2] et ne permet pas de dépasser un peu plus de quarante centimètres de hauteur ; au-delà, le lingot risque de se fendre, la vitesse de refroidissement variant suivant la masse. Pour contourner cet obstacle, les Grecs pratiqueront jusqu'au VIe siècle le *sphyrèlaton* **(5)**, c'est-à-dire le plaqué bronze : des tôles de bronze martelées sont fixées à un support ; elles peuvent recevoir un décor gravé ou en relief obtenu par la technique du repoussé*. Les figures découpées dans des feuilles de bronze seront également à l'honneur jusqu'à la fin de l'archaïsme, qu'elles soient indépendantes[3] ou décoratives[4], comme les épisèmes* de bouclier.

C'est au VIIe siècle, quand la mode orientalisante a imposé les chaudrons votifs ornés de têtes de griffons, qu'apparaissent les premiers témoignages de la fonte en

---

1. Rolley 1983, p. 52-64. 2. Une tête en fonte pleine de grandeur naturelle, repêchée dans l'Adriatique, pèse à elle seule 19 kg (Amsterdam, Allard Pierson Museum 8946 ; vers 550) ; Rolley 1994, p. 66, fig. 59-60. Peut-être était-ce un « acrochalque », c'est-à-dire une tête de bronze posée sur un corps en bois ou en pierre ; Lulof, Moormann 2000. 3. Lebessi 1985 : offrandes faites en Crète dans le sanctuaire d'Hermès Kédritès de Symè Viannou (bel exemplaire au Louvre, Br 93). 4. Philipp 2004.

creux, technique plus raffinée, pratiquée depuis de nombreux siècles en Mésopotamie et en Égypte : quelques protomes* de griffons, trop grandes et trop lourdes pour être pleines, ont une tête creuse[1]. Mais cette technique n'est adaptée à la grande sculpture qu'à partir du milieu du VIe siècle. Pausanias (VIII, 14, 8 ; IX, 41, 1 ; X, 38, 6) en attribue l'initiative à deux artistes samiens, également architectes du premier temple diptère* d'Hèra à Samos, Rhoïcos et Théodôros, qui avaient séjourné en Égypte. Le plus ancien témoignage archéologique de cette technique complexe a été fourni par les fouilles de l'agora d'Athènes[2] ; il s'agit des fragments du moule extérieur d'une statuette, peut-être la statue de culte d'Apollon Patrôos, coulée sur place dans une fosse creusée à cet effet. Mais la technique nouvelle, qui permet des grandes statues légères, faciles à équilibrer et donc plus animées, ne se généralise qu'après les guerres médiques : dès le « style sévère » (490-450), les grands sculpteurs sont tous des bronziers. À partir de ce moment, le bronze, plus résistant aux intempéries, a été préféré pour les statues en plein air (offrandes dans les sanctuaires, statues honorifiques dans les lieux publics). Sauf exceptions, le marbre a été réservé depuis lors aux statues protégées par un baldaquin ou conservées dans des locaux fermés.

Les grands bronzes de la sculpture grecque ayant été fondus à la fin de l'Antiquité pour récupérer le métal, on ne retrouve que les statues qui avaient déjà disparu à ce moment, soit par enfouissement précoce **(42, 66)**, soit parce que le bateau qui devait les conduire à Rome a fait naufrage **(47, 48, 79)**. Ces cas, très rares, font sensation, même quand il ne s'agit pas de chefs-d'œuvre[3]. Pour le

---

1. ROLLEY 1983, p. 72-75, fig. 52-53. 2. MATTUSCH 1988, p. 54-59.
3. Comme la statue de culte (h. : 0,82 m) trouvée dans les ruines d'un temple d'Apollon à Mètropolis (Thessalie) ; INTZESISOGLOU 2000 ; *GaB* 2002, p. 215-216, fig. 300 : peu après 550.

reste, il faut se contenter de copies en marbre des originaux en bronze – une industrie décorative florissante, du Ier s. av. J.-C. au IIe s. ap. J.-C. **(50, 52, 60, 61, 67, 69, 70, 71, 75, 76, 81, 84, 87, 93, 94, 99, 100, 102, 111, 112)**. Les observations très minutieuses faites récemment sur certaines pièces **(48, 79)** ont permis de reconstituer les différentes phases de réalisation de ces œuvres [1]. Deux procédés ont été couramment pratiqués [2].

Le premier attesté est la fonte en creux directe. Probablement après l'élaboration d'un modèle réduit en terre cuite, éventuellement approuvé par le commanditaire, la première phase du travail consiste à établir un positif en argile, le noyau, généralement armé de tiges de fer ou de bois et constitué de plusieurs couches successives, de plus en plus fines [3]. Cette « âme » d'argile est recouverte d'une couche de cire de quelques millimètres d'épaisseur, très délicatement modelée, sur laquelle sont branchés des canaux d'écoulement et de coulée. Le tout est enveloppé dans un manteau d'argile dont les couches sont, inversement, de plus en plus grossières vers l'extérieur. Des tiges de fer traversant le manteau, la couche de cire et le noyau assurent la fixité de l'ensemble, qui est déposé dans une grande fosse creusée dans le sol et entourée de matériaux combustibles. La deuxième phase, cruciale, est celle de la cuisson et de la fonte, qui a lieu dans la fosse [4], à proximité de laquelle a été établi un fourneau où l'alliage est porté à l'état liquide (à partir de 1084 °C). Lorsque la

---

1. Rolley 1983, p. 25-32 ; Bol 1985, p. 118-147 ; Mattusch 1988, p. 219-240 ; Haynes 1992. 2. Haynes 1992, p. 24-33. 3. Cette phase de façonnage du noyau est illustrée par le vase attique de Berlin (StaatMusAnt F 2415 ; 470-460) qui représente Athèna achevant de modeler un cheval ; Rolley 1983, p. 30, fig. 12. C'est elle qu'évoque le propos de Polyclète rapporté deux fois par Plutarque : « Le moment le plus délicat de la réalisation, c'est quand l'argile est à l'ongle » (*Moralia* 86 et 636), c'est-à-dire quand il faut indiquer les moindres détails de surface sur le modèle. 4. Zimmer 1990 ; Zimmer, Baïrami 2008.

cire fond durant la cuisson de l'argile, le bronze en fusion est versé à sa place. On laisse refroidir avant de démouler en cassant le manteau et en tâchant d'évacuer une partie du noyau, de manière à rendre l'œuvre aussi légère que possible. La troisième phase est représentée sur une coupe attique de Berlin[1] (StaatMusAnt F 2294) ; c'est la finition : effacement des défauts de surface, reprise au burin de certains détails, adjonctions (cils en bronze, yeux en pierre de trois couleurs, dents en argent, lèvres et pointes des seins en cuivre rouge[2]), soudure des parties éventuellement fondues séparément, polissage final.

À cette fonte en creux à la cire perdue, dite directe ou sur positif, qui procède de l'intérieur vers l'extérieur, s'oppose la fonte dite indirecte ou sur négatif, qui procède de l'extérieur vers l'intérieur. Sur un modèle en argile très précisément modelé, on prend des négatifs partiels en argile ou en plâtre, dont la face interne est ensuite couverte d'une fine couche de cire, qui disparaît elle-même sous un remplissage d'argile, de sable et de différents matériaux organiques renforcés par une armature.

Les deux procédés sont parfois difficiles à distinguer quand l'accès à la surface intérieure de la statue, où ils laissent des traces différentes, est impossible. « L'Aurige de Delphes » **(42)** et les guerriers de Riace **(48)** semblent avoir été réalisés par fonte directe, tandis que le « bronze Getty » **(79)** serait une fonte indirecte[3], ce procédé l'ayant emporté à la suite de Lysippe.

Les statues colossales en bronze, comme l'Athèna Promachos dressée par Phidias sur l'Acropole[4] ou le fameux

---

1. Coupe éponyme* du Peintre de la Fonderie, vers 490-480 ; ROLLEY 1983, p. 25-27, fig. 8-10. 2. DESCAMPS-LEQUIME 2006, p. 79-83. 3. Voir les rapports techniques sur les bronzes de Riace (p. 125-131) et le « Bronze Getty » (p. 178-191) dans *From the Parts...* I 2000. 4. ZIMMER 1990, p. 62-71 ; HOLTZMANN 2003, p. 98-99.

Colosse de Rhodes [1], œuvre de Charès de Lindos, un élève de Lysippe, étant constituées d'un assemblage de pièces coulées étayées de l'intérieur par une armature, participent à la fois de la fonte indirecte et de la technique chryséléphantine*.

Sauf ces statues colossales, qui présentent des problèmes statiques particuliers, les œuvres en bronze sont fixées à leur base de marbre par des tenons de plomb qui sont limités au Vᵉ siècle aux deux points d'appui de la voûte plantaire, avant d'occuper toute la plante des pieds [2], ce qui laisse sur les bases des empreintes très utiles pour déterminer la grandeur et surtout la position des jambes sur le sol, point essentiel dans la composition d'une statue grecque.

Les *métaux précieux* [3], or et argent, ont plutôt été mis en œuvre le premier pour les bijoux [4], le second pour la vaisselle ; s'ils concernent donc avant tout l'orfèvrerie et la toreutique*, ils ont cependant été aussi ponctuellement utilisés en sculpture.

L'or (χρυσός, *chrysos*), matériau suprême parce que brillant et inaltérable, donc éternel, était mis par les Grecs en rapport avec les dieux [5]. Les œuvres mentionnées ont évidemment disparu et leur mention est souvent imprécise [6] ; la plupart étaient très vraisemblablement des

---

1. L'ingénieur Philon de Byzance (IIIᵉ s. av. J.-C.) a décrit précisément, dans son traité *Sur les sept merveilles du Monde*, chap. 4, les procédés employés pour réaliser, en douze ans, cette statue haute de 31 m ; OVERBECK 1868, nº 1547 ; STEWART 1990, p. 298-299 ; HAYNES 1992, p. 121-128 ; HOEPFNER 2003, p. 94-99. 2. BOL 1985, p. 162-163, fig. 117 ; HAYNES 1992, p. 102-103, fig. 8. 3. FORBES 1964, p. 151-259. 4. *Goldsmith* 1998. 5. LORIMER 1936 ; REUTERSWÄRD 1960, p. 143-149. 6. À Olympie, la statue de Zeus en or consacrée par le tyran de Corinthe Kypsélos était-elle en or massif ou dorée (Pausanias V, 2, 3) ? Même question, à Delphes, pour une statue d'Apollon (*Ibid.* X, 24, 5) ou pour la statue de la boulangère de Crésus, haute de trois coudées (Héro-

statues en bronze doré à la feuille[1]. Deux statuettes archaïques de l'Artémision d'Éphèse attestent l'emploi de techniques différentes[2].

L'argent (ἄργυρος, *argyros*), moins prestigieux[3] et plus accessible dans le monde grec, a été employé surtout pour le monnayage à partir du VIe siècle[4], et pour la toreutique* à partir du IVe siècle[5] (Pline XXXIII, 139-158). Son usage en sculpture semble être resté restreint à en juger par la rareté des sources écrites antérieures à l'Empire romain[6] ; quant aux œuvres conservées, ce ne sont que des sculptures miniatures[7], qui ont échappé plus aisément à la refonte durant l'Antiquité tardive.

Les techniques composites

Appartiennent à cette catégorie les statues qui combinent au moins deux matériaux différents : bois, pierre, métal[8].

---

dote, I, 51). En revanche, son lion (Hérodote I, 50) devait être en or massif puisqu'il avait perdu un tiers de son poids dans l'incendie du temple…

1. Un exemple : la première statue en or massif représentant un mortel aurait été le portrait de lui-même dédié à Delphes par le sophiste Gorgias à la fin du Ve siècle, « tant l'enseignement de l'art oratoire rapportait gros » (Pline XXXIII, 83). Cicéron (*De orat.* III, 129) et Julius Paris (*Epitoma*, VIII, 15, 2) précisent de même qu'elle n'était pas dorée, mais en or massif. Pausanias, qui l'a encore vue, indique en revanche qu'il s'agit d'une statue dorée (X, 18, 7), tout comme l'était le portrait de Phrynè réalisé par son amant Praxitèle (Pausanias X, 15, 1). 2. GSCHWANTLER, FREIBERGER 2008. 3. Le rapport antique de valeur entre or et argent est de 1 pour 12. 4. NICOLET-PIERRE 2002. 5. Les trouvailles faites dans les tombes de Macédoine montrent l'essor de la vaisselle en argent, qui restera jusqu'à la fin de l'Antiquité un signe extérieur de richesse ; *Ancient Macedonia* 1988. 6. Dans une inscription hellénistique de Bargylia (Carie), il est décidé de consacrer à Artémis une biche en argent d'une valeur de 1 200 drachmes (*SEG* 45, 1995, n° 1508 A, l. 16-20) ; pour ce prix, ce ne peut être qu'une statuette. 7. VERMEULE 1974. 8. À la différence de statues composées de pièces du même matériau ou de matériaux de même nature, comme les statues de la seconde moitié du IVe siècle dont le corps est en marbre du Pentélique et la tête en marbre *lychnitès* de Paros. Un magnifique exemple de statue composite est fourni déjà par la statuette minoenne trouvée en 1987 à Palaicastro (Crète) ; *Palaiokastro Kouros* 2000.

La variante la plus prestigieuse, dite *chryséléphantine**, est, comme son nom l'indique, un assemblage d'or pour les vêtements et les accessoires et d'ivoire pour les chairs nues[1]. Les fragments de telles statues retrouvés à Delphes[2] montrent qu'au VIe siècle, et pour des statues de grandeur naturelle, il s'agit bien de plaques d'or et d'ivoire massifs, fixées sur une « âme » qui pouvait être en bois[3], et non pas de minces feuilles d'or et d'ivoire collées. Les statues colossales de Phidias – le Zeus d'Olympie et l'Athèna Parthénos de l'Acropole – qui reprennent cette technique orientalisante au Ve siècle, en diffèrent légèrement puisqu'il paraît désormais établi que l'ivoire y était collé en très minces feuilles[4] sur un support que nous ignorons, peut-être d'argile ou de plâtre modelé, fixé lui-même sur un mannequin de bois intérieur ; en revanche, il s'agissait toujours de plaques d'or, puisqu'elles étaient amovibles sur l'Athèna[5], ce qui exclut l'or à la feuille. Ces créations extraordinaires ont établi cette technique comme celle du plus grand luxe en sculpture : au début du IVe siècle, les statues de culte de l'Hèraion d'Argos par Polyclète II, et d'Asclèpios à Épidaure, par Thrasymédès de Paros, en maintiennent la tradition, qui sera parfois reprise à l'époque hellénistique et impériale, notamment par le goût classicisant du IIe siècle ap. J.-C.[6].

Autre technique orientalisante, connue des Égyptiens, des Hittites et des Perses, ce que les Grecs ont appelé le

---

1. LAPATIN 2001. 2. *GDelphes Musée* 1991, p. 206-218 (P. Amandry). 3. La statue chryséléphantine de Zeus Olympien, à Mégare, œuvre de Théocosmos, aidé par Phidias, mais restée inachevée à cause de la guerre du Péloponnèse, présentait ce dispositif : Pausanias (I, 40, 4) a vu derrière le temple des pièces de bois inachevées qui auraient dû être plaquées d'or et d'ivoire. 4. LAPATIN 1997. 5. HOLTZMANN 2003, p. 109-114. 6. La statue de culte de Zeus de l'Olympieion d'Athènes, achevée sous Hadrien, était chryséléphantine et Hérode Atticus, son émule, avait consacré dans le temple de Poséidon d'Isthmia des statues chryséléphantines (Pausanias II, 1, 7-8).

sphyrèlaton (σφυρήλατον) : un montage de tôles de métal – le plus souvent du bronze – martelées et rivetées, dont l'intérieur était ultérieurement rempli pour en assurer la stabilité, ou bien un assemblage de tôles clouées sur une « âme » ou sur une charpente en bois. Lorsque la fonte pleine était seule pratiquée, cette technique avait l'avantage de pouvoir fournir des grandes statuettes, voire des statues dépassant la grandeur limitée permise par cette fonte. L'exemple le plus célèbre est celui de la triade trouvée dans le temple de Dréros **(5)**, que sont venus rejoindre récemment les fragments d'une autre triade apollinienne, beaucoup plus grande et plus récente (675-650), trouvée à Olympie et de facture crétoise, à en juger par les motifs figurés, traités au repoussé*, qui ornent les vêtements [1]. La plus impressionnante de ces statues anciennes en tôles de bronze était la statue de culte d'Apollon à Amyclées, près de Sparte, que Pausanias a encore vue (III, 19, 2) : haute de presque quinze mètres, ce n'était, dit-il, qu'une colonne de bronze munie d'un visage, de mains et de pieds.

Le bronze n'était pas le seul métal à avoir été traité de la sorte. À Delphes a pu être reconstituée une statue de taureau de la première moitié du VIe siècle, qui était un *sphyrèlaton* de plaques d'argent martelées et clouées sur des bandes de cuivre elles-mêmes fixées à une « âme » de nature indéterminée, probablement du bois [2]. Strabon (VIII, 3, 30 et 6, 20) fait état, à Olympie, d'une offrande célèbre du tyran de Corinthe Kypsélos (fin du VIIe s.), une statue de Zeus « de grand format en or martelé ».

Les statues acrolithes [3], c'est-à-dire dont les extrémités seules sont en marbre, sont en quelque sorte des statues chryséléphantines* au rabais : au lieu d'ivoire, de la pierre blanche ; au lieu d'or martelé, de la dorure à la feuille

---

1. Borell, Rittig 1998. 2. Amandry 1977. 3. Häger-Weigel 1997 ; Despinis 2004 A.

sur bois[1] ou encore du bois peint. Cette technique a été développée surtout dans les régions sans marbre, notamment la Sicile et la Grande Grèce, où elle concerne uniquement des statues de divinités, souvent de grandes dimensions[2]. Il est parfois difficile de faire le départ entre éléments acrolithes et parties rapportées d'une statue composée de plusieurs pièces de marbre, lorsque les surfaces de raccord ne sont pas bien conservées : on reconnaît généralement les acrolithes à un système de raccord et de fixation plus ample que celui des statues composées.

Ces trois techniques – chryséléphantine, *sphyrèlaton* et acrolithe – ont en commun d'être, chacune différemment, hypoxyles[3], c'est-à-dire de reposer plus ou moins sur du bois, dont il convient de souligner l'importance, quand bien même il n'est ici qu'un support invisible. D'autres combinaisons à base de bois ont en outre été pratiquées : Strabon (VIII, 3, 4) signale à Kyllènè d'Élide une statue d'Asclèpios en bois entièrement plaquée d'ivoire, œuvre de Colotès, un assistant de Phidias, sans doute spécialisé dans ce type de revêtement précieux.

Accessoires, parure, entretien

Il est bien rare qu'une statue grecque, quelle qu'en ait été la technique, n'ait pas présenté des pièces rapportées en un autre matériau. Beaucoup de statues en marbre archaïques ont au sommet du crâne une cavité où était fixée une tige de métal verticale, le ménisque, destinée à empêcher les oiseaux de se percher sur elles[4]. De plus, de nombreux éléments peuvent y être rapportés, généralement en bronze :

1. Ainsi les statues des Grâces, dans leur temple d'Elis (Pausanias, VI, 24, 6).
2. La tête acrolithe colossale (0,80 m) d'une statue d'Hygie du IIe s. av. J.-C. et une paire de pieds ont été trouvées parmi des restes de bois calcinés, à Phénéos (Arcadie) ; *ArchDelt* 17 (1961-1962), chronique, p. 57-61, pl. 62-66 (E. Protonotariou-Deilaki).
3. Terme utilisé par Lucien (*Zeus tragédien*, 8) et repris par DESPINIS 2004 A, p. 249.
4. MAXMIN 1975 ; RIDGWAY 1990 B.

chevelure, couronne, bijoux, pièces d'armement défensif, harnachement de chevaux, etc.[1]. L'usage oriental des yeux rapportés en pierres de trois couleurs, qui s'est imposé aussitôt pour les grands bronzes **(42)**, se rencontre parfois chez les marbres[2] **(36)**. Dans l'Égypte ptolémaïque, qui hérite de la tradition pharaonique, certaines têtes en marbre reçoivent une chevelure et une barbe en stuc peint[3] ; on a supposé, sans preuve, que ce pouvait déjà être le cas pour certaines têtes archaïques, dont la calotte crânienne est seulement piquetée **(32)**. Sur les statues en bronze, outre les yeux, les lèvres et la pointe des seins chez les hommes sont souvent rapportées en cuivre rouge ; les dents apparaissent parfois entre les lèvres entrouvertes **(42, 48)**.

D'autre part, certaines statues de culte très anciennes, comme celle d'Hèra à Samos ou celle d'Athèna Polias sur l'Acropole d'Athènes[4], qui sont des pièces de bois très peu figuratives, font l'objet de rites qui les personnalisent davantage : elles sont parées de bijoux et de vêtements qui sont changés périodiquement, elles sont lavées et promenées en procession, éventuellement invitées à des banquets[5] – toutes cérémonies qui supposent l'existence d'accessoires qui appartiennent à la divinité et sont conservés dans son temple.

Les statues composites, très fragiles et précieuses, faisaient l'objet de soins particuliers : la statue de Zeus de Phidias, à Olympie, était entretenue par des *phaidryntai* (φαιδρυνταί), lustrateurs qui, selon Pausanias (V, 14, 5), étaient des descendants de Phidias. À Olympie comme au Parthénon, des dispositifs d'humidification de l'atmosphère existaient pour prévenir le dessèchement de

---

1. Patay-Horvath 2008. 2. *ArchDelt* 26 (1971), pl. 69-75. 3. Rarement conservée comme sur le portrait colossal de Ptolémée X ou XI de Boston (MFA 59.51), Kyrieleis 1975, p. 175-176 : H 6, pl. 62 et 64. 4. Holtzmann 2003, p. 42-43. 5. *ThesCRA* 2004, p. 417-507.

l'ivoire[1]. Les statues de bronze, généralement exposées en plein air, perdaient rapidement leur éclat brun clair[2] – leur bronzage en somme[3] ! – et tendaient à verdir : elles étaient donc périodiquement astiquées à l'huile pour qu'elles gardent leur couleur d'origine[4]. Quant aux statues de marbre, elles étaient également entretenues, dans la mesure où la plupart étaient peintes **(113)**. L'enduit protecteur à base de cire (γάνωσις, *ganôsis*) qui donnait du lustre à l'épiderme[5] devait être périodiquement renouvelé[6]. À l'approche de certaines fêtes, les statues des sanctuaires étaient nettoyées, voire rafraîchies[7].

Qu'il s'agisse de bronzes ou de marbres, les statues avaient donc dans l'Antiquité un aspect très différent de celui qu'elles présentent aujourd'hui.

GENRES

Comme dans la plupart des civilisations, la sculpture est, en Grèce ancienne, d'abord étroitement liée à la religion. Ses premières manifestations sont d'ordre cultuel :

---

1. Damophon de Messène, grand sculpteur du début du IIe siècle av. J.-C., dut cependant restaurer les parties en ivoire du Zeus d'Olympie, qui commençaient à se détacher (Pausanias IV, 31, 6). 2. Voir la reconstitution moderne de l'« Apollon de Cassel », attribué à Phidias ; ROLLEY 1994, p. 13, fig. 9 ; DESCAMPS-LEQUIME 2006, p. 82-92 ; MULLER-DUFEU 2006. 3. Dion de Pruse (*Discours* XXVIII, 3), évoquant Iatroclès, jeune boxeur napolitain qui venait de mourir subitement, indique qu'« il était pareil aux statues les plus soigneusement exécutées : son corps avait la couleur du bronze ». 4. Plutarque (*Sur les oracles de la Pythie*, 395) remarque cependant (vers 100 ap. J.-C.) que l'air montagneux de Delphes a fini par donner aux statues des Navarques (vers 400) une patine brillante d'un bleu foncé : « on dirait vraiment qu'ils sont au fond de la mer »... 5. Vitruve (VII, 9, 3) en donne la recette et le mode d'emploi, précisant que c'est ainsi que l'on traite les statues nues en marbre. Mais le procédé semble avoir été plus généralement employé pour protéger des sculptures, même en bois, donc peintes. Il indique lui-même au paragraphe suivant que cette *ganôsis* empêche que les couleurs ne passent à la lumière. 6. LANGLOTZ 1968. 7. À Dèlos, en 279 av. J.-C., la statue de culte d'Hèra est nettoyée avec une éponge humectée de parfum (*IG* XI 2, 161 A, l. 102 ; *Nouveau choix... Délos* 2002, p. 59-86).

statues de culte et offrandes représentent les divinités ou leur font hommage ; la sculpture architecturale, attestée depuis le VIIe siècle, décore exclusivement des édifices religieux. L'essor de la sculpture funéraire au VIe siècle, quoique lié encore à des pratiques rituelles, amorce une ouverture au champ social qui va se développer durant la période classique : les statues commémoratives et bientôt honorifiques s'introduisent d'abord dans les sanctuaires, mais se répandent à partir du IVe siècle dans l'espace civique des agoras* et des édifices publics. Au cours de l'époque hellénistique, la représentation de plus en plus fréquente du citoyen méritant ouvre la voie à celle de l'individu privé. L'accession à la figuration ne résulte plus alors d'un élan de ferveur ou de gratitude : elle témoigne avant tout d'une prétention sociale. Enfin, l'engouement des Romains pour la sculpture grecque amorce sa dégénérescence décorative : détournée de ses fonctions religieuse et sociale, elle se contente d'être l'élément le plus relevé d'un décor de vie où les références à la culture classique sont essentielles.

L'évolution ainsi esquissée ne rend évidemment pas compte de sa complexité, où les phénomènes de rémanence, voire de résurgence sont fréquents. Du moins permet-elle de présenter les principaux genres de la sculpture grecque dans l'ordre chronologique de leur apparition, ce qui ne veut pas dire que les autres ne subsistent pas, en sorte qu'on assiste à une extension constante du domaine de la sculpture jusqu'au début de l'ère chrétienne.

Statues et reliefs de culte

La notion de statue de culte est moderne[1] : elle désigne, dans un espace sacré (τέμενος, *téménos* ; ἵερον, *hiéron*), la représentation de la divinité qui fait l'objet de rites divers : sacrifices, offrandes, prières, processions,

1. SHEER 2000.

soins divers, etc. [1]. Souvent, les Grecs l'appellent simplement « la divinité » (θεός, *théos*), à moins qu'ils ne recourent à des noms qui en définissent un aspect ou un autre, qui a pu changer au cours du temps [2] : le caractère divin, depuis le IVᵉ s. (ἄγαλμα, *agalma*) ; la réplique d'une statue de culte antérieure dans un nouveau sanctuaire (αφίδρυμα, *aphidryma*) ; le matériau (bois), puis l'ancienneté, l'allure primitive (βρέτας, *brétas* ; ξόανον, *xoanon* [3]) ; l'inamovibilité [4] (ἕδος, *hédos*) ; la forme de pilier, puis le gigantisme [5] (κόλοσσος, *colossos*). D'autres termes encore apparaissent sporadiquement.

Ces statues étaient rares : il peut y avoir des dizaines – voire des centaines ! – de statues votives dans un sanctuaire, mais il n'y aura qu'une statue de culte [6] – si du moins il en existe une : nombre de petits sanctuaires en étaient dépourvus. Une statue de culte suppose en effet un aménagement qui l'abrite : un temple le plus souvent, parfois simplement un baldaquin [7]. Car ces statues sont généralement anciennes, souvent fragiles et précieuses ; certaines étaient rarement visibles, d'autres tout à fait interdites à la vue. C'est le genre le moins codifié de la sculpture grecque : toutes les techniques, toutes les apparences sont possibles, suivant la personnalité locale de la divinité. Pausanias, qui s'intéressait avant tout aux antiquités religieuses, en a relevé un grand nombre,

---

1. BETTINETTI 2001. 2. PHILIPP 1968, p. 103-108 ; ROLLEY 1994, p. 22-24 ; NICK 2002, p. 11-25. 3. DONOHUE 1987. 4. SCHEER 2000, p. 120-123, y voit le siège de la divinité, au sens figuré, c'est-à-dire le réceptacle où elle peut se tenir s'il lui plaît. 5. ROUX 1962. 6. Du moins en exercice : à partir du Vᵉ siècle, on assiste dans certains sanctuaires à l'apparition de statues plus conformes à l'idéal de beauté formé depuis le VIᵉ siècle par l'impératif mimétique ; sur ce dédoublement des statues de culte, DESPINIS 2004 B. Les croyances et les rites restent cependant généralement attachés aux statues primitives. 7. DESPINIS 2007, pour la statue archaïque en marbre de Dionysos, à Icarion (Attique).

détaillant souvent leur allure et leur facture[1]. Ces statues de culte, pieusement entretenues, souvent pendant plus d'un millénaire, parfois modernisées[2] et flanquées d'une statue à l'anthropomorphisme plus détaillé[3], ont été détruites après le triomphe du christianisme, à la fin du IVe siècle ap. J.-C. ; n'ont échappé à la destruction que celles qui avaient été enfouies antérieurement[4] **(5, 39, 83, 91)**.

C'est donc essentiellement par les textes que nous connaissons ce genre éminent[5] : les « facteurs de statues divines » (ἀγαλματοποιοί, *agalmatopoioi*) sont les sculpteurs les plus prestigieux. Le premier d'entre eux est Phidias, dont la statue chryséléphantine* de Zeus, à Olympie, était considérée par les Anciens comme le sommet de l'art[6], car la plus grande habileté technique y était mise au service d'une conception sublime du divin.

Il a existé aussi des reliefs cultuels, répondant à des situations particulières. Ainsi les reliefs du « Passage des théores », à Thasos, qui encadraient deux niches à offrandes et sont accompagnés de règlements sacrificiels, représentent les divinités – les Charites, Apollon et les Nymphes – auxquelles était rendu un culte dans ce qui est en fait un sanctuaire de rue sans *téménos*[7]. De même, certains reliefs ornant les portes du rempart de Thasos **(34)**, étant

1. Pritchett 1998 et 1999. Par exemple, Pausanias signale (VIII, 41, 4-6) près de Phigalie un sanctuaire d'Eurynomè, où sa statue de culte, visible une fois par an, est en bois et la représente avec un torse humain et une queue de poisson. Athénée (XIV, 614 a-b) raconte que le philosophe Parméniscos de Métaponte retrouva la faculté de rire en voyant la statue de culte de Lètô à Dèlos, tant cette idole en bois était informe… 2. Comme l'Athèna Polias de l'Acropole, complétée par Endoios ; Holtzmann 2003, p. 43. 3. C'est le cas pour les Artémis d'Éphèse et de Brauron, pour le Dionysos Eleuthéreus et l'Athèna Nikè d'Athènes, pour l'Hèra de Samos et peut-être pour celle d'Argos, etc. 4. Cf. n. 3, p. 38. On peut y ajouter, par exemple, l'Apollon Patrôos de l'agora d'Athènes ; Rolley 1999, p. 284-285, fig. 290-291. 5. *ThesCRA* 2004, p. 417-507 ; Romano 1989 ; Faulstich 1997 ; Damaskos 1999. 6. Overbeck 1868, n° 692-754. 7. Holtzmann 1994, p. 29-59, pl. VIII-XIV.

accompagnés d'une niche à offrandes, avaient également une fonction cultuelle, mais atténuée puisque des sacrifices n'y étaient pas prévus. D'autre part, l'imposant relief d'Éleusis (MNAth 126) a de fortes chances d'avoir joué un rôle cultuel dans l'initiation aux mystères de Dèmèter et de Corè : son caractère exceptionnel est confirmé par l'existence d'une copie trouvée à Rome[1] (MetrMus 14.130.9).

Les offrandes

La sculpture – ronde-bosse* et reliefs – consacrée aux divinités en diverses occasions constitue le genre le plus pratiqué : les fouilles faites dans les sanctuaires depuis la seconde moitié du XIXe siècle en ont révélé des séries très abondantes de toute nature, de la pacotille de terre cuite, très répétitive[2], aux œuvres les plus raffinées[3] **(45)**. Deux termes très généraux sont employés en grec : *agalma* (ἄγαλμα) désigne, avant de se restreindre à partir du Ve siècle à l'acception de statue divine, tout objet, même non sculpté, susceptible de réjouir la divinité à qui il est offert[4] ; *anathèma* (ἀνάθημα), dont l'équivalent verbal *anéthèke(n)* (ἀνέθηκε) est très fréquent dans le formulaire de la dédicace **(6)**, désigne le mouvement même de l'offrande : « ce qu'on porte vers le haut ». Ces dédicaces, parfois en vers, peuvent, à l'époque archaïque, être inscrites sur l'œuvre même et parler comme des êtres vivants[5]. Elles révèlent souvent le mobile ou la nature de l'offrande : prémices (ἀπαρχή, *aparchè*), dîme (δεκατή, *décatè*), vœu (εὐχή, *euchè*), remerciement à la suite d'une faveur (χαριστήριον, *charistèrion*), d'un oracle (χρησμός, *chrèsmos*), d'un songe (ὄναρ, *onar*), etc.[6].

---

1. Rolley 1999, p. 157-160, fig. 141. 2. Muller, Tartari 2004. 3. Rouse 1902, en général ; pour l'Acropole d'Athènes en particulier, Holtzmann 2003, p. 48-69. 4. Karusos 1972. 5. Burzachechi 1962. 6. Lazzarini 1976, pour l'époque archaïque ; Jacquemin 1999 A, p. 81-107, pour le sanctuaire d'Apollon Pythien, à Delphes ; Kissas

Si l'usage du lieu et du temps détermine souvent la nature des offrandes primaires – c'est-à-dire créées pour l'occasion : chaudrons en bronze à l'époque géométrique **(3)** ; *couroi*[1] **(15, 18)** et *corai*[2] **(26, 30)** au VIe siècle –, ce qui provoque une émulation féconde des artistes dans la variation du thème obligé, des créations plus originales apparaissent dès l'époque archaïque, suscitées par le désir de se distinguer davantage **(22, 24)**.

Les offrandes jouent ainsi un rôle essentiel dans le développement de la ronde-bosse* au VIe siècle, à un moment où les autres genres – compositions tympanales de la sculpture monumentale, statues-portraits commémoratives ou honorifiques – ne sont pas encore constitués. Certaines, qui représentent le dédicant seul[3] ou avec ses proches[4], sont la première phase du processus socioculturel qui conduira à l'épanouissement tardif du portrait.

Les reliefs votifs[5] en marbre[6] restent rares jusqu'à la fin du Ve siècle[7] ; leur forme et leur composition, très variables, s'inspirent d'abord des plaques votives peintes sur bois ou sur terre cuite[8], ou des plaques en terre cuite à relief peint[9]. Le plus souvent, c'est la divinité qui est

---

2000, p. 81-246 et 258-284, pour les sanctuaires de l'Attique ; SCHÖRNER 2003, p. 13-28, pour l'époque romaine, depuis le Ier s. av. J.-C.

1. DUCAT 1971, pour la série exceptionnelle du sanctuaire d'Apollon Ptoieus, en Béotie. 2. SCHRADER 1939, p. 1-184 (E. Langlotz), pour la série capitale de l'Acropole d'Athènes. 3. Le Moschophore de l'Acropole, par exemple (MAcr 624, vers 570) ; SCHRADER 1939, p. 278-281, pl. 153-154 (W. H. Schuchhardt). 4. Le groupe de Généléos, dans l'Hèraion de Samos, en est l'exemple le plus marquant ; FREYER-SCHAUENBURG 1974, p. 106-130, pl. 44-53. 5. Le terme s'est imposé faute de mieux, bien que très peu de ces offrandes en relief résultent d'un vœu. 6. Un document de Dèlos (MArch Dèlos A 1719 ; fin IIIe s. au plus tard) atteste qu'il y a eu aussi des reliefs votifs en bronze ; *SculpDél* 1996, p. 176-177, n° 78. 7. NEUMANN 1979. 8. NEUMANN 1979, p. 26-27, pl. 11-12. 9. Sur la série de l'Acropole, HOLTZMANN 2003, p. 49, n. 18, fig. 21.

alors représentée seule[1] ; mais parfois, c'est le dédicant seul[2]. À la fin du VIe siècle, celui-ci commence à être représenté devant la divinité[3], avec une taille réduite qui le distingue nettement – une convention commode qui ne sera jamais remise en cause.

Au dernier quart du Ve siècle, les ateliers attiques de marbriers, formés aux grands travaux de l'Acropole, établissent un type de relief votif en marbre qui va s'imposer et se répandre jusqu'au IIIe siècle au moins : divinités et dédicants se font face, généralement à l'occasion d'un sacrifice, de part et d'autre de l'autel. Cette composition narrative en diptyque à personnages multiples entraîne une forme rectangulaire à axe horizontal, qui différencie désormais nettement les reliefs votifs des stèles funéraires, dont l'axe restera toujours vertical. C'est pourquoi leur encadrement architectural évoque, non pas la façade d'un édifice, mais ses longs côtés, avec une corniche ponctuée d'antéfixes* **(72)**.

La série la plus riche et la plus soignée de reliefs de ce type[4] a été retrouvée dans le sanctuaire d'Asclèpios, installé à la fin du Ve siècle au flanc sud de l'Acropole[5], mais des sanctuaires de quartier l'adaptent en la simplifiant pour une clientèle plus modeste[6]. À l'époque hellénistique[7], les reliefs votifs sont apparemment plus rares : les plus ambitieux présentent soit une version enrichie du

---

1. Comme sur deux reliefs archaïques de Paros : MArchParos 244 et glyptothèque de Munich 241, NEUMANN 1979, pl. 6 a, b et 7 ; ou encore sur le relief de style sévère dit « l'Athèna mélancolique », HOLTZMANN 2003, p. 96, fig. 77. 2. Comme sur deux reliefs attiques : MAcr 1332 (fin VIe s. : potier), HOLTZMANN 2003, p. 55, fig. 27 ; MNAth 3344 (470-460 : vainqueur offrant sa couronne), NEUMANN 1979, pl. 20 b. 3. EDELMANN 1999. 4. Qui sont parfois amphiglyphes, c'est-à-dire figurés sur leurs deux faces ; WULFMEIER 2004 en répertorie une quarantaine. 5. VIKELA 1997, p. 189-195. 6. Pour le sanctuaire d'Hèraclès Pancratès, à Athènes, voir VIKELA 1994. 7. SMITH 1991, p. 186-187, fig. 211-216.

type attique[1], soit une composition très chargée **(98)**. Dans les nombreux sanctuaires de divinités guérisseuses se maintient en outre jusqu'à l'époque impériale, transposé dans la pierre au lieu de la terre cuite initiale, l'usage populaire de petits reliefs anatomiques reproduisant la partie du corps guérie[2]. Cependant, les reliefs ne sont plus alors qu'un genre en déclin, qui connaît quelques reviviscences néoclassiques[3] **(114, 120)**.

La sculpture décorative

Cette rubrique réunit des aspects bien différents de la sculpture grecque – les deux premiers très précoces, le dernier tardif – qui ont en commun la subordination de la sculpture à un objet plus vaste : le décor figuré y apparaît comme un ornement précieux qui accroît la valeur matérielle et symbolique de l'objet, qu'il s'agisse d'un objet ou meuble de luxe, d'un bâtiment religieux, d'un palais ou d'une maison.

Dès le VIIIe siècle apparaissent dans les grands sanctuaires, comme offrandes de prestige, des objets utilitaires haussés au-dessus de leur fonction première par l'ajout d'éléments figurés : ce sont les grands chaudrons en bronze d'abord ponctués de figurines humaines **(3)**, puis, à partir du VIIe siècle, de protomes* animales, surtout des griffons. La toreutique* grecque[4] n'a jamais renoncé à ces décors, même s'ils changent de place, comme l'attestent les cratères de Vix **(29)** et de Dervéni **(73)**. Les miroirs en ont bénéficié aussi, qu'il s'agisse d'un simple manche ou d'un support figuré plus complexe[5], ou bien encore d'appliques en relief fixées au couvercle[6]. À l'époque hellénistique, des appliques figurées en bronze peuvent aussi

1. HOLTZMANN, PASQUIER 1998, p. 280-281 : Munich, glyptothèque 206. 2. FORSEN 1996. 3. SCHÖRNER 2003, p. 29-65, pl. 1-53 : 100 reliefs sur 1340 offrandes répertoriées. 4. ROLLEY 1983. 5. OBERLÄNDER 1967. 6. SCHWARZMAIER 1997.

décorer des coffrets ou des accoudoirs de lit[1]. Les appliques figurées en relief se rencontrent également sur les vases **(13)**, à toutes époques. Sans doute à l'exemple du mobilier oriental, les meubles de bois peuvent recevoir un décor d'appliques en ivoire **(7)** ou en bois doré ; c'est ainsi qu'il faut se figurer le « coffre de Kypsélos », minutieusement décrit par Pausanias à Olympie[2] (V, 17, 5 – 19, 10). Les tombes de Macédoine ont livré récemment des exemples de ce type de décor datant de la seconde moitié du IVe siècle (p. 29).

Dès que l'architecture grecque passe au grand appareil de pierre, dans le courant du VIIe siècle, le décor figuré apparaît sur les bâtiments religieux[3], où il restera toujours cantonné **(12)** : il ne fait que prendre la suite de décors peints sur terre cuite, dont quelques vestiges sont conservés à Thermos[4]. Les sujets y sont toujours tirés de la mythologie[5], mais pas toujours en rapport avec la divinité à qui le bâtiment est dédié ou appartient. Durant le VIe siècle, avec la définition de deux ordres, dorique et ionique, la place de la sculpture se trouve fixée à l'entablement et aux tympans des bâtiments ; cependant, elle n'est jamais nécessaire et il est très exceptionnel que tous les éléments susceptibles d'être sculptés le soient, comme au Parthénon[6] **(53-55)**.

La frise*, dans l'ordre dorique[7], présente une alternance de triglyphes[8] et de métopes, plaques lisses dont le champ peut être sculpté. Mais il est très rare que toutes le soient : souvent, ce sont seulement les métopes des

1. BARR-SHARRAR 1987. 2. JACQUEMIN 1999 B, p. 210-225. 3. Études d'ensemble : KNELL 1990 ; RIDGWAY 1999. 4. KÄHLER 1949, p. 28-36, pl. 14-20. 5. Seule exception notable, la frise ionique du temple d'Athèna Nikè, sur l'Acropole d'Athènes ; HÖLSCHER 1973, p. 91-98. 6. KNELL 1990, p. 95-126 ; HOLTZMANN 2003, p. 121-144. 7. KÄHLER 1949. 8. Cas exceptionnel de triglyphes figurés : au portique d'Antigone du sanctuaire d'Apollon à Dèlos ; *GDélos* 2005, p. 195, n° 29.

façades (temple d'Hèphaïstos à Athènes, avec quatre métopes en retour sur les longs côtés à l'est) ou celles des deux vestibules (temple de Zeus à Olympie) qui sont sculptées. Ces panneaux presque carrés se prêtent à des scènes limitées à deux ou trois personnages, plus souvent dramatiques que statiques **(53)** : les exploits d'Hèraclès (temple d'Olympie) et de Thésée sont dès lors souvent sollicités (Trésor des Athéniens à Delphes), de même que les luttes entre Grecs et Amazones ou Centaures (Parthénon), qui sont indéfiniment variées en combats singuliers.

Dans l'ordre ionique en revanche, la frise*[1] est un bandeau continu qui court tout autour du bâtiment. Bien que sa place soit souvent, notamment en Attique, à l'entablement* d'un édifice **(28)** (Érechtheion et temples d'Athèna Nikè et d'Artémis Agrotéra, monument de Lysicrate à Athènes ; temples hellénistiques d'Asie Mineure), on la rencontre aussi en position haute semi-extérieure **(54)** ou intérieure (temple d'Apollon à Bassae-Phigalie), en position basse au podium des mausolées de Xanthos et d'Halicarnasse, ainsi que du Grand Autel de Pergame **(97)**, voire en balustrade **(59)**. Cette variété illustre la souplesse de l'ordre ionique, beaucoup moins normatif que le dorique. Elle est confirmée par d'autres possibilités : le remplacement des colonnes par des caryatides[2] dans certains bâtiments de très petite taille, comme le trésor de Siphnos ou le baldaquin sud de l'Érechtheion **(57)** ; la présence de tambours sculptés au bas ou au sommet de certaines colonnes (Artémision d'Éphèse). Le problème formel de la frise ionique est d'éviter la monotonie, ce qui peut s'obtenir en changeant de sujet pour chaque face du bâtiment et en variant le tempo et la densité de la représentation.

Les frontons sont l'élément le plus important du décor

---

1. Demangel 1932 ; Felten 1984. 2. Schmidt 1982.

architectural sculpté [1], par l'ampleur de l'espace tympanal triangulaire qu'il s'agit de meubler et par le problème formel que posent ses angles latéraux très aigus. Durant la plus grande partie du VIe siècle, les frontons sont en calcaire tendre (*pôros*) et d'abord en relief **(16)**, avec des compositions hétérogènes où se mêlent éléments narratifs et bestiaire apotropaïque* [2]. Le passage au marbre et à la ronde-bosse* est attesté à la fin du VIe siècle, à Delphes, par le fronton est du temple, offert par la grande famille athénienne des Alcméonides et réalisé par le sculpteur athénien Antênôr [3]. Toutefois, la composition y reste hétérogène, ce qui n'est plus le cas à Athènes avec le « fronton de la Gigantomachie* », ultime modernisation du Vieux Temple de l'Acropole, dont la date et la composition restent discutées [4], et au fronton ouest du temple d'Apollon à Érétrie [5]. Si les frontons du temple d'Aphaïa, à Égine **(35)**, présentent une composition presque identique, ceux d'Olympie **(49)** proposent deux scènes très différentes, l'une statique et l'autre très mouvementée, suivant une formule qui va dès lors s'imposer **(55)**. Dernier ensemble désormais bien connu du genre, les frontons du nouveau temple de Delphes [6] attestent qu'il commence son déclin, après la virtuosité dramatique déployée à Épidaure [7] et à Tégée. Le transport à Rome d'un fronton complet du Ve siècle [8] indique que les Romains ont apprécié aussi la grande sculpture décorative classique.

L'intérêt essentiel des compositions tympanales, dans l'histoire de la sculpture grecque, est d'avoir offert aux sculpteurs, à cause de l'amoindrissement progressif de l'espace dans les angles, l'occasion de représenter des

---

1. Lapalus 1947. 2. Knell 1990, p. 1-17. 3. Picard, La Coste-Messelière 1931, p. 33-74 ; Knell 1990, p. 45-51. 4. Holtzmann 2003, p. 78-79, fig. 59-60. 5. Touloupa 2002. 6. Croissant 2003. 7. Yalouris 1992. 8. La Rocca 1985, provenant peut-être d'Érétrie.

figures dans des attitudes qu'ils n'auraient, sinon, guère eu l'occasion d'aborder : depuis la fin du VIe siècle, on y trouve des personnages assis **(49)**, accroupis, allongés **(55)**. Ainsi se trouve complété le répertoire de la figuration humaine (p. 86-91).

À ces deux types anciens de sculpture décorative, il convient d'en adjoindre un troisième, tardif, qui répond d'abord au goût romain avant de devenir sous l'Empire un phénomène majeur de la culture gréco-romaine [1]. Le pillage par les armées romaines de diverses cités et de sanctuaires grecs, entre le IIIe et le Ier siècle av. J.-C., stimulé par la pratique du triomphe, où le vainqueur se doit de faire défiler le plus riche butin possible, a rapidement saturé les lieux et les édifices publics de Rome de statues grecques [2]. Des collections privées se sont formées, un marché de l'art est né. Pour ceux dont ni les fonctions ni la fortune ne permettaient de satisfaire la demande d'art grec, devenue générale dans la société romaine en cours d'hellénisation, des ateliers spécialisés commencèrent à produire des copies en marbre, souvent réalisées à partir de moulages des originaux grecs [3]. C'est grâce à toutes ces « copies romaines » en marbre trouvées en Italie, dans les riches demeures qu'elles ornaient, souvent en pleine méconnaissance de leur fonction ou de leur sens premier [4], que nous avons une connaissance indirecte des chefs-d'œuvre disparus de la sculpture grecque en bronze de l'époque classique [5] **(37, 50, 52, 60, 64, 67, 69, 71)**. Certaines peuvent être des adaptations, que le praticien qui les fabrique, s'il est grec et surtout s'il est athénien, n'hésite pas à signer pour en faire monter le prix [6] **(104)**.

---

1. HOLTZMANN 2000 A. 2. CHEVALLIER 1991, p. 46-65. 3. LANDWEHR 1985. La prise préliminaire de moules partiels pour obtenir un moulage s'appelle ἀπόμαξις (*apomaxis*, f.) : Plutarque, *De sollertia animalium*, 36. Lysistratos, frère de Lysippe, aurait été le premier à réaliser des statues à partir de moulages : Pline XXXV, 153. 4. BARTMAN 1988. 5. RIDGWAY 1984. 6. FUCHS 1999, p. 59-96.

D'autres artistes grecs pratiquent plus subtilement le pastiche, pour ne pas dire le faux **(108)**. D'autres encore, moins ambitieux, se bornent à monnayer le grand répertoire en statuettes d'appartement **(113)** ou en reliefs d'intérieur **(105)**.

La variante la plus raffinée de cette industrie décorative est celle qui s'inspire de styles antérieurs – archaïque, sévère, maniériste – qu'elle combine souvent pour orner de figures un mobilier en marbre : vasques [1] **(106)**, candélabres [2], tables [3] **(121)**, plaques de revêtement ou de parapet [4] **(124)**. C'est, au IIe siècle ap. J.-C., avec les sarcophages [5] **(123)**, le débouché principal des sculpteurs attiques, qui maintiennent de la sorte la tradition locale du travail du marbre, jusqu'à ce que l'invasion des Hérules, en 267, ne porte un coup fatal à leur activité.

La sculpture funéraire

Depuis le IXe siècle, certaines tombes ont été marquées par un élément vertical qui les signalait à l'attention : tumulus*, poteau de bois, pierre dressée, vase à offrandes [6]. L'individualisation de la tombe est assurée par l'indication du nom du défunt, probablement depuis le milieu du VIIIe siècle, parfois renforcée par sa représentation, d'abord peinte (?), puis sculptée. Celle-ci, bien attestée depuis la phase dédalique de la sculpture grecque [7] **(8)**, persiste jusqu'au Bas-Empire romain **(123)**.

C'est d'abord, pendant tout l'archaïsme, un luxe

1. GRASSINGER 1991. 2. CAIN 1985. 3. STEPHANIDOU-TIVERIOU 1993 : supports de tables figurés produits par des ateliers attiques depuis 150 jusqu'à 267 (invasion des Hérules) ; sur un exemplaire soigné exporté à Thasos, HOLTZMANN 1993 B. 4. STEPHANIDOU-TIVERIOU 1979 : ensemble de plaques décoratives trouvées dans le port du Pirée et destinées à l'exportation (vers 150 ap. J.-C.). 5. KOCH 1993, p. 97-112. 6. KURTZ, BOARDMAN 1971, p. 56-58. 7. Une statue féminine de type dédalique, haute de 2,30 m, en marbre de Naxos a été découverte en novembre 2000 dans le cimetière de la ville antique de Thèra (Santorin) ; *GaB* 2002, p. 74, fig. 1.

réservé essentiellement aux membres masculins de l'aristocratie **(14, 25, 31, 32)** : les femmes sont rarement représentées[1] avant la première moitié du Ve siècle **(44, 46)**. L'accession progressive des autres classes de la société à la représentation funéraire varie d'une cité ou d'une région à l'autre, suivant l'organisation de la société et la place qu'y tient la sculpture **(43)**. À Athènes[2], après une première interdiction des monuments funéraires figurés, édictée probablement au début de la démocratie, à la fin du VIe siècle[3], l'art funéraire connaît à partir de 440-430 un regain remarquable : à côté des grandes stèles[4] **(58, 68, 78)**, des reliefs plus modestes[5] permettent à la petite bourgeoisie d'accéder elle aussi à la figuration. La monumentalisation spectaculaire de certains dispositifs funéraires[6] **(78)** entraîne une seconde interdiction, en 317, qui sera observée jusqu'au Ier siècle av. J.-C. **(115)**. Cet arrêt brutal de la production attique, qui a donné le ton pendant un siècle, explique en partie la diversité des monuments funéraires à l'époque hellénistique[7] : un grand nombre d'ateliers locaux produisent des reliefs, dont la morphologie et l'iconographie sont répétitives[8], et des

---

1. On peut citer, au VIIe siècle, outre **8**, certaines stèles gravées et peintes de Prinias (Crète) (Lebessi 1976) et la statue de Thèra évoquée à la note précédente ; au VIe siècle, en Attique, les statues de Phrasicleia **(23)** et la *corè* de Berlin (StaatMusAnt Sk 1800) ; à Thasos, deux petites stèles de la fin du VIe siècle ; Holtzmann 2007, p. 48-50, fig. 3 a, b. 2. Clairmont 1993 ; le volume d'introduction s'achève (p. 191-267) par un historique exhaustif de la recherche depuis la Renaissance, suivi d'une bibliographie (p. 268-311). 3. Richter 1961, p. 38-39, 53. Quelques stèles attiques archaïques portent la signature du sculpteur, ce qui ne sera plus le cas ultérieurement. 4. Diepolder 1931 ; Himmelmann-Wildschütz 1956. 5. Où le relief est limité en surface et en saillie : ce sont les stèles à vignette (Scholl 1996), les lécythes* (Schmaltz 1970) et les loutrophores* (Kokula 1984) en marbre. 6. Petrakos 1999, p. 335-413 (monuments funéraires de Rhamnonte) ; Steinhauer 2001, p. 305-309, fig. 458-465 (monument de Nikératos, à Callithéa). 7. Schmidt 1991. 8. Couilloud 1974 : stèles de Dèlos ; Pfuhl-Möbius 1977-1979 : stèles d'Asie Mineure.

statues dérivant de créations honorifiques **(81)**. Seule innovation importante : l'emprunt du thème primitivement votif du banquet **(45)**, rendu possible par la dévaluation de l'héroïsation **(95)** – thème qui est universellement adopté pour représenter les couples **(118)** durant l'époque impériale. Ultime étape de l'accession à la figuration : avec le développement du culte impérial apparaissent les stèles d'une catégorie sociale à la fois décriée et adulée, les gladiateurs [1], tandis que l'usage des sarcophages, jusque-là très restreint [2] **(80)**, se répand sous l'influence de Rome. Ce type nouveau de monument funéraire, collectif et pourvu d'un décor essentiellement mythologique, donne lieu à un commerce actif au profit de quelques grands sites producteurs [3] **(123)** ; les stèles traditionnelles, incapables de se renouveler, disparaissent à la fin du IIIe siècle.

La représentation funéraire, en dépit de son extension continue au fil du temps, n'a jamais eu l'abondance et la créativité de la sculpture destinée aux divinités. Sauf quelques animaux (lions, chiens, taureaux) et monstres (sphinges **(20, 25)**, gorgones **(21)**, sirènes) qui gardent l'espace funéraire ou ont une valeur symbolique [4], ce sont les défunts seuls qui sont représentés d'emblée, plus rarement en ronde-bosse* qu'en relief.

La ronde-bosse* funéraire [5] n'a jamais été très répandue. À l'époque archaïque, hormis quelques exceptions notables **(23, 32)**, elle ne nous est plus connue que par des bases figurées **(31)** ou inscrites [6] : quels qu'aient été l'âge et la profession de l'aristocrate défunt, elle adopte les types polyvalents du *couros* et de la *corè* [7]. Elle ne semble pas avoir été plus inventive aux époques hellénistique et impériale, se bornant à emprunter les types développés

---

1. Robert 1940. 2. Hitzl 1991. 3. Koch 1993. 4. Woysch-Méautis 1982. 5. Collignon 1911. 6. Pour les documents attiques, Kissas 2000, p. 37-80, 247-258. 7. D'Onofrio 1982.

par la sculpture honorifique, comme celui des « Herculanaises » **(81)**.

Les reliefs funéraires, en revanche, sont plus variés et originaux [1]. Ils doivent à leur axe vertical, qui a tendance à s'estomper avec l'essor de scènes à personnages multiples, leur nom générique de stèles (« pierres dressées »). Mais il y a loin, morphologiquement, de la stèle archaïque, où le défunt est à l'étroit dans le champ restreint **(25)**, aux stèles familiales du IVe siècle **(68)** et aux stèles plus narratives de l'époque impériale **(118)**. En dépit de son enrichissement progressif, l'iconographie funéraire ne remet jamais en cause le principe fondamental de la représentation : quand bien même accompagné de ses proches, le défunt est replacé, souvent par la simple présence d'un accessoire significatif, dans le contexte social où il a vécu et s'est distingué [2]. Sont généralement honorés d'une stèle sculptée le chef de famille ou l'héritier prématurément disparu **(14, 25, 43)**, la mère de famille **(44, 68, 118)**, la jeune fille non mariée ou la jeune mariée disparue très vite **(46)** ; les enfants ne sont représentés en tant que tels qu'à partir du IVe siècle [3]. À toutes les époques, l'émotivité, qui semble avoir été affichée, voire mise en scène dans les rites funéraires, reste très contenue dans la figuration : elle s'exprime plus volontiers dans les textes qui peuvent accompagner celle-ci [4].

Ici, plus peut-être que dans les autres genres, la polychromie* n'a cessé de jouer un grand rôle : le relief

---

1. Seule étude d'ensemble récente : SCHMALTZ 1983, à compléter par l'utile panorama bibliographique établi par LE DINAHET-COUILLOUD, MOURET 1993. 2. Sauf dans de rares cas, il faut donc abandonner les interprétations symboliques qui ont fait florès jusqu'à la seconde moitié du XXe siècle ; PICARD 1963, p. 1383-1432. 3. HIRSCH-DYCZEK 1983. La stèle attique de Plangôn (Munich, Glyptothèque GL 199) en fournit un excellent exemple ; VIERNEISEL-SCHLÖRB 1988, p. 65-71, pl. 25-26. Pour l'époque hellénistique et Dèlos, voir LE DINAHET 2001. 4. PEEK 1960 ; CLAIRMONT 1970.

funéraire n'a jamais perdu le souvenir des plaques peintes en bois et en terre cuite dont il est issu. Certaines stèles attiques, classiques[1] aussi bien qu'archaïques[2], étaient d'ailleurs seulement peintes, d'autres gravées et peintes ; mais d'autres régions, où la sculpture était peu pratiquée, ont également livré, à partir du IVe siècle, des témoignages importants de ce genre hybride[3]. Il est vraisemblable que ces monuments, souvent modestes, devaient être moins coûteux que les stèles sculptées, d'une facture plus élaborée.

La sculpture commémorative

Avec elle, la sculpture se met au service de l'histoire : il s'agit ici de perpétuer la mémoire d'une personnalité ou d'un événement important après un laps de temps plus ou moins long. Il est très court lorsqu'il s'agit d'en-tête de décrets ou de traités gravés sur une stèle de marbre et exposés dans des sanctuaires – un genre de relief, pratiqué presque exclusivement à Athènes[4], qui a connu une intense production durant le IVe siècle. Dans un champ limité situé au-dessus du texte sont représentées, en faible relief avivé par la polychromie*, soit des allégories, comme la Démocratie, le Peuple ou le Conseil, s'il s'agit de décrets, soit les divinités patronnes des cités contractantes, s'il s'agit d'un traité ; c'est dire qu'Athèna y est presque toujours figurée.

Les statues commémoratives honorent un personnage célèbre, souvent bien longtemps après sa mort. Les plus anciennes attestées, celles des Tyrannoctones d'Antènôr,

---

1. POSAMENTIR 2006 ; VIERNEISEL-SCHLÖRB 1988, p. 85-98, pl. 32-35 : bel exemple (Munich, Glyptothèque GL 483), vers 380 av. J.-C. 2. RICHTER 1961 : n° 20, 24, 45, 54, 57, 58, 61, 70, 71, 73. 3. GRAEVE 1979 (Dèmètrias, en Thessalie) ; SAATSOGLOU-PALIADELI 1988 (Verghina, en Macédoine) ; PAPAPOSTOLOU 1993 (Achaïe) ; ROUVERET, WALTER 2004 (Alexandrie). 4. LAWTON 1995 ; MORETTI 1987 : une exception à Delphes, à la fin du Ve siècle.

ont été érigées sur l'agora* d'Athènes une dizaine d'années après l'attentat et remplacées après 480 par le groupe fameux de Critios et Nèsiôtès **(37)** ; deux aristocrates engagés dans une *vendetta* privée se trouvèrent ainsi stylisés à jamais en héros de la démocratie. Le portrait de Démosthène **(84)**, réalisé quarante ans après sa mort, est un autre de ces hommages tardifs rendus à des hommes politiques de premier plan. À moins qu'il n'appartienne plutôt au groupe nombreux des statues représentant des célébrités du *logos* : poètes, dramaturges, philosophes, historiens, orateurs, etc. La plus ancienne statue attestée de ce type est celle d'Homère (type Épiménidès), dont l'original en bronze, créé vers 460, est perdu, mais connu par six copies [1]. Un peu plus tard, c'est la statue du poète lyrique Anacréon, mort au début du Ve siècle, qui est dressée sur l'Acropole, dans le sanctuaire d'Athèna Polias [2]. Ce sont les premiers d'une longue série de portraits posthumes **(75)** installés d'abord dans les sanctuaires et les agoras, puis dans les lieux de culture – théâtres et gymnases [3] –, enfin dans les villas de l'aristocratie romaine hellénisée [4].

Aucun original en bronze ne nous est parvenu, mais une grande quantité de copies en marbre, entières ou réduites à une tête portée par un pilier hermaïque*, où était souvent inscrit le nom du personnage. Ces portraits sont imaginaires, puisque aucun document ne pouvait alors conserver la physionomie des disparus : l'apparence qu'ils en donnent est déduite de leur œuvre ou de traits de caractère transmis oralement. Ici, la *phantasia* l'emporte donc sur la *mimèsis* : ces portraits sont « plus vrais que nature », car ils proposent la vérité intérieure d'un

---

1. *Klassik* 2002, p. 230-231, n° 125 (R. Krumeich). 2. *GaB* 2004, p. 104-105, fig. 73 a-g (Copenhague, NCGlyp 491). 3. Sur l'emplacement de ces statues à Athènes, FITTSCHEN 1995, p. 61-69 ; sur les statues des Tragiques et de Ménandre installées au théâtre, PAPASTAMATI-VON MOOCK 2007. 4. NEUDECKER 1988, p. 64-74, pl. 16-20.

individu, expriment sa personnalité par-delà son physique[1]. Toutefois, l'essor de la statuaire honorifique au IVe siècle a réduit dans bien des cas le laps de temps entre la mort d'un personnage important et la création de sa statue : le premier portrait de Platon par Silanion, l'un des premiers spécialistes de ce genre alors émergent, a dû être réalisé très peu de temps après sa mort, en 347[2].

La statuaire honorifique et l'essor du portrait

Les statues honorifiques, à l'inverse des statues commémoratives, sont érigées du vivant du personnage honoré et financées par le groupe social – cité, association, etc. – qui veut rendre hommage à son action bienfaisante. Quand elles sont appelées *eicones* (εἰκόνες, εἰκών au singulier), l'accent est mis sur l'individualité[3], sur leur caractère de portrait plus ou moins réaliste, alors qu'elles sont appelées *andriantes* (ἀνδριάντες, ἀνδριάς au singulier) quand on veut, notamment dans les sanctuaires, les distinguer des statues de divinités. Jusqu'à la fin de l'époque hellénistique, où l'influence de Rome introduit la mode du buste, ce sont des statues en pied : pour un sculpteur grec, l'attitude, le vêtement sont des expressions importantes de la personnalité[4]. Elles sont généralement en bronze, ce qui est à la fois plus dispendieux[5] et plus commode, puisqu'elles peuvent ainsi être placées en plein air dans des lieux publics très fréquentés.

Au Ve siècle, leur fonction est encore ambiguë : certaines sont installées dans les grands sanctuaires en tant

---

1. Baudelaire, à propos des portraits d'Ingres, notait en 1846 que ce sont « de vrais portraits, c'est-à-dire la reconstruction idéale des individus ». 2. *GaB* 2004, p. 399-402, fig. 370 a-c, 371 a-b. 3. *Eicôn* peut désigner aussi bien un portrait peint (*eicôn graptè*). 4. KRUMEICH 2002 : les débuts du portrait jusqu'à la fin du IVe siècle. 5. Le prix moyen d'une statue en pied de grandeur naturelle est de 3 000 drachmes, d'après le témoignage de quelques inscriptions ; cf. n. 3, p. 33.

qu'offrandes [1]. De fait, on peut ainsi faire hommage à la divinité d'un succès majeur : c'est le cas des statues d'athlètes victorieux **(74, 79)** aux grands concours panhelléniques, particulièrement nombreuses à Olympie [2] – un genre où Polyclète s'était spécialisé **(52)**. Quelques hommes d'État ont été également honorés de la sorte [3], mais non à Athènes, dont les institutions démocratiques sont très réticentes à cette mise hors du commun. Ainsi les portraits de Thémistocle et de Périclès [4] sont probablement dus à des initiatives privées (famille ou partisans), car les premières statues honorifiques officielles à Athènes furent celles de Conon et d'Évagoras, érigées en 393 devant le portique de Zeus Éleuthérios de l'agora*, où ne se dressait jusqu'alors que le groupe commémoratif des Tyrannoctones [5] **(37)**.

Au IVe siècle, le goût nouveau pour l'expression des sentiments et de l'individualité fait enfin du portrait un genre majeur de la sculpture [6]. D'autre part, l'importance croissante de l'évergétisme* dans la vie des cités grecques entraîne une inflation des honneurs accordés aux bienfaiteurs ; or l'octroi d'une statue sur l'agora* figure parmi les plus hautes récompenses qui puissent être obtenues [7]. Cette distinction est si recherchée qu'il n'est pas rare que ce soit la famille, les proches, voire le récipiendaire lui-même [8] qui en assument les frais. Les femmes, notamment grâce aux prêtrises qu'elles exercent, accèdent elles aussi à la représentation honorifique [9]. Si Athènes reste relativement parcimonieuse en la matière [10], les cités d'Asie

1. Cette pratique subsiste jusqu'à l'époque hellénistique dans quelques très grands sanctuaires et pour des monuments de grand prestige ; JORDAN-RUWE 1995, p. 7-51 ; KEESLING 2007. 2. HERRMANN 1988. 3. KRUMEICH 1997. 4. KRUMEICH 1997, p. 71-86 et 114-125. 5. GAUTHIER 1985, p. 96-97. 6. *Early... Portraiture* 2007. 7. GAUTHIER 1985, p. 79-80 pour Athènes ; *passim* pour d'autres cités. 8. GAUTHIER 2000 : huit cas répertoriés dans des cités différentes à la basse époque hellénistique. 9. EULE 2001. 10. HENRY 1983, p. 294-300 ; PERRIN-SAMINADAYAR 2004.

Mineure, moins tenues par une tradition égalitaire, se laissent aller à des excès étonnants [1] : à partir du Ier siècle av. J.-C., les grands bienfaiteurs sont souvent honorés de plusieurs statues à la fois. C'est ainsi qu'à son retour d'une ambassade fructueuse à Rome, vers 80 av. J.-C., Pergame décerne à Diodôros Pasparos « une statue-portrait (*eicôn*) en or [2] et une autre (en or) équestre [3] ; une autre en bronze colossale où il sera couronné par le Peuple et une autre (en bronze) équestre ; enfin, une statue cultuelle (*agalma*) en marbre. Il pourra choisir dans les sanctuaires et les lieux publics l'emplacement de ces statues, dont celles en or auront un socle haut (στυλίς) en marbre et celles en bronze un socle bas (σῆμα) en marbre, tandis que la statue de culte sera placée dans le temple qui sera construit à cet effet... [4] ».

Mais toutes ces statues n'assurent qu'une immortalité précaire : la plupart ne survivent guère à la mort de leur bénéficiaire ou à celle de ses descendants directs. L'encombrement menace, qu'on pallie par des délestages périodiques ou, mieux encore, par le remploi [5], parfois même acheté par le nouvel impétrant : soit en changeant simplement l'inscription (μεταγράφειν, *métagraphein*), soit en ne changeant que la tête (μεταρρυφμίζειν, *métarrhythmizein*). Dion de Pruse, dans son « discours aux Rhodiens », grands producteurs de statues en bronze, leur fait honte d'avoir dénaturé ainsi une institution devenue essentielle dans la vie politique des cités (XXXI, 8-9 ; vers 70 ap. J.-C.). Au Bas-Empire, le trafic des statues honorifiques passe aux mains des empereurs : au milieu du

1. PEKARY 1978. 2. C'est-à-dire en bronze doré ; cf. plus haut p. 35. 3. À cette date, vers 80 av. J.-C., les statues équestres ne sont plus réservées à des souverains ou à des chefs militaires, comme ce fut le cas depuis la fin du IVe siècle ; KNOEPFLER 2001, p. 177-178 ; SIEDENTOPF 1968, p. 89-145, en a répertorié 190, dont 64 à Olympie et 28 à Delphes. 4. *IGR* IV, 292, l. 24-28 d'un des onze décrets de Pergame honorant ce grand personnage ; CHANKOWSKI 1998. 5. BLANCK 1969.

IVe siècle, ils en prennent le contrôle en instituant une autorisation impériale obligatoire, qui devient payante un siècle plus tard[1].

Le développement du portrait privé depuis la seconde moitié de l'époque hellénistique est un effet secondaire de cet engouement pour la statuaire honorifique : à défaut d'obtenir une statue publique, on se paye une statue privée qui décore le cadre de vie[2]. Ainsi, quand les circonstances de la découverte ne sont pas claires, il est impossible, à partir du IIe siècle av. J.-C., de savoir si l'on a affaire à une statue-portrait votive, funéraire, honorifique ou privée. C'est ce qui fait l'intérêt des nombreux portraits en marbre trouvés à Dèlos, en grande partie dans les maisons de la bourgeoisie d'affaires cosmopolite[3] : certains affichent un réalisme sans concession correspondant au goût italien de la clientèle ; d'autres, plus nuancés, sont très proches des portraits attiques contemporains[4].

Cette production diversifiée et abondante[5] fait du portrait le genre principal de la sculpture grecque à partir du Ier siècle av. J.-C. et, après le IIIe siècle, le seul encore vivant jusqu'au début de l'époque byzantine[6] **(125)**. Sauf rares exceptions[7] **(103, 110)**, nous n'en connaissons que la

---

1. Code de Justinien I, 24, 1 et 4. 2. Pline (XXXIV, 9, 17) note qu'on a ainsi transformé les maisons particulières en places publiques… 3. Michalowski 1932 ; *SculpDél* 1996 : n° 86, 93, 94, 97, 99 (Fr. Queyrel). Le cas des statues de Cléopatra et Dioscouridès (n° 94) est éclairci par l'inscription de la base : il s'agit d'un substitut à une statue honorifique non décernée, bien que Dioscouridès se soit signalé par des offrandes. 4. Stewart 1979, p. 65-98. 5. À laquelle il faut adjoindre les portraits d'empereurs : fabriqués dans le monde grec à partir des modèles créés à Rome, ils présentent souvent des variantes intéressantes (à voir dans les volumes de la collection *Das römische Herrscherbild*, Berlin, depuis 1939). 6. Il n'existe pas, pour la Grèce continentale et insulaire, de recueil comparable à ceux de Inan, Rosenbaum 1966 et 1979 pour l'Asie Mineure. Sur les portraits du MNArch d'Athènes, Datsouli-Stavridi 1985 ; sur ceux du MAcr, Dontas 2004. 7. Bruns-Özgan, Özgan 1994 : statue-portrait en bronze doré, de la fin du Ier s. av. J.-C.

partie en marbre (**117, 119, 122**), qui n'était certainement pas la plus importante, puisque ces statues étaient installées dans des espaces couverts ou protégés [1], alors que la majorité, en bronze, se trouvait en plein air.

LE CHAMP ICONOGRAPHIQUE

Primauté de la figure humaine

Comme tout système esthétique, la sculpture grecque est fondée sur certaines prédilections qui lui donnent une orientation particulière. Il s'agit en l'occurrence de la figure humaine, et ce bien que les mortels y soient relativement peu représentés jusqu'à un stade avancé de son évolution. Ce paradoxe résulte de la représentation anthropomorphique* des dieux, que l'on peut constater d'emblée (**5**) et qui ne souffre que très peu d'exceptions : seul Pan présente une animalité flagrante et définitive, tandis que les suppôts de Dionysos, Satyres et Silènes (**34, 90**), s'humanisent avec le temps. Quant aux ailes dont sont pourvues certaines divinités, comme Nikè, personnification de la Victoire (**22, 41, 56, 59, 92**), elles ne font que leur donner un surcroît d'agilité et ne semblent en rien gêner l'ordonnance tout humaine de leur vêtement. Depuis leur victoire sur les Géants issus de la Terre (Gè) et donc souvent anguipèdes* (**97**), les dieux règnent sur le monde du haut de l'Olympe, chacun pourvu d'une personnalité complexe, tissée de mythes parfois contradictoires, qui les expose aux mêmes passions et déboires que les mortels [2] : n'était leur immortalité, ils ne s'en distingueraient guère, comme ils ne s'en distinguent physiquement que par leur taille. L'assemblée des dieux, sur la frise du Trésor de Siphnos [3] ou sur celle du Parthé-

---

1. Smith 1999. 2. Otto 1993. 3. Brinkmann 1994, p. 139-146, fig. 1-5.

non[1], ne diffère en rien d'une assemblée de mortels : elle en a la vivacité familière et l'on n'y reconnaît les dieux qu'à de très discrets attributs, eux-mêmes humains sauf l'égide* d'Athèna. Représenter les dieux, pour un artiste grec, c'est donc représenter des humains extraordinaires : immortels – une intemporalité qui peut apparaître dans les statues de divinités les plus majestueuses, comme le fameux Zeus de Phidias à Olympie[2], mais qui s'efface dès lors qu'ils sont agissants.

Mais il existe aussi d'autres dieux, plus abstraits et peu concernés par les mythes – des dieux sans histoire, pour ainsi dire –, que les Grecs se sont empressés de représenter sous forme humaine dans les petits sanctuaires qui leur ont été consacrés : ce sont les personnifications des phénomènes les plus divers[3]. Des statues d'Hypnos (le Sommeil), de Thanatos (la Mort), d'Aidôs (la Pudeur), de Gélôs (le Rire), de Kairos (l'Occasion favorable) sont attestées, sans parler de Némésis (la Justice punitive) qui avait à Rhamnonte une statue célèbre d'Agoracritos[4], l'élève préféré de Phidias ; d'Hygie[5] (la Santé), acolyte presque obligée d'Asclèpios, le dieu médecin ; de Tychè[6] (la Fortune, bonne ou mauvaise), qui prend beaucoup d'importance à l'époque hellénistique, etc. D'autres forment des groupes peu différenciés qui accompagnent généralement une divinité majeure, comme les Charites (les Grâces), les Nymphes ou les Muses, patronnes des arts, dont le nombre ne se fixe qu'à l'époque hellénistique

---

1. Holtzmann 2003, p. 133, fig. 121 ; Delivorrias 2008, p. 162-166. 2. Lapatin 2001, p. 79-86. Dans son *Discours olympique* (97 ap. J.-C.), Dion de Pruse fait expliquer par Phidias le rapport entre l'apparence humaine et la nature divine, et comment la sculpture peut parvenir à le rendre, à l'instar de la littérature (XII, 55-83). 3. Hamdorf 1964 ; Messerschmidt 2003. 4. Despinis 1971, p. 1-108, pl. 1-99. 5. Croissant 1990. 6. Villard 1997 ; sur la Tychè protectrice des cités : Christof 2001.

(98). Par ce biais, c'est presque tout ce qui existe qui peut accéder à la représentation humanisée.

Anthropomorphisme des dieux, mais aussi théomorphisme des mortels. Les héros, cette catégorie religieuse très vivace dans la mentalité grecque [1], sont des mortels élevés au rang des dieux à qui l'on rend un culte sur leur tombe ou sur le lieu de leur disparition. Les exploits des plus célèbres – Hèraclès, Thésée, Persée – sont très souvent représentés à l'époque archaïque, surtout lorsqu'ils viennent à bout des monstres qui infestaient primitivement le monde. Ils se distinguent physiquement d'abord par leur taille, puis par leur nudité, qui suggère leur invincibilité.

Quant aux simples mortels, sauf exceptionnellement [2], ils ne sont pas représentés tels qu'ils se présentent dans leur vie quotidienne avant l'époque hellénistique : la sculpture grecque les élève presque toujours au-dessus des contingences de l'existence par un processus d'idéalisation qui est une de ses caractéristiques essentielles. Jusqu'à l'époque hellénistique, l'âge, la profession, le rang social sont discrètement suggérés plutôt que représentés.

Un réalisme transcendé

Il ne nous reste que des témoignages écrits tardifs de la phase primitive de la sculpture grecque, dont les œuvres majeures devaient s'apparenter à celles de la sculpture africaine par leurs matériaux – essentiellement la terre cuite et le bois – et leur allure, qui évoque plus qu'elle ne reproduit les corps vivants. Quelques œuvres mineures, comme le Centaure de Lefcandi **(1)** et l'offrande de Manticlos **(6)**, montrent que la figure, qu'elle soit animale ou humaine, est alors construite par l'articulation de volumes géométriques simples, dont les proportions ne

---

1. Dentzer 1982, p. 472-480. 2. Certaines terres cuites archaïques de Béotie (*Tanagra...* 2003) et quelques petits bronzes **(4)**.

sont pas celles de la réalité. Cette esthétique, qu'on peut appeler prémimétique* dans la mesure où elle ne reproduit pas le vivant, règne durant la période dite géométrique et une grande partie du VIIe siècle, avant que l'imitation du réel (μίμησις, *mimèsis*) ne devienne l'une des bases de la sculpture grecque.

Pourtant, cette reproduction du vivant, qui ne cesse de s'affiner depuis le VIe siècle[1] pour arriver à la perfection vers 440-430, au Parthénon **(54)**, n'est pas le fin mot de la sculpture grecque, comme pourraient le faire croire certains textes tardifs[2], surtout latins[3], qui se complaisent à la valoriser d'une manière assez obtuse. La *mimèsis*[4] est pour l'artiste grec un moyen, non une fin : elle fait partie du métier, non du style ; elle est nécessaire, mais non suffisante[5]. La figuration sculptée majeure ne se contente jamais d'une reproduction exacte du réel : elle le transfigure[6], soit en établissant une harmonie rationnelle (συμμετρία, *symmetria*) **(15, 47, 50, 52, 67, 74)**, soit en donnant libre cours à l'imagination créatrice[7] (φαντασία, *phantasia*) **(22, 34, 38, 41, 55, 56, 64, 90, 92, 97, 111)**, selon l'es-

---

1. HIMMELMANN 1994, 1980, 1983. 2. Par exemple les très nombreuses épigrammes concernant la Génisse de Myron (OVERBECK 1868, n° 550-591), chef-d'œuvre de la sculpture animalière. 3. Voir chez ISAGER 1991, p. 136-140, la conception de Pline l'Ancien, partagée par d'autres auteurs latins, comme Cicéron et Quintilien. Les Modernes ont souligné les limites de cette conception de la sculpture, qui en ferait un « art décevant » ; ALAIN 1958, p. 366-391 : livre VII du *Système des Beaux-Arts*, Paris 1920 ; p. 572-586 : quinzième et seizième leçons de *Vingt leçons sur les Beaux-Arts*, Paris 1931 ; VALÉRY 1960, p. 1363 : *Mon buste*, Paris 1935 : « Il ne faut pas s'arrêter à la ressemblance première. Je dis plus : il ne faut pas vouloir la ressemblance avant toute chose. » 4. HALLIWELL 2002. 5. BABUT 1985. 6. Selon Elien (*VarHist* 4, 4), à Thèbes, une loi aurait contraint les portraitistes, peintres et sculpteurs, à flatter leur modèle, sous peine d'une amende de 1 000 drachmes... 7. « C'est l'imagination, dit-il, qui a produit ces œuvres (de Phidias, de Praxitèle) – une force créatrice bien plus habile que l'imitation, car l'imitation produit ce qu'elle a vu, tandis que l'imagination produit ce qu'elle n'a pas vu » (Philostrate, *Vie d'Apollonios de Tyane* VI, 19) ; SCHWEITZER 1934.

prit régnant durant chacune des phases de son histoire[1]. Ainsi, la sculpture grecque ne cesse d'osciller entre deux pôles esthétiques, l'idéalisation et l'expressivité. Même un genre apparemment aussi tributaire de la reproduction du réel que le portrait est soumis à leur attraction.

Après l'abandon des types du *couros* et de la *corè*, spécimens radieux d'humanité que le VIe siècle a utilisés indifféremment dans des contextes votif **(30)**, funéraire **(23)** et cultuel **(33)**, l'exigence esthétique de dépassement du réel change de registre : de Polyclète **(52)** à Lysippe **(74)**, le corps masculin fait l'objet d'une recherche d'harmonie supérieure qui confine dans un anecdotisme subalterne les progrès de l'observation anatomique (p. 98). En imposant le nu féminin intégral **(69)**, Praxitèle ouvre tardivement le corps féminin à ces exigences formelles, au moment même où le goût du particulier – psychique et physique – commence à s'imposer avec l'émergence du portrait au premier plan. En dépit d'une tendance au réalisme **(88)** poussée parfois jusqu'à un pittoresque morbide **(89)**, la sculpture hellénistique ne rompra jamais tout à fait avec ce formalisme : le retour à des styles antérieurs où il prédomine, même s'il est stimulé par la clientèle romaine, correspond à une nostalgie et à un besoin périodique de ressourcement qui se manifestent jusqu'au IIIe siècle ap. J.-C.

Ainsi, en représentant les dieux comme des mortels et en élevant les mortels au rang de « corps glorieux », la sculpture grecque évolue presque constamment sur un plan supérieur où la figure humaine, sous ses deux espèces, est un objet d'exaltation bien plus que d'observation. Comme le remarquait Pline l'Ancien : « Admirable pouvoir de cet art qui rend les hommes illustres plus illustres encore » (XXXIV, 74, tr. H. Le Bonniec).

1. Schweitzer 1963.

En marge de la figure humaine

Devant ce foisonnement de la figure humaine, les monstres, que l'archaïsme s'était complu à représenter, disparaissent presque tous : la Gorgone **(13, 16, 21)** s'efface, en dépit de sa fonction apotropaïque*, et la Sphinge **(20)** elle-même se fait rare ; les Sirènes subsistent au sommet de quelques stèles funéraires [1]. En fait, les Centaures **(1)** seuls restent bien présents jusqu'à la fin de l'époque hellénistique, peut-être parce qu'ils sont un mixte d'homme et de cheval, animal noble entre tous. Quelques monstres marins tardifs, comme ceux du groupe de Scopas [2] ou la Scylla de la grotte marine de Sperlonga [3] **(111)**, sont l'exception qui confirme la règle : un détail anatomique animal parfois très discret suffit désormais à évoquer une monstruosité qu'on évite de représenter. C'est ainsi que les monstres de la frise de l'Autel de Pergame sont la plupart réduits à n'être qu'anguipèdes* et celui qui vient étouffer Laocoon et ses fils **(112)** sur la plage de Troie est remplacé par deux très gros serpents. Le triple Géryon très tardif de Chiragan **(124)** est une réminiscence culturelle sophistiquée.

Les animaux sont généralement représentés en compagnie humaine **(4, 7, 24, 31, 38, 43, 45, 72, 78, 80, 93, 95, 96, 118)**, notamment sur les reliefs votifs et funéraires [4], mais aussi avec les divinités **(7, 63, 71, 106, 112, 120, 123)**, car nombre d'entre elles sont symbolisées par un animal familier : la biche [5] pour Artémis, la chouette pour Athèna, le serpent pour Asclèpios, la panthère pour Dionysos, l'aigle pour Zeus, etc. Lorsqu'elles sont indépendantes, les statues d'animaux sont pour la plupart des offrandes faites dans les sanctuaires, soit comme substitut permanent d'un sacrifice, comme la célèbre vachette de Myron sur l'Acro-

---

1. Woysch-Meautis 1982, p. 81-99. 2. Lattimore 1976. 3. Andreae 2001, pl. 98-101. 4. Woysch-Meautis 1982, p. 23-79. 5. Voir n. 6, p. 42.

pole[1] ou le taureau de Corcyre à Delphes[2], soit pour commémorer quelque prodige[3]. Très peu d'exemples sont connus de cette sculpture animalière dont les textes nous assurent l'existence, mais un écho souvent pittoresque s'en est conservé dans toutes sortes de productions mineures : petits bronzes, terres cuites, petits vases plastiques, monnaies, intailles, etc.[4].

Dans ce bestiaire grec, une place éminente revient au cheval, qui n'est pas un animal sacrifié aux dieux[5]. Protégé de Poséidon, souvent qualifié d'Hippios, c'est pour les Grecs, depuis l'époque géométrique **(2)** et jusqu'à l'époque impériale, le symbole même de l'aristocratie et d'une noblesse qui touche à la divinité. C'est pourquoi les héros sont très souvent représentés en cavaliers[6] **(120)**. Aussi les offrandes faites à la suite de victoires hippiques sont-elles les plus raffinées qui soient, qu'il s'agisse de grands quadriges en bronze, comme celui dont l'« Aurige de Delphes » **(42)** faisait partie, ou d'offrandes plus modestes mais d'une qualité suprême, comme la statuette d'Olympie B 1000[7]. Le cheval et son jockey retrouvés dans l'épave du cap Artémision[8] (MNAth Br 15177) attestent que, passé le grand moment de l'art attique **(47, 78)**, le cheval reste, jusqu'à l'époque hellénistique tardive, un sujet de prédilection – en fait le second grand sujet de l'art grec après la figure humaine.

Quant à la nature, elle a bien peu de place dans la sculpture grecque : même dans les arts graphiques, elle n'en acquiert qu'à partir de la fin du Ve siècle, précisément au moment où les reliefs votifs commencent à évoquer

---

1. Holtzmann 2003, p. 98. 2. *GDelphes Site* 1991, p. 103-104, n° 104. 3. Les deux béliers en bronze de Syracuse (Palerme, MN) ont pu avoir cette fonction (Rolley 1983, p. 46-48, fig. 27), comme le loup en bronze, perdu, de Delphes (Pausanias X, 14, 7). 4. *Mildenberg Coll.* 1996. 5. Mais qui l'est aux « princes », lors d'obsèques héroïsantes ; Holtzmann 2000 C. 6. Dentzer 1982, p. 492-493. 7. Rolley 1983, fig. 65, p. 88. 8. Rolley 1983, p. 46, fig. 26.

très discrètement un milieu naturel[1]. À cet égard, un pectoral de cheval en bronze trouvé à Samos[2] et le petit fronton d'un édifice en *pôros* de l'Acropole d'Athènes[3], où l'on voit une fontaine protégée par un petit bâtiment à gauche duquel s'élèvent des oliviers, restent des tentatives isolées, du moins dans l'état de notre documentation. Le paysage – mais un paysage très factice – n'est traité pour lui-même qu'à la fin de la période hellénistique, avec les « reliefs pittoresques », produits sophistiqués destinés à satisfaire le goût romain[4].

Dans la ronde-bosse*, il est rare qu'un élément de nature fasse partie intégrante d'une composition, comme c'est le cas pour l'Apollon Sauroctone de Praxitèle **(71)** ou le « Faune Barberini » **(90)**. Cependant, quelques offrandes, pour se distinguer de la figuration humaine foisonnante dans les grands sanctuaires, ont relevé le défi de représenter plus ou moins la nature : à Dèlos, le palmier en bronze de Nicias, créé à l'instar de celui dédié précédemment à Delphes par les Athéniens[5] ; à Delphes encore, les « moissons d'or » dédiées par Apollonia, Métaponte et Myrina[6] et, plus allusivement, la Colonne d'acanthe, dédicace athénienne[7].

---

1. CARROLL-SPILLECKE 1985. 2. HOLTZMANN, PASQUIER 1998, p. 82-83, fig. 45 a-b : vers 620. 3. HOLTZMANN, PASQUIER 1998, p. 126-127, fig. 74 ; HOLTZMANN 2003, p. 75, fig. 54 : vers 550 ; HIMMELMANN 2005, p. 74-75, fig. 37a. 4. BIEBER 1961, p. 152-155 ; HOLTZMANN, PASQUIER 1998, p. 284-285, fig. 199. Le recueil établi jadis par SCHREIBER 1894 comprend des œuvres de style et de date divers : STROCKA 1965, p. 94-95. 5. *GDélos* 2005, p. 200, n° 37 ; JACQUEMIN 1999 A, p. 179. 6. JACQUEMIN 1999 A, p. 167. 7. *GDelphes Site*, p. 199-200, n° 509, fig. 84.

LES CONVENTIONS DE LA FIGURATION HUMAINE

Des statues en pied

La sculpture grecque privilégie la représentation humaine intégrale : même dans les genres mineurs et en petit format, elle crée généralement des figures en pied. Elle se trouve ainsi confrontée d'emblée à un problème physique et esthétique essentiel de cet art, qui se décline différemment suivant les matériaux : le rapport au sol et le rendu du mouvement. Les exceptions à ce principe de base ne concernent que des types très circonscrits [1]. Les principaux sont les protomes* de terre cuite, essentiellement votives, qui apparaissent au VIe siècle en milieu ionien [2], et les piliers hermaïques* d'abord disposés aux carrefours et surmontés d'une tête d'Hermès barbu [3], puis installés dans des bâtiments publics et surmontés de la tête d'un personnage historique ou d'un notable qu'on veut honorer à peu de frais **(117)**. Ces reproductions partielles d'une statue en pied célèbre, généralement en bronze et donc perdue, nous ont conservé nombre de portraits, parfois accompagnés du nom du modèle.

Dimensions

Ces figures en pied peuvent être de dimensions très différentes, ce qui ne préjuge en rien de leur qualité. Entre le microscopique [4] et le gigantesque [5], on peut distinguer quelques ordres de grandeur privilégiés. La taille

---

1. ROLLEY 1994, p. 26-29 ; faut-il y ajouter l'εἰκών ἐν ὅπλῳ (*imago clipeata*), tête-portrait installée au centre d'un bouclier, attestée au Samothrakeion de Dèlos vers 100 av. J.-C. ? Mais Dèlos est un milieu très hybride, largement ouvert aux influences occidentales. 2. CROISSANT 1983. 3. Le plus ancien, vers 520, provient de Siphnos : *Mer Égée* 1979, p. 197-198, n° 139 (A. Pasquier) ; le plus célèbre, qui fut très longtemps copié, est celui d'Alcamène : HERMARY 1979, ROLLEY 1999, p. 145-146, fig. 131. Sur l'origine du type, DEVAMBEZ 1968. 4. Voir n. 5, p. 18. 5. Voir n. 1, p. 41.

naturelle (de 1,60 m à 1,80 m)[1] se rencontre surtout dans la représentation du commun des mortels par la sculpture funéraire **(14, 23, 58)** et honorifique, d'abord en milieu sacré, puis civil **(17, 37, 42, 79, 86, 103)**. Mais dès lors qu'on reconnaît à une personne un caractère exceptionnel, le passage à la taille supranaturelle (de 1,80 m à 2,20 m) ou subcolossale, sorte d'héroïsation implicite, s'impose **(32, 40, 42, 48, 51, 52, 74, 75, 81, 84, 87, 117, 125**[2]) ; c'est aussi celle de nombreuses statues votives de divinités **(33, 47, 66, 67, 69, 70, 99, 101)**. Passé la mode archaïque des statues votives colossales **(15, 18)**, qu'on peut considérer comme une crise d'adolescence de la sculpture grecque, la taille colossale (plus de 2,20 m) n'est plus guère pratiquée **(65)** après le IVe siècle que pour les statues de culte, qu'il s'agisse de divinités **(91)** ou de souverains divinisés[3].

En revanche, les hauteurs moindres que la taille naturelle ne semblent pas avoir eu une signification bien précise : la dimension dépend là essentiellement des moyens du commanditaire. On peut y distinguer trois groupes : les statues de petite taille (de 1 m à 1,60 m), les statuettes (de 0,50 m à 1 m) et les statues de taille minime (moins de 0,50 m). Un sanctuaire dont le matériel votif archaïque est bien connu, comme l'Acropole d'Athènes, montre qu'il y a eu au VIe siècle une production importante de ces œuvres de petits modules[4], d'une qualité souvent éminente : la « *corè* en *péplos* » **(26)** et l'« Éphèbe de Critios » **(36)** sont des statues de petite taille, et la *corè* MAcr 675 **(30)** une statuette. À partir du Ve siècle, la plupart des stèles funéraires de bonne facture, à Paros **(44, 46)**, puis en Attique, présentent des figures de petite taille

1. Qu'exprime en grec le terme *isométros* ; HERMARY 2007. 2. HERMARY 2006. 3. Sur les statues de culte colossales de l'époque hellénistique, DAMASKOS 1999 : les groupes cultuels de Lycosoura (p. 58-70 ; hauteur : 3,50 m) et de Claros (p. 175-179 ; hauteur : 7 m) sont les mieux conservés ; MARCADÉ 2001. 4. BROUSKARI 1974, p. 99-110, fig. 171-207.

– format également apprécié par les bronziers : Timothéos **(61)** et Praxitèle **(71)** y ont réalisé des œuvres majeures, et l'« Apollon de Piombino » **(108)** comme le « Jeune homme de Hiérapétra » **(110)** montrent que sa vogue était intacte au Ier siècle av. J.-C., peut-être simplement parce que le bronze est cher. Le format inférieur, autour de la demi-grandeur, n'a en revanche pas donné lieu à beaucoup d'œuvres majeures, semble-t-il, à l'exception de l'extraordinaire Ménade de Scopas **(64)**, du moins si la copie de Dresde en conserve la hauteur initiale. Ce format ne prend vraiment son essor qu'avec la mode des copies en réduction – cette sculpture d'intérieur souvent médiocre **(113)**, dont Dèlos a fourni bien des exemples [1]. Quant au format minime, c'est généralement celui des terres cuites qui nous sont parvenues : la plupart sont des surmoulages, dont la taille diminue de 15 % à chaque génération [2]. C'est surtout celui des petits bronzes, depuis l'époque géométrique **(2-4, 6, 11)**, dont l'abondance [3] et la qualité **(89)** suppléent dans une certaine mesure à la perte des œuvres de grand format dont ils s'inspirent pour la plupart **(109)**.

Groupes

Les sculpteurs ont tenté très tôt de dépasser le majestueux hiératisme de la figure isolée en composant des groupes [4]. Les uns, formés d'une simple addition de figures plus ou moins semblables, n'ont aucun caractère narratif ; ils sont paratactiques **(5, 17)**. Les autres, où les figures n'ont de sens que par leurs rapports réciproques,

---

1. *SculpDél* 1996, p. 146-157, n° 63-68. 2. Pour MULLER 1996, p. 503-508, la grande taille (plus de 0,50 m) de certaines figurines du Thesmophorion de Thasos indique que ce sont des produits de première génération, très proches des prototypes créés par les sculpteurs, qui sont ensuite surmoulés dans des ateliers de potiers. 3. THOMAS 1981. 4. SCHANZ 1980 ; BUMKE 2004.

formant ainsi une scène plus ou moins animée, sont hypotactiques ou syntactiques **(4)**.

L'Allée des lions de Dèlos[1] fournit l'exemple le plus simple d'un groupe paratactique, puisque la même figure y est reproduite sans aucune variation, à la manière égyptienne – un phénomène de duplication[2] qui sera repris par les Romains à des fins décoratives[3]. L'Allée des Branchides, à Didymes, est plus complexe, puisque le motif de la figure assise y est discrètement varié[4]. Les groupes familiaux de Chèramyès **(19)** et de Généléos[5], à l'Hèraion de Samos, introduisent une diversité plus grande en mettant en composition des figures féminines et masculines, debout, assises et couchées : ici, ce n'est plus la répétition du même sujet dans le même lieu qui fait groupe, mais un facteur commun extérieur à la représentation. C'est le début des groupes commémoratifs de statues sur base unique, rectiligne ou courbe, qui vont se multiplier dans les sanctuaires[6], puis sur les agoras* jusqu'à l'époque impériale : l'offrande de Daochos, à Delphes, en est un des exemples les mieux conservés **(74)**.

À ces rassemblements de statues immobiles, dont aucune action ne vient troubler la majesté, s'opposent les groupes hypotactiques ou syntactiques[7], unis par une action commune qui détermine les gestes respectifs des figures. Cette volonté narrative est présente dès l'époque géométrique **(4)** et culmine avec les grands groupes dramatiques de l'époque hellénistique **(87, 111, 112)** qui met-

1. *GDélos* 2005, p. 225-227, n° 55. 2. La duplication ne fait groupe que lorsqu'il y a unité visuelle : les deux colosses dressés, l'un dans la partie est du sanctuaire d'Hèra, à Samos **(18)**, et l'autre au sud, ne formaient pas un groupe – encore moins les deux statues identiques créées par Canachos : un Apollon en bronze à Didymes, un autre en cèdre à Thèbes (Pausanias IX, 10, 2), et les offrandes dupliquées à Delphes et Olympie... Sur la duplication de certains reliefs, STROCKA 1979. 3. BARTMAN 1988. 4. TUCHELT 1970, p. 71-93, pl. 40-62. 5. FREYER-SCHAUENBURG 1974, p. 106-130, pl. 44-53. 6. Pour Delphes, JACQUEMIN 1999 A, p. 159-160. 7. JACQUEMIN 1999 A, p. 160-161.

tent en œuvre tout le savoir-faire acquis peu à peu par la sculpture grecque dans le rendu du mouvement et des attitudes complexes [1]. Ces groupes peuvent garder une forme distanciée, comme chez les Tyrannoctones de Critios et Nèsiotès **(37)** et l'Athèna et Marsyas de Myron [2] ou encore le Supplice de Marsyas **(94)** et le Gladiateur Borghèse **(104)**, ou bien prendre la forme d'un corps-à-corps (*symplegma*) à caractère guerrier **(28, 80, 97, 124)**, sportif [3] **(31)** ou érotique [4] **(102)**, dont les scènes d'enlèvement **(38)** sont un aspect préliminaire.

La sculpture architecturale, avec les grandes compositions qu'elle propose pour les frises continues et les frontons, les gros plans dramatiques ou les vis-à-vis sereins **(53)** qu'elle permet pour les métopes, a favorisé l'enrichissement du répertoire des groupes et leur différenciation. Au temple de Zeus d'Olympie [5], les douze métopes représentant les exploits d'Hèraclès ont fixé leur série canonique, de même qu'a fait école le contraste recherché entre la composition paratactique du fronton est, qui rassemble les personnages **(49)** d'un drame qui n'est pas représenté, et celle, hypotactique, du fronton ouest où la violence se déchaîne. Une génération plus tard, le Parthénon propose cependant une formule hybride pour chaque fronton [6], avec un centre hypotactique et des angles paratactiques. Quant aux frises continues, à l'exception très remarquable de celle du Parthénon **(54)**, aucune n'échappe tout à fait aux scènes de combat où se trouvent plus ou moins subtilement agencés les nombreux schémas de duel mis au point depuis le VIe siècle, également par les céramographes*. Suivant une convention presque universelle, ces scènes se lisent de gauche à droite [7].

---

1. KUNZE 2002. 2. BUMKE 2004, p. 131-154. 3. Pour les groupes de lutteurs en bronze, THOMAS 1992, p. 150-152, fig. 156-159. 4. STÄHLI 1999. 5. *GaB* 2004, p. 33-47 (G. Kaminski), fig. 43 a-w, 44 a-e. 6. HOLTZMANN 2003, p. 136-142. 7. LUSCHEY 2002.

La nudité masculine

Ces corps humains, isolés ou en composition, sont représentés selon des conventions très fortes, dont certaines parcourent toute l'histoire de la sculpture grecque. L'une des plus prégnantes est la distinction des sexes par le vêtement ou son absence : le corps masculin tend à la *nudité*[1], tandis que le corps féminin est généralement vêtu. Cette opposition se rencontre dès 700 av. J.-C. **(5)**, environ deux siècles avant que la nudité masculine ne s'impose dans les activités sportives[2] : c'est donc un phénomène anthropologique et esthétique avant d'être un phénomène social. En fait, la nudité est un costume[3] qui place le sujet dans une surréalité divine **(47)** ou bien héroïque quand il s'agit de personnages honorés ou morts[4] **(58)**. Cette élévation est d'autant plus marquée que ces « corps glorieux » sont idéalisés par une formalisation qui ne cesse d'évoluer du VIe au IIIe siècle[5]. Le corps souvent subtilement dévêtu de la femme **(59, 60, 64)** n'accédera qu'avec Praxitèle au nu intégral **(69)**, qui restera cependant réservé presque exclusivement à Aphrodite **(99-102, 113)**.

Ainsi, de l'époque géométrique à l'époque impériale, le corps masculin sera une étude d'anatomie affinée par une recherche d'équilibre et de proportions qui fait l'originalité de la sculpture grecque, tandis que le corps féminin sera une étude de vêtement, favorisée par le principe du drapé : le vêtement grec[6] n'étant, sauf exceptions, pas cousu, il prend la forme que lui donne qui le porte.

---

1. DEONNA 1930, p. 73-86. 2. BRULÉ 2006, p. 263-269. 3. BONFANTE 1989. 4. HALLETT 2005, p. 20-60. Le caractère héroïsant de la nudité est attesté par Pline (XXXIV, 10, 18) qui note que les statues honorifiques nues sont appelées achilléennes, Achille étant le héros grec par excellence. 5. HIMMELMANN 1990 ; contre la « nudité héroïsante », CLAIRMONT 1993, Introduction, p. 137-159. 6. HEUZEY 1922 ; BIEBER 1967 ; MORIZOT 2003.

Le vêtement

Même s'il y a des modes d'époque, le drapé est toujours un élément important d'une figure grecque, qui participe à l'expression de sa personnalité. Chez les femmes, son expressivité est souvent accrue par le contraste de texture – accentué par la polychromie* aujourd'hui perdue – qu'autorise la formule fréquente d'une tunique de lin (*chitôn*) au plissé léger, qui épouse le corps, et d'un manteau en laine (*himation*) aux plis épais et plus amples. Passé les robes fourreaux du haut archaïsme (**8-10** [1]), ce vêtement en deux pièces, qui permet toutes sortes de variantes, restera le plus fréquemment porté par les femmes (**19, 27, 30, 33, 56, 59, 60, 62, 65, 81, 82, 86, 92**). L'usage du *péplos* en laine [2], porté parfois lui aussi sur une tunique (**26**), culmine durant le « style sévère » (**41, 46**) mais ne disparaît pas avant l'époque hellénistique (**57**). Il arrive assez souvent que les sculpteurs ne s'en tiennent pas strictement à la réalité du vêtement et produisent des effets artificiels, par commodité ou virtuosité gratuite (**63**).

Des corps parfaits

Qu'elles soient isolées ou en groupe, nues ou vêtues, la plupart des statues grecques « se tiennent bien » : elles proposent une image valorisée de la figure humaine, généralement debout, parfois assise, rarement allongée. Leurs proportions, leur attitude, leurs gestes sont destinés à donner l'impression d'une perfection, dont les critères changent suivant les lieux et les périodes. En marge de ces corps parfaits, il y a cependant, dès le VIe siècle, des corps défaits : désarticulés, décomposés par la fatigue, le sommeil, la mort (**35, 90**). À l'époque hellénistique, un courant, plus anti-idéaliste que réaliste, se complaira

---

1. SCHMALTZ 1998. 2. TÖLLE-KASTENBEIN 1980.

même aux corps contrefaits [1] **(88, 89)**. Ainsi, en dépit de la prépondérance d'un genre de figuration, l'éventail de la représentation est très ouvert, au point que les sculpteurs de l'Occident moderne auront du mal à trouver des sujets et des motifs plastiques qui n'aient déjà été traités par les Anciens.

La sculpture archaïque de grandes dimensions, c'est-à-dire en marbre, a trouvé ses modèles en Égypte, où ont séjourné certains artistes grecs. Le type du *couros*, nom donné depuis la fin du XIXe siècle [2] aux statues masculines **(11, 14, 15, 17, 18, 25, 32)**, reproduit l'attitude des statues d'homme égyptiennes : la figure est nue [3] et frontale, organisée autour d'un axe médian vertical ; la jambe gauche est avancée, mais raide et reposant à plat sur le sol ; les bras sont plaqués contre les cuisses [4]. Le mouvement n'est donc pas représenté : il est signifié. Quant au type féminin vêtu, la *corè* **(8, 9, 19, 23, 26, 30, 33)**, il est tout à fait immobile, les pieds étant presque joints. Diodore de Sicile (I, 98, 5-9) souligne que les Grecs de cette époque n'avaient pas de canon strict de proportions, comme les Égyptiens, mais déterminaient celles-ci au jugé [5] – ce qui rend bien compte de la diversité des œuvres [6] dans le cadre des types ainsi définis.

Ces deux types sont polyvalents : on les trouve aussi bien dans les sanctuaires **(9, 11, 15, 17, 18, 19, 26, 30, 33)** que

---

1. Sur les figurines de terre cuite grotesques de Smyrne, Holtzmann, Pasquier 1998, p. 274-275 ; *Smyrne* 2009, p. 170-191 (L. Laugier). 2. D'abord par B. I. Leonardos en 1895 à propos du *couros* de Kératéa, puis par H. Lechat et W. Deonna. 3. Ce qui n'exclut pas quelques accessoires, que la peinture devait mettre davantage en évidence : ceinture, bandeau ou diadème, voire ornements d'oreilles, etc. ; Walde 2008. Sur la mode dédalique des *couroï* à ceinture, Hermary 2008. 4. La toison pubienne n'est indiquée qu'à partir du dernier tiers du VIe siècle ; la diversité de sa forme, qui peut correspondre à des modes réelles, a permis d'en faire un critère chronologique jusqu'au milieu du Ve siècle ; La Coste-Messelière 1957, p. 217-219, pl. 95 ; Karusos 1961, p. 72-83. 5. Ce qui voue à l'échec, parfois jusqu'au ridicule, les recherches métrologiques. 6. Schneider 1999.

sur les tombes **(8, 14, 23, 25, 32)**, car ils ne représentent personne en particulier, mais des spécimens radieux d'humanité auxquels on peut assimiler un mort ou qu'on peut offrir à une divinité [1] suivant les circonstances que précise pour nous le contexte de trouvaille. Pour animer et individualiser quelque peu leur œuvre, les artistes n'ont guère, du côté masculin, que la possibilité de varier les coiffures [2] ; du côté féminin, en revanche, les effets particuliers sont plus nombreux [3] : dans le vêtement, la coiffure, la parure et la polychromie* **(23, 26, 30, 33)**. De plus, les *coraï* tiennent souvent un objet ou un animal, d'abord contre leur poitrine, puis au bout de leur bras tendu en avant et rapporté **(19, 23, 26, 30)**.

Cependant, frontalité et immobilité ne sont pas universelles dans la sculpture archaïque : dès que les moyens techniques le permettent [4], le mouvement est représenté, comme l'atteste la petite plastique en bronze depuis la fin de l'époque géométrique **(4)**. La façon dont la représentation du mouvement s'est propagée est significative à cet égard : des arts graphiques et du relief, où elle ne pose pas de problème, elle passe aux petits bronzes, puis aux grands bronzes dès que la fonte en creux est maîtrisée et enfin aux statues de marbre [5].

Le moment décisif où la sculpture grecque s'affranchit des exemples de l'Orient, qui ont marqué ses débuts durant deux siècles, se situe au début du Ve siècle, entre Aristodicos **(32)** et l'« Éphèbe de Critios » **(36)**. Il aura suffi du fléchissement d'un genou pour faire entrer la figura-

1. Ducat 1971. 2. Strenz 2001. 3. Stieber 2004, sans en faire pour autant des portraits… 4. La fouille récente d'un sanctuaire, à Symè Viannou (Crète), en a livré de nouveaux exemples, notamment la figurine, haute d'environ 15 cm, d'un archer courbé s'apprêtant à tirer, daté de 640-630 ; Lebessi 2002, p. 23-24, n° 30, pl. 28-29. 5. Quelques statues archaïques révèlent à l'analyse une très légère dissymétrie, qu'on a interprétée comme la suggestion presque imperceptible d'un mouvement ; Kleemann 1984.

tion humaine dans une ère nouvelle : la figure, quand bien même au repos, commence à se mouvoir, et donc à s'inscrire davantage dans la profondeur. Désormais, pendant deux siècles, les sculpteurs vont proposer différents modèles de pondération, c'est-à-dire diverses façons d'équilibrer le corps humain, en compensant le déséquilibre introduit par l'existence d'une jambe d'appui et d'une jambe fléchie, dite libre. Ces recherches d'harmonisation de la figure debout concernent surtout le type masculin, parce que sa nudité les explicite. Souvent, elles ne font que reprendre des attitudes depuis longtemps fixées par les céramographes* attiques qui, n'ayant aucun problème de statique à résoudre, ont représenté dès la fin du VIe siècle des athlètes dans des positions que la sculpture ne maîtrisera que bien plus tard [1]. Alors que, durant l'archaïsme, il s'agissait d'animer tant soit peu des figures immobiles, il convient désormais de rythmer le repos **(48, 52, 61, 70, 74)** ou d'indiquer le mouvement en dépit des contraintes de statique qui semblent vouer la sculpture au « calme des dieux » – un paradoxe superbement assumé, qui conduira la sculpture grecque à d'étonnants paroxysmes **(50, 64, 87, 92, 104, 112)**. Exemplaire et insurpassable dans la figuration du corps humain, elle semble ainsi avoir épuisé le champ du possible : les Modernes pourront retrouver ses principes [2], mais non dépasser les limites qu'elle avait atteintes.

La rhétorique du corps

Le souci du rythme et du mouvement qui s'instaure au début du Ve siècle va entraîner, en deux siècles, la constitution, en partie déjà esquissée par les céramo-

---

1. Par ex. : le Peintre de Brygos a représenté sur un *skyphos* daté de 485-480 (Vienne, KHM 3710) un jeune échanson nu dans une position que Polyclète imposera vers 440 ; SIMON 1976, fig. 146. 2. *D'après l'Antique* 2000, p. 51 (B. Jestaz), à propos du Bernin.

graphes* attiques, d'un répertoire commun d'attitudes et de gestes [1] signifiants, qui se retrouvent à tous les niveaux de la production plastique jusqu'à la fin de l'Antiquité. La plupart sont naturels, mais inclus dans une composition qui les fait accéder à une réalité supérieure : il n'y a guère dans l'art grec de ces poses artificielles qui trahissent une recherche d'originalité à tout prix [2]. Ils témoignent de la culture physique raffinée des artistes grecs, acquise par la pratique et l'observation de phénomènes essentiels dans la vie des cités grecques : l'entraînement sportif et militaire des jeunes gens, souvent rythmé par la musique.

La pondération est l'élément essentiel de la composition formelle de la figure, puisque c'est elle qui lui donne son allure en établissant son rapport avec le sol. Du début du Ve siècle à la fin du IVe siècle, toutes les formules possibles de disposition de la jambe libre vont être tour à tour essayées autour de l'axe stable que forme la jambe d'appui. La première en date, typique du « style sévère » **(43)**, reste tributaire de l'attitude archaïque, puisque la plante du pied avancé, désormais fléchi, repose toujours entièrement sur le sol, maintenant une attitude très statique que peut atténuer un léger décalage sur le côté **(48, 51)** ; le torse n'est généralement pas affecté par le déséquilibre du bassin. Cette formule est encore attestée durant la seconde moitié du Ve siècle, bien que Polyclète l'ait rendue obsolète en créant une attitude de repos plus souple et équilibrée, puisqu'elle anime l'ensemble de la silhouette **(52)**. La jambe libre ne repose désormais que sur les doigts du pied, rejeté en arrière au niveau du talon de la jambe d'appui ; au hanchement* prononcé qui en résulte correspond l'oblique inverse des épaules, en sorte que le torse se trouve inscrit dans un trapèze, équivalent

1. DEONNA 1930, p. 196-276. 2. Par là, une statue qui se veut très proche de l'antique, l'« Âge d'airain » de Rodin, s'en distingue : le geste n'a rien de réel, c'est une pose.

visuel de la figure de rhétorique appelée chiasme[1] ; la tête est tournée du côté de la jambe d'appui. Ainsi l'axialité archaïque se trouve définitivement surmontée. La musculature puissante, le gabarit massif donnent à la figure un aspect « carré », selon l'expression de Varron transmise par Pline (XXXIV, 56). Cette impression d'un corps stable et construit résulte aussi d'un système de proportions complexe, que Polyclète avait exposé dans un traité perdu, *Le Canon*[2]. Jamais la formalisation abstraite du corps humain ne sera poussée plus loin que chez ses athlètes, dont la tête d'une beauté idéale n'est affectée d'aucune expressivité. À en croire un de ses propos conservés, le maître aurait laissé cependant une certaine part à l'impondérable : « l'œuvre réussie résulte à peu de chose près de nombreux calculs[3] ».

En réaction à cet intellectualisme radical, Praxitèle va proposer un siècle plus tard des figures masculines plus sensuelles **(70, 71)** : moins charpentées et surtout plus sinueuses grâce à l'appui extérieur qui permet des hanchements* extrêmes. On saisit ici pleinement le changement d'état d'esprit, d'un siècle à l'autre : au lieu d'un contrepoint, une mélodie… Quant à Lysippe, péloponnésien et bronzier comme Polyclète, il s'avère en la matière plus attaché à la tradition, quoiqu'il ait prétendu n'être l'élève de personne : après le pied en avant et le pied en arrière, il restait à proposer une pondération avec jambe libre déportée sur le côté. C'est ce que font ses figures d'athlètes **(74, 79)**, qui n'ont pas dans son œuvre la même

---

1. Exemple classique de cette formule ABBA : « Je vois mes honneurs croître et tomber mon crédit » (Racine, *Britannicus*). 2. *Entwurf* 1992, p. 104-123. Ces recherches, effectuées sur les copies en marbre des originaux en bronze disparus, ne peuvent donner que des résultats approximatifs, puisqu'il est aujourd'hui établi que les copistes ont tendance à renforcer les jambes pour assurer l'équilibre de leur statue. 3. D'autres interprétations ont été proposées de cet aphorisme, où le sens de « *para micron* » fait difficulté ; Stewart 1978, p. 124-127 ; Pollitt 1995, p. 21-22.

importance que chez Polyclète. À l'opposé des corps construits de celui-ci, ses corps plus sveltes sont caractérisés par leur instabilité : une sorte de nervosité les anime. Articulés en plusieurs plans, ils semblent saisis en plein mouvement.

Pour renouveler ou éluder cette préoccupation essentielle de la sculpture d'époque classique qu'est devenue la pondération, d'autres formules ingénieuses ont été essayées, qui ne pouvaient avoir un grand retentissement, étant trop particulières. Ainsi les pieds croisés avec appui latéral **(61)** ou avec appui arrière, comme sur la « Stèle de l'Ilissos [1] » ou la Comédie de Thasos [2], voire cette extravagance : une pondération inversée, par les bras, avec Marsyas suspendu **(94)**.

En regard de ce riche répertoire d'attitudes établi pour les corps parfaits par les plus grands maîtres, celui des corps défaits paraît bien pauvre. Un motif le domine, depuis la seconde moitié du VIe siècle jusqu'à l'époque impériale, celui de l'avant-bras posé sur la tête, qui signifie l'abandon sous toutes ses formes, positives ou négatives : l'inspiration, l'ivresse, l'extase amoureuse, le sommeil, la mort… [3] – attitude que peut compléter l'écartement des cuisses, qui lui confère une coloration plus spécifiquement érotique **(90)**. Dans cet état second ou ultime, le corps ne « se tient » plus : chaviré, il se disloque, révélant son intimité, les aisselles et les aines.

Quant aux corps contrefaits qui font leur apparition à l'époque hellénistique, ils n'ont pas d'attitude bien définie, puisqu'ils sont essentiellement l'inversion grotesque **(88, 89)** des corps qui « se tiennent » [4].

Ces postures, généralement déterminées par la position des jambes, définissent des manières d'être qui sont

---

1. Rolley 1999, p. 277, fig. 283-284. 2. *GaB* 2007, p. 13, fig. 15. 3. Gury 2006 : variations romaines sur ce vieux thème grec. 4. Giuliani 1987.

comme les modes de cette rhétorique grecque du corps, tandis que les gestes, mouvements fugaces et limités des mains, sont les figures de ce discours plastique. Il ne saurait être question d'en faire ici la nomenclature [1], qui concerne essentiellement les reliefs, la gesticulation des statues restant limitée, quand il ne s'agit pas de guerriers ou d'athlètes. Il convient cependant d'en évoquer quelques-uns, dont la signification dépasse la vie quotidienne et les affects ordinaires.

On a longtemps méconnu [2] un geste attesté depuis le début du Ve siècle [3] : un jeune homme porte une main à sa tête pour en retirer la couronne de victoire qu'il vient de remporter, faisant ainsi hommage de son exploit à la divinité **(79)**. Dans le même contexte sportif, un autre geste de piété a connu une grande vogue durant le « style sévère », comme l'attestent nombre de petits bronzes : celui de l'athlète faisant une libation*, avant ou après l'épreuve [4]. Le bras droit est avancé, le plus souvent légèrement incliné, la main parfois tournée sur le côté, le pouce retenant la phiale*. C'est aussi le geste d'Apollon faisant une libation pour apaiser Gè, dont il a usurpé le sanctuaire à Delphes [5] : déjà présent chez le grand bronze du Pirée [6], on le retrouve encore sur le faux archaïque qu'est l'Apollon de Piombino **(108)**.

D'autres gestes ont une valeur symbolique très forte. Ainsi, lorsqu'une femme écarte son voile en se tournant vers un homme (*anacalypsis*), cela indique qu'il s'agit d'un

1. NEUMANN 1965, avec exemples surtout céramographiques* ; CLAIRMONT 1993, Introduction, p. 110-115 ; HOFFMANN 2006. 2. ROLLEY 1994, p. 358. 3. MNAth 3344 : relief votif d'un athlète, trouvé dans le sanctuaire d'Athéna du cap Sounion ; même geste sur une petite statue funéraire de 150 ap. J.-C. environ (MNAth 1662) ; KALTSAS 2001, n° 152 et 743 : « le vainqueur se couronne » – ce qui serait un geste d'*hybris** choquant dans la mentalité grecque ancienne. 4. THOMAS 1981, p. 99-126, pl. LV-LXXVII. 5. FUCHS 1961, p. 176-181. 6. ROLLEY 1994, p. 398-399, fig. 431.

couple – à commencer par le couple par excellence, Zeus et Hèra : c'est ainsi qu'ils sont représentés au Parthénon, sur la frise des Panathénées, au centre du côté est[1]. Le motif est très fréquent sur les reliefs à banquet, qui perdent peu à peu leur valeur héroïque initiale **(45)** pour devenir, avec leur passage au registre funéraire, une simple scène de famille **(118)**. Quant à la poignée de mains (*dexiôsis*), c'est un geste solennel, non galvaudé comme aujourd'hui, que l'on trouve très souvent sur les stèles funéraires attiques du IVe siècle **(68)**, où il signifie explicitement l'attachement et implicitement la séparation définitive, puisque, dans la plupart des cas, l'un des deux personnages est décédé quand la stèle est dressée.

La tête

Reste à envisager cette partie du corps, dont l'importance a beaucoup varié dans la sculpture grecque[2]. Jusqu'au milieu du IVe siècle, c'est un élément du corps grec ni plus ni moins expressif que les autres : dans cette figuration démocratique, c'est l'ensemble du corps humain qui exprime, par l'attitude et le geste, et non le visage seul[3] **(47, 50)**. Aussi le portrait ne parvient-il pas à s'épanouir tant que cette position esthétique reste dominante. Mais cela ne veut pas dire que la tête est insignifiante : sa morphologie complexe, où voisinent organes des sens et système pileux, appelle les détails et donc les variantes[4] ; avec le vêtement féminin, c'est le lieu où le sculp-

---

1. ROLLEY 1999, p. 82, fig. 70. 2. DEONNA 1930, p. 350-391. 3. Alain l'a bien formulé dans ses *Préliminaires à la mythologie* (1943) : « Aucune partie ne tyrannise les autres. C'est pourquoi il ne s'y trouve pas de parties honteuses ou nobles ; c'est plutôt le tout qui gouverne les parties ; et c'est pourquoi le pied est aussi expressif que le visage, ce qui nous fait penser quelquefois que le visage grec n'exprime guère. » 4. L'étude détaillée des protomes* de terre cuite a montré le parti qu'on pouvait en tirer pour la définition des styles locaux de l'archaïsme avancé ; CROISSANT 1983.

teur peut échapper quelque peu à la contrainte des types établis. Des motifs y apparaissent, qu'on a eu tendance à surinterpréter en les tenant pour symboliques de moments spécifiques de la civilisation grecque, alors qu'ils participent plutôt d'un moment de la recherche formelle.

Il s'agit d'abord du sourire [1], qui s'impose vers 575 et s'efface à la fin du VIe siècle. La formule est alors générale, quasiment obligée : les divinités **(22)**, les monstres **(16)**, les *couroï* **(24)** et les *coraï* **(26, 30)** votifs, les morts **(23)**, les soldats mourants **(35)** eux-mêmes sourient. Ce n'est pas un sourire de circonstance, puisqu'on devrait alors ne le rencontrer que chez les dieux et les statues votives. C'est d'abord un procédé technique qui correspond à une phase précise du développement de la sculpture grecque : le passage progressif de la représentation du volume de la tête par grands plans verticaux **(15)** à la maîtrise de sa sphéricité **(32)**. La courbe plus ou moins tendue du sourire suggère une profondeur qui n'est pas encore plastiquement réalisée ; dès lors que le visage « tourne » effectivement, le sourire n'est plus nécessaire. Bien entendu, la formule, qui peut n'être qu'un rictus (MAcr 678), est investie, chez les meilleurs sculpteurs, d'une valeur plus profonde **(26** ; MAcr 643) : la manière de traiter le sourire est en fait l'un des plus sûrs critères pour apprécier la qualité d'une statue du VIe siècle, c'est-à-dire la capacité de son auteur à transcender le formulaire.

Un phénomène semblable s'observe au siècle suivant avec un motif qui, pendant à peu près un demi-siècle, est presque universel : l'inclinaison de la tête. Les Modernes ont voulu y voir des valeurs psychologiques typiques du « style sévère », alors qu'il s'agit avant tout d'un motif formel destiné, tout comme la jambe fléchie, à rompre

---

1. Quelques interprétations du phénomène ont été réunies par DEONNA 1930, p. 556-565 ; RIDGWAY 1993, p. 14-15 et 19-20 : note 1.21.

avec la raideur archaïque en animant davantage la figure [1]. Ici encore, c'est au sculpteur de tirer avantage de ce qui se fait au moment où il œuvre **(46)**.

De plus, certains détails du visage connaissent une évolution de leur représentation qui en font un critère de datation important. C'est le cas des yeux, dont le rendu n'a cessé d'évoluer, de l'archaïsme à l'époque impériale [2] : depuis l'œil représenté de face dans un visage de profil **(25, 31)** – convention du relief qui disparaît peu avant le milieu du Ve siècle **(46)** – jusqu'à l'iris gravé et la pupille cave, à partir de 130 ap. J.-C. environ **(117, 119, 122)**. Les paupières qui les encadrent ont, elles aussi, varié de forme : par exemple, la paupière inférieure presque rectiligne et la paupière supérieure très arquée sont une formule typique du VIIe siècle **(7, 15)**, qui disparaît à la fin du premier tiers du VIe siècle **(20)** ; les paupières épaisses et peu arquées sont typiques du « style sévère » **(37, 40)**, etc.

Enfin, la coiffure, en perpétuel renouvellement chez les femmes au gré de la mode, et plus stable chez les hommes, constitue également un critère de datation assez sûr, qui n'a malheureusement pas été étudié d'une manière systématique [3]. Des *coraï* archaïques [4] aux impératrices du Bas-Empire, du Cavalier Rampin **(24)** à Flavius Palmatus **(125)**, le soin apporté au traitement de la chevelure, dont la virtuosité exubérante se situe parfois au-delà de toute réalité **(30)**, est aussi un bon critère pour apprécier la valeur d'une œuvre et le goût d'un sculpteur : certains, parmi les plus grands **(32)**, s'abstiennent volontairement de ce pittoresque décoratif.

Ainsi, plus qu'aucune autre partie du corps, la tête, par la complexité de ses éléments, favorise une particularisation des figures, à laquelle s'oppose cependant un art qui

---

1. Borbein 1985, p. 266. 2. Conze 1892 ; Deonna 1930, p. 363-384. 3. Voir à défaut *DNP* V (1998), p. 39-45 (R. Hurschmann), avec la bibliographie récente. 4. Brinkmann 1998.

reste longtemps fondé sur une typologie restreinte et contraignante. Cette contradiction laisse peu de latitude au développement du portrait au sens moderne du terme, c'est-à-dire à la représentation délibérée de la physionomie d'un individu : jusqu'au milieu du IVe siècle, il n'en existe pas au sens plein du terme, alors même que la *mimèsis* est un des principes moteurs de la sculpture grecque depuis le VIe siècle [1] (p. 72). Portraits imaginaires, portraits rétrospectifs : le rapport de ces premières *eicones* [2] (εἰκονες) avec la réalité des personnalités portraiturées reste en quelque sorte intellectuel. Ce n'est qu'avec la grande mutation de la civilisation grecque au milieu du IVe siècle que le portrait peut pleinement s'épanouir [3] : dès lors que l'individu et ses sentiments sont valorisés, sa représentation peut prendre son essor. Le caractère, la vivacité (τὸ ζωτικόν, *to zôticon* [4]) propres à chacun ne passent plus seulement par la rhétorique du corps, mais de plus en plus par l'expression du visage **(103)** ; une dimension nouvelle est explorée : l'intériorité, jusqu'ici refoulée et minimisée.

Ce déplacement du foyer de l'expressivité s'accompagne de l'extension du champ sociologique du portrait, qui s'élargit des princes [5] **(76, 85)** aux particuliers [6] **(103)** durant la période hellénistique. Pendant la période impériale, alors que les portraits d'empereurs [7] et de hauts

---

1. ROLLEY 1994, p. 392-396 ; ROLLEY 1999, p. 296-306 ; KRUMEICH 2002. 2. C'est ainsi qu'Hérodote (I, 31) appelle les statues de Cléobis et Biton **(17)**. 3. FITTSCHEN 1988, p. 1-38 ; *Early... Portraiture* 2007. 4. Mot employé par Socrate, discutant avec un sculpteur (Xénophon, *Mém.* III, 10, 6-8) qu'il engage à reproduire non seulement les mouvements du corps, mais aussi les « produits de l'âme » (τὰ τῆς ψυχῆς ἔργα), c'est-à-dire les affects : c'est une des premières références à l'intériorité comme objet de la sculpture. 5. SMITH 1988 ; sur les portraits d'Alexandre, ROLLEY 1999, p. 348-362 ; STEWART 1993. 6. STEWART 1979. 7. La collection fondée par M. Wegner, *Das römische Herrscherbild*, fournit des recueils de portraits concernant les empereurs et leur famille, d'Auguste à Constantin.

fonctionnaires (117, 125) se figent dans une morne convention, les meilleurs portraits privés gardent (119, 122) l'expressivité précédemment acquise.

Vivacité des visages, étiolement des corps – la crise de la figure humaine grecque qui commence au milieu du IIIe siècle conduira, le christianisme aidant, à la prévalence du visage durant tout le Moyen Âge, avant que la Renaissance ne marque la résurrection du corps avec le retour à l'Antique.

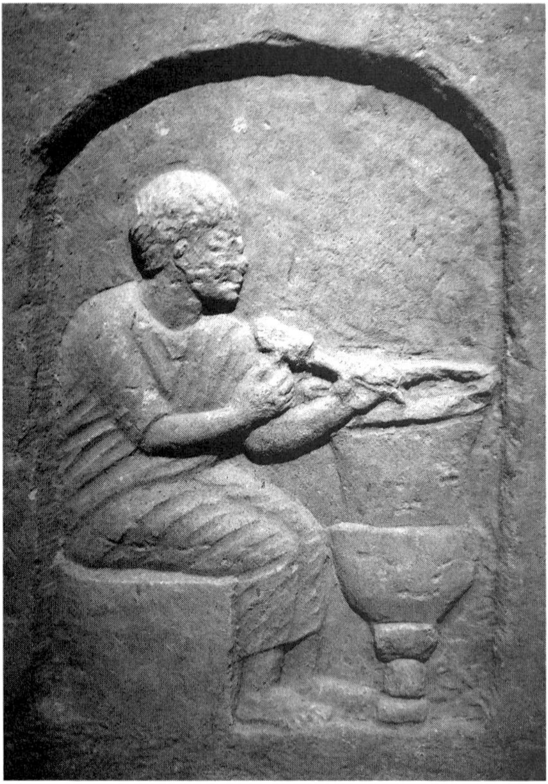

Détail de la stèle funéraire du tailleur de pierre Mégistoclès, fils de Philomousos.
Marbre. H. 0,63 m. Érétrie, MArch 1056.

L'une des seules représentations grecques d'un marbrier au travail, marteau et ciseau en mains, modelant le bord de l'un de ces grands vases en marbre qui sont exportés à Rome au Ier siècle av. J.-C. **(106)**. La maladresse de l'exécution suggère que la stèle a été réalisée par son bénéficiaire même, qui était tailleur de pierre plutôt que sculpteur, ce qui confirme la division du travail dans les ateliers. La forme des lettres de l'inscription conviendrait à la fin du Ier siècle av. J.-C.

SECONDE PARTIE

Styles et artistes : les œuvres

TRADITION ET RENOUVELLEMENT

L'art grec se distingue de celui des autres civilisations antiques par son extrême mobilité : à partir du VIIIe siècle, chaque génération ou quart de siècle présente un faciès plus ou moins différent [1]. Cette dynamique est entretenue par la mentalité agonistique* des Grecs, c'est-à-dire leur goût du dépassement individuel, de l'accomplissement personnel que représente un exploit, quel qu'il soit. Ainsi la tradition se trouve-t-elle constamment enrichie et vivifiée : au lieu d'être contestée ou rejetée [2], elle est toujours intégrée et parfois surmontée, donnant à l'art un regain incessant. Dans le milieu très réceptif des *technitai* (τεχνῖται), on peut ainsi distinguer les artisans qui prati-

---

1. Platon y voyait une faiblesse, alors qu'en Égypte on peint et on sculpte exactement de la même façon depuis dix mille ans... (*Les Lois*, II, 656d-657a). 2. Comme elle l'a été, radicalement, durant le XXe siècle. La notion de rupture, « d'avant-garde », la valorisation exclusive de l'originalité à tout prix sont absolument étrangères à l'art grec. Lysippe, dont il est dit qu'il n'était l'élève de personne (Pline XXXIV, 61), n'en est pas moins le continuateur de Polyclète, dont il renouvelle le sujet préféré, l'athlète au repos **(74)**.

quent les arts tels qu'ils les ont appris et les artistes, peu nombreux dans chaque génération, qui les portent au-delà de ce qu'ils ont reçu.

Les textes antiques nous renseignent volontiers sur l'apport de tel ou tel artiste, à commencer par celui de Dédale, artiste mythique, dont le nom même – Louvrager (Δαίδαλος, Daidalos) – est tout un programme[1] : si les Modernes, à la fin du XIXe siècle, ont appelé dédalique la phase d'émergence de la grande statuaire au VIIe (p. 118), c'est que les Anciens attribuaient à cet Athénien l'invention de statues divines semblant marcher, à l'instar des statues égyptiennes[2] (Diodore I, 97). Au milieu du VIe siècle, Rhoïcos et Théodôros, deux Samiens, sont crédités par Pausanias (X, 38, 6) de l'invention de la fonte en creux, procédé qui révolutionne la sculpture grecque (p. 38) mais qu'ils ont en fait emprunté à l'Égypte. Dans la première moitié du Ve siècle, Pythagoras de Rhègion serait le premier à avoir représenté les nerfs et les veines affleurant sous la peau (Pline, XXXIV, 59). On pourrait multiplier les exemples. Lorsque l'innovation est majeure, elle peut donner lieu, comme en architecture ou en peinture, à un commentaire écrit, qui en explique et pérennise les techniques. Le cas le plus célèbre est celui du traité perdu de Polyclète, *Le Canon*, où il exposait les modalités complexes de représentation qui avaient guidé la réalisation de son Doryphore[3] (**52**).

La transmission du métier, c'est-à-dire du savoir-faire mis en œuvre, est assurée généralement par le rapport étroit entre maître et disciple qui s'établit dans les ateliers et que signalent très souvent les textes antiques, car il constitue pour les Grecs l'armature historique de l'art, et

1. FRONTISI-DUCROUX 2000, p. 27-82. 2. Textes rassemblés : OVERBECK 1868, n° 74-142 (avec traduction : MULLER-DUFEU 2002, n° 80-150). 3. *Polyklet* 1990, p. 156-184 ; POLLITT 1995.

ce depuis les origines : certains sculpteurs du VIe siècle étaient considérés comme les élèves de Dédale, d'autres comme les élèves de ceux-ci [1] – une généalogie dont la facticité manifeste combien la tradition était tenue pour essentielle dans l'évolution de l'art [2].

Ce lien peut être plus que seulement pédagogique : l'art grec est souvent une affaire de famille ; on connaît bien des exemples de dynasties de sculpteurs [3]. Le plus célèbre est celui de la famille athénienne de Praxitèle, bien attestée durant au moins trois générations [4], qui produit pendant tout le IVe siècle des œuvres majeures : Eirénè et Ploutos, de Céphisodote l'Ancien [5] ; l'Aphrodite de Cnide **(69)** de son fils Praxitèle ; la statue de Ménandre, due aux deux fils de celui-ci, Céphisodote le Jeune et Timarchos [6]. D'autres dynasties, dont les œuvres ont disparu, ne sont plus connues que par les signatures gravées sur les bases, par exemple à Rhodes, où une famille de bronziers originaires de Tyr est attestée pendant près de deux siècles [7]. Il arrive même qu'un sculpteur connu donne son propre nom à son fils [8] pour que l'atelier profite de la notoriété acquise [9].

1. STEWART 1990, p. 242-243. 2. Prépondérance illustrée, en négatif, par la fameuse remarque de Pline (XXXIV, 52 : *deinde cessavit ars*) concernant la sculpture en bronze, qui aurait connu une rupture de tradition entre la 121e et la 156e Olympiade, soit de 292 à 156 – ce qui ne correspond pas du tout à notre documentation, mais sans doute au goût classicisant de l'auteur grec dont il se fait là l'écho ; LAWRENCE 1948. 3. Par exemple, à Athènes, à l'époque hellénistique, les ateliers d'Euboulidès-Eucheir et de Polyclès : DESPINIS 1995. 4. Πραξιτέλης 2007, p. 188-215 (en grec). Un homonyme du grand sculpteur pourrait être son petit-fils, s'il s'agit bien du fils de Timarchos connu au milieu du IIIe siècle ; MARCADÉ 1953, n° 89. Un sculpteur nommé Praxitèle, le sixième du nom, qui exerce à Athènes à la fin du Ier s. av. J.-C., pourrait être l'ultime descendant de cette lignée prestigieuse ; GRAINDOR 1927, p. 242-243. 5. VIERNEISEL-SCHLÖRB 1979, p. 255-266, fig. 119-127 ; STAFFORD 2000, p. 173-197. 6. FITTSCHEN 1991. 7. DOW 1941 ; GOODLETT 1991, p. 677-678. 8. Il n'y a pas, dans la Grèce antique, de nom de famille pérenne : l'usage est de donner au fils aîné le nom de son grand-père paternel, comme on le voit dans le cas de la famille de Praxitèle. 9. Dèlos en a fourni six exemples ; MARCADÉ 1969, p. 56-61, 64.

La collaboration entre deux sculpteurs est également fréquente [1], surtout chez les bronziers, où la spécialisation du travail (p. 39-40) est plus poussée et l'investissement matériel plus important ; le cas le plus célèbre est celui de Critios et Nèsiotès **(37)**.

Le goût des Anciens pour les généalogies, qui établissent un ordre dans le chaos du passé, les amène souvent à faire état de filiations surprenantes qui télescopent les générations : c'est ainsi que Praxias, actif à Delphes en 340, est réputé par Pausanias (X, 19, 4) « élève de Calamis », grand maître du style sévère, actif un peu plus d'un siècle plus tôt. Au lieu de supposer l'existence d'un fantomatique homonyme, ne peut-on pas envisager qu'il s'agisse d'un rapport pédagogique moins direct [2], semblable à celui qui rattachait encore certains pianistes du XXe siècle à Chopin ou Liszt, et qu'on pourrait rendre par « dans la lignée de » ou « de l'école de » ?

Le métier ainsi élaboré et transmis de génération en génération dans les ateliers est un élément constitutif du style, dont les composantes ont une importance variable suivant les lieux et les temps.

LES COMPOSANTES DU STYLE

Le style [3] est l'ensemble des traits formels – attitudes, proportions, rendu des détails anatomiques et du vêtement, coiffures, etc. – qui caractérisent une œuvre, permettant de la distinguer ou de la rapprocher d'autres œuvres, de la dater et de l'attribuer à un centre créateur, à un atelier, voire à un artiste quand l'œuvre elle-même et le contexte de sa découverte ne fournissent pas ces

1. Goodlett 2005. 2. Hypothèse formulée par Corso 2004, p. 135-136. 3. Sur cette notion complexe, son élaboration progressive depuis le XVIIIe siècle et sa crise actuelle, Borbein 2000 A ; pour une réévaluation, Kunze 2004.

renseignements. Le lieu et le temps sont donc les paramètres essentiels dans la définition d'un style [1].

La localité d'un style se situe, pour la Grèce antique, à plusieurs niveaux, qu'on évoquera ici dans l'ordre croissant de leur particularité. Il y a d'abord le cadre très général que fournissent les nuances ethniques de l'hellénisme, auxquelles les Grecs étaient très sensibles, toujours attentifs à distinguer entre Ioniens et Doriens, qu'il s'agisse de langue, de croyances, d'institutions ou d'art. Au XIXe siècle et durant la première moitié du XXe, la recherche s'est, à leur suite, longtemps contentée de cette polarité première, qui a fourni à certains nationalismes modernes une référence flatteuse. Selon cette distinction ethnique, on trouve du côté dorien le Dodécanèse et la côte de l'Asie Mineure qui lui fait face, la Crète, la majeure partie du Péloponnèse et de la Grèce centrale, tandis que le domaine ionien comprend l'Ionie, c'est-à-dire la partie centrale de la côte anatolienne, les Cyclades et Athènes. Sans doute y a-t-il dans chacune de ces aires des affinités évidentes et, entre les deux, des différences sensibles, mais cette distinction s'est vite avérée insuffisante pour rendre compte de la complexité peu à peu révélée des phénomènes artistiques [2].

Un cadre d'analyse plus adapté est apparu avec le livre fondateur de E. Langlotz [3], qui a réalisé le premier essai systématique de définition des styles développés dans les cités qui ont eu une activité dans le domaine plastique. C'est en effet dans ces entités politiques restreintes, caractéristiques de la civilisation grecque, que s'est épanouie et différenciée d'emblée l'activité artistique à partir du VIIIe siècle. Nombre d'études ont depuis lors démontré la

---

1. Rolley 1978. 2. On peut en dire autant du cadre des régions, parfois adopté en ce qui concerne la sculpture : les recueils établis sur cette base purement géographique sont stylistiquement disparates ; Biesantz 1965 ; Hiller 1975 ; Schild-Xenidou 2008. 3. Langlotz 1927.

pertinence de cette démarche, révélant peu à peu la diversité des situations locales et leurs effets esthétiques : depuis son étude d'ensemble des protomes* en terre cuite [1], F. Croissant s'est attaché à définir précisément le style figuratif de certaines grandes cités, et aussi celui de quelques colonies occidentales [2]. Les limites de cette approche commencent du même coup à apparaître : Athènes, qui accueille à la fin du VIe siècle nombre d'artistes étrangers, et les cités marginales du monde colonial, qui pratiquent un éclectisme plus ou moins bigarré, ne présentent pas d'unité de style. Ce niveau d'analyse n'est donc pas toujours pertinent, à cause de la mobilité des artistes, qui est grande dès le VIe siècle, et de la réceptivité des cités d'accueil, alors même qu'elles ont parfois un style local [3].

Pour tenir compte de cette mobilité, il faut donc restreindre encore le champ d'observation et passer de la cité à l'atelier – ce à quoi l'on s'emploie ici et là depuis une vingtaine d'années. Si la démarche est assez aisée sur un site comme l'Attique, où les œuvres conservées et les signatures sont relativement nombreuses [4], elle est plus délicate et souvent condamnée à rester hypothétique lorsqu'il s'agit de rapprocher des œuvres trouvées sur des sites différents [5] ou de distinguer deux productions sur un même site [6]. C'est pourtant le niveau vraisemblablement le plus pertinent pour définir les caractères et la diffusion

1. CROISSANT 1983. 2. Leurs références sont commodément réunies par DUPLOUY 2006 A, qui dresse, p. 71-77, un panorama des apports de cette méthode ; voir aussi l'exposé de principe de CROISSANT 2007. 3. N'est-ce pas surinterpréter ces phénomènes que de leur donner systématiquement un sens politique et social en y voyant des « stratégies de communication » ? DUPLOUY 2006 A. 4. VIVIERS 1992. Le *couros* découvert en 2002 au Céramique (MArch) est évidemment une variante du *couros* de New York (MetrMus 32.11.1) et de la tête du Dipylon (MNArch 3372), mais la différence de qualité exclut qu'il s'agisse d'œuvres du même sculpteur ; NIEMEIER 2002, p. 40-53. 5. DUPLOUY 2006 B. 6. HOLTZMANN 2008.

d'un style[1], car un sculpteur, qu'il soit marbrier ou bronzier, ne travaille jamais seul, mais dirige une équipe aux compétences diverses et forme des apprentis.

Lorsque la personnalité du maître est très forte, on en arrive à tenter de recomposer son parcours et à définir son style personnel – tâche incertaine lorsqu'on en est réduit à des œuvres sans contexte, parfois fragmentaires[2] ; un peu moins aléatoire lorsque quelques textes fournissent des repères[3] ; plus assurée lorsqu'il s'agit des grands maîtres de l'époque classique, dont le cas est inverse de celui des sculpteurs archaïques : la documentation écrite – signatures sur les bases de statues disparues[4] et textes littéraires tardifs[5] – les concernant est parfois abondante, mais leurs œuvres originales ayant disparu, il faut en retrouver les échos dans la masse des copies romaines. Pour ces grands artistes, après le temps des monographies[6], voici venu celui des expositions : Polyclète[7], Lysippe[8], Praxitèle[9] ont eu chacun la leur, accompagnée d'un catalogue imposant où se trouvent condensées des décennies de recherches. Cependant le dernier mot est loin d'être dit.

Le cas de Praxitèle illustre bien la fragilité des résultats obtenus : si l'on fait abstraction d'une position hypercritique peu justifiable[10], un consensus semblait acquis pour attribuer au sculpteur athénien un groupe d'œuvres participant toutes d'un style homogène aisément reconnais-

---

1. DUCAT 1971 a démontré la présence de divers ateliers, insulaires et attiques, travaillant pour les donateurs béotiens du sanctuaire d'Apollon Ptoïos. 2. Ainsi autour du Cavalier Rampin **(24)** et de la « *corè* en *péplos* » **(26)** de l'Acropole d'Athènes ; BROUSKARI 1974, p. 57-60. 3. Ainsi pour Antènôr ; HOLTZMANN 2003, p. 61-62. 4. J. MARCADÉ en avait amorcé le recueil : MARCADÉ 1953 et 1957. Elles seront incluses dans le nouveau recueil de textes destiné à remplacer OVERBECK 1868 ; voir n. 5, p. 12. 5. OVERBECK 1868 ; MULLER-DUFEU 2002. 6. Dernière en date : *Personal Styles* 1996 (Phidias, Polyclète, Praxitèle, Lysippe, Damophon). 7. *Polyklet* 1990. 8. MORENO 1995. 9. *Praxitèle* 2007 ; Πραξιτέλης 2007. 10. RIDGWAY 1997, 258-267.

sable[1]. Mais voici qu'une tête colossale méconnue de l'Acropole d'Athènes pourrait être le seul original conservé du maître[2] : un fragment de l'Artémis Brauronia vue par Pausanias (I, 23, 7) ; or cette tête ne présente pas le style tenu pour praxitélien… Est-ce assez pour la récuser ? Certainement non : les erreurs passées de l'attributionnisme fondé exclusivement sur le style ont conduit, depuis la seconde guerre mondiale, à donner plus de poids aux arguments factuels : archéologiques et techniques[3].

La notion d'école, aujourd'hui peu utilisée, permet d'introduire la temporalité dans la notion de style, essentiellement spatiale, comme on vient de le voir. Elle implique la transmission d'une expérience technique et esthétique : d'un métier et d'un style, parfois indépendamment d'un lieu. Au début du XXe siècle, elle a été très justement définie par G. Perrot : « Il n'y a eu école, au sens propre du mot, que là où a été inaugurée une méthode originale de transcription, là où s'est créé un style qui, par l'enseignement de l'atelier et par le prestige du succès, s'est transmis aux artistes qui travaillaient dans le voisinage du maître, à ses contemporains et à ses successeurs immédiats. Suivant les circonstances, les effets de cette action se sont prolongés plus ou moins longtemps et propagés plus ou moins loin[4]. » Aussi n'y a-t-il pas à Athènes d'école archaïque en sculpture : on y observe seulement la cohabitation d'un style local **(24-26)** et de styles importés **(23, 30)**, qui provoque des hybridations diverses et instables[5] ; la synthèse qui s'esquisse à la génération suivante avec Antènôr a été empêchée par la

1. *Praxitèle* 2007, p. 28-47 (J.-L. Martinez). 2. DESPINIS 1994 ; *Praxitèle* 2007, p. 103-105, 126-127, n° 24 (A. Pasquier) ; Πραξιτέλης 2007, p. 62-67 (G. Despinis, en grec). 3. Quant au plus illustre des sculpteurs grecs, Phidias, sa personnalité artistique reste irrémédiablement floue, comme le prouvent les reconstitutions contrastées auxquelles elle donne lieu périodiquement : DELIVORRIAS 1995 ; HOLTZMANN 2000 B. 4. PERROT 1903, p. 239. 5. CROISSANT 1983, p. 235-294.

seconde guerre médique et il faudra attendre le creuset fécond des grands travaux de Périclès pour voir se former et essaimer une véritable école attique.

Pour maintenir au terme d'école une pertinence, sans doute faut-il mettre l'accent sur la relation pédagogique qu'il implique et l'employer pour désigner la descendance technique et stylistique d'un grand artiste plutôt que la pérennité d'une manière locale.

LES ALÉAS DE LA DATATION

Il est très rare qu'une œuvre soit datée précisément avec certitude grâce à des indications externes, généralement un texte ou une inscription révélant les circonstances de sa création. C'est le cas pour le Trésor de Siphnos à Delphes **(28)**, daté de 525 par le texte d'Hérodote[1] (III, 57) ou bien pour la stèle funéraire de Dexiléos, (MArch Céramique), dont l'inscription nous assure qu'il est mort en 394-393[2]. À défaut d'un nombre de ces points d'ancrage suffisant pour fixer la chronologie, il faut se contenter de ce que l'on appelle traditionnellement un *terminus ante* ou *post quem**. L'un des plus précieux est fourni, pour les sculptures de l'Acropole d'Athènes, par le saccage du sanctuaire en 480 **(36)** ; un autre, pour la sculpture funéraire d'Athènes, par l'interdiction des monuments figurés par Démétrios de Phalère en 317 **(78)** ; de même, à Dèlos, les sculptures retrouvées dans les maisons sont antérieures soit à 88, soit à 69 av. J.-C., dates des deux saccages de la ville **(103)**.

Lorsque ces repères externes manquent ou qu'ils sont trop distants, il faut se contenter de dater par le style, ce qui, avec les progrès accomplis durant le XXe siècle grâce à l'archéologie*, devrait assurer, depuis le VIIIe siècle jus-

---

1. Rolley 1994, p. 228-230. 2. Rolley 1999, p. 161-162, fig. 145-146.

qu'à la fin du IVᵉ siècle[1], des dates assez précises. Théoriquement du moins, car les essais de datation trop systématiques entrepris jadis n'ont pas convaincu, qu'il s'agisse du style dédalique[2], de l'évolution des types archaïques du *couros* et de la *corè*[3] ou de la chronologie du IVᵉ siècle[4]. Il est illusoire de supposer que l'évolution du rendu de l'anatomie se fasse uniformément dans tous les centres producteurs du VIᵉ siècle et que l'on puisse, au IVᵉ siècle, dater à une décennie près la grande statuaire en s'appuyant sur des œuvres mineures, plus routinières. Il y a certes des styles d'époque, plus ou moins prégnants et durables, mais la datation d'une œuvre dans l'un de ceux-ci dépend de nombreux facteurs particuliers : le lieu de production, central ou périphérique dans la géographie des sites producteurs ; le caractère créatif ou conservateur du genre dont elle participe ; la place de l'œuvre dans la carrière de son auteur, quand celui-ci est un artiste connu, et même, il faut le reconnaître, la personnalité de qui énonce la date : certains spécialistes datent haut, d'autres bas… C'est dire qu'une datation par le style est condamnée à rester floue et qu'il faut donc se défier des dates trop précises[5] : une date chiffrée obtenue par le style seul doit plutôt être considérée comme le point central d'une fourchette chronologique plus ou moins large suivant la densité du contexte artistique connu.

---

1. Sur les difficultés propres à la période hellénistique, voir plus bas, p. 282. 2. JENKINS 1936, critiqué et complété par ROLLEY 1994, p. 128-154. 3. RICHTER 1960 et 1968 ; critique par ROLLEY 1994, p. 160-161. 4. SÜSSEROTT 1938 et le compte rendu détaillé qu'en fit J. Marcadé, repris *in* MARCADÉ 1993, p. 33-45 : « De la rigueur à la raideur ». 5. Sur les aléas de la datation par le style, voir R. R. R. Smith, p. 28-30 *in Storie dell'arte antica* 2004.

CHRONOLOGIE HISTORIQUE ET CHRONOLOGIE ARTISTIQUE

L'étude de l'Antiquité gréco-romaine ayant été d'abord fondée sur les grands textes qui nous sont parvenus, ce sont naturellement les événements historiques connus par eux qui ont déterminé ce qu'on appelle aujourd'hui sa périodisation. Ce cadre était à peu près fixé, après le milieu du XIXe siècle, quand l'essor de la recherche archéologique a révélé progressivement des périodes antérieures, dont les textes grecs ne nous disent à peu près rien qui soit historique. Les civilisations correspondantes, qui se succèdent durant l'ère appelée l'âge du bronze (2350-1050), ont donc été nommées d'après leur centre géographique : cycladique, crétoise ou minoenne, mycénienne [1]. Même si cette dernière parle déjà une forme de grec, elle est séparée de la civilisation grecque proprement dite, qui se développe au Ier millénaire, par de profonds bouleversements politiques et sociaux à l'issue desquels l'assiette ethnolinguistique de la Grèce ne changera plus guère jusqu'aux invasions de la fin de l'Antiquité. À défaut d'autre fil conducteur pour une période très peu documentée, c'est le type de décor de la céramique peinte qui a fourni son nom à la longue phase d'incubation (1050-700) de la civilisation grecque à la fin de laquelle apparaît la sculpture.

Ce cadre historique [2] est toutefois insuffisant pour baliser l'évolution rapide de l'art grec : à partir de 750, les phases s'y succèdent à un rythme soutenu (d'un demi, d'un tiers, voire d'un quart de siècle), parfois décalées par rapport à la périodisation historique. C'est ainsi que le « style sévère » débute au moins dix ans avant la seconde guerre médique, qui marque le passage à la période clas-

---

1. Treuil, Darcque, Poursat, Touchais 2008 ; Poursat 2009 (2e volume, sur l'art mycénien, en préparation). 2. Lévêque 1997 ; Cabanes 2004 ; Lefèvre 2007.

sique ; de même, l'art hellénistique naît à la cour de Philippe II, avant la conquête de l'Empire perse par son fils Alexandre, qui inaugure la période hellénistique.

C'est pourquoi, dans le choix d'œuvres proposées ci-dessous, on exposera brièvement en tête de chacun des cinq chapitres correspondant aux grandes périodes historiques l'articulation plus fine des phases de la sculpture, qui varie légèrement suivant les auteurs.

Choix d'œuvres

PÉRIODE GÉOMÉTRIQUE (1050-700)

Cette longue période de près de quatre siècles est encore inégalement connue : la phase protogéométrique (1050-900), longtemps peu attestée archéologiquement, avait de ce fait été qualifiée d'« âges obscurs ». Les découvertes de Lefcandi, en Eubée, prouvent que la régression impressionnante qui affecte la plupart des grands sites de l'époque précédente n'a pas été générale : on y constate, vers 950, l'existence d'une architecture monumentale [1] et d'une plastique en terre cuite d'une ambition inattendue **(1)**. Cette production essentiellement votive semble peu se développer durant les deux premières phases de la période géométrique (900-850 ; 850-770) proprement dite, à en juger par les trouvailles d'Olympie, qui sont les plus abondantes [2].

C'est durant la troisième et dernière phase (770-700), appelée « Géométrique récente », que se produit une véritable renaissance [3], avec l'essor rapide d'une petite plastique en bronze de plus en plus animée. Dès ce moment des centres de production peuvent être différenciés [4], surtout dans la représentation très fréquente du cheval **(2)**.

Rien n'a été retrouvé jusqu'ici d'une grande plastique en terre cuite ou en bois, et les textes, celui de Pausanias entre autres, sont trop imprécis pour qu'on puisse dater de l'époque géométrique les statues primitives qu'ils évoquent.

1. Holtzmann 2000 C. 2. Heilmeyer 1972, 1979. 3. Schweitzer 1969 A ; Hampe, Simon 1980 ; Heilmeyer 1982 ; Coldstream 2003. 4. Rolley 1994, p. 93-113.

1. Centaure de Lefcandi

Terre cuite. H. : 0,36 m. Érétrie, MArch 8620.

Tout ici est unique. Partagée entre deux tombes voisines (la tête dans l'une, le corps dans l'autre) de la nécropole de Lefcandi, cette statuette, beaucoup plus grande que les figurines modelées fabriquées alors, devait avoir une valeur particulière qui nous échappe. Les vases trouvés avec elle imposent une date très haute : 925-900 av. J.-C., soit la fin de la période protogéométrique, comprise entre l'effondrement de la civilisation mycénienne et le regain de l'époque géométrique proprement dite.

Le sujet surprend également à cette date : alors que les représentations mythologiques apparaissent à la fin du VIIIe siècle, voici, deux siècles plus tôt, un monstre qui ne cessera pas de hanter l'imaginaire grec, le Centaure. Qui plus est, des mythes précis semblent évoqués par certains détails. Le bras gauche était détaché et la main devait tenir quelque chose, dont l'arrachement se voit sur l'épaule : sans doute l'arbuste déraciné que l'on voit souvent figuré au poing de certains Centaures à partir du VIIe siècle, notamment quand est représenté l'épisode de leur folie collective. D'autre part, si l'entaille verticale visible au genou gauche est bien d'origine, ce pourrait être une allusion à la blessure infligée par Achille au Centaure Chiron. On aurait donc ici la preuve que l'élaboration verbale des mythes a précédé de beaucoup leur représentation, sauf exception comme celle-ci.

Quant à l'exécution, elle atteste que l'esthétique géométrique est déjà constituée. La figure est composée de volumes simples : sur le corps tourné comme un vase sont collés le torse, les membres et la tête simplement modelés. L'ensemble est peint de motifs décoratifs qui prouvent que ces figures exceptionnelles, tout comme les maquettes d'édifices, étaient fabriquées sur commande par des céramistes qui décoraient leur surface comme celle des vases.

Bibl. : Desborough, Nicholls, Popham 1970 ; Carouso 2004.

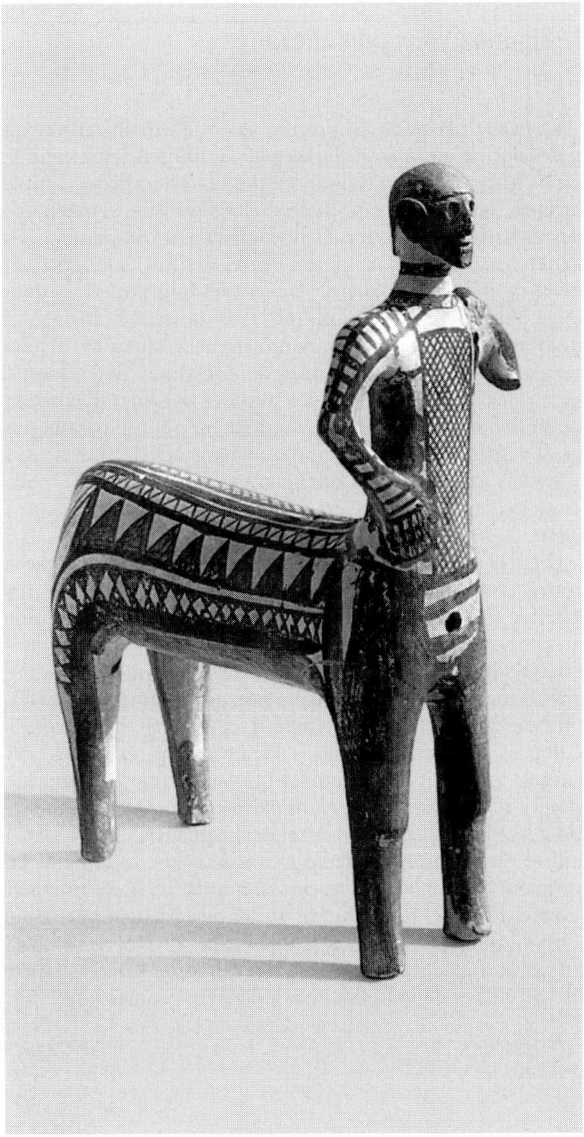

2. Figurine votive de cheval

Bronze. H. : 0,16 m. Berlin, StaatMusAnt 31 317.

La petite plastique en bronze, essentiellement votive, qui se développe au VIIIe siècle est plus ambitieuse que celle en terre cuite : si la technique de fonte reste encore simple, puisque, jusqu'à 45 cm environ, les figurines peuvent être pleines sans se disloquer au refroidissement, le matériau est coûteux, car dans son alliage entre environ 10 % d'étain, métal rare qu'il faut aller chercher très loin, à moins qu'on ne le remplace par du plomb. Les objets en bronze, si modestes soient-ils, sont donc un signe extérieur de richesse et par conséquent susceptibles de constituer des offrandes remarquées ; les plus courantes sont des figurines d'animaux, offertes en lieu et place d'un sacrifice ou pour le commémorer. Toutefois, les très nombreuses figurines de cheval trouvées dans les sanctuaires ont plutôt une valeur sociale : elles attestent l'appartenance du dédicant à l'aristocratie, seule à même de s'adonner aux activités hippiques.

D'après la base ajourée sur laquelle il est établi, ce cheval trouvé dans le sanctuaire de Zeus, à Olympie, était une offrande indépendante et non le décor subsidiaire d'un objet plus important. D'une grandeur exceptionnelle, c'est le chef-d'œuvre de la série fabriquée à Corinthe, que caractérise, après 750, une technique ingénieuse qui épargne le matériau tout en accroissant la stylisation contrastée des formes : seules les tiges cylindriques – jambes, corps et tête – sont pleines, mais minimisées, alors que le volume accentué des épaules et des cuisses est rendu par de minces tôles bombées. Ainsi l'effet visuel est inverse de la quantité de matériau utilisé. Cet assemblage délicat, réalisé avant la fonte, a été complété après elle par quelques motifs abstraits finement gravés : des traits horizontaux sur les postérieurs ; une bande horizontale avec un zigzag en pointillé au bas du poitrail. Un point d'équilibre est ici atteint, durant le troisième quart du VIIIe siècle, dans la figuration de style géométrique.

Bibl. : Heilmeyer 1979, p. 37-38, 93-94 ; Rolley 1983, p. 53-64 ; Zimmermann 1989, p. 176-202.

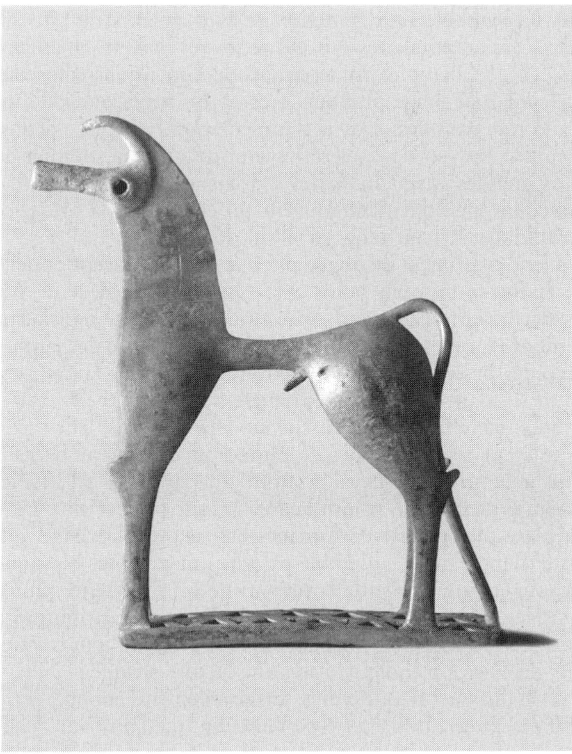

3. Figurine d'un guerrier sur un chaudron votif

Bronze. H. : 0,145 m. Olympie, MArch 4600.

Les chaudrons sur trépied en bronze furent au VIIIe siècle l'offrande la plus prestigieuse qu'on pût faire : par leur usage dans les banquets aristocratiques, ces ustensiles étaient devenus un symbole de distinction. Des fragments de plus de deux cents exemplaires ont été retrouvés dans le sanctuaire de Zeus, à Olympie, dont certains de dimensions colossales excluant tout usage pratique. Ces objets votifs ont joué un grand rôle dans l'essor de la représentation humaine : depuis le milieu du VIIIe siècle, certains sont décorés, au sommet de leurs grandes anses circulaires à décor gravé, d'une figurine masculine nue qui tient souvent un cheval par la bride, ce qui indique le haut rang social du dédicant.

Cette figurine se distingue par une maîtrise exceptionnelle de la forme mise au point à la génération précédente par les décorateurs des grands vases qui, à Athènes, signalaient certaines tombes de notables. Au volume réaliste des jambes succède, passé la bague très étroite que forme la ceinture haute bridant la taille, le triangle schématique du torse, auquel se greffent des bras sans modelé ni mains, leur extrémité étant seulement percée d'un trou où étaient fixées à gauche la bride du cheval, à droite une lance. La tête est ici exceptionnellement volumineuse, ce qui permet une mise en place plus précise des organes des sens sur le visage, qui reste triangulaire. L'ensemble y gagne une présence plastique très supérieure à celle de la plupart de ces silhouettes plutôt allusives. Cette vigueur suffit-elle à légitimer l'attribution à un atelier d'Argos ou bien la parenté avec les grands vases dits du Dipylon indique-t-elle une facture attique ?

Toujours est-il que voilà, magistralement énoncé entre 750 et 725 av. J.-C., un type masculin que l'on peut qualifier de prémimétique*, car le corps n'y est pas fidèlement reproduit, mais reconstruit arbitrairement par une stylisation qui escamote le ventre – une formule qui durera jusqu'au début du VIe siècle.

Bibl. : Kunze 1961, p. 146-151, pl. 60-61 ; Maass 1978.

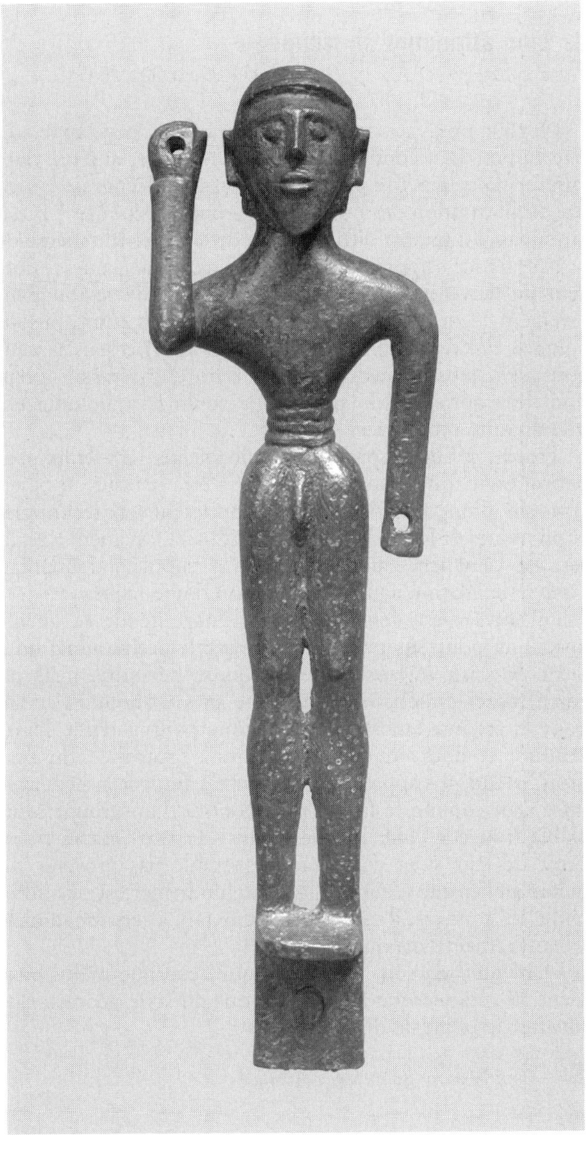

4. Lion attaquant un troupeau

Bronze. H. : 0,102 m. Genève, collection George Ortiz.

Le goût pour la narration dramatique se développe très vite durant la seconde moitié du VIIIe siècle, sur les vases comme dans la petite plastique en bronze. Scènes de la réalité ou illustration des mythes et des poèmes épiques ? Il est, la plupart du temps, difficile de le déterminer : le thème de la bête féroce s'apprêtant à dévorer un animal, que s'efforcent de sauver le berger et son chien en contre-attaquant vivement, peut être emprunté au registre des comparaisons épiques (*Iliade* XI, 548-551 ; XII, 299-303), mais il peut être aussi, plus immédiatement, l'écho d'un épisode vécu, dont le propriétaire du troupeau a voulu faire hommage à une divinité protectrice.

Trouvé en Élide et provenant probablement d'Olympie, ce petit groupe, qui n'était pas destiné à être fixé sur un objet, témoigne d'une ambition narrative que les moyens techniques et plastiques de la fin du VIIIe siècle (720-700) peinent à réaliser. La véhémence de l'expression y supplée, donnant à l'œuvre le charme naïf d'un conte ou d'une fable.

Le fauve n'est défini que par l'énormité de sa gueule béante au pourtour ponctué de crocs ; le petit animal qu'il vient de saisir se laisse enlever sans se défendre, mais un chien mord le monstre à une patte en s'arc-boutant au sol pour le retenir, tandis qu'un homme pourvu d'une haute ceinture et d'un couvre-chef pointu s'approche ; du bras droit, perdu, il s'apprêtait sans doute à frapper la bête avec un épieu, comme le fait le protagoniste d'un groupe semblable trouvé à l'Hèraion de Samos (disparu). Celui-ci, en dépit de leur sujet commun, ne semble pas provenir du même atelier que le nôtre : la figure du berger est très différente. En tout cas, il est probable que l'un a servi de modèle à l'autre, mais dans quel sens ?

Quoi qu'il en soit, la vivacité qui s'exprime maladroitement ici indique que les conventions du style géométrique sont sur le point de disparaître.

Bibl. : ORTIZ 1996, n° 83 (4 pages et 2 fig.).

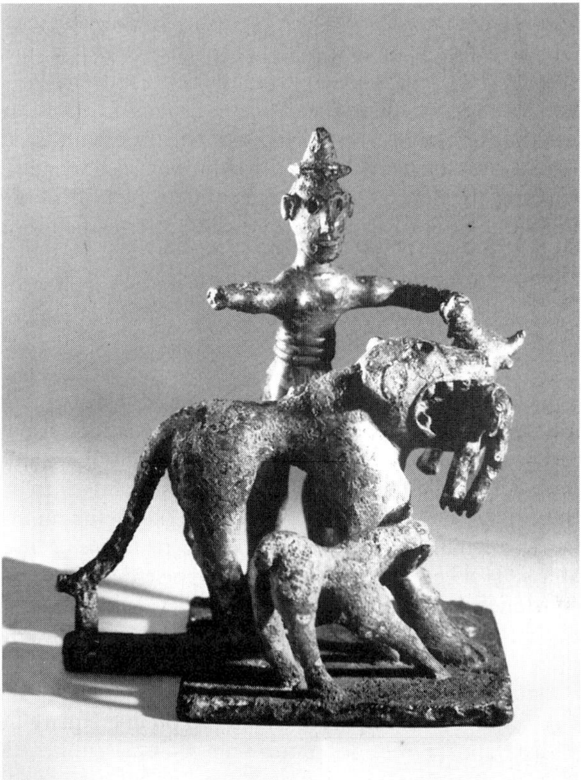

PÉRIODE ARCHAÏQUE (700-480)

Durant les deux siècles de cette période, la colonisation grecque, commencée dès le VIIIe siècle, installe des cités nouvelles jusqu'aux côtes de l'Espagne et de la mer Noire : la civilisation grecque devient universelle, à l'échelle de la Méditerranée [1]. Cette expansion spectaculaire met le monde grec en rapport plus intense avec les civilisations anciennes de la Méditerranée orientale : l'Égypte, par le sas de la concession de Naucratis ; les civilisations du Croissant fertile, par l'intermédiaire des ports du Levant.

C'est pourquoi le VIIe siècle, phase d'expérimentation et d'assimilation des formes et des techniques orientales, est défini comme la phase orientalisante de l'art grec **(5, 7)**. Le phénomène est particulièrement intense dans certains lieux (Crète, Ionie, Samos) et pour certains types de production (objets de grand luxe en matériaux précieux importés [2]). C'est aussi le moment où la sculpture prend son essor [3] : elle aborde la pierre **(8)**, les grands formats **(9)**, et élargit son champ à l'architecture **(12)** et aux monuments funéraires **(14)**. C'est alors que se forme le premier style d'époque bien constitué, appelé dédalique par les Modernes. Élaboré en Crète, il a été adopté par la plupart des centres producteurs, avec des nuances sensibles qui révèlent la différenciation – recherchée [4] ? – des pratiques locales.

À la fin du VIIe siècle et durant le premier quart du VIe siècle apparaissent des statues colossales masculines **(15, 18)**, sans doute à l'initiative de Naxos, premier centre de la sculpture en marbre [5], et à l'imitation de l'Égypte, mais

---

1. Boardman 1995 A. 2. Hampe, Simon 1980, p. 195-230. 3. Ouvrages généraux sur la période : Ridgway 1993 ; Boardman 1994 A ; Rolley 1994. 4. Sur le rôle éventuel des styles locaux dans l'établissement de l'« identité culturelle des cités », Duplouy 2006 A. 5. Kokkorou-Alewras 1995.

sans le support dorsal de rigueur chez les colosses égyptiens, ce qui indique la volonté très grecque de faire d'emblée mieux que le modèle [1]. Les centres créateurs sont alors liés à l'exploitation du marbre local : Naxos, Paros, Thasos, Athènes, Samos, Cyzique peut-être.

Par-delà les types statuaires dominants, à fonction variable, que sont le *couros* et la *corè*, les figures mythologiques **(20-22)** sont l'occasion de créations originales, tandis que la petite plastique en terre cuite et en bronze, plus facile à réaliser, manifeste un rapport plus direct au réel en représentant le mouvement et parfois l'activité professionnelle. Elle s'apparente ainsi à la céramographie* attique, dont les meilleurs artistes, après le passage aux décors à figures rouges, commencent à surmonter les rigidités et les conventions archaïques environ vingt ans avant que la grande sculpture ne s'y attaque, à partir de 490 [2].

La maîtrise de la fonte en creux du bronze, acquise durant la seconde moitié du VIe siècle, mais encore peu pratiquée, en permettant d'obtenir de grandes statues faciles à équilibrer, va hâter le dépassement des formes archaïques et permettre au bronze de bientôt supplanter le marbre.

1. Platon (?) ne fait-il pas dire à l'un de ses personnages : « Tout ce que les Grecs ont pu recevoir des Barbares, ils l'ont conduit à un plus haut point de beauté finale » (*Epinomis*, 9887 d-e) ? 2. Sur la périodisation du VIe siècle, HOLTZMANN 2005 B, p. 524-525, à propos de *GaB* 2002.

5. Statuettes de culte de Dréros

Bronze. H. : 0,40 ; 0,80 ; 0,45 m.
Hèracleion, MArch 2446, 2445, 2447.

Dans la religion grecque, le temple est seulement la maison de la divinité, c'est-à-dire l'abri de la statue de culte qui l'incarne – quand il en existe une, car beaucoup de sanctuaires modestes n'en ont pas. Presque aucune de ces statues, souvent primitives, n'est parvenue jusqu'à nous. C'est pourquoi les trois statuettes – Apollon entouré de sa sœur Artémis et de sa mère Lètô – retrouvées dans le temple de Dréros, en Crète, sont si précieuses : elles montrent comment, vers 700 av. J.-C., les bronziers grecs sortent du cadre très limité de la petite plastique géométrique, stimulés sans doute par l'existence de statues plus grandes en terre cuite et en bois. Si cette évolution est attestée d'abord en Crète, c'est que les relations maritimes avec les civilisations du Proche-Orient en font, aux VIIIe et VIIe siècles, le lieu privilégié de bien des nouveautés.

La nouveauté est ici l'emploi du *sphyrélaton* : les figures sont faites d'un assemblage de tôles (plus de trente pour Apollon), épaisses d'environ 4 mm, martelées et rivetées. Cette technique, bien connue au Proche-Orient, permet de contourner la limite de taille (40-45 cm) imposée par la technique de la fonte pleine, alors seule connue des Grecs, et d'obtenir ici une statue en demi-grandeur, dont la présence plastique est renforcée par le geste du bras droit, qui devait tenir l'arc, attribut ordinaire d'Apollon. Si le ventre reste escamoté, la taille, le torse et la tête gagnent en volume, peut-être à cause du format accru : le corps masculin nu est en passe de devenir une étude d'anatomie, avec l'indication des seins et de l'ogive thoracique. Le corps féminin, au contraire, caché par le vêtement à peine rehaussé de quelques détails gravés, reste un volume abstrait presque cylindrique. Peut-être la fonction secondaire de ces figures, simples parèdres* du dieu, explique-t-elle en partie cette retenue.

Bibl. : Rolley 1994, p. 112-113, fig. 98 ; Romano 2000 : essai de dissocier les statues féminines de celle d'Apollon.

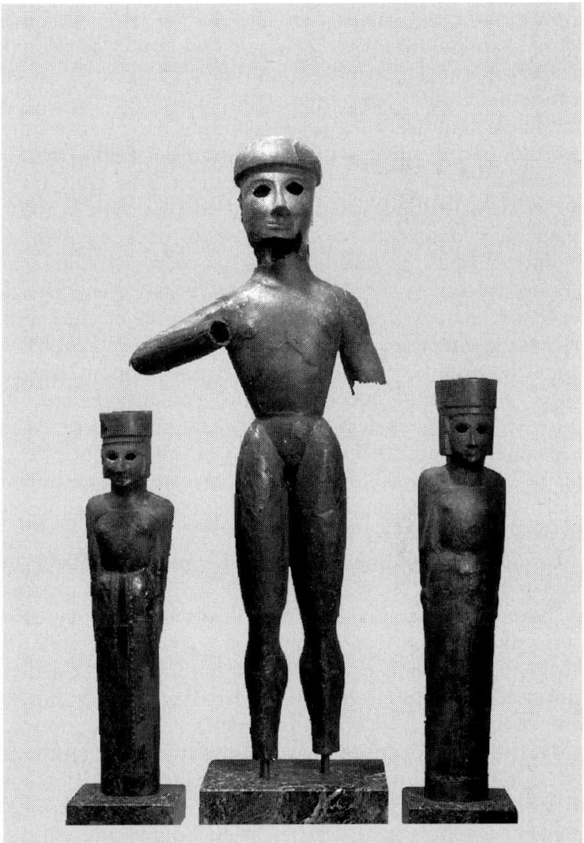

6. Offrande de Manticlos

Bronze. H. cons. : 0,203 m. Boston, MFA 03.997.

Cette statuette provient de Béotie, une région dont l'activité artistique n'a jamais débouché sur un style local bien défini. Sans doute est-ce pourquoi l'on trouve ici le type géométrique masculin poussé jusqu'à la caricature : cuisses et fesses rebondies, ventre inexistant, taille étroite baguée par une haute ceinture, torse triangulaire. Mais la partie supérieure du corps présente une élongation qui établit la taille au milieu de la silhouette : le torse est plus haut qu'au VIIIe siècle et surtout la tête reprend en plus petit la forme triangulaire du torse. La stricte axialité de l'ensemble est rendue sensible par une ligne qui parcourt la calotte crânienne, le cou et le torse. Peut-être est-ce pour éviter de recouvrir une partie du torse avec les grosses mèches verticales de la chevelure que le cou a été démesurément développé. L'artiste béotien semble en effet avoir monté sur un corps qui participe encore du type géométrique une tête qui, elle, appartient déjà au type dédalique. Suivant qu'on le crédite d'une plus ou moins grande connaissance de ce qui se produit alors hors de Béotie, on datera cette œuvre, à la fois subgéométrique et protodédalique, du premier ou du deuxième quart du VIIe siècle.

Un trou au sommet du crâne permettait de fixer un casque rapporté ; le bras gauche, plié et avancé, a pu tenir un bouclier ; en ce cas, le bras droit devait tenir une épée. Cette statuette représentait donc un guerrier – le dédicant lui-même ? – et non pas Apollon, à qui l'œuvre est dédiée, comme l'indique l'inscription de deux vers sur les cuisses, la plus ancienne dédicace connue de la sculpture grecque : « Manticlos m'a dédié au dieu à l'arc d'argent qui frappe au loin / avec la dîme (du butin ?). Quant à toi, Phoibos, accorde-lui en échange ta faveur. » Deux conventions archaïques apparaissent déjà ici : c'est l'œuvre qui parle et ce qu'elle dit peut être gravé sur elle-même.

Bibl. : *GaB* 2002 : p. 76-77 ; (G. Kaminski) 298 : fig. 145 a-d. Sur l'inscription : Jeffery 1990, p. 90-91, pl. 7,1.

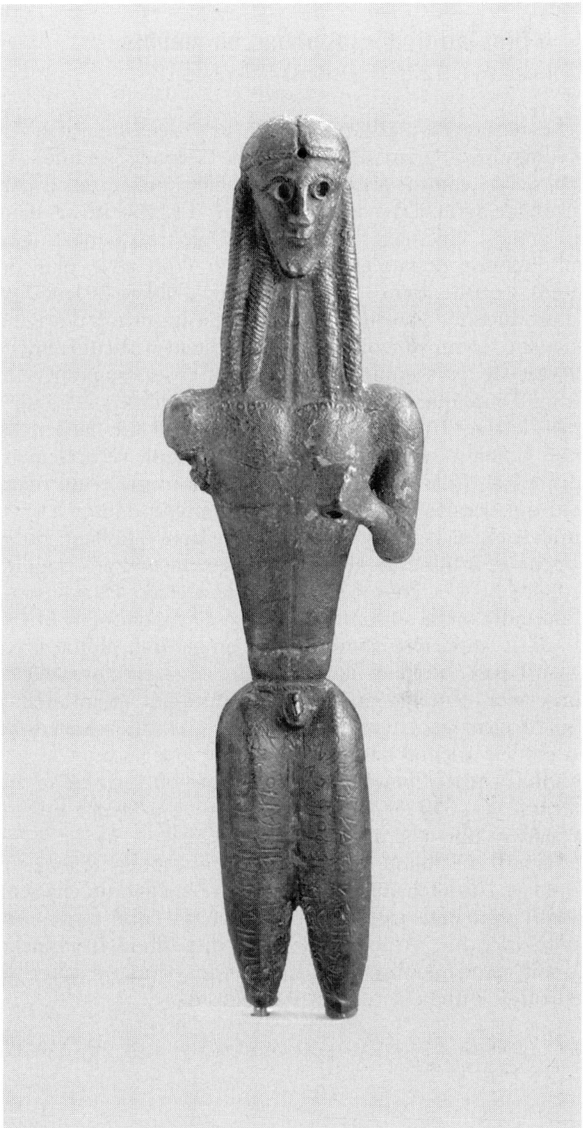

7. « Dieu au lion », applique de meuble

Ivoire. H. : 0,225 m. Delphes, MArch 9912.

Les échanges maritimes n'ont cessé de s'intensifier en Méditerranée orientale depuis la seconde moitié du VIIIe siècle, comme l'attestent les objets provenant d'Ourartou, de Syrie, d'Assyrie, de Phénicie, d'Égypte dédiés dans les grands sanctuaires (Olympie, Delphes, Samos). Ces importations provoquent l'apparition d'un style plus ou moins « orientalisant » selon les types d'objets et leur lieu de production. Lorsque le matériau est lui-même d'origine orientale, comme l'ivoire, les objets restent particulièrement proches de leurs modèles orientaux. C'est le cas pour cette figure d'applique qui devait décorer un meuble.

Ni le sujet (un homme immobile tenant une lance, qui pose la main sur la tête d'un lion plaqué verticalement contre lui), ni le vêtement (une tunique courte et un manteau qui s'écarte sur le ventre pour descendre jusqu'à terre en arrière), ni le visage empâté (aussi large que haut, où la bouche est minimisée, alors que les yeux incisés, aux pupilles rapportées, sont énormes) ne semblent grecs. Et pourtant, le méandre incisé au sommet de la base ne saurait être oriental et le modelé vigoureux des jambes est plutôt grec. D'autre part, la tête et les pattes antérieures du fauve, mieux conservées, témoignent d'un goût décoratif et minutieux peu fréquent en Grèce au VIIe siècle. L'artiste imitait donc un modèle oriental qu'il avait peut-être sous les yeux, ce qui conduit à placer plutôt en Ionie le lieu où cet objet a été fabriqué vers 650 (?) : seuls certains ivoires trouvés à Éphèse présentent une telle imprégnation orientale.

S'agit-il d'Apollon lui-même, souvent représenté avec un lion dans l'art archaïque ? On voit mal, en effet, un chasseur mortel représenté avec un félin dompté au point de ne faire qu'un avec lui, à moins que cette disposition fusionnelle ne soit qu'une commodité plastique qui permet d'éviter les difficultés d'une disposition plus réaliste.

Bibl. : AMANDRY 1944-1945 ; *GDelphes Musée* 1991, p. 199-202 (P. Amandry), fig. 9-10.

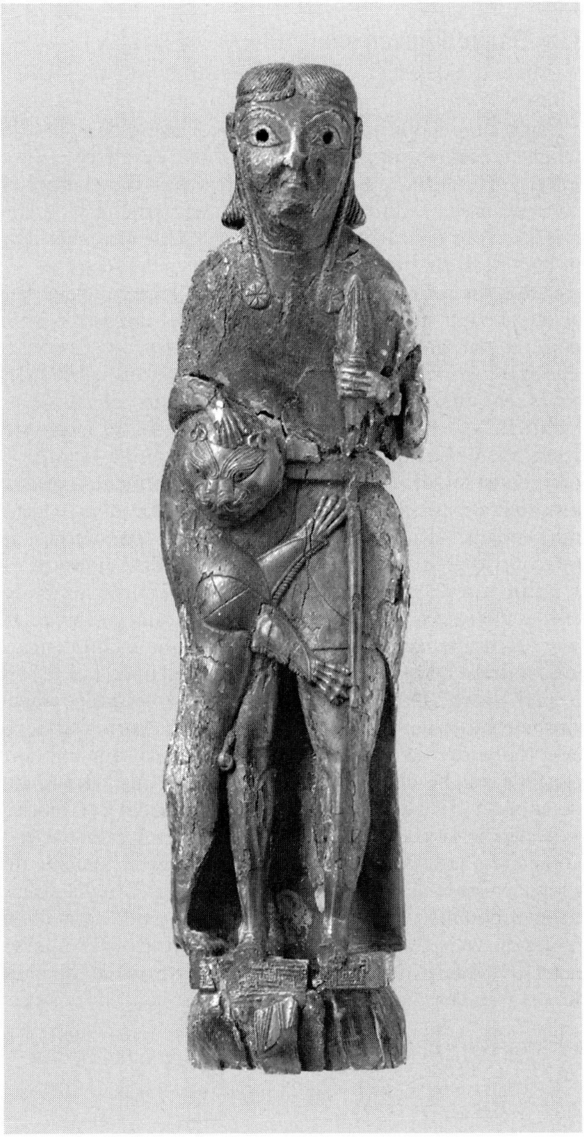

8. « Dame d'Auxerre »

Calcaire. H. : 0,75 m. Paris, musée du Louvre, MA 3098.

Expression la plus complète du type féminin de style « dédalique », cette statuette célèbre a recouvré dernièrement son origine exacte grâce aux fouilles menées à Éleutherne, en Crète centrale : la partie inférieure d'une statuette du même type, exécutée dans le même matériau, y a été retrouvée dans un cimetière du VIIe siècle.

Le bas du corps disparaît derrière une robe fourreau sans aucun pli, qui ne laisse apparaître que les doigts des deux pieds, joints sur la même ligne. Cette surface lisse était cependant animée par les motifs rectangulaires, finement gravés en vue d'être rehaussés de couleurs diverses, qui entourent son bord inférieur et s'étagent sur sa face antérieure. Au-dessus de la haute ceinture qui bride la taille, le torse court et évasé est pris dans un vêtement à motifs d'écailles, ce qui ne signifie pas qu'il s'agisse d'un corsage indépendant : il n'est pas rare, à toutes les époques de l'art grec, que le désir de varier les effets décoratifs l'emporte sur la réalité du vêtement. Une pèlerine très courte couvre les épaules et les bras jusqu'aux coudes, mais sans fermer à l'arrière l'espace entre le buste et les bras – une inconséquence qui confirme que les effets artistiques priment ici sur le réel. Le bras gauche est plaqué contre la cuisse, le droit ramené contre le buste dans un geste qu'il faudra désormais essayer de comprendre dans un contexte funéraire. Les mains sont très longues. Le visage allongé, dont la forme triangulaire est adoucie en ovale régulier, est encadré par les mèches verticales de la chevelure, composées de grosses perles rectangulaires. Un léger sourire semble arquer la bouche aux lèvres épaisses ; les yeux en amande ont perdu l'ampleur excessive qu'ils avaient généralement durant la première moitié du VIIe siècle. Si, comme on l'a postulé, l'assouplissement du galbe et des traits du visage est un critère de datation, la statuette devrait dater du troisième quart de ce siècle.

Bibl. : MARTINEZ 2000.

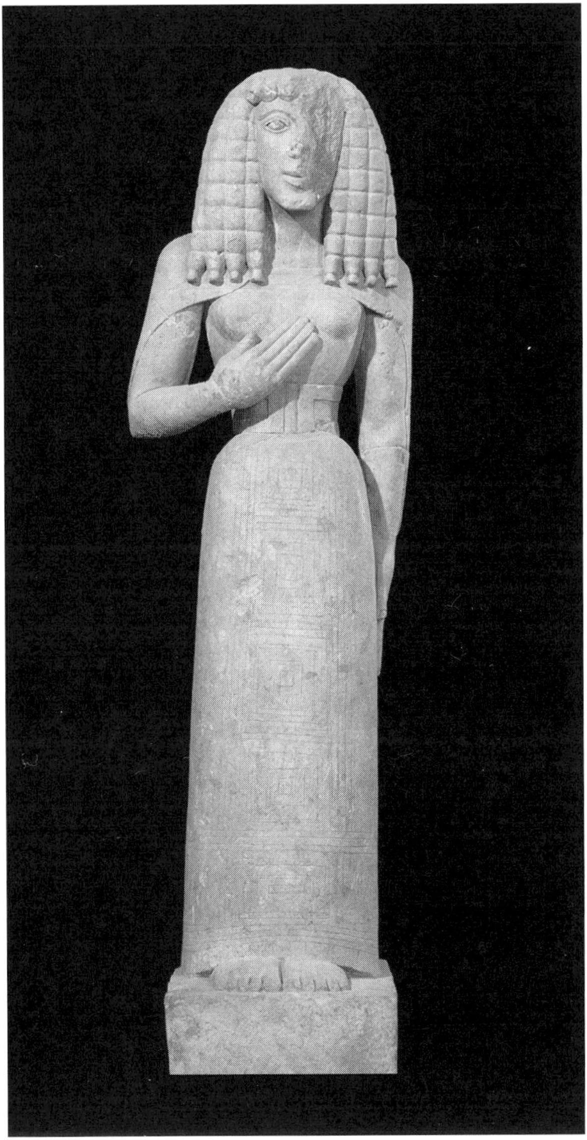

9. Statue dédiée à Artémis par Nicandrè

Marbre. H. : 1,75 m. Athènes, MNArch 1.

Trouvée dans le sanctuaire d'Artémis, à Dèlos, cette statue en marbre de Naxos est la plus ancienne en marbre et de grandeur naturelle qui soit connue. L'inscription gravée sur son flanc gauche en précise l'origine : « Nicandrè m'a dédiée à l'Archère dont les traits portent loin – elle, excellente fille de Deinodikès de Naxos et sœur de Deinoménès, maintenant femme de Phraxos. » C'est donc l'offrande d'une Naxienne dont l'identité est, significativement, définie par son rapport à trois hommes…

Voici posée d'emblée, vers 630 av. J.-C. (?), la prééminence de Naxos dans le travail du marbre, qui semble avoir été, pendant plus d'une génération, un véritable monopole : les plus anciennes statues trouvées sur divers sites sont en marbre de Naxos. Nulle part cette spécialité spectaculaire n'est plus sensible qu'à Dèlos : en témoignent la terrasse bordée de lions, à l'égyptienne ; l'édifice tout en marbre qui a peut-être été le premier temple d'Apollon ; le *couros* colossal dont la base a été retrouvée près de celui-ci.

En l'absence des éléments rapportés dont l'existence est attestée par les trous de fixation existant aux deux mains, l'identité de la statue – la déesse elle-même, la dédicante ou une figure générique de *corè* destinée à réjouir la déesse ? – reste incertaine. Elle présente en tout cas toutes les caractéristiques du type dédalique : la robe fourreau, la ceinture large, la pèlerine, le visage triangulaire encadré de grosses mèches verticales. L'absence de modelé et de profondeur du corps (0,17 m !) souligne que les valeurs plastiques sont encore très réduites, mais la polychromie* animait les surfaces de contrastes et de détails aujourd'hui perdus. Plus que la « Dame d'Auxerre », dont la plasticité est plus développée peut-être parce que son matériau est plus facile à travailler, l'offrande de Nicandrè suggère ce qu'ont pu être les statues primitives encore vues par Pausanias au IIe siècle ap. J.-C.

Bibl. : *SculpDél* 1996 : p. 14-15 (Ph. Jockey) ; *GaB* 2002 : p. 98-100 (Ch. Vorster), fig. 170 a-f.

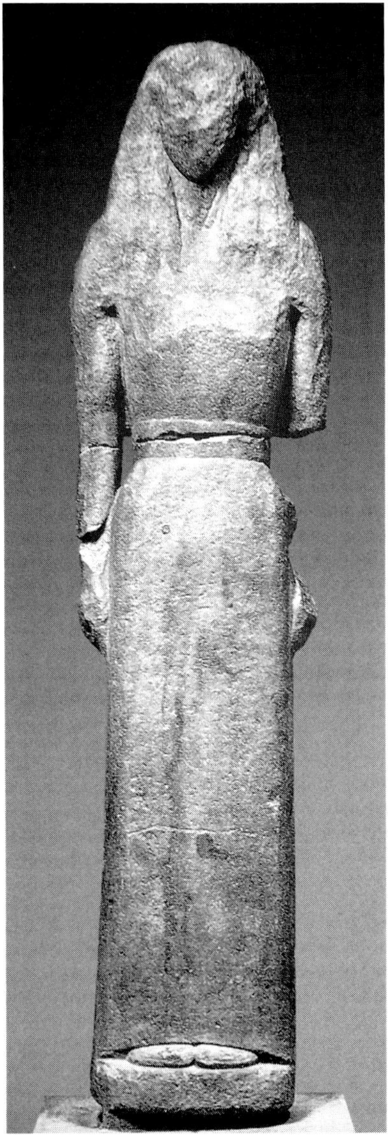

10. Statuette de l'Hèraion de Samos

Bois. H. : 0,287 m. Samos, MArch de Vathy H 41.

On sait par les textes qu'a subsisté une grande statuaire en bois très longtemps après la phase première où ce fut, avec la terre cuite, le matériau pratiqué en grand format. Quelques petites offrandes, conservées par le sol spongieux du sanctuaire d'Hèra à Samos, permettent de se figurer ce qu'étaient ces statues en bois disparues. L'une d'entre elles reproduit peut-être, à cause de sa relative grandeur et grâce à la qualité miniaturiste de ses détails, une statue dédalique très raffinée datant peut-être encore du troisième quart du VIIe siècle – la statue de culte d'Hèra à Samos ou une statue crétoise ?

La statuette était fichée dans une base grâce à un tenon, mais sans l'intermédiaire d'une plinthe donnant un support aux pieds, qui, de ce fait, ne sont pas représentés. Le bas du corps, jusqu'à la haute ceinture, est sans modelé, mais la robe fourreau qui l'enveloppe est ornée à son bord inférieur et sur sa bande centrale verticale de motifs décoratifs minutieusement ciselés. Une courte pèlerine, elle aussi bordée d'un motif décoratif, couvre les épaules et descend jusqu'aux coudes, mais dégage le buste, discrètement modelé. Les avant-bras étaient rapportés et tendus à l'horizontale : les mains devaient tenir chacune un objet. Du visage ne sont conservés que les grands yeux en amande aux paupières épaisses. La chevelure l'encadre de deux masses animées d'ondulations verticales ; sur la nuque, elle est bridée par un ruban horizontal et retombe en nappe jusqu'au milieu du dos. La figure porte sur la tête une très haute *mitra** évasée, décorée de trois rangées de motifs carrés et ouverte à l'arrière – une parure divine qu'on retrouve notamment chez les figurines en terre cuite de Gortyne (Crète).

En dépit de la qualité de son ornementation gravée, qui suffit à animer les surfaces, il faut certainement restituer à cette statuette très soignée une polychromie* contrastée, qui devait lui donner une apparence chatoyante.

Bibl. : OHLY 1967 ; HAMPE, SIMON 1980, p. 229, fig. 349-351 ; LEBESSI 1999 : crétois, pas Hèra.

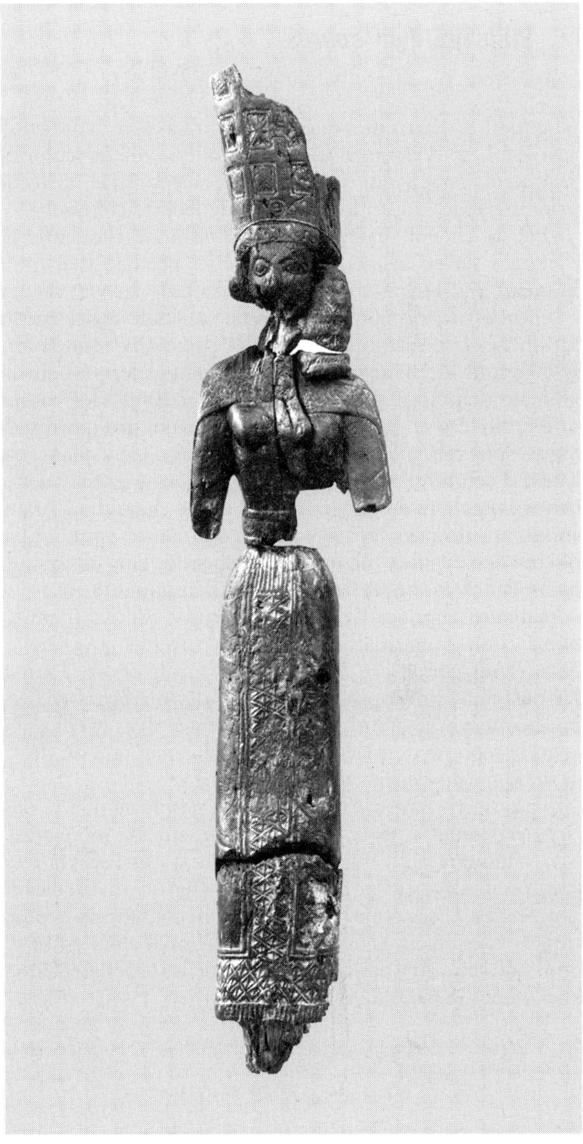

11. Statuette d'un *couros*

Bronze. H. : 0,197 m. Delphes, MArch 2527.

La figure masculine nue est jusqu'ici peu représentée dans la phase d'émergence, dite dédalique, de la sculpture grecque. C'est ce qui fait l'intérêt exceptionnel de cette petite offrande, souvent considérée de facture crétoise.

Que de chemin parcouru entre l'offrande béotienne de Manticlos **(6)** et celle-ci. Il ne reste ici presque rien de la silhouette masculine prémimétique* définie au VIIIe siècle : le ventre est désormais bien présent et, sur le torse, encore trop évasé, l'ogive thoracique et les pectoraux sont notés ; les bras sont légèrement fléchis et les poings fermés, qui ne tiennent rien, sont plaqués contre les cuisses ; les rotules sont indiquées et la jambe gauche est un peu portée en avant. Tout cela préfigure le type du *couros*. Cependant, par sa haute ceinture, mais surtout par la forme encore nettement triangulaire du visage encadré d'une chevelure à ondulations horizontales, épaisse mais assez courte pour ne pas toucher les épaules, l'œuvre participe du type dédalique, mieux défini et connu par les figures féminines **(8-10)**.

La figure annonce-t-elle ou prolonge-t-elle les premiers *couroï* connus en marbre de Naxos trouvés à Thèra et Dèlos ? Autrement dit, les bronziers ont-ils encore l'initiative ou l'ont-ils déjà perdue au profit des marbriers naxiens travaillant dans le grand format, et bientôt dans le colossal ? Selon la réponse donnée, on datera cette statuette du début ou de la fin du dernier quart du VIIe siècle.

Elle pose en tout cas déjà le même problème que la plupart des statues votives du VIe siècle : qui est représenté ? Rien n'indique qu'il s'agisse d'Apollon, à qui l'œuvre était destinée, mais rien non plus qu'il s'agisse du dédicant, comme c'est le cas pour la plupart des petits bronzes géométriques. C'est dans l'entre-deux qui s'ouvre alors entre les termes de cette alternative primitive que les types archaïques du *couros* et de la *corè* vont s'épanouir.

Bibl. : ROLLEY 1969, p. 111-113, n° 172, pl. XXVIII-XXIX ; *GaB* 2002, p. 103-104 (Ch. Vorster), fig. 176 a-b.

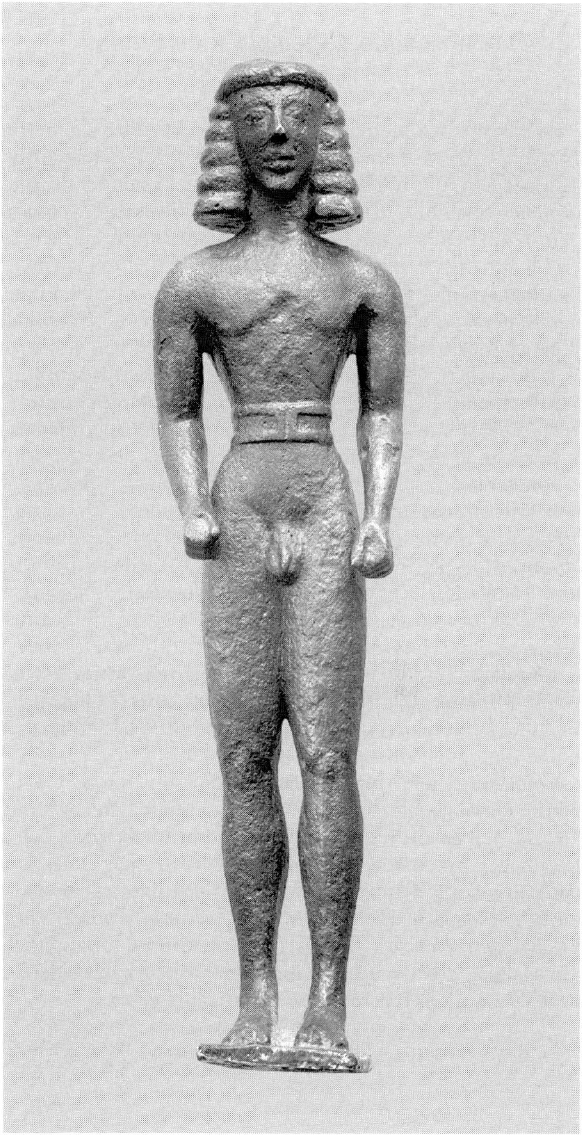

12. Linteau sculpté du temple A de Prinias

Calcaire. H. : 0,98 m. Hèracleion, MArch 231.

Le passage à la pierre – calcaire (Crète) et bientôt marbre (Naxos) – qui va faire accéder l'architecture et la sculpture grecques à la monumentalité est un aspect essentiel du phénomène orientalisant. Le passage par le calcaire tendre (*pôros*), qui peut se travailler avec les mêmes outils que le bois, semblerait une étape logique vers les pierres dures, mais les documents sont trop peu nombreux et trop difficiles à dater précisément pour qu'on puisse le déterminer. L'exemple de l'Égypte fut certainement décisif pour la ronde-bosse*, mais celui de la Syrie semble avoir été important pour la sculpture architecturale, à en juger par le premier ensemble connu, au temple d'Artémis (?) de Prinias, « bâtiment expérimental » de la seconde moitié du VIIe siècle, resté sans descendance.

Sont conservés : une frise de cavaliers et d'animaux (en haut ou en bas du parement extérieur des murs ?) ; les embrasures de la porte, où était figurée une femme nue debout, du type de l'Astarté syrienne ; et surtout un linteau dont toutes les faces sont sculptées : au-dessus, de part et d'autre d'un espace laissé libre, deux figures de femmes assises, vêtues selon le type dédalique et coiffées d'un *polos**, se font face, le dos au mur ; sur les parois verticales, une frise d'animaux : panthères à l'extérieur, cerfs à l'intérieur ; sur la face inférieure, deux figures tête-bêche de femmes du même type que celles assises.

Voici donc, dans une disposition qui s'inspire de l'architecture syrienne plus encore qu'égyptienne et qui ne préfigure en rien les ordres qui vont s'imposer plus tard, à la fois des images purement orientales : la déesse nue et les animaux passant ; d'autres qui sont orientalisantes et dédaliques : les quatre figures féminines vêtues ; d'autres enfin qui peuvent être des figures de la réalité ou du mythe : les cavaliers, aristocrates ou génies protecteurs des légendes locales ? Le tout était rehaussé de couleurs vives.

Bibl. : Beyer 1976, p. 21-38, pl. 9-24, 29-30 ; Adams 1978, p. 65-78 ; Vance Watrous 1998.

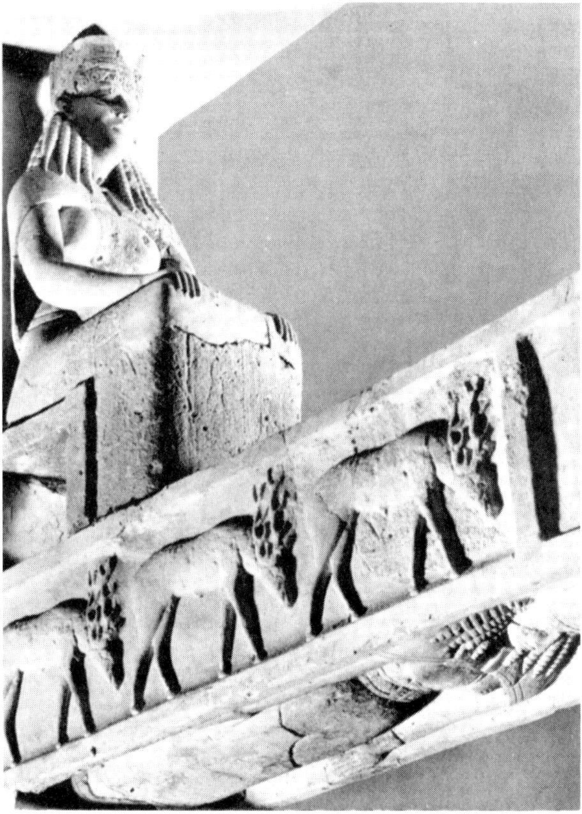

13. Vase plastique en forme de Gorgone assise

Terre cuite. H. : 0,215 m. Bâle, Antikenmuseum und Sammlung Ludwig LU 80.

Les vases plastiques – c'est-à-dire de forme imitative, généralement animale ou humaine – ont rarement été produits en série, sauf les fioles à parfum rhodiennes ou corinthiennes : ces objets hybrides résultent le plus souvent de la fantaisie du plasticien ou de son client. Ils prouvent que coroplathes* et céramistes avaient partie liée et se côtoyaient autour des mêmes fours.

Ce grand vase à large embouchure, dont le lieu de découverte est douteux, a été attribué à un atelier de Sparte parce qu'il représente le faciès de la Gorgone sous la forme typiquement locale. Par-delà les traits communs à ce monstre très souvent représenté durant toute la période archaïque **(16, 21)** – le visage large et plat, la bouche béante révélant une dentition effrayante, les yeux au pouvoir médusant, énormes et légèrement désaxés –, ce vase lui confère en effet un surcroît de bestialité qui ne se trouve qu'à Sparte : des crocs de sanglier aux coins de la bouche et des cornes au-dessus des oreilles. De plus, ses cheveux retombent verticalement en deux tresses torsadées au lieu de former les mèches parotides* habituelles et elle est dotée d'un énorme nez busqué. Les mains ramenées sur la poitrine tiennent les serpents qui encadrent le visage et ondulent décorativement sur les bras. L'inattendu, ici, est de représenter une Gorgone paisiblement assise sur une tortue, dont la tête apparaît à peine à l'arrière hors de sa carapace, alors qu'elle est généralement saisie en mouvement vif.

On a peine à imaginer quel pouvait être l'usage de ce vase, créé peu avant la fin du VIIe siècle. La peinture, malheureusement à peine conservée, devait certainement accentuer le pittoresque de cette créature, qui semble désemparée d'être surprise dans une attitude si peu conforme à sa réputation. Ironie de l'art : voilà une Gorgone empotée et médusée.

Bibl. : *SammLudwig* II 1982, p. 10-13, n° 80 (H. Herdejürgen) ; *Tombe de Vix* 2003, p. 136-137 (C. Rolley), fig. 92-93.

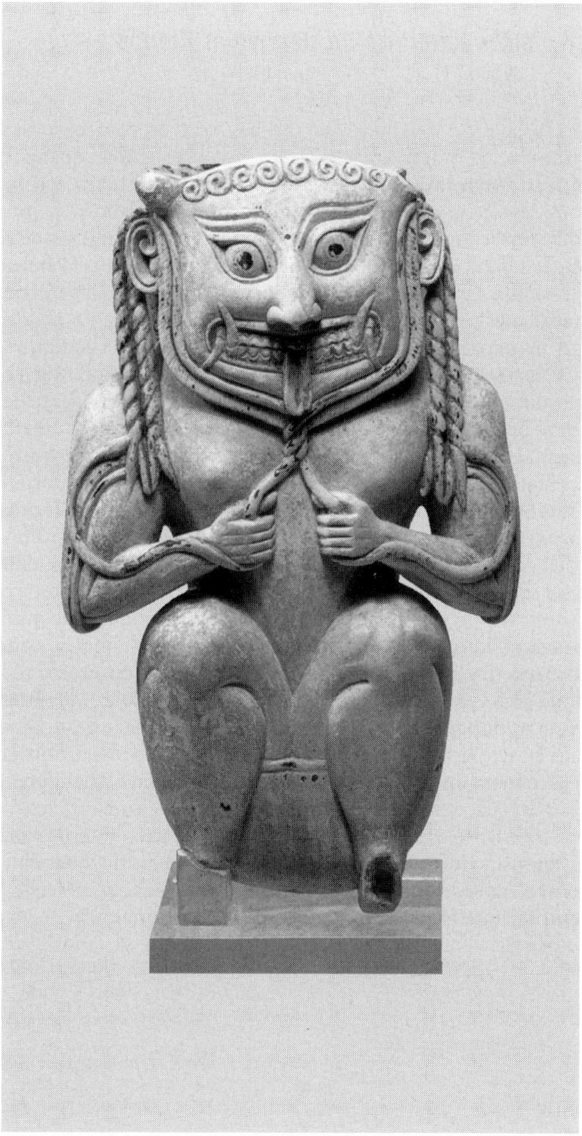

14. Stèle funéraire de Dermys et Kitylos

Calcaire. H. : 2 m. Athènes, MNArch 56.

L'usage de marquer les tombes par un objet vertical remonte au moins au VIIIe siècle, mais on ignore quand et où est apparue la représentation du défunt sur sa tombe, sous la forme soit d'une plaque en pierre d'abord peinte, puis gravée et enfin sculptée, soit plus rarement d'une statue (**8**). Les deux modes sont en tout cas attestés depuis la fin du VIIe siècle. La typologie n'étant pas encore fixée, des œuvres singulières peuvent alors apparaître, surtout dans des régions qui ne participent pas directement à l'essor de la sculpture.

C'est ainsi qu'a été découvert, à Tanagra, en Béotie, ce monument funéraire de dimensions ambitieuses, puisque les deux personnages mesurent 1,47 m et sont traités en très haut relief ; on dirait plutôt un groupe en ronde-bosse* appliqué contre un fond, monté sur une haute base portant l'inscription principale – « Amphalkès a dressé (ce monument) pour Dermys et pour Kitylos » – et surmonté d'une plate-forme qui devait porter un couronnement traité à part, peut-être une sphinge. Vus de face, ce sont en fait deux *couroï* symétriques qui avancent chacun leur jambe intérieure et dont les noms sont gravés sur la plaque de fond contre leur jambe extérieure. Il faut regarder l'œuvre de côté pour s'apercevoir qu'ils se tiennent par les épaules : le sculpteur, travaillant séparément les plans, a réservé ce geste difficile à rendre de face pour la vue secondaire, de profil. La schématisation dédalique des corps – le visage triangulaire encadré par une chevelure à ondulations horizontales, le ventre encore escamoté, les jambes très hautes, les bourrelets en moustaches au-dessus des rotules – interdit de dater cette œuvre hybride, taillée dans un matériau local plus facile à sculpter que le marbre, beaucoup plus bas que 600.

Bibl. : Richter 1961, p. 13, n° 9, fig. 31-33, 192-195 ; Ridgway 1993, p. 217-218 ; Schild-Xenidou 2008, p. 9-11, 235-236 : « 580-570 », pl. 1.

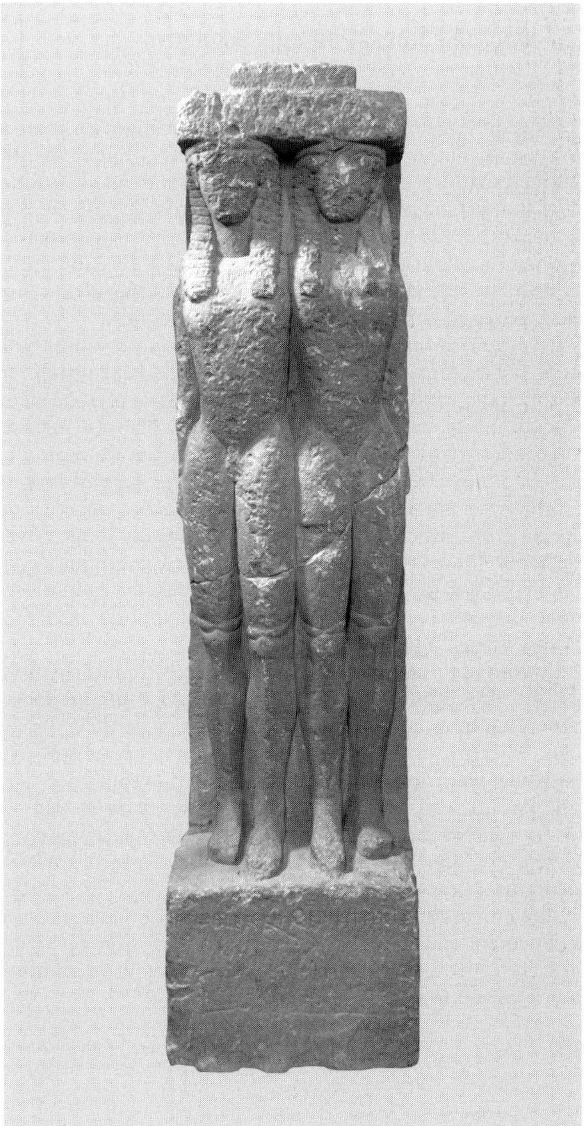

15. *Couros* colossal du cap Sounion

Marbre. H. : 3,05 m. Athènes, MNArch 2720.

Bien que quelques grandes statues masculines en marbre de type dédalique soient attestées par divers fragments, les premières statues de *couroï* entières proviennent d'Attique. Sans doute faut-il voir dans la taille colossale qui est à la mode autour de 600 le désir de rivaliser avec les statues égyptiennes, dont les artistes grecs ont plutôt entendu parler qu'ils ne les ont vues, puisque leurs statues colossales, à l'inverse des égyptiennes, n'ont jamais d'étai dorsal.

Ce *couros* en marbre de Naxos, réalisé très peu après 600, serait un exemple majeur du monopole de la sculpture en marbre que semble avoir eu Naxos pendant près de deux générations, si son style était aussi naxien que son marbre, ce qui n'est pas le cas et suggère un « transfert de technologie » en cours : le matériau seul est importé, les carrières de l'Hymette et du Pentélique n'étant pas encore ouvertes ou d'accès trop difficile, tandis que la facture est locale. Avec les *couroï* funéraires de New York et du Céramique et les *couroï* votifs colossaux de Sounion, on assiste à l'épanouissement du style « vieil attique », que les apports insulaires (Paros, Chios) altéreront après 550.

La frontalité est tempérée par la disposition légèrement oblique de l'étroite plinthe sur la base. La silhouette est vigoureuse mais non massive **(17)** ; les bras immobiles accentuent la verticalité de la figure. Les volumes sont très peu modelés, leur articulation artificiellement soulignée aux genoux, aux aines, aux clavicules ; sur le ventre et dans le dos, des sillons dessinent la musculature sans la représenter. La tête est faite de plans verticaux animés par des détails décoratifs : les yeux énormes à fleur de tête, les grandes oreilles en volutes, le réseau régulier de la chevelure, dont le déploiement étaye la zone fragile du cou. C'est la deuxième mise en forme, postdédalique **(11)**, d'un type qui va dominer tout le VIe siècle **(32)**.

Bibl. : Richter 1960, p. 42-44, n° 2, fig. 33-39 ; Ridgway 1993, p. 69-70, 88-89 ; *GaB* 2002, p. 124-125 (Ch. Vorster), fig. 193 a-e.

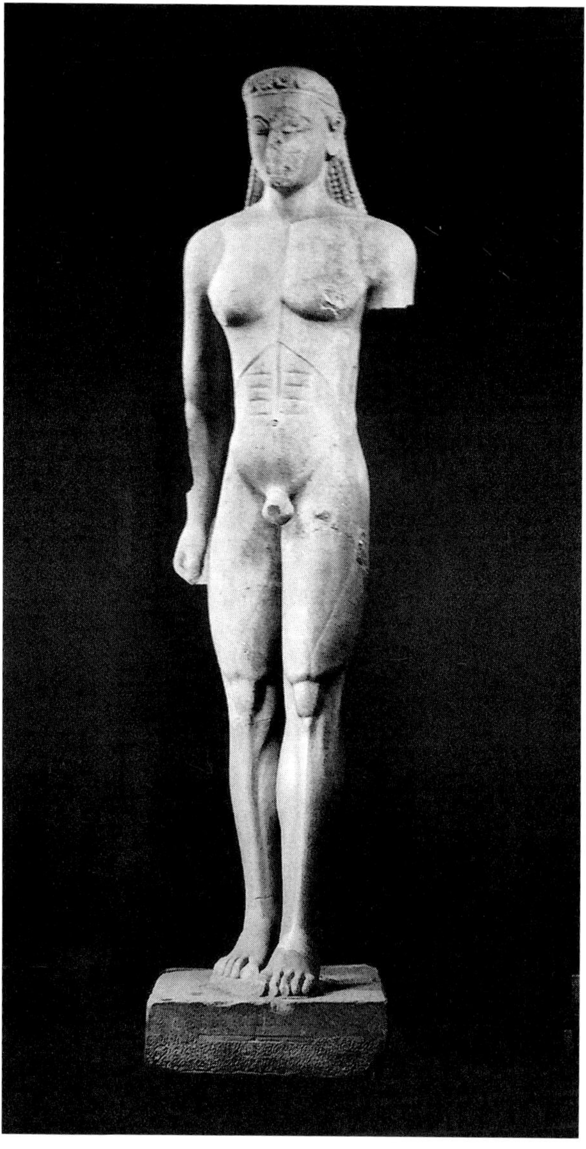

16. Gorgone du fronton ouest du temple d'Artémis de Corfou

Calcaire. H. : 2,74 m. Corfou, MArch.

La grande architecture religieuse, qui élabore ses deux modes – dorique et ionique – depuis la fin du VIIe siècle, est seule à recevoir un décor sculpté. Dans l'ordre dorique, ce sont les plaques de métopes* **(53)** de la frise et le tympan triangulaire que déterminent sur les petits côtés d'un temple ou d'un trésor* les deux pentes du toit. Encore ce décor n'est-il pas obligé et se trouve-t-il souvent limité, suivant les fonds disponibles. De plus, alors que le passage au marbre, à l'instigation de Naxos, se généralise très vite, sauf exceptions locales **(14)**, dans la ronde-bosse* et le relief indépendant, le calcaire (*pôros*) reste en usage jusqu'à la fin du VIe siècle pour la sculpture architecturale, comme le montrent les nombreux fragments de décors figurés retrouvés sur l'Acropole d'Athènes.

C'est le temple d'Artémis à Corcyre (Corfou), construit vers 590, qui a fourni jusqu'ici le premier décor tympanal bien connu. Dans un cadre à moulures peintes, large de 22,16 m et haut de 3,15 m à son centre, sont disposées symétriquement des figures en haut relief : des géants terrassés dans les angles, puis deux épisodes de la Gigantomachie*, puis deux énormes panthères qui encadrent le motif central de la Gorgone représentée courant vers la droite suivant le schéma de « la course agenouillée », mais la tête de face, de manière à exercer pleinement son pouvoir médusant. Sa figure colossale, au pittoresque convenu, ainsi que celles de Pégase et de Chrysaor se détachaient sur le fond chatoyant de ses grandes ailes déployées, gravées sur les plaques voisines.

La présence éminente des fauves et de la Gorgone au centre de la composition, alors que les épisodes mythologiques sont relégués dans les angles, indique que le goût du VIIe siècle pour les représentations symboliques – ici du démonisme apotropaïque* – l'emporte encore sur la narration mythologique humanisée, qui va s'imposer peu à peu au cours du VIe siècle jusqu'à unifier les compositions tympanales **(35)**.

Bibl. : Rodenwaldt 1939, p. 15-108 ; Knell 1990, p. 10-17.

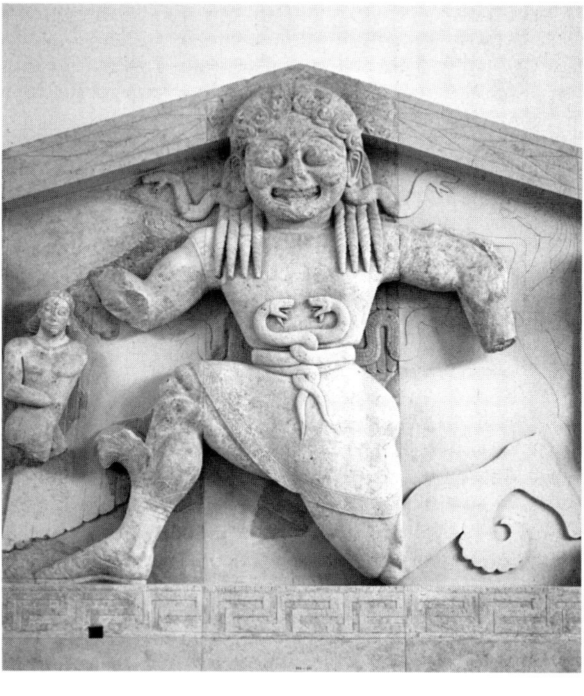

17. « Cléobis et Biton »

Marbre. H. : 2,18 et 2,16 m sans les plinthes.
Delphes, MArch 1524, 467.

Ces statues jumelles sont l'œuvre d'un sculpteur argien, dont le nom se termine par (Poly ?)mèdès : la fin de sa signature se lit entre les pieds d'une des statues. Réalisées en un marbre insulaire probablement naxien, elles témoignent elles aussi **(15)** de la fin du monopole naxien dans la sculpture en marbre : l'exécution participe du style d'Argos, où s'est développée dès l'époque géométrique la petite plastique en bronze. Qu'il s'agisse, comme cela reste plus vraisemblable, de l'offrande commémorant l'exploit de deux frères qui avaient tiré le char de leur mère, prêtresse d'Hèra, de la ville d'Argos à l'Hèraion et qui en avaient été récompensés par la faveur divine d'un sommeil éternel (Hérodote I, 31), ou qu'il s'agisse des Dioscures, on se trouve devant une autre manière, péloponnésienne, de représenter le *couros*, peut-être accentuée, s'il s'agit bien de Cléobis et Biton, par le souci de suggérer une force en mouvement.

Tout ici évoque en effet une vigueur exceptionnelle : la silhouette est trapue, les formes sont massives et comme gonflées, depuis les genoux jusqu'aux épaules et aux cheveux eux-mêmes, les visages tendus ; la rondeur règne, mais puissante, suggérant une chair plus dense qu'épaisse, où les muscles « enveloppés » apparaissent à peine. Des vestiges du style dédalique subsistent : le ventre minimisé, les mèches parotides* en grosses perles qui encadrent le visage. Seules particularités, qui conviennent bien aux jeunes héros du récit d'Hérodote : les bottines peintes, dont le bord supérieur est visible, et surtout les bras, légèrement fléchis avec les poings portés en avant comme pour tirer quelque chose.

Les circonstances historiques – la première « guerre sacrée » à Delphes (600-590) – invitent à dater de 590-580 ce premier groupe paratactique.

Bibl. : Homolle 1909, p. 5-18 ; *GDelphes Musée* 1991, p. 33-36 (J. Marcadé). Sur l'inscription, Faure 1985 : Les Dioscures.

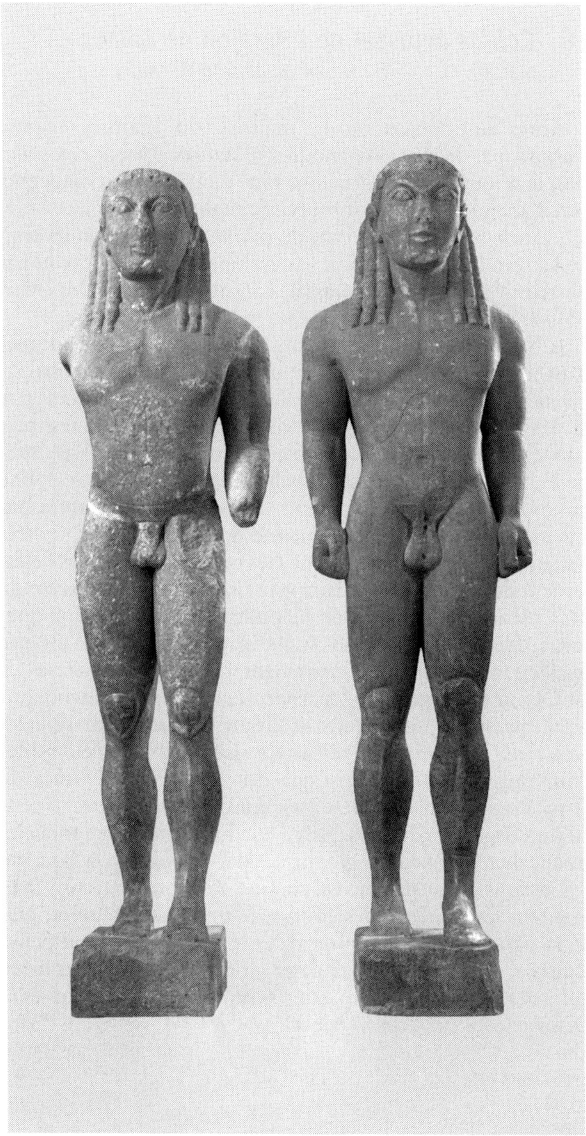

18. *Couros* colossal de l'Hèraion de Samos

Marbre. H. : 4,75 m. Samos, MArch de Vathy.

Après une phase où la maîtrise du marbre, acquise d'abord par Naxos, s'épanouit en statues parfois colossales **(15)**, le retour à des dimensions plus modestes s'accompagne, avec l'abandon progressif du type dédalique **(17)**, d'une différenciation stylistique du type du *couros* dans les quelques cités où le travail du marbre local se développe – ce qui n'exclut pas un retour ponctuel au colossal, comme à Mégare (MNArch 13) vers 550-540.

À Samos, l'existence de deux *couroï* colossaux identiques dans le sanctuaire d'Hèra était attestée depuis longtemps par divers fragments en marbre de Samos, lorsque les découvertes de 1980 (le torse) et 1984 (le visage) ont permis de restituer l'un d'eux dans toute son ampleur. L'inscription gravée ultérieurement sur la cuisse gauche indique que « c'est une offrande d'Ischès, fils de Rhèsis » – un Samien inconnu par ailleurs. L'interprétation samienne du type se distingue très nettement des variantes attique **(15)** et argienne **(17)** par l'effacement des jointures, sauf aux genoux : la taille est épaisse, la musculature n'est indiquée ni plastiquement ni graphiquement. Détail étonnant, la jambe gauche avancée n'est pas parallèle à l'autre, mais nettement tournée vers celle-ci. Il faut, pour découvrir que les clavicules et la ligne blanche sont très légèrement indiquées, un éclairage frisant qui sollicite beaucoup la surface du torse. Ce dédain du modèle athlétique dominant, caractéristique des ateliers de la Grèce de l'Est (Samos, Milet, Éphèse), est confirmé par l'aspect oriental du visage, presque aussi large que haut et très peu modelé, ce qui met en valeur le graphisme des yeux et de la bouche.

Certains détails anciens, comme les bourrelets qui surmontent les rotules et les coudes, le traitement géométrique de la nappe de cheveux dorsale et le sourire encore à peine esquissé, invitent à ne pas dater au-delà de 570 ces œuvres qui voulaient sans doute faire écho aux colosses dressés à Dèlos par les Naxiens vers 600.

Bibl. : Kyrieleis 1996.

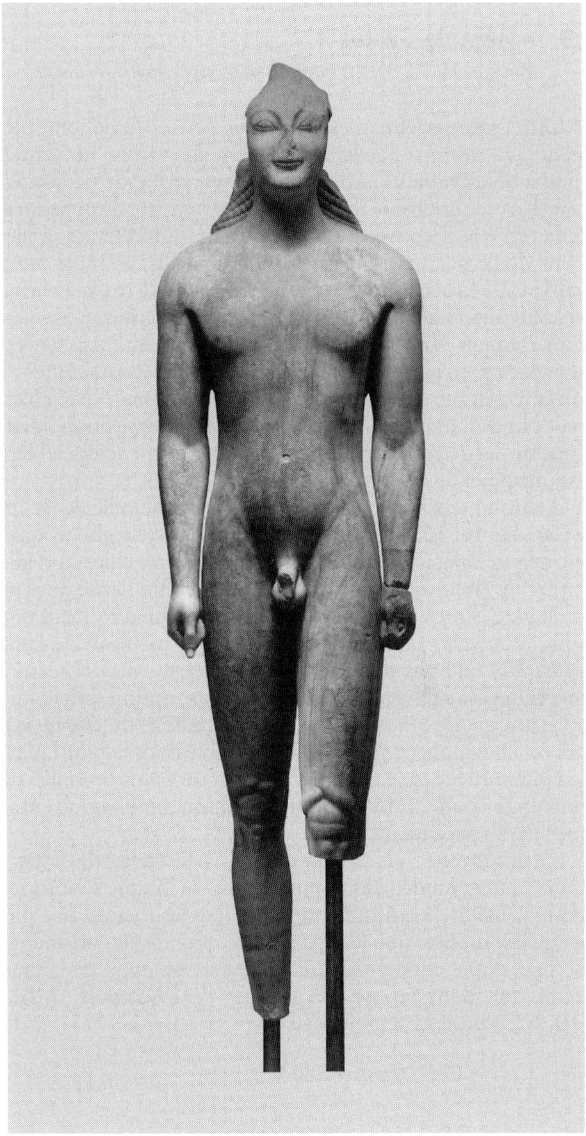

19. « Hèra de Samos »

Marbre. H. : 1,92 m. Paris, musée du Louvre MA 686.

Cette statue célèbre n'est sortie que peu à peu de son isolement : la découverte dans l'Hèraion de Samos de statues comparables, faisant partie d'une grande offrande dédiée par Généléos, a montré d'abord qu'elle participait du type local de la *corè* ; la découverte en 1984 d'un doublet exact, également dédié par Chèramyès, comme le sont aussi une autre *corè* (StaatMusAnt Sk 1750) et un fragment de *couros* (Vathy, MArch) antérieurement connus, a confirmé enfin qu'il s'agit d'un élément d'un autre groupe familial, dédié par Chèramyès vers 570, peu avant celui de Généléos. Contrairement à son appellation courante, la statue ne représente pas Hèra, mais plutôt l'une des filles de Chèramyès ; l'inscription, identique sur les deux statues, dit : « Chèramyès m'a dédiée à Hèra comme objet de délices (*agalma*). »

Il faut lui restituer une tête voilée proche de celle de Berlin (StaatMusAnt 1631), qui présente, dans un style plus avancé, les mêmes caractéristiques que celle du *couros* colossal dédié par Ischès **(18)**. Le voile (*épiblèma*) est une singularité du type samien de la *corè*, qui enrichit le costume ionien formé d'une tunique (*chitôn*) de lin à plis fins et d'un manteau de laine (*himation*) aux plis plus larges. Le contraste entre la texture des étoffes est déjà renforcé ici par leur disposition différente : la verticalité des plis rigoureusement parallèles du *chitôn*, qui enserre les jambes et ne s'évase qu'aux abords de la plinthe, est rompue sur le torse par les plis transversaux plus profonds de l'*himation* – une différenciation graphique que la polychromie* devait accentuer.

La découverte, en 2000, dans la nécropole de Thèra, d'une statue subdédalique en marbre de Naxos (Santorin, MArch, inédite), qui présente à l'arrière les mêmes fins plis parallèles, montre que le type samien, aux formes arrondies, est issu d'une modernisation naxienne du type dédalique crétois **(8)**, dont les *coraï* naxiennes de l'Acropole (MAcr 619, 677) portent témoignage.

Bibl. : Kyrieleis 1995 ; Martinez 2001.

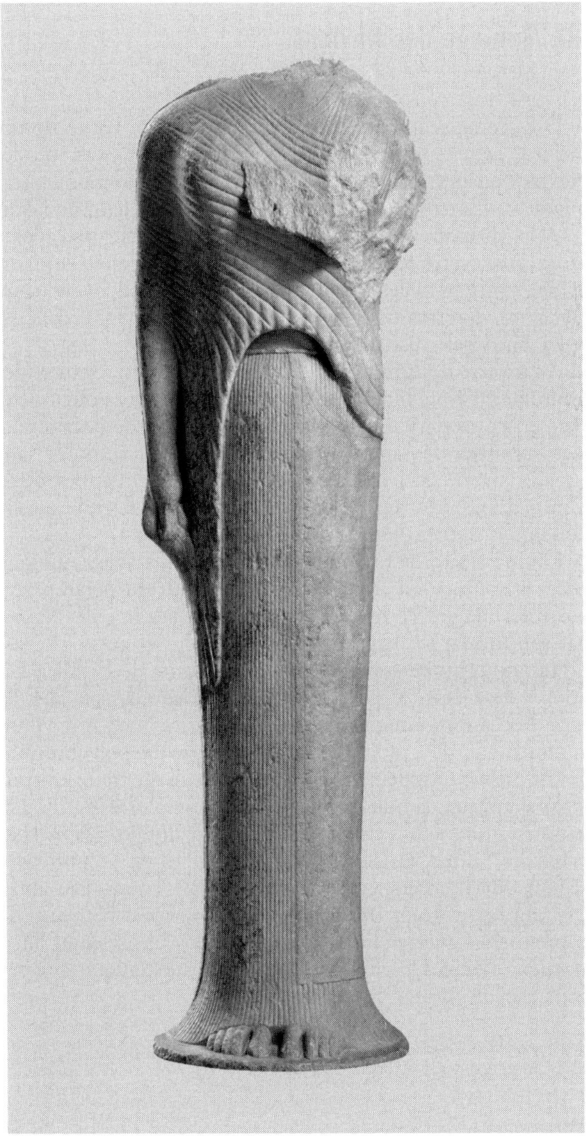

20. Sphinge des Naxiens

Marbre. H. : 2,32 m. Delphes, MArch 380.

Dressée au sommet d'une colonne ionique haute de dix mètres, cette sphinge colossale était, au moment où les Naxiens en ont fait l'offrande, le monument le plus remarquable du sanctuaire d'Apollon Pythien, tout comme l'était à Dèlos l'Apollon colossal qu'ils avaient dédié précédemment. Avec cette prouesse technique, ils affirmaient une fois encore, vers 570, leur primauté dans le travail du marbre, alors que d'autres cités commençaient à leur faire concurrence en développant leur propre style.

À l'inverse des sphinges perchées de profil au sommet des monuments funéraires **(25)**, qui tournent la tête pour mieux exercer leur fonction protectrice, celle-ci regarde devant elle. Ces sphinges de sanctuaire, dont plusieurs exemples sont attestés au VIe siècle, étaient peut-être les gardiennes de la tombe d'un héros incluse dans le sol sacré – à Delphes, celle de Dionysos, dieu-héros patron de Naxos.

Lionne à tête de femme, presque toujours assise quoique ailée, la sphinge est traitée ici avec un goût du détail rendu possible, malgré la texture grossière du marbre de Naxos, par son format : si le corps élancé du félin est aussi schématique que celui de ses congénères antérieurs de l'« Allée des lions » de Dèlos, le poitrail et surtout les ailes en faucille sont l'occasion, unique dans la sculpture naxienne, d'un déploiement de graphisme décoratif que la polychromie* devait mettre en valeur. L'élongation du visage traité en trois plans verticaux, la bouche rectiligne, les yeux très grands aux paupières inférieures encore presque horizontales, les mèches parotides* à très grosses perles, les oreilles en volutes procèdent du VIIe siècle, en sorte qu'une date haute, peu après les jumeaux d'Argos **(17)**, paraît possible. Après l'épreuve de la première « guerre sacrée », ces deux œuvres majeures illustreraient alors à Delphes la transition postdédalique sous ses deux aspects, dorien et ionien.

Bibl. : AMANDRY 1953, p. 3-32, pl. II-XVII ; *GDelphes Musée* 1991, p. 31-33 (J. Marcadé) ; HOLTZMANN 1991 B.

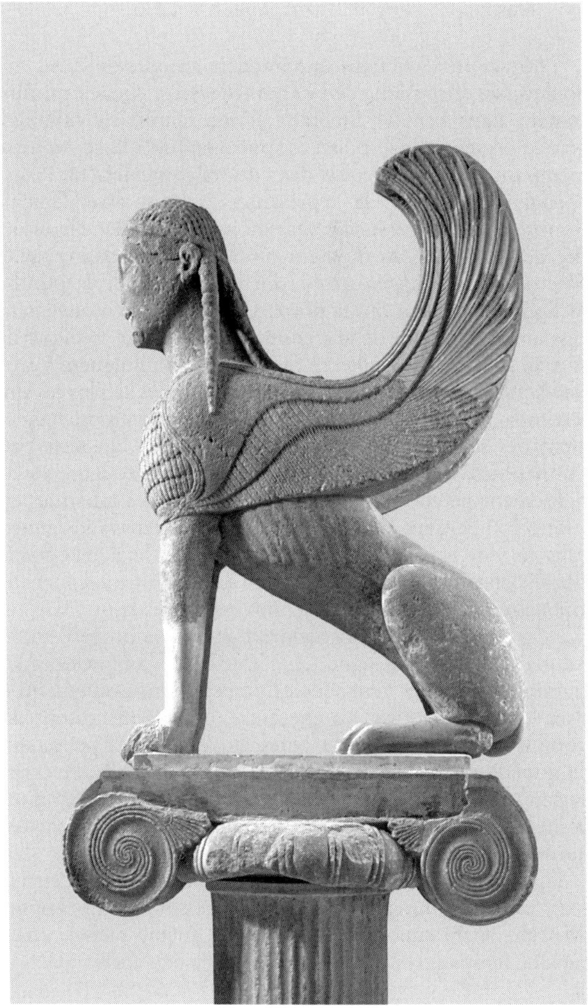

21. Gorgone gardant un monument funéraire

Marbre. H. : 1,35 m. Paros, MArch A 1285.

Trouvée en 1993 dans un cimetière antique de Paros très bouleversé, cette statue de Gorgone devait se dresser primitivement dans l'enclos funéraire d'une famille de notables, qu'elle protégeait : le pouvoir apotropaïque* de ce monstre médusant était alors requis dans divers contextes **(13, 16)**.

Mais au lieu de la représenter courant latéralement, comme c'est l'usage sur les vases et les reliefs **(16)**, elle est ici vue de face, saisie au moment où elle semble atterrir sur le faîte d'un toit, suggéré par la forme pointue de la plinthe inclinée vers l'avant qui la porte. Cependant, le mouvement des jambes est celui de la « course agenouillée », typique de l'art archaïque, et les ailes en faucille qui se rejoignent à leur extrémité n'évoquent pas le battement d'ailes déployées qui accompagne l'approche du sol : le sculpteur compose habilement des schémas théoriques de mouvement, au reste peu compatibles, soucieux surtout d'équilibrer cette figure audacieusement perchée dans les airs, dont les ailes rabattues en arrière compensent la jambe gauche portée en avant, le pied dans le vide. Le bras droit plaqué contre le flanc, doigts écartés, et le poing gauche ramené sur la poitrine et tenant une extrémité de la ceinture complètent sans risque la vivacité de la figure. Le visage, énorme et plat, a probablement été martelé, mais l'énorme fente courbe de la bouche et les grandes cavités des yeux, seules perceptibles, assurent qu'il avait la hideur requise. La chevelure, qui ondule autour du front, est faite, au-delà du bandeau, de grosses perles qui retombent en mèches terminées en pointe de lance. Le corps disparaît sous une tunique courte au bord orné d'un méandre, tandis que le buste est couvert d'écailles gravées comme le plumage des ailes.

Tous ces détails rehaussés de couleurs contrastées se retrouvent, plus élégamment inscrits, sur une sphinge de Thasos (MArch 3807) qui doit procéder du même atelier, mais quelque temps après cette Gorgone, créée peu après 570.

Bibl. : Zaphiropoulou 2000, p. 9-25, pl. 1-9.

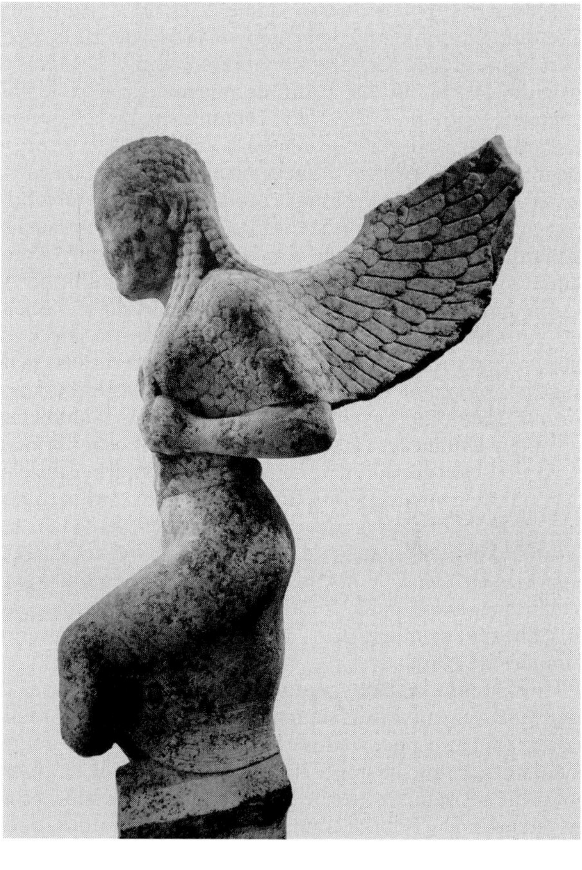

22. Nikè d'Archermos et Mikkiadès

Marbre. H. : 0,90 m. Athènes, MNArch 21.

Cette petite statue trouvée à l'Artémision de Dèlos est la plus ancienne représentation d'une Victoire – jeune fille ailée qui, personnifiant ce phénomène privilégié par la mentalité agonistique* des Grecs, va donner lieu à des œuvres majeures **(41, 56, 59, 92)**. Faute de pouvoir suggérer le vol, l'auteur de cette première Nikè, comme celui de la Gorgone de Paros **(21)**, s'efforce d'en rendre la célérité par la « course agenouillée », renforcée visuellement par le mouvement comparable des bras pliés à angle droit. Alors que les membres sont vus de profil, le torse, encadré par les ailes en faucille aujourd'hui brisées, et la tête sont vus de face, suivant la présentation frontale qui règne alors. Le visage est animé par le sourire qui s'impose depuis le deuxième quart du VIe siècle – une formule plastique qui stimule le modelé : la tête n'est plus conçue comme un assemblage de plans verticaux, mais comme un volume courbe, où l'arc de la bouche souriante s'inscrit dans une cuvette surplombée par les pommettes saillantes. Durant les trois quarts de siècle où cette formule va régner, l'art du sculpteur consistera à la rendre plausible, alors qu'elle peut aisément se figer en un rictus artificiel. Les mèches parotides* plus fines et plus longues, le collier, les parures d'oreilles rondes, le bandeau ponctué d'éléments rapportés en métal, le graphisme décoratif des ondulations symétriques encadrant le front sont des traits de la préciosité parienne qui, au milieu du VIe siècle, l'emporte sur l'austérité démodée de Naxos.

L'inscription lacunaire, en trois hexamètres, gravée sur la base généralement mise en rapport avec la statue, ne contredit pas cette appartenance : rédigée en alphabet parien, elle donne le nom des sculpteurs qui, « ayant quitté leur patrie », Chios, ont dédié à Artémis « cette belle offrande » : Mikkiadès et son fils Archermos – celui-ci connu par deux textes tardifs, dont l'un lui attribue l'invention du type de la Nikè…

Bibl. : Ridgway 1986 : Artémis (?) ; *SculpDélos* 1996, p. 38-39, n° 12 (Ph. Jockey) ; sur l'inscription : Scherrer 1983.

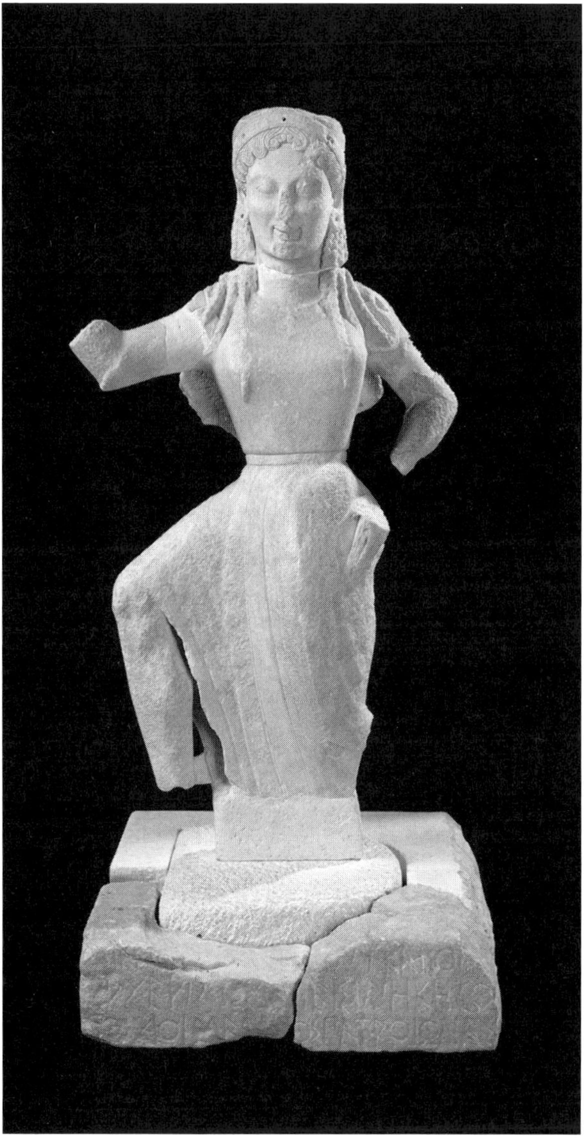

23. Statue funéraire de Phrasicleia

Marbre. H. : 1,76 m. Athènes, MNArch 4889.

Cette statue trouvée à Mérenda, en Attique, avec celle d'un *couros* (MNArch 4890), avait été soigneusement enterrée pour la préserver (lors de l'invasion perse de 480-479 ?) : c'est pourquoi elle a conservé en partie sa polychromie*. On a retrouvé d'autre part, remployée non loin de là, la base inscrite où était fixée sa plinthe : il s'agit d'une jeune fille, Phrasicleia, dont la statue est l'œuvre d'un sculpteur parien, Aristiôn, connu en Attique par trois autres signatures. Seule la *corè* de Berlin (StaatMusAnt Sk 1800) fournit un autre exemple, antérieur d'une génération, de statue dressée sur la tombe d'une jeune fille de l'aristocratie attique.

Vêtue d'une robe longue à manches courtes, rouge et parsemée de divers motifs décoratifs noir et or, bordée en bas d'une rangée de languettes et sur son axe vertical d'un méandre, tandis que les manches présentent un motif angulaire plus simple, Phrasicleia se tient immobile, les pieds légèrement écartés, le bras gauche ramené devant la poitrine, un bouton de fleur au bout des doigts, tandis que la main droite tient le vêtement. Le hiératisme de cette attitude et le graphisme ornemental du vêtement sont quelque peu tempérés par la souplesse des larges plis verticaux et par l'ébauche d'un bouffant moelleux au-dessus de la ceinture. Le soin apporté à la parure – collier et pendants d'oreilles, couronne perlée de fleurs de lotus fermées et ouvertes – et à la chevelure – ondulations striées sur le front, perles des mèches parotides* et de la nappe dorsale – n'est pas moindre, mais le visage n'en apparaît que plus insipide, reproduisant à vide, vers 550-540, mais en le fignolant, un type mis au point à la génération antérieure et bien attesté par la « sphinge Wix » de Thasos, œuvre proche de **21**.

Cette vacuité décorative est-elle commandée par le caractère funéraire de l'œuvre ou bien est-elle le fait d'un sculpteur parien de second ordre, qui fabrique pour l'aristocratie attique des œuvres un peu compassées ?

Bibl. : Kaltsas 2002 ; Stieber 2004, p. 141-178.

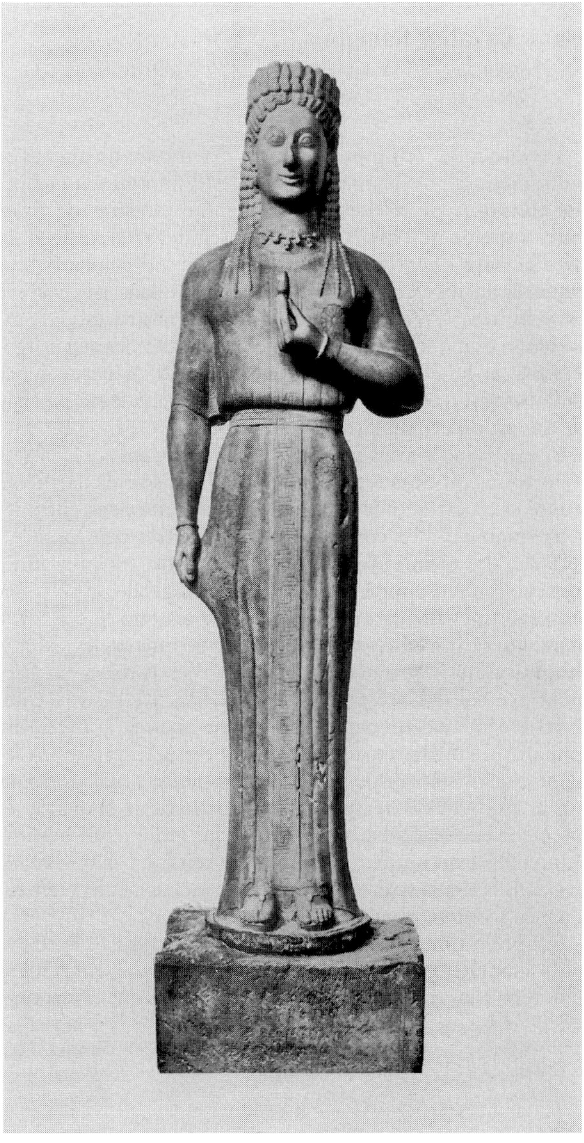

24. « Cavalier Rampin »

Marbre. H. : 1,08 m. Paris, musée du Louvre MA 3104 (tête) ; Athènes, MAcr 590 (corps et cheval).

Les offrandes sculptées faites sur l'Acropole d'Athènes se multiplient depuis le milieu du VIe siècle, attestant la prospérité croissante de la cité sous la tyrannie modérée de Pisistrate, puis de ses fils. L'une des premières est celle d'un cavalier, sans doute vainqueur dans un grand concours hippique, à en juger par la couronne de feuillage très stylisée dont sa tête est ceinte. Cette statue équestre est la plus ancienne d'une série où s'affirme, comme avec les stèles figurées **(25)** et les statues funéraires **(23, 31, 32)**, la permanence en Attique d'une aristocratie d'autant plus avide de prestige qu'elle est désormais privée de pouvoir.

Si H. Payne n'avait pas découvert le raccord entre la tête et le torse, on aurait pu douter qu'il s'agisse de la même œuvre, tant est grande la différence de traitement entre les deux fragments. Le corps du cavalier est très peu modelé : l'attache des membres, au buste et au ventre, est puissante ; sur l'abdomen, limité par une voûte ogivale gravée, les muscles sont schématisés en arêtes de poisson ; le sexe et la main droite ont des volumes presque géométriques. Même simplification aux traits du visage, où les courbes inégalement acérées des arcades sourcilières, des paupières et des lèvres créent une animation tendue, qu'adoucit la préciosité miniaturiste du système pileux. Les cheveux, exceptionnellement courts, sont disposés en mèches perlées, mais forment sur le front et les tempes des accroche-cœur symétriques finement ciselés. La barbe naissante, qui indique un homme jeune plutôt qu'un jeune homme, est rendue par une résille très dense et sans épaisseur. La tête est inclinée et légèrement tournée, comme pour saluer l'assistance.

Simplification des formes et artifice des détails : le sculpteur de ce chef-d'œuvre énigmatique a su, peu avant 550, se maintenir sur cette crête instable de l'esthétique archaïque.

Bibl. : Payne, Young 1936, p. 6-8, pl. 11 a-c, 133, 3-4 ; Eaverly 1995, p. 73-78 ; Prost 1998 ; Holtzmann 2003, p. 64-65.

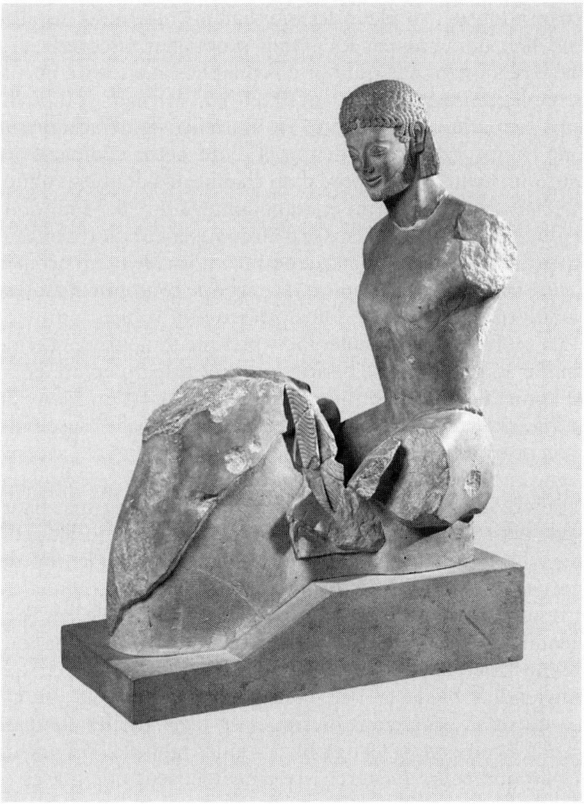

25. Stèle funéraire d'un jeune homme

Marbre. H. : 4,23 m. New York, MetrMus 11.185 ;
Berlin, StaatMusAnt A 7 (tête de la petite fille).

Seule stèle attique archaïque intégralement conservée, cette œuvre montre l'ampleur des monuments funéraires installés dans leur domaine par les grands propriétaires terriens. Sur une base horizontale qui porte l'épitaphe est encastré un fût étroit, légèrement pyramidant (0,54-0,43 m), haut de 2,56 m, dont la partie centrale porte en bas relief, se détachant sur fond rouge, la figure du défunt et d'une petite comparse ; le couronnement est composé d'un chapiteau à doubles volutes qui était seulement peint et d'une sphinge (h. : 0,74 m) dont la plinthe est encastrée dans le plateau supérieur du chapiteau. La présence de cette gardienne inconfortablement perchée donne un *terminus ante quem** : ce type de couronnement disparaît vers 530 au profit d'une palmette sur volutes.

La représentation du défunt – presque toujours le chef de famille en guerrier ou l'héritier trop tôt disparu en athlète – est commandée par l'étroitesse du champ : c'est un *couros* de profil – ici un athlète, comme l'indique l'aryballe* suspendu à son poignet. Exceptionnellement, une autre figure l'accompagne au second plan, occupant le peu d'espace que procure l'avancée du pied gauche et de la main qui tient une fleur. Cette petite sœur habillée reproduit le geste et le profil de son frère. La mutilation du distique* qui donnait l'identité du mort a donné lieu à bien des hypothèses : on a cru reconnaître le nom de Mégaclès, attesté dans la grande famille des Alcméonides, opposants au tyran Pisistrate, dont les tombes ont été profanées après leur exil (Isocrate XVI, 26), ce qui conviendrait bien à la date – vers 540 – de cette stèle, qui n'a pas dû rester longtemps dressée, à en juger par les couleurs qu'elle a conservées. Cette polychromie* rappelle l'origine de ces monuments funéraires : certains n'étaient que gravés et peints (Louvre, MA 3432), voire seulement peints (Athènes, MNArch 30), comme les panneaux de bois ou de terre cuite qui ont dû les précéder au VIIe siècle.

Bibl. : Richter 1961, p. 27-29, fig. 96-109, 190 ; p. 159-165, fig. 204.

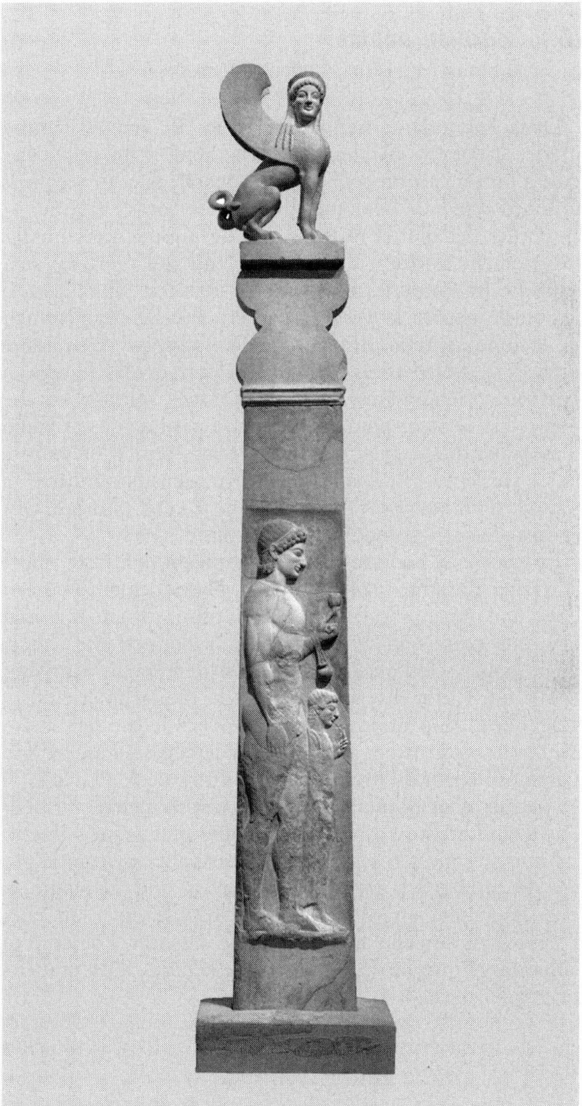

26. « *Corè* en *péplos* »

Marbre. H. : 1,17 m. Athènes, MAcr inv. 679.

Dans l'abondante série des statues de jeunes femmes offertes à Athèna par les Athéniens après 550, celle-ci est seule à porter, sur un *chitôn* qui n'apparaît que sur ses pieds, un lourd *péplos* de laine qui dissimule le corps : comme sur les statues dédaliques **(8, 9)**, la surface presque sans modelé du vêtement s'offre à des décors peints qui reproduisaient peut-être les broderies des tissus de luxe. En plus du motif qui borde encore le *péplos*, on a cru déceler dernièrement sur la zone centrale, limitée par deux rangées verticales de rosettes, quatorze frises superposées portant des figures du répertoire orientalisant : animaux sauvages, sphinge, cavalier même. Est-ce assez pour en faire, non pas une de ces jeunes filles génériques, sans identité précise, censées réjouir la déesse par leur beauté, mais bien la transposition tardive, en marbre, d'un *xoanon* d'Artémis, dont le culte pourrait avoir été installé sur l'Acropole par Pisistrate ?

En tout cas, l'œuvre présente le même contraste que le « Cavalier Rampin » **(24)** : un corps plastiquement peu évolué et une tête au modelé subtil, qui offre, suivant son éclairage, une expression différente mais toujours d'une vivacité remarquable, selon que la lumière sollicite tel ou tel des menus détails qui l'animent, surtout dans la moitié inférieure du visage, beaucoup moins tendue que chez le cavalier. Est-ce assez pour reconstituer autour de ces deux pôles l'œuvre d'un sculpteur majeur du troisième quart du VIe siècle ? Là aussi, il est permis d'en douter, quoiqu'on puisse mettre au crédit d'un grand artiste l'évolution vers une plus grande intériorité que marquerait, à vingt ans d'intervalle environ, le passage du cavalier à la *corè*, créée peu avant 530. La statue, en tout cas, a été appréciée pour ce qu'elle est : un chef-d'œuvre, puisqu'elle a fait presque aussitôt l'objet d'un démarquage insipide (MAcr 678), de la part « d'un praticien du dernier ordre ».

Bibl. : La Coste-Messelière 1942, p. 26-33 ; Rolley 1994, p. 181-182 et 283, fig. 8 et 160-161 ; Brinkmann 2004.

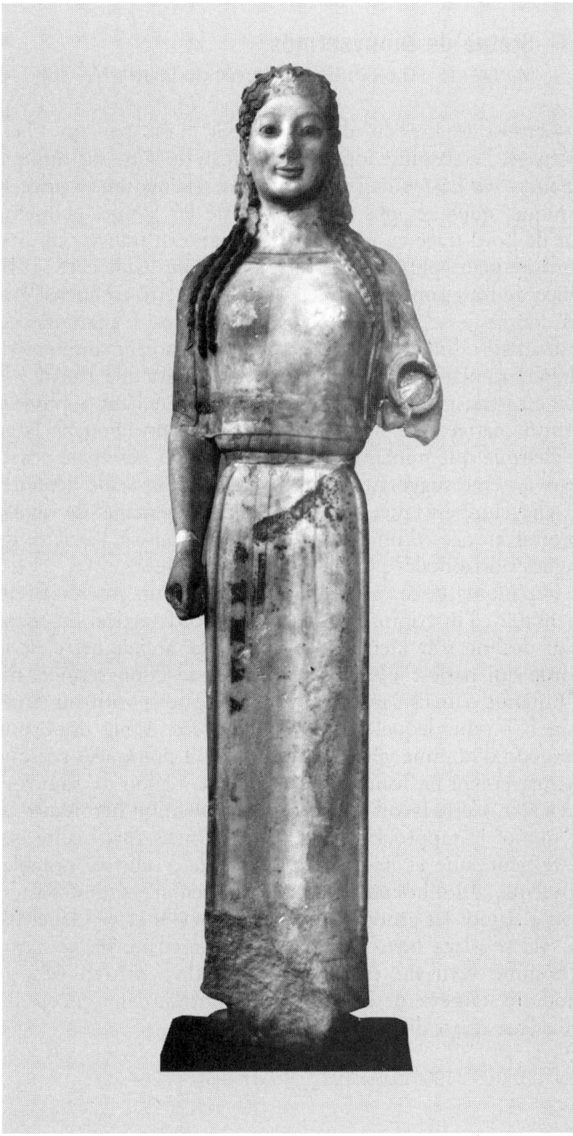

27. Statue de Dionysermos

Marbre. H. : 0,69 m. Paris, musée du Louvre MA 3600.

Cette statuette en demi-grandeur n'est pas un chef-d'œuvre. Le costume ionien – manteau de laine sur tunique de lin – est ici réduit à une formule schématique : pour la tunique, quelques plis verticaux entre les jambes et même pas de bord tracé au cou ; pour le manteau transversal, une bordure plate, plus étroite sur le buste que sur le côté ; l'absence de tout contraste de texture devait être compensé par un contraste de couleurs en grands à-plats. L'anatomie est tout aussi rudimentaire : bien que les bras soient simplement plaqués contre le corps, l'un est plus court que l'autre ; le cou est inexistant et le visage, aussi large que haut, reproduit approximativement le type samien, avec une bouche large et charnue que n'incurve pas le sourire, un nez épaté et des yeux à peine suggérés, que la couleur devait seule détailler. La chevelure est faite, jusqu'au sommet du crâne, de vagues étroites arquées d'une oreille à l'autre, puis, à l'arrière, de vagues horizontales plus larges et sommaires.

Du moins cette œuvre ingrate a-t-elle un intérêt documentaire : l'inscription gravée sur le bord vertical du manteau décline son identité. Selon l'usage archaïque, c'est la statue qui parle : « Je suis [la statue] de Dionysermos, fils d'Antènôr », mais sans révéler le contexte – votif ou funéraire ? – pour lequel elle avait été créée. Voilà donc une statuette d'homme vêtu, comme on les a pratiquées presque exclusivement en Ionie de l'Est, dans la région de Samos et de Milet. Cette façon de refuser la convention héroïsante de la nudité la rapproche de la réalité – mais une réalité qui reste générique et non pas individuelle : celle de notables opulents, qui n'hésitent pas à se représenter, comme l'attestent à Samos les groupes de Chèramyès **(19)** et de Généléos. Si elle se place bien dans la suite immédiate de la statue d'homme vêtu du cap Phonéas (Vathy, MArch 68), la modeste statuette de Dionysermos pourrait dater encore du troisième quart du VIe siècle.

Bibl. : Devambez 1966 ; Daux 1967 ; Rolley 1994, p. 264-267.

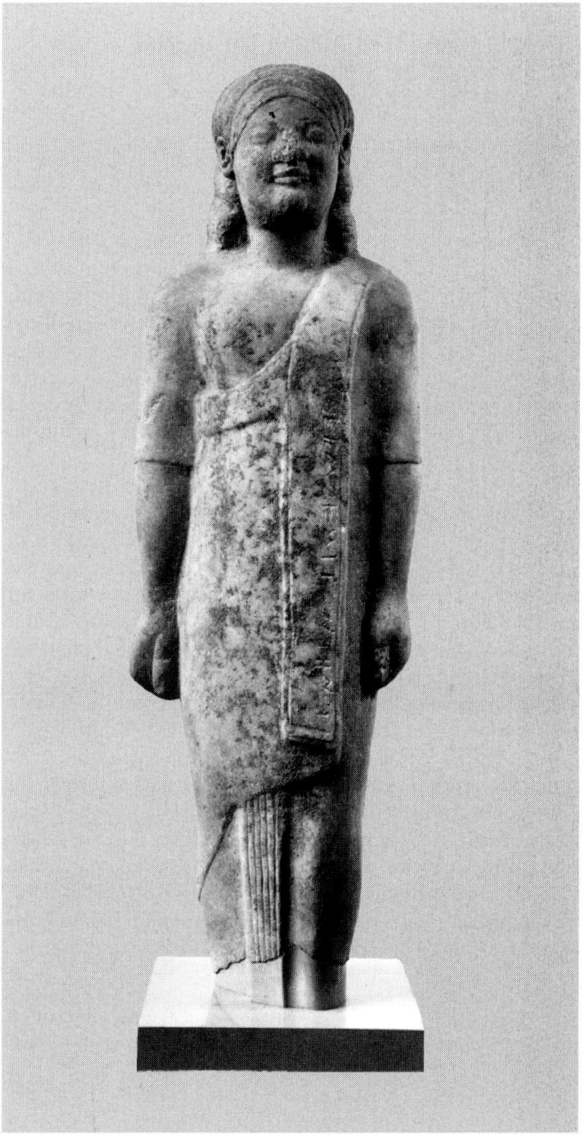

28. Aphrodite (?) et Athèna sur la frise du Trésor de Siphnos

Marbre. H. : 0,64 m. Delphes, MArch.

Enrichis par la découverte d'une mine, les habitants de Siphnos ont érigé à Delphes, vers 525, avec la dîme de leurs profits, l'une de ces chapelles votives appelées « trésors* ». Nous ignorons son contenu, mais l'écrin de marbre qui l'abritait est l'un des bâtiments archaïques les mieux connus. C'est aussi l'un des plus parés, grâce au choix de l'ordre ionique : deux *coraï*-caryatides tiennent lieu de colonnes en façade ouest ; les deux frontons sont sculptés et une frise continue couronne les murs et l'architrave. Sur chacun de ses côtés est traité en haut relief un sujet différent : au nord, sur le côté le plus en vue, que longe la Voie Sacrée, c'est une Gigantomachie*, dont l'auteur est vraisemblablement parien.

Dans le déroulement du combat, qui voit les dieux mener leur offensive de gauche à droite, la plaque C (largeur initiale : 2,385 m) est l'une des plus complexes par l'étagement des plans et la variété des mouvements : à gauche était figuré un char – peut-être de Zeus – dont ne subsistent que les quatre chevaux cabrés, à l'arrière-plan desquels deux géants casqués s'opposent à une divinité disparue. Au premier plan, une déesse anonyme (Hèra ou Aphrodite ?) se retourne et se penche pour porter le coup de grâce à un géant tombé et blessé, qui s'appuie sur le coude droit en essayant de se protéger. À droite, Athèna, seule dans le champ, reconnaissable à son égide* festonnée de serpents, s'apprête elle aussi à terrasser un géant qui va tomber, un genou déjà en terre. La Coste-Messelière a démontré jadis que le sculpteur reprend ici un schéma triangulaire de fronton, dont le centre est occupé par Athèna et dont l'angle droit déborde sur la plaque D, en le complétant par des figures de géants debout à l'arrière-plan. Comme toujours dans l'art grec, la nouveauté est issue de la tradition.

Bibl. : Picard, La Coste-Messelière 1928, p. 83-86 ; La Coste-Messelière 1936, p. 310-330 : « La composition de la frise nord », pl. XXIV et XXIX ; *GDelphes Musée* 1991, p. 44-49 ; Brinkmann 1994, p. 164-169 : figures N 24-N 33.

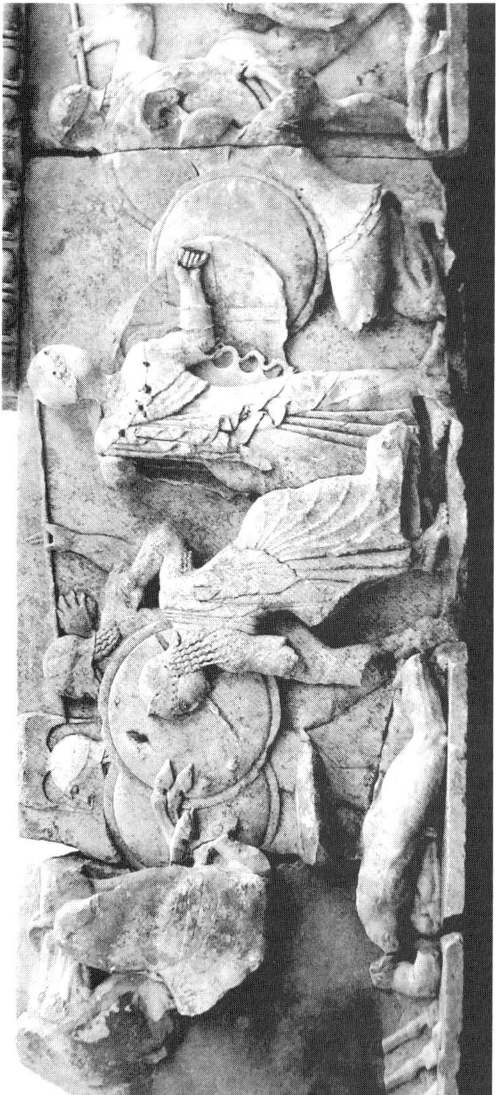

29. « Cratère de Vix »

Bronze : H. : 1,64 m ; diam. de la cuve : 1,27 m ; poids : 208,6 kg ; capacité : près de 1100 litres.
Châtillon-sur-Seine (Yonne), musée du Châtillonnais.

Découverte en 1953 à Vix, au pied du site celtique du mont Lassois, la tombe d'une « princesse » locale contenait, entre autres objets étrangers, un cratère en bronze de très grandes dimensions qui reste l'exemple le plus spectaculaire connu de la toreutique* grecque archaïque, dont ne subsistent généralement que des fragments : anses figurées, figures appliquées, statuettes fixées sur l'embouchure, etc. La présence de cet objet de grand luxe, utilisé en Grèce lors des banquets pour y faire le mélange de l'eau et du vin, montre qu'une voie de commerce importante pour les Grecs passait à la fin du VIe siècle par la haute vallée de la Seine, venant de la cité grecque de Marseille par la vallée du Rhône ou d'Italie par les Alpes.

Ce cratère à volutes, fabriqué probablement vers 530-520 dans un atelier de Grande-Grèce, peut-être à Posidonia (Paestum), a conservé une bonne partie de son décor figuré. Sur le col, une frise de vingt-trois figures en relief appliqué où alternent hoplites* et quadriges* évoque le départ pour la guerre ; les anses à volutes portent à leur base un buste de Gorgone entouré de têtes de couleuvres, tandis que les consoles qui les étayent sont ornées de lions rampants ; au centre du couvercle-passoire se dresse une statuette de femme voilée en fonte pleine, haute de 0,19 m, en train de faire une libation*. Manquent en revanche les neuf figures qui étaient fixées sur le bord du couvercle – apparemment des personnages debout et en marche lente – et les quatre figures qui flanquaient les poignées de ce même couvercle. Cette disparition est d'autant plus regrettable que cette petite plastique en bronze très soignée est beaucoup plus libre et donc parfois plus avancée, au VIe siècle, que la grande plastique en pierre, dominée par l'immobilité et la frontalité des *couroï* et des *coraï* : elle sert alors de banc d'essai à des innovations, surtout dans le rapport à l'espace, qui ne s'imposeront qu'au siècle suivant.

Bibl. : *Tombe de Vix* 2003, p. 77-143 (C. Rolley), pl. 4-5, 8-11, 75-107.

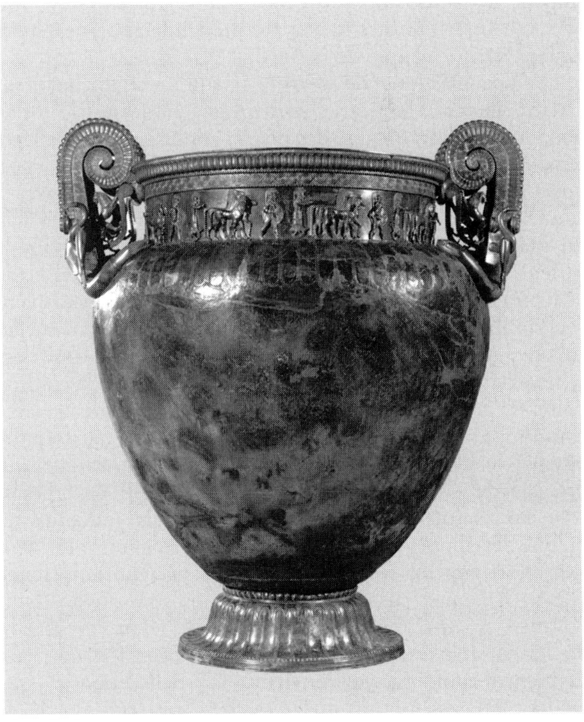

30. Petite *corè* en costume ionien

Marbre. H. : 0,545 m. Athènes, MAcr 675.

Comme toutes les offrandes faites sur l'Acropole avant 480, cette statue doit sa survie au saccage du sanctuaire par les Perses et à l'enfouissement précoce qui en a résulté. Aucune n'a gardé autant de traces de sa polychromie* initiale, aucune n'illustre mieux la prépondérance des styles ioniens dans l'Attique de la fin du VIe siècle.

Le type plastique de la *corè*, tel qu'il est de règle sur l'Acropole vers 510 – avec la main gauche tenant le *chitôn* pour rompre la verticalité des plis, la jambe gauche très légèrement avancée, l'avant-bras droit porté en avant –, n'est que prétexte à un déploiement de virtuosité décorative, si étourdissant qu'on en oublie l'anatomie peu vraisemblable du mannequin qui propose ces effets de surface, dont la variété excessive prouve qu'on est ici au-delà du réel et de sa reproduction (*mimèsis*). Peu importe que la couleur bleu-vert sombre du *chitôn* sur le buste ne se retrouve pas sur les cuisses ; que le plissé du manteau contre le sein droit soit celui, en fines ondulations légères, du *chitôn* ; que la coiffure présente des formules incompatibles en avant de la large couronne (*stéphanè*) qui la ceint : le sculpteur veut séduire et y parvient parfaitement en accumulant, sur une figure qui procède directement des caryatides du Trésor de Siphnos **(28)**, les contrastes artificiels et les détails miniaturistes qu'ont développés les ateliers paro-chiotes depuis 540, dans leur effort pour en finir avec la suprématie traditionnelle de Naxos. Il ne faut pas demander à cet ionisme, aussi « flamboyant » qu'a pu l'être le gothique tardif, selon l'expression de La Coste-Messelière, plus qu'il ne peut fournir : un moment d'euphorie, qui convient à la « Belle Époque » que connaît Athènes à la fin du VIe siècle. L'austérité morale de la démocratie, la montée du péril perse ne vont pas tarder à en venir à bout : à partir de 500, les sourires s'effacent, les coiffures et les vêtements retournent à plus de simplicité.

Bibl. : Croissant 1983, p. 81-89, pl. 24 ; Martini 1990, p. 49-51, p. 260-262, fig. 14, 77.

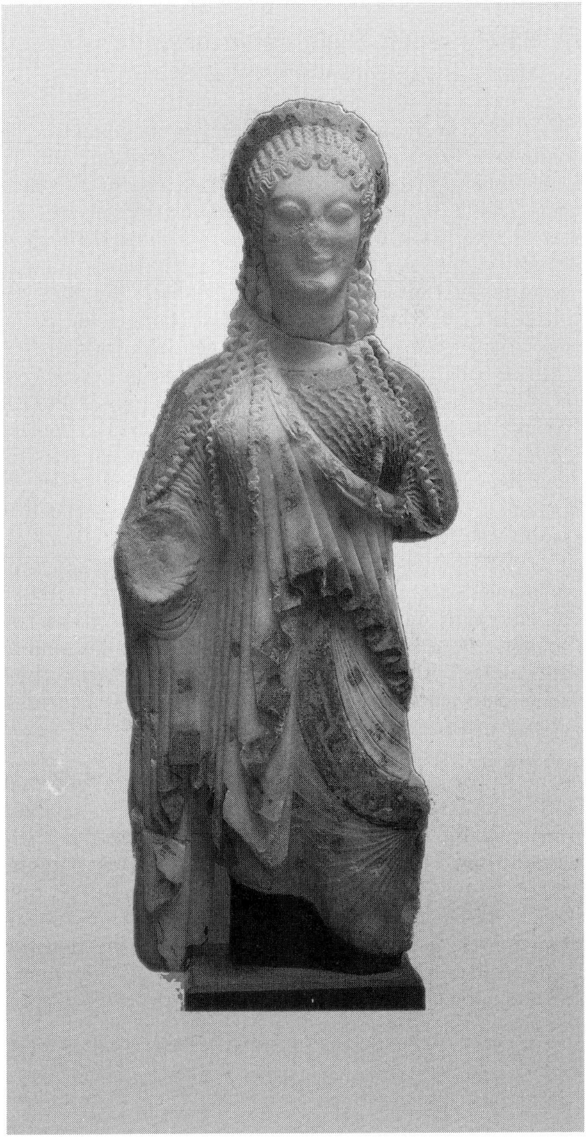

31. Base à reliefs d'une statue funéraire

Marbre. H. : 0,32 m. Athènes, MNArch 3476.

Vers 510, la mode s'établit à Athènes de compléter les monuments funéraires où le défunt est représenté sous la forme impersonnelle d'un *couros* **(32)** en ornant de reliefs narratifs trois côtés de la base de la statue. Plusieurs de ces bases ont été trouvées remployées, avec d'autres débris provenant des cimetières saccagés par les Perses, dans la muraille construite dès l'automne de 479. Cette base, dite du « jeu de balle », est la plus célèbre, à cause de l'originalité de ses sujets : sur le côté gauche, six jeunes gens nus s'adonnent à un jeu de balle par équipes inconnu par ailleurs ; sur le côté droit, quatre athlètes rhabillés s'amusent à opposer un chat – animal de luxe encore rare – et un chien ; sur la face antérieure, enfin, quatre figures illustrent trois épreuves du *pentathlon**, dont le défunt était peut-être un spécialiste : le départ de la course, à gauche ; le début de la lutte, au centre ; le lancer du javelot à droite.

Ces petites scènes pittoresques, en très bas relief, sont comparables aux décors figurés de la céramique attique contemporaine, qui se complaît aux scènes de gymnase, où la jeunesse dorée d'Athènes passait son temps. Elles montrent que les sculpteurs, à l'instar des céramographes, plus avancés dans leurs recherches anatomiques, ne veulent plus se contenter des types traditionnels de la ronde-bosse* votive et funéraire : que ce soit dans la sculpture monumentale **(28)**, ou ici par le biais d'un registre subsidiaire, ils s'efforcent d'introduire la vie – plus facile à rendre, il est vrai, en deux qu'en trois dimensions. En dépit de la symétrie qui règne dans les trois scènes, les figures sont campées dans toutes les attitudes possibles – de face, de profil, mais aussi de trois quarts et même de dos – et représentées dans un mouvement vif où tout le corps entre en jeu. Cette vivacité nouvelle restera malheureusement sans lendemain : les monuments funéraires à décor figuré seront interdits vers 505, peu après l'instauration de la démocratie à Athènes.

Bibl. : Philadelpheus 1922 ; Viviers 1992, p. 190-197, fig. 51-52.

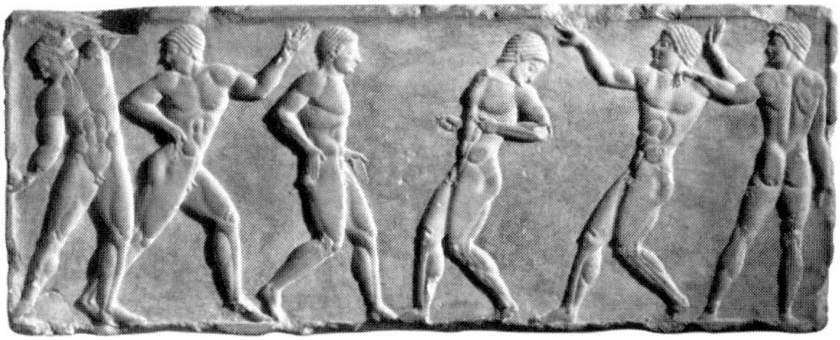

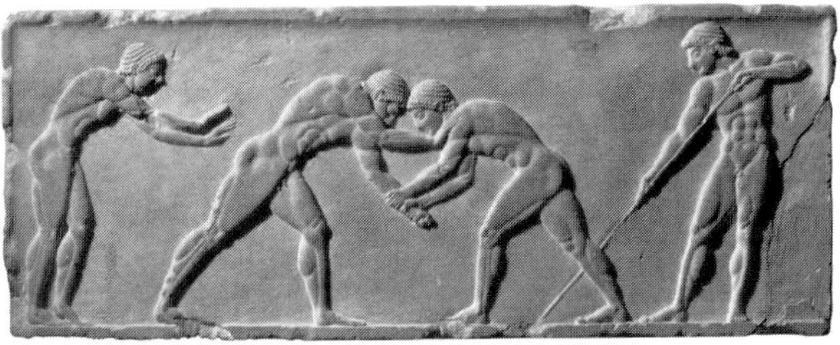

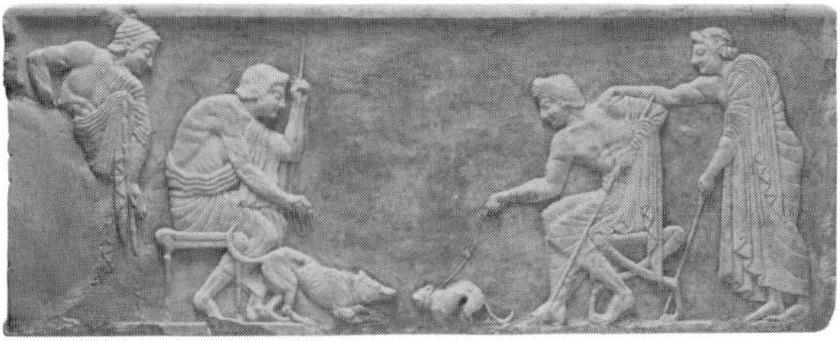

32. Statue funéraire d'Aristodicos

Marbre. H. : 1,96 m. Athènes, MNArch 3938.

Avec cette statue presque intacte, créée entre 510 et 500, l'évolution du *couros* en Attique s'achève : toutes les conventions du type sont assumées, et il s'en faut de très peu qu'elles ne soient dépassées.

La frontalité règne encore, avec l'axe vertical de la statue passant exactement au centre du corps ; les jambes sont toujours tendues, la gauche avancée ; les bras sont le long du corps, mais légèrement fléchis et détachés désormais, donc fragiles : les étais qui renforçaient discrètement les poignets n'ont pas suffi à éviter qu'ils ne se cassent. La tête, presque sphérique maintenant, est toujours impersonnelle, mais le sourire convenu s'est effacé et le cou n'est plus étayé à l'arrière par la nappe de cheveux tombant dans le dos.

En fait, c'est surtout la silhouette qui a changé : elle s'est affinée et assouplie grâce à un modelé continu et discret des volumes, sans plus d'effets graphiques ni de jointures outrées. Bref, le naturel s'est insinué dans l'épure ; il s'en faut d'un rien – un genou légèrement fléchi, entraînant un déséquilibre du bassin **(36)** – pour que l'ultime raideur s'efface. En attendant, stylisation et observation fine se côtoient : la toison pubienne en étoile de mer est un effet de style dont on a pu retracer l'évolution – à moins qu'on ne suppose, avec certains, qu'il y a là le reflet d'une mode réelle… ; quant aux pieds, des malléoles aux ongles, ils font l'objet d'une étude minutieuse : nulle part le rapport au réel – la *mimèsis* – n'est poussé aussi loin, comme si cette partie horizontale du corps échappait aux contraintes formelles du type.

La base où est encastrée la plinthe scellée au plomb de la statue porte simplement : « [statue d']Aristodicos ». Pas de signature de sculpteur, non plus que l'épigramme attendue sur la tombe d'un aristocrate. Peut-être étaient-elles gravées plus bas : ces statues étaient souvent installées sur des bases à plusieurs degrés.

Bibl. : Karusos 1961 ; Schneider 1999, p. 96-106, 142-147, 168-170, 198-202, 238-241, 271-275, fig. 19-23.

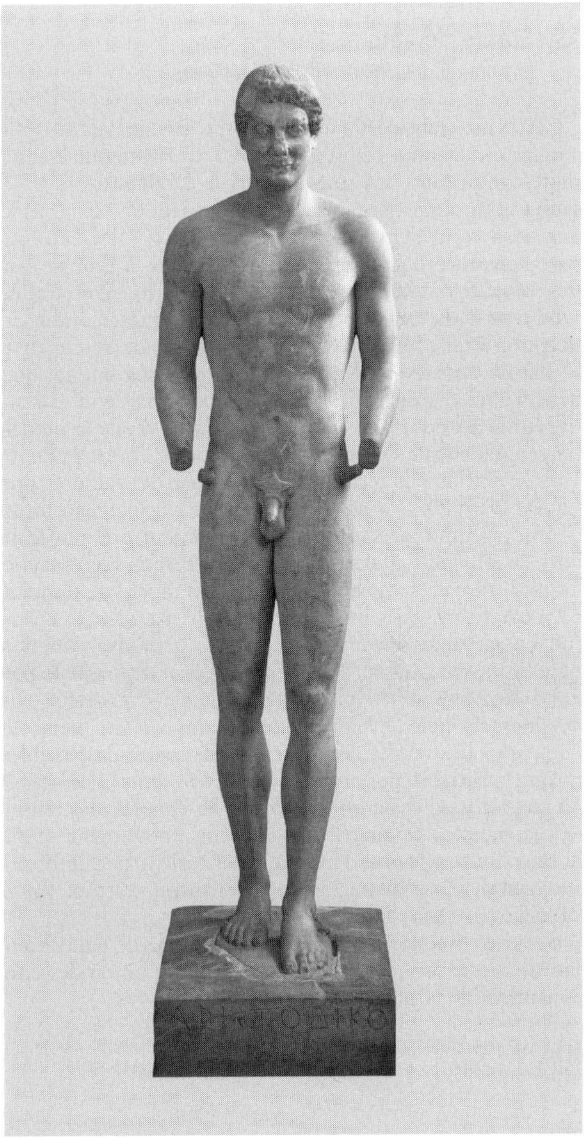

33. Statue de Lètô

Marbre. H. : 1,34 m. Athènes, MNArch 22.

Cette *corè* fait partie d'un groupe de six statues plus grandes que nature, réalisées vers 500 à Dèlos pour le sanctuaire connu plus tard sous le nom de Dodécathéon. Si les statues d'Apollon, Artémis et Athèna debout, de Zeus et Hèra assis sont identifiées sûrement, celle-ci n'est Lètô que par la présence d'Apollon et d'Artémis : si le groupe était plus vaste, ce pourrait être aussi bien une autre déesse voilée.

Le type de la *corè* ionienne **(30)** atteint ici une complexité exceptionnelle : les conventions d'attitude, de vêtement et de parure sont respectées, mais outrepassées euphoriquement. La main gauche tient bien le *chitôn*, mais en l'écartant suffisamment pour que l'étoffe très tendue révèle le modelé des genoux et que le surplus de tissu forme contre la jambe avancée de fins plis rectilignes séparés par des rainures profondes. De même, la retombée verticale du manteau forme ici non pas un, mais deux retraits de hauteur presque égale, dont les plis en zigzags interrompent le rainurage régulier des plis ordinaires ; quant à la bordure transversale du manteau, elle forme bien un bourrelet à plis parallèles, comme c'est l'usage, mais festonné ici de surplis arrondis – une formule esquissée chez **30**. Sur ce motif décoratif passe le plus grand des trois colliers portés par la déesse – aux deux plus bas desquels était fixé un pendentif rapporté en métal, de même qu'à l'extrémité des quatre mèches parotides* visibles. En outre, la figure portait un voile de tête dont le bas disparaît sous le long châle qui enveloppe les épaules ; les retombées latérales de ce quatrième vêtement, notamment autour du bras droit, rapporté depuis le coude et fixé par un dispositif complexe, se distinguaient du manteau surtout par la couleur.

L'aisance avec laquelle le sculpteur se joue de ces complications atteste un maître capable de porter à l'incandescence les artifices de la préciosité parienne.

Bibl. : Marcadé 1950 ; *Mer Égée* 1979, p. 198-200 : n° 140 (A. Pasquier) ; *SculpDélos* 1996, p. 43-55 (Ph. Jockey) ; Marcadé 2008.

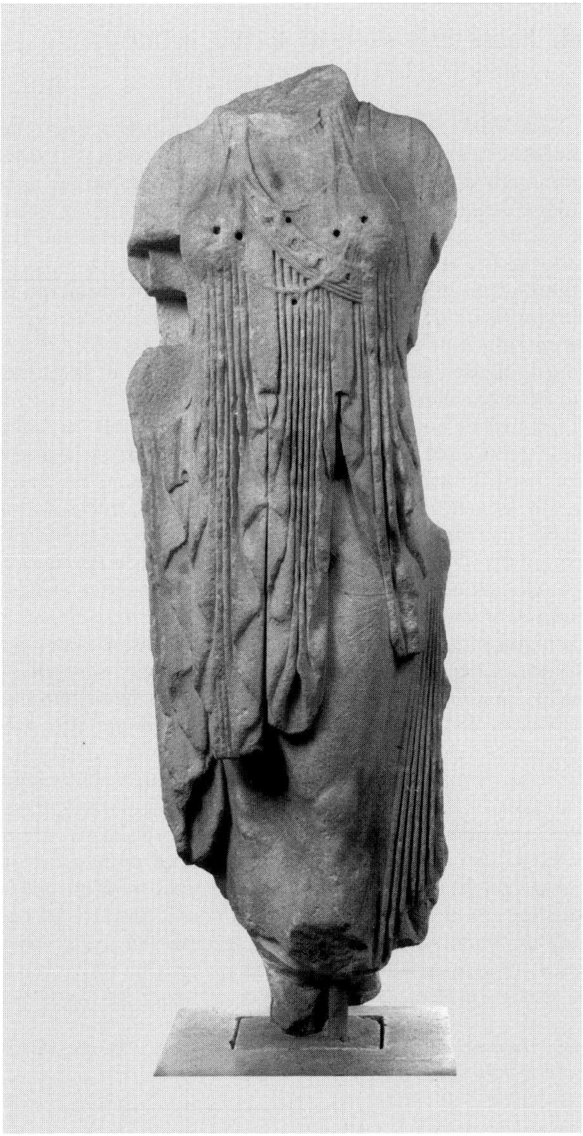

34. Relief de la Porte du Silène, à Thasos

Marbre. H. : 2,52 m. *In situ.*

Vers 500, les Thasiens entreprirent la construction d'un rempart en marbre long de 3,8 km, dont certaines portes furent ornées de reliefs figurant des divinités, ce qui reste unique dans le monde grec. Ainsi l'enceinte de Thasos n'était pas seulement un ouvrage de défense, mais aussi un lieu consacré par la présence de dieux tutélaires : Zeus et Hèra, Dionysos et Hèraclès, Artémis (?), Hermès. Cependant, le plus imposant de ces reliefs – l'un des plus grands reliefs grecs connus à ce jour – représente un suppôt de Dionysos, Silène, dont la figure colossale (2,40 m) accompagne sur la gauche qui entre en ville par cette porte secondaire.

Chaussé de bottines à revers, Silène entre en ville, en effet, d'un pas souple presque dansant, les jambes inégalement fléchies. Il brandit dans sa main droite un grand canthare* et, de la main gauche avancée, paume ouverte et doigts écartés, fait un geste démonstratif, comme pour prendre à témoin les Thasiens du vin qu'il apporte et de l'excitation sexuelle manifeste qui le transporte. Si ses jambes sont assez fines, son torse est épais, bombé sur le ventre, où ne se distingue plus qu'à peine le rendu de la toison pubienne. Comme il sied à ce génie rustique et exubérant, son système pileux est abondant : une grande queue-de-cheval retombe verticalement derrière lui, que rejoint presque une très longue natte dorsale dont les stries sont effacées ; une longue barbe se termine en pointe derrière le bras droit. Du visage, martelé à la fin de l'Antiquité, ne subsiste que la ligne du profil, presque verticale : le nez était donc très camus.

Singulière audace que de magnifier à ce point dans un passage public cette figure pittoresque, cantonnée jusque-là dans les arts mineurs, où elle incarne, avec une truculence toujours renouvelée, le trouble qu'apporte son maître Dionysos, représenté alors en vieillard majestueux ; l'ivresse et la lubricité avaient-ils donc droit de cité chez les Thasiens ?

Bibl. : Holtzmann 1994, p. 25-29, pl. VI-VII ; *GThasos* 2000, p. 121-128 (Y. Grandjean).

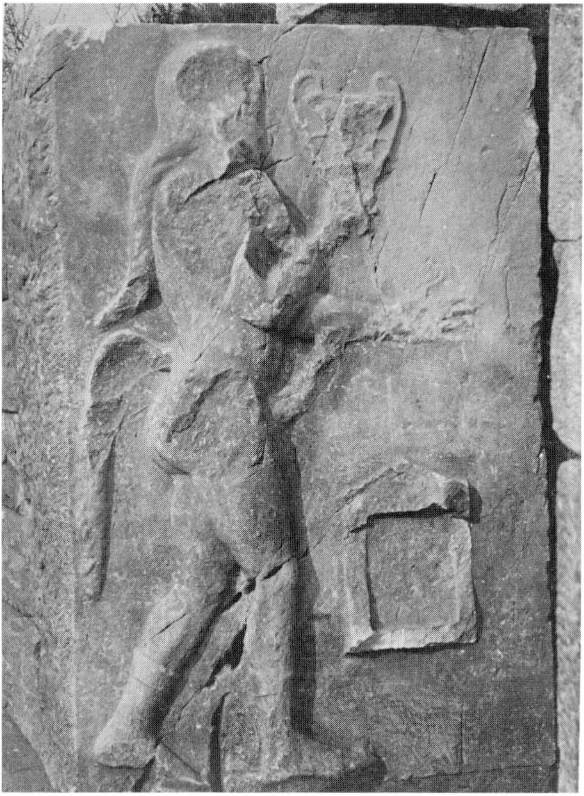

PÉRIODE CLASSIQUE (480-338)

Elle s'ouvre sur les victoires des cités grecques coalisées contre l'envahisseur perse – sur mer à Salamine en 480 ; sur terre à Platées en 479 – et se termine en 338, à la bataille de Chéronée, par leur défaite irréversible face au roi de Macédoine Philippe II : l'indépendance des cités sera désormais théorique.

Le Vᵉ siècle est marqué par la prééminence d'Athènes, qui joue un rôle essentiel dans la lutte contre la Perse, dont la « paix de Callias », en 449-448, marque enfin le terme officiel. Athènes doit son salut, puis sa montée en puissance impressionnante, aux trois hommes d'État d'envergure qui la dirigent successivement : Thémistocle, Cimon et Périclès. Sous l'autorité de ce dernier, entre 455 et 429, Athènes s'efforce de transformer la Ligue de Dèlos, qui regroupait depuis 478 la trentaine de cités en guerre avec la Perse, en une hégémonie permanente, de plus en plus mal supportée par des alliés traités comme des sujets. La « guerre du Péloponnèse » qui, durant près de trente ans, de 431 à 404, oppose les alliés d'Athènes à ceux de Sparte, s'achève, après de multiples péripéties, avec l'effondrement d'Athènes, où la démocratie est un temps abolie. Si sa tentative de mainmise impériale sur le monde grec a échoué, du moins a-t-elle acquis durant ce siècle mouvementé une prépondérance durable dans la culture grecque.

Au IVᵉ siècle, les velléités hégémoniques de Sparte, puis de Thèbes, étant restées sans lendemain, les cités grecques s'affaiblissent dans des luttes stériles que Philippe II (359-336) met habilement à profit pour établir sa suzeraineté sur elles : ce qu'Athènes n'avait pas réussi au Vᵉ siècle, il y parvient en une quinzaine d'années, faisant de la Macédoine – un petit royaume jusque là marginal et jugé arriéré par les cités – la puissance hégémonique du monde grec. Mais il n'aura pas le temps de mettre en œuvre sa puissance nouvelle : assassiné au moment où il s'apprêtait à reprendre la guerre contre la Perse, c'est son fils Alexandre III le Grand qui réalisera son grand dessein, donnant ainsi une forme nouvelle à la civilisation grecque.

Si la période classique présente donc une unité historique certaine – grandeur et décadence des cités grecques… –, il n'en va pas de même sur le plan artistique, où se succèdent des phases stylistiques contrastées, dont les termes traditionnels d'art classique en général ou bien de premier (Ve siècle) et second (IVe siècle) classicismes ne sauraient rendre compte. En effet, ce terme « classique », qui désigne chez les lettrés latins de l'époque impériale les œuvres littéraires grecques de première classe qui doivent être étudiées et imitées, a été repris au XVIIIe siècle pour désigner en bloc la civilisation gréco-romaine, conçue alors comme la référence culturelle majeure de l'Europe moderne [1]. Il désigne donc un phénomène de réception, non de création : l'art de toute cette période n'est classique que dans la mesure où il a constitué une référence pour les Romains, puis pour les Modernes, mais il n'y a pas de style classique comme il y a un style dédalique ou un style sévère. En fait, depuis la fin du XIXe siècle, cette notion impropre occulte les phénomènes esthétiques de cette période en masquant la spécificité de ses phases et l'évolution considérable dont elle témoigne.

On peut distinguer en sculpture [2] trois grandes phases stylistiques s'articulant chacune en deux moments. La première, de 490 à 430, comprend le « style sévère [3] » (490-450), puis le « style libre » (450-430), selon la terminologie

1. *Klassik* 2002, p. 43-53 (S. Settis). 2. Ouvrages généraux sur la période : Ridgway 1981, 1997 ; Boardman 1994 B, 1995 B ; Todisco 1993 ; Rolley 1999. 3. Ridgway 1970 ; Rolley 1994, p. 317-396.

introduite par G. Kramer en 1837 pour la céramographie* attique. Durant cette phase de très grande créativité, les dernières contraintes héritées de l'archaïsme s'effacent peu à peu et les sculpteurs accèdent à la pleine souveraineté dans le traitement de la figure humaine. Tandis que Paros reste fidèle à la sculpture en marbre [1] **(41, 44, 46)**, la sculpture en bronze vient au premier plan **(37, 42, 47, 48, 50-52)** avec un thème de prédilection repris de l'archaïsme, la figure masculine nue et athlétique, en mouvement **(37, 47, 50)** ou au repos **(48, 52)**. La pondération [2], qui a mis fin au type du *couros* durant la décennie 490-480 **(36)**, trouve avec Polyclète **(52)** une formule durable, créant une harmonie générale de la figure. La rigueur altière du « style sévère » s'épanouit ainsi dans le formalisme subtil du « style libre », où l'expression des sentiments n'a pas sa place. Au même moment, la virtuosité atteinte au Parthénon **(53-55)** amorce une brusque mutation [3].

La deuxième phase stylistique ainsi déclenchée (430-370) comprend elle aussi deux moments : jusqu'à la fin du Vᵉ siècle, le maniérisme s'impose surtout à Athènes **(59, 60)**, où les figures féminines, plus dénudées que vêtues par les artifices du drapé, manifestent une sensualité nouvelle. Dans un second temps (400-370), ce style surtout attique – le « style riche » de Kramer – essaime dans le monde grec **(62, 63)** tandis que le « style libre » se prolonge lui aussi, notamment pour les figures masculines. Si séduisantes que puissent être ses productions **(56, 61)**, cette phase témoigne d'une créativité moindre : on se borne, pour l'essentiel, à exploiter les nouveautés apparues au cours de la phase précédente – un mouvement de consolidation peut-être nécessaire avant de nouvelles avancées.

La troisième phase (370-300) est de nouveau très novatrice et, sous bien des aspects, antithétique des précé-

---

1. Despini 1979 ; Rolley 1994, p. 357-362. 2. Holtzmann 1995, p. 244-245. 3. Holtzmann 2003, p. 143.

dentes[1] ; aussi faudrait-il s'interdire de la déguiser en « second classicisme », ce qui en masque l'esprit[2]. Dans un premier temps (370-340), les innovations se manifestent dans l'œuvre bien connue de quelques grands artistes – Pratixèle, Scopas, Lysippe : c'est d'abord la maîtrise enfin atteinte de la troisième dimension **(64, 67)**, mais surtout la recherche de l'expressivité, dans des tonalités différentes suivant les personnalités[3]. Les états d'âme affleurent sous diverses formes **(64, 69)**, tandis que le portrait, bridé jusque-là, s'épanouit enfin **(75, 76)**. Dans un second temps (340-300), ces nouveautés se répandent **(79)**, tandis qu'on observe un regain de la sculpture en marbre **(77, 83)**, suscité par le grand atelier du Mausolée d'Halicarnasse **(65)**, qui joue au IVe siècle le même rôle que le Parthénon au Ve. C'est dans ce terreau très riche que, passée la crise du début du IIIe siècle, va s'enraciner la sculpture hellénistique, et non dans l'art du Ve siècle.

---

1. Brown 1973 ; Holtzmann 1995, p. 262-269. 2. Au terme « post-classique » employé par Borbein 1973, qui fait du IVe siècle un appendice du Ve, on peut préférer celui, plus positif et caractéristique, de « romantique » proposé par Curtius 1938, p. 326-333, repris par Protzmann 1977 et Holtzmann 1989, p.183-196. 3. Charbonneaux, Marcadé 1970, p. 199-242 ; Rolley 1999, p. 241-392.

35. Guerriers gisants des frontons du temple d'Aphaia, à Égine

Marbre. Munich, glyptothèque.

Les statues des frontons du temple d'Aphaia, à Égine, illustrent le dépassement de l'archaïsme, entre 500 et 480 : le fronton ouest – plus ancien ou plus traditionnel ? – est encore archaïque (500-490), tandis que le fronton est appartient déjà au « style sévère » (490-480). Les deux ensembles sont maintenant traités en ronde-bosse* et développent des variantes du même sujet : la première et la seconde guerre de Troie. Les scènes de bataille sont en effet particulièrement bien venues dans le cadre triangulaire des frontons, puisqu'elles permettent de placer des figures agenouillées et allongées. Féconde contrainte, qui introduit dans le répertoire des sculpteurs des attitudes et des mouvements que l'art funéraire et votif n'aurait jamais conduit à produire.

Au fronton est, deux figures en témoignent : dans l'angle droit, Hèraclès archer est représenté un genou en terre, tirant à l'arc vers l'angle gauche, où vient de s'effondrer un guerrier nu – probablement Laomédon, roi de Troie. Le bouclier vertical retient encore le buste prêt à chavirer ; la main droite se cramponne à l'épée, déjà posée sur le sol, tandis que les jambes se dérobent, l'une battant l'air, l'autre sortant du cadre du fronton, comme si, l'instant d'après, toute la figure allait basculer dans le vide, sombrer dans la mort. Il fallait un grand artiste pour maîtriser ce corps tordu par la douleur, et aussi pour faire de la formule traditionnelle du sourire un rictus poignant : le visage, en fait, reste inexpressif, mais l'attitude de la figure, la tête penchée vers le sol, suffit à donner un sens nouveau à la formule. Quelle différence avec le personnage similaire de l'angle droit du fronton ouest, qui sourit béatement en s'arrachant une flèche de la poitrine... Sans aucun doute, ce style est nouveau, et il est sévère, à la mesure des temps qui s'annoncent.

Bibl. : Ohly 1976, p. 102-113, pl. 64-72 ; Knell 1990, p. 68-78 ; Holtzmann, Pasquier 1998, p. 155-159.

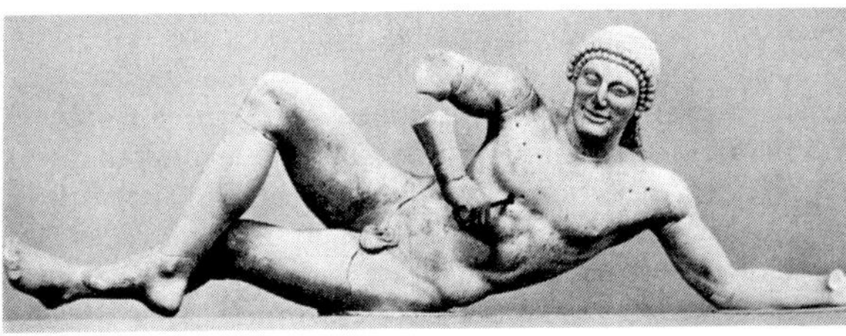

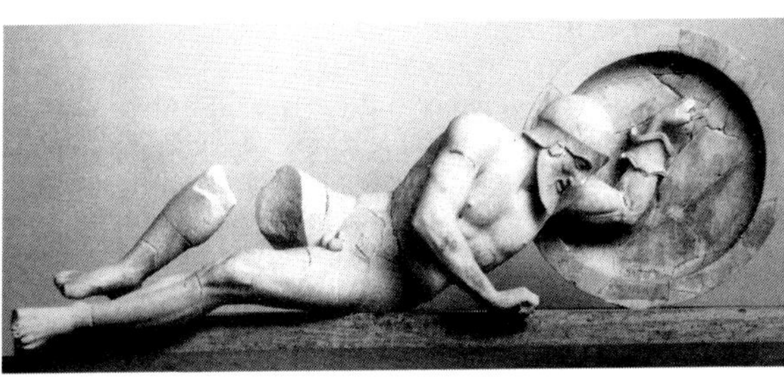

36. « Éphèbe de Critios »

Marbre. H. : 1,17 m. Athènes, MAcr 698.

Le dernier pas qui restait à faire **(32)** pour rompre avec le type du *couros*, le voici réalisé avec cette offrande faite sur l'Acropole peu avant son saccage par les Perses en 480. La perte de sa base nous prive de savoir dans quelles circonstances cette œuvre a été conçue. Il ne s'agit pas d'un jeune homme au faîte de sa vigueur, mais d'un jeune garçon à la musculature encore peu développée, peut-être le vainqueur à une épreuve pour juniors d'un grand concours – mais il ne porte pas la couronne attendue. Quant à l'attribution à Critios, bronzier actif à Athènes autour de 480, elle ne repose que sur la vague ressemblance de la tête de ce garçon avec celle du plus jeune des Tyrannoctones **(37)** et sur deux détails d'exécution qui rappellent la manière des bronziers : les yeux rapportés et les mèches ciselées sur la nuque.

Avec ses mains plaquées contre les cuisses, la silhouette, de prime abord, est celle d'un *couros* ; mais la frontalité est discrètement enfreinte par la tête, très légèrement tournée vers sa droite, et surtout, les deux jambes ne sont plus également tendues, ce que dérobe en partie la mutilation du bas de la statue. Le genou droit, fléchi, est nettement plus bas que le genou de la jambe gauche, qui reste tendue. C'est la première apparition – du moins dans l'état de notre documentation – de la pondération dont la sculpture grecque va proposer diverses variantes. Celle qui est esquissée ici, la jambe fléchie portée en avant, le pied reposant entièrement sur le sol, est typique du « style sévère ». Les conséquences du déséquilibre introduit de la sorte restent encore limitées : le ventre est légèrement désaxé, mais le torse reste droit.

Avec ce chef-d'œuvre où se conjuguent d'une manière émouvante la timidité du sujet et une discrète mais décisive innovation formelle, la sculpture grecque s'éloigne de ses modèles orientaux et commence son aventure singulière.

Bibl. : Schrader 1939, p. 191-195 (W. H. Schuchhardt), pl. 120-121 (en plein air), 122-123 ; Rolley 1994, p. 322-324, fig. 330.

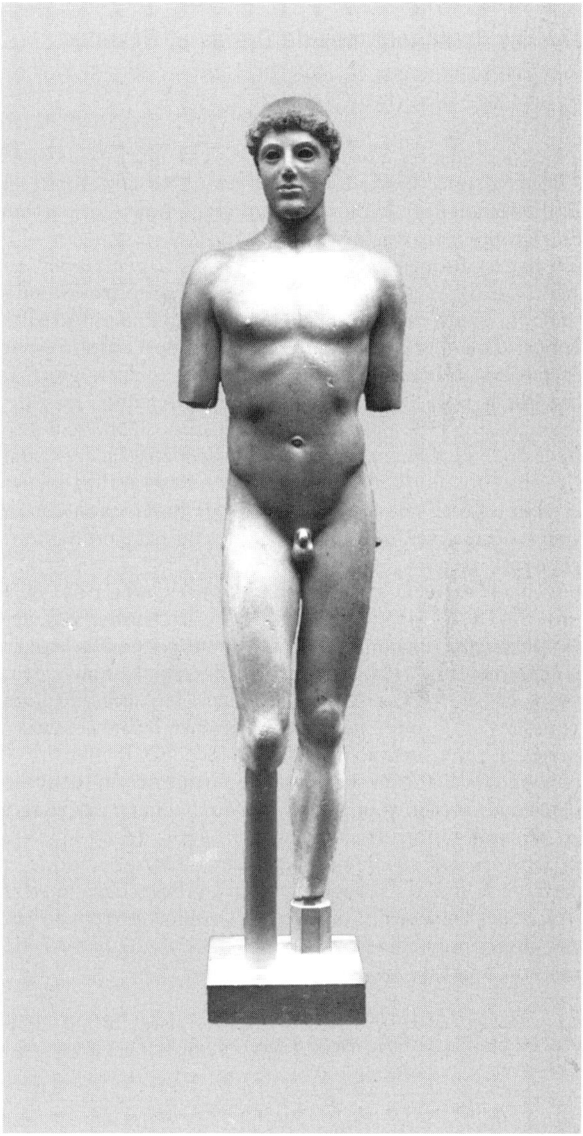

37. Les Tyrannoctones de Critios et Nèsiotès

Copie en marbre. H. : 1,83 m et 1,85 m (sans la plinthe). Naples, MNArch 6009, 6010.

Ces deux copies fabriquées au IIe siècle ap. J.-C., visibles à Rome depuis 1535, fortement restaurées et complétées, sont le témoignage le plus substantiel qui nous soit parvenu d'un groupe très célèbre dans l'Antiquité. Réalisé en 477-476 par les bronziers Critios et Nèsiotès, il remplaçait, sur l'agora* d'Athènes, un premier groupe réalisé par Antènôr vers 505, que Xerxès venait d'emporter comme butin à Persépolis, d'où il reviendra après la chute de l'Empire perse. Ce second groupe représente Harmodios et Aristogiton en acte, sur le point d'assassiner le tyran Hipparque, en 514 : Aristogiton, l'aîné, protège Harmodios qui s'apprête à asséner le coup fatal. Cependant, le rapport spatial exact – parallèles absolues ou décalées, convergence vers l'avant ? – entre les deux statues fait toujours l'objet de discussions, car ces copies décoratives disjointes se faisaient pendant symétriquement.

L'enjambée et la gesticulation emphatiques, la musculature très développée montrent que l'archaïsme est déjà complètement surmonté, du moins pour ces grands bronzes qui commencent à primer dans la sculpture : le mouvement, jusque-là bridé, peut se déployer dans l'espace, les figures acquérir ainsi une intensité nouvelle. Mais l'héritage archaïque reste présent dans maints détails : la manière de représenter la toison pubienne, la coiffure en coquilles d'Harmodios et surtout l'inexpressivité flagrante des visages, qui ne sont concernés en rien par l'action dramatique qui emporte les corps. Un fragment d'un moulage antique en plâtre de la tête d'Aristogiton, trouvé à Baïes dans le rebut d'un atelier de copistes, prouve que l'original présentait bien cette impersonnalité intense héritée des *couroï*, qui ne s'effacera tout à fait qu'au milieu du IVe siècle.

Bibl. : Brunnsåker 1971 ; *GaB* 2004, p. 13-15, fig. 18 a-e, 19 a-f (P. C. Bol), p. 103 (C. Bol) ; *Klassik* 2002, p. 237-240 (R. Krumeich, fig. 9 p. 223).

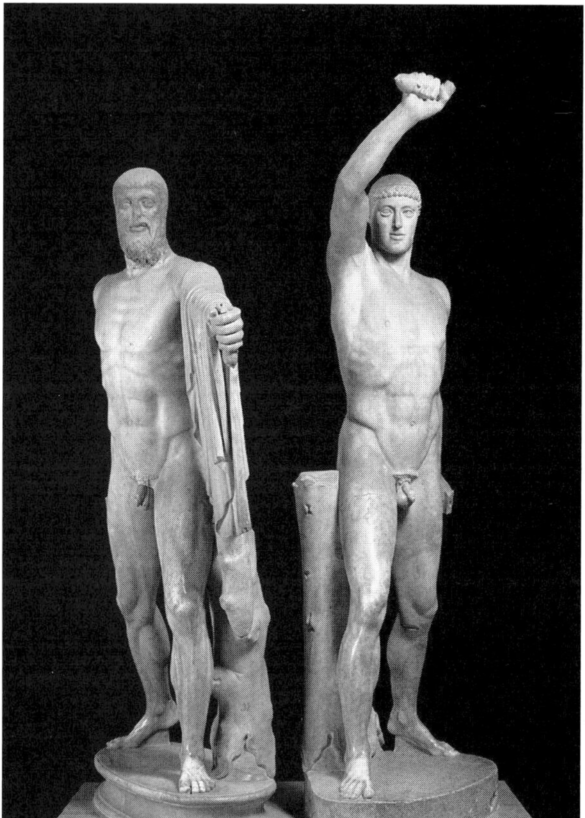

38. Zeus enlevant Ganymède

Terre cuite. H. : 1,10 m.
Olympie, MArch inv. T 2 + T 2a + Tc 1049.

Les fouilles d'Olympie ont livré des statues de terre cuite mieux conservées que partout ailleurs (Thasos, Corinthe, Grande-Grèce et Sicile). Le groupe de Zeus et Ganymède a conservé une grande partie de sa polychromie*, probablement parce qu'il est resté très peu de temps en place, puisque certains de ses fragments ont été trouvés dans un remblai constitué au plus tard vers 455. À en juger par la double pente de sa base, ce devait être l'acrotère* central d'un petit bâtiment inconnu, probablement l'un des trésors* alignés sur la terrasse qui limite le sanctuaire au nord-est.

Le thème convient bien à un groupe isolé en plein ciel, puisqu'il s'agit de Zeus emportant aux cieux le tout jeune prince troyen, dont il va faire l'échanson des dieux. Bien que les deux figures, en léger trois quarts, se déplacent horizontalement, c'est donc d'un mouvement ascendant qu'il s'agit ici, que suffisait à suggérer la position du groupe par rapport au spectateur. Dans la manière à la fois emphatique et gauche du style sévère, le mouvement est représenté par une grande enjambée du dieu, accentuée par les larges courbes du manteau. À l'énergie souveraine que déploie le ravisseur s'oppose la passivité du garçon subjugué, dont le bras gauche s'appuyait sur le bras refermé de Zeus, qui le tient plaqué contre lui. Le coq tenu ostensiblement par Ganymède affirme le caractère érotique de la scène, souvent représentée alors **(43)** : cet animal était, plus encore que le lapin, le présent par lequel un homme déclarait sa flamme à un jeune garçon.

Les coiffures encore archaïques, mais les paupières et les lèvres épaisses à la manière du « style sévère » commençant, conduisent à dater de la décennie 480-470 ce groupe réalisé peut-être par un atelier corinthien travaillant l'argile d'Olympie.

Bibl. : Kunze 1940 ; Moustaka 1993, p. 42-45, pl. 33-39.

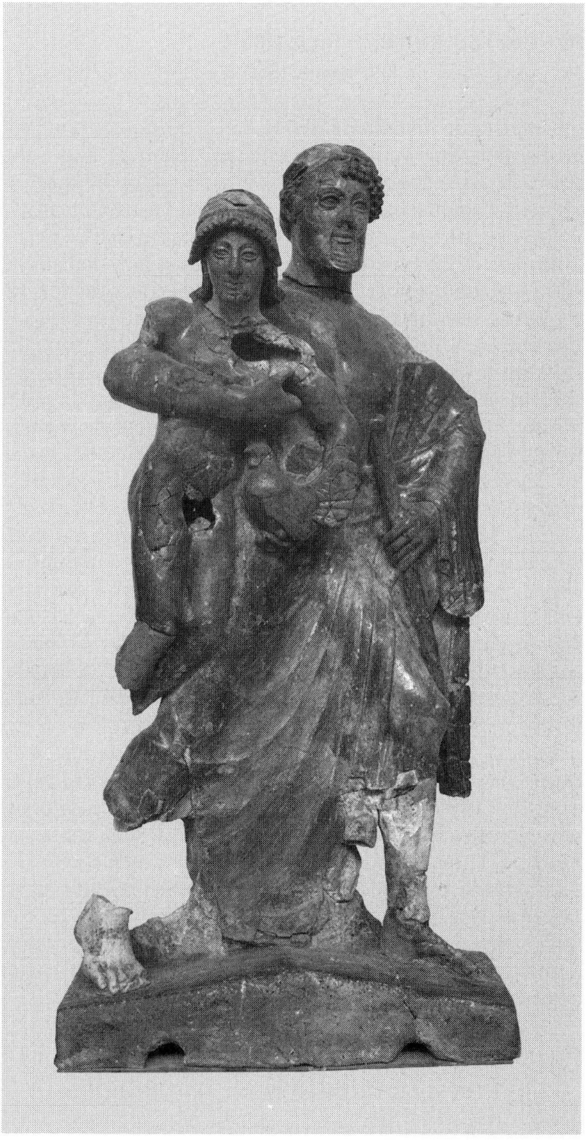

39. Déesse trônante de Tarente

Marbre. H. : 1,51 m. Berlin, StaatMusAnt Sk 1761.

Cette statue de culte, enterrée dans l'Antiquité pour être sauvée de la destruction, provient probablement d'un sanctuaire de Perséphone, fille de Dèmèter, dont le culte est attesté à Tarente. La déesse est assise sur un trône haut, les pieds posés sur un tabouret – un mobilier précieux à décors multiples, qu'on rencontre aussi dans les scènes de banquet **(45)**. Le sculpteur a étayé la statue en laissant sous le siège une masse rectangulaire invisible de face, ce qui prouve que cette vue reste privilégiée. Les épais coussins qui sont disposés sur le siège et contre le dossier assurent à la déesse une assise majestueuse, un peu raide quand elle est vue de profil, puisque le torse, les cuisses et les jambes forment deux angles droits. Toutefois, la position nettement différente des mains, qui devaient tenir des attributs, et le léger décalage des pieds introduisent un peu d'animation dans le hiératisme de la posture. Le costume ionien, *himation* sur *chitôn*, est complété d'un voile (*épiblèma*) porté sur les épaules comme un châle : ce sont les couleurs différentes de ces trois tissus qui les distinguaient car le plissé est peu contrasté. Sur les deux pans légèrement différents qui retombent sur les jambes, la souplesse des plis en zigzags n'est plus tout à fait archaïque ; le cécryphale* qui retient les cheveux en dégageant la nuque ne l'est pas non plus, alors que le sont encore les mèches parotides*, les coques en mèches crantées sur les tempes et les mèches crantées qui forment une ogive sur le front, en avant du diadème. Sans doute le visage n'est-il pas souriant, mais il garde une aménité due à la finesse des traits, qui n'ont pas la massivité souvent morose du « style sévère ».

Œuvre de transition d'un maître étranger à cette région sans marbre – mais venu de quel centre marbrier ? – ou bien œuvre plus tardive d'un sculpteur – local ? – qui prolonge la tradition archaïque en la modernisant quelque peu ? Selon la réponse préférée, la date variera entre 480 et 460.

Bibl. : Blümel 1963, p. 29-33, fig. 55-59 ; Langlotz, Hirmer 1963, p. 69, pl. 50-51.

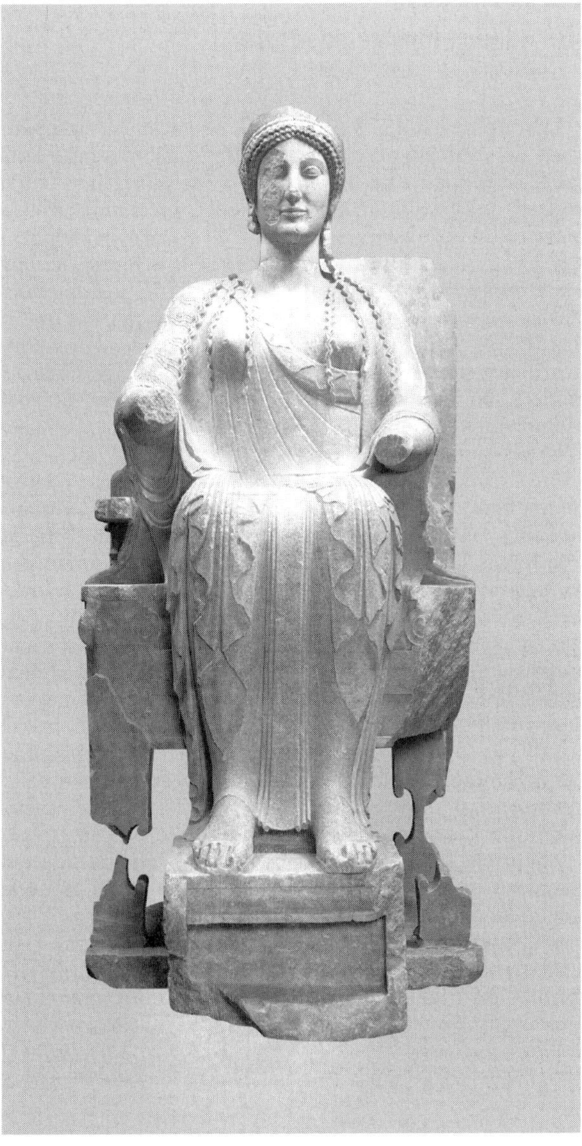

40. « Jeune homme de Mozia »

Marbre. H. : 1,81 m. Mozia, MArch.

Découverte en 1979 sur un site phénicien de la pointe ouest de la Sicile, où elle avait été enterrée durant l'Antiquité, cette statue est énigmatique : que fait là une œuvre majeure de la sculpture grecque et qui représente-t-elle ? Le cocher d'un char vainqueur, comme l'« Aurige de Delphes » **(42)**, à cause de la tunique longue et de la ceinture, ici plus haute et plus large ? – Mais alors un cocher à pied, brandissant sa couronne, car son attitude ne se conçoit pas sur un char. Le roi punique Hamilcar, qui s'était vainement sacrifié aux dieux pour conjurer sa défaite devant les Grecs, à Himère, en 480 ? – Mais alors, pourquoi cette attitude triomphante et pourquoi une statue grecque ?

Quoi qu'il en soit, voici un chef-d'œuvre du « style sévère » dans sa première fraîcheur : la tête, avec sa coiffure en coquilles et ses traits énergiques, est proche de l'Harmodios des Tyrannoctones **(37)** et des dernières formules archaïques. L'attitude, en revanche, exploite à outrance la pondération nouvelle : la jambe fléchie, portée en avant et vers l'extérieur, entraîne une inclinaison du bassin que souligne la main calée sur la hanche. Le geste du bras droit, qui brandissait un objet significatif, accentuait encore la vivacité de la silhouette. Mais le plus étonnant reste le traitement de la fine tunique de lin, assez large pour former en bas de grands plis superposés : son plissé à l'ongle, qui préfigure les « drapés mouillés » de la fin du siècle **(59)**, avec son ruissellement continu, incessamment varié, révèle et sollicite l'anatomie jusqu'à la provocation, mais aussi crée des faux plis et des bourrelets, notamment dans le dos. Il est très rare que graphisme et modelé, vêtement et anatomie se trouvent conjugués avec un tel raffinement.

Seul un artiste issu d'un centre majeur du marbre a pu produire une telle œuvre. Or, peu après 480, Paros est au premier plan, alors qu'Athènes se remet difficilement des deux occupations perses de 480 et 479.

Bibl. : *Statua di Mozia* 1988 ; Rolley 1994, p. 389-391, fig. 424-426.

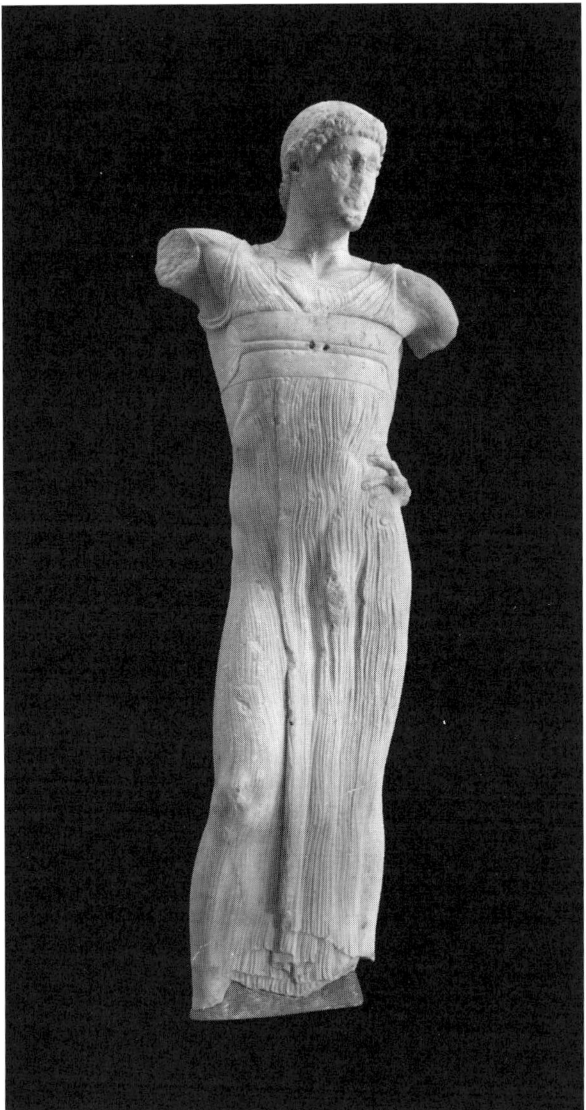

41. Nikè de Paros

Marbre. H. cons. : 1,38 m. Paros, MArch A 245.

En l'absence de tout ancrage topographique, cette Nikè extraordinaire a tantôt été considérée comme une figure d'acrotère* – mais n'est-elle pas trop grande pour les temples connus à Paros ? –, tantôt comme une offrande faite dans un sanctuaire à l'occasion d'une victoire. Il faut alors l'imaginer au sommet d'une colonne ou d'un pilier, amorçant son atterrissage, les ailes déjà repliées et les pieds battant l'air à la recherche du sol. Gageure suprême pour une œuvre en marbre toujours dépendante de la statique, voilà une statue sans rapport au sol, qui ne tient que par un étroit support vertical placé essentiellement sous le drapé. Toute la figure est arquée, ce qui lui donne une silhouette unique dans l'art grec, renforcée par la légère torsion du buste, dont la partie droite s'efface alors que la gauche s'avance, suivant le mouvement des bras. Tandis que la main droite baissée retient discrètement le *péplos* qui pourrait s'ouvrir largement sur ce côté, le bras gauche, levé et porté en avant, devait brandir une couronne de victoire, ce qui l'inscrivait davantage dans l'espace. C'est d'ailleurs de ce côté que la tête était tournée.

L'étoffe lourde du *péplos* donne lieu à des plissés très différents : à l'avant, ce sont de fines virgules contrariées alternant sur les jambes, à l'arrière de grands plis profonds, parallèles et presque verticaux. Le rabat antérieur est caractérisé par l'étonnante échancrure de son bord inférieur, nettement détaché de l'étoffe principale, ce qui crée une zone d'ombre et donne un relief inattendu à cette ligne singulière qui interrompt l'arc de la silhouette. À l'arrière, le sculpteur escamote comme il peut le conflit entre vêtement et ailes.

Cette œuvre lyrique, entièrement libérée des raideurs de la tradition archaïque, est-elle possible dès 470 ? Probablement, car nous sommes à Paros, qui est alors à son zénith.

Bibl. : Tölle-Kastenbein 1980, p. 264-266, pl. 173-175 ; *GaB* 2004, p. 50-51 (G. Kaminski), fig. 47 a-d.

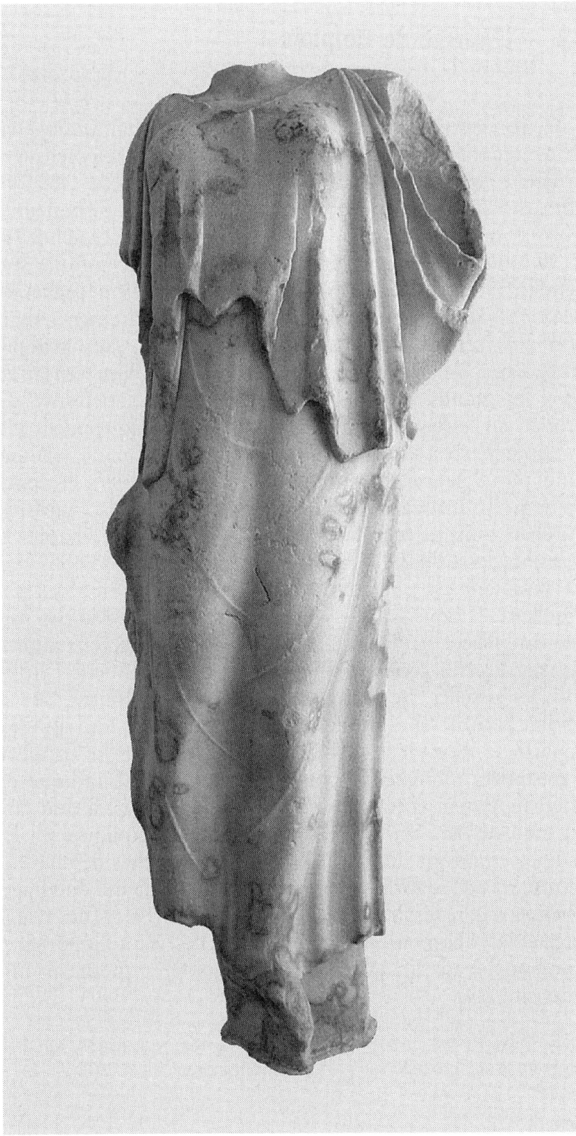

42. « L'Aurige de Delphes »

Bronze. H. : 1,80 m. Delphes, MArch 3484, 3520, 3540.

Cette statue représentant un cocher de char (*auriga* en latin) tenant les rênes d'un attelage a probablement été dédiée à Apollon en 466, par Polyzalos, tyran de Géla, au nom de son frère Hiéron, tyran de Syracuse, vainqueur à trois épreuves hippiques des concours de Delphes et d'Olympie. Le groupe comprenait sans doute, comme son pendant à Olympie, un quadrige guidé par son cocher et deux chevaux, ici guidés chacun par un palefrenier – mais non pas, semble-t-il, l'heureux propriétaire. Ces groupes complexes, de grandeur naturelle, ont dû faire sensation dans les grands sanctuaires, démontrant la supériorité du bronze sur le marbre même en l'absence de mouvement vif.

Le cocher est désigné comme tel par la longue tunique qu'il porte, la *xystis,* qui tombe en plis réguliers et épais, mais qu'il faut imaginer cachée en partie par la rambarde du char, puisque le groupe était présenté de face, d'après la position de la dédicace inscrite sur le bloc de base conservé. Le vêtement est plus animé sur le torse : il forme des plis moelleux et bouffants au-dessus de la taille, serrée par une ceinture placée haut, et des plis plus serrés et nerveux autour des cordelettes croisées dans le dos qui retiennent l'étoffe sous les aisselles. Le corps est très légèrement tourné vers sa droite, comme si le vainqueur, figé dans une impassibilité apparente, recevait les acclamations du public. Le bandeau à méandres incrustés d'argent qui ceint sa tête indique en effet qu'il vient d'être proclamé vainqueur et qu'il doit être en train de faire un tour d'honneur, ce qui explique, sur les tempes et autour des oreilles, les petites mèches de cheveux retroussées pendant la course et la vacuité radieuse du visage, comme s'il réalisait à peine ce qui lui arrive – un visage auquel la conservation exceptionnelle des yeux rapportés et une bouche aux lèvres très charnues confèrent pourtant une intensité rare.

Bibl. : Chamoux 1955 ; Rolley 1990 ; Rolley 1994, p. 344-347, fig. 358-360 ; sur le contexte agonistique* de ces offrandes, Salviat 2007, p. 15-19.

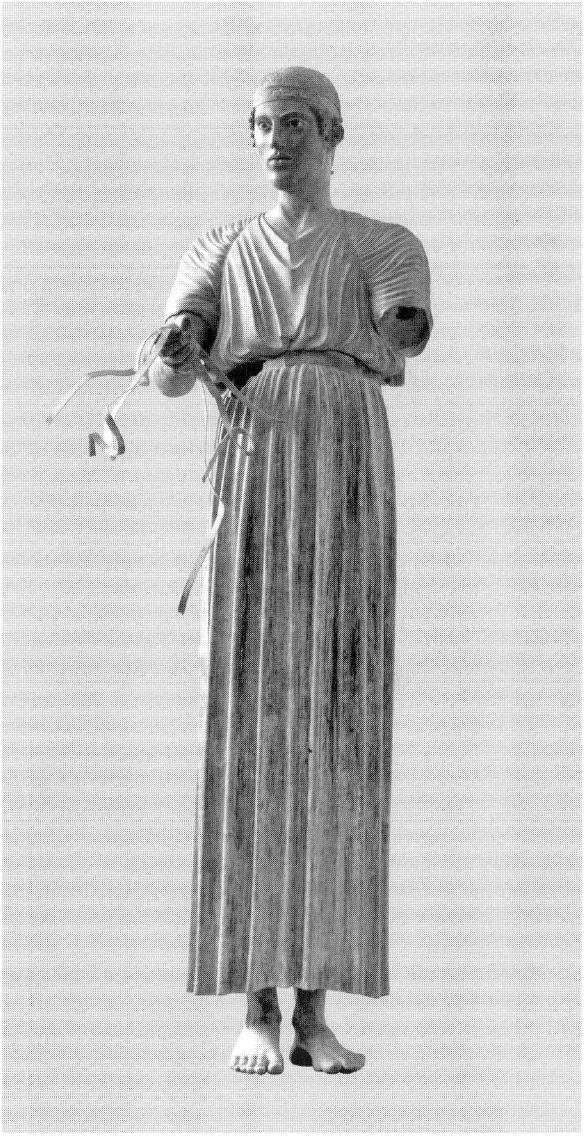

43. Stèle funéraire d'un jeune homme

Marbre. H. : 2,135 m. Rhodes, MArch G 1640.

Bien qu'elle conserve le gabarit étroit des stèles archaïques **(25)**, cette stèle à champ légèrement concave, découverte en 1988 sur le territoire de la cité de Ialysos (Rhodes), est déjà couronnée d'un fronton et non plus d'une palmette : sa largeur (0,91 m à la base) interdit en effet un tel couronnement, qui restera toutefois en usage jusqu'au milieu du ve siècle pour des stèles n'excédant pas 0,45 m de largeur. Elle fait partie de ces stèles funéraires du « style sévère » où le jeune défunt est représenté en grandeur naturelle (1,83 m ici), soit seul, soit, comme ici, avec un comparse. Il s'agit d'un tout jeune garçon, dont la taille est minimisée pour souligner sa dépendance : il doit lever très fort la tête pour regarder et remercier le jeune homme qui lui offre un coq, qui devait être plus peint qu'il n'est sculpté. Le sens de la scène est connu **(38)** : il s'agit d'une déclaration amoureuse, dans le cadre codifié de la pédérastie entre un adulte (éraste) et un jeune garçon pubère (éromène).

À l'attitude tranquille de l'éraste – jambes de profil, avec pondération sévère ; torse peu musclé, en profil dépassé ; tête légèrement inclinée – s'oppose la vivacité de l'éromène, qui semble sur le point de se retourner en emportant l'animal : la jambe gauche fléchie touchant à peine le sol comme le feront bientôt les athlètes de Polyclète **(52)**, le torse presque de face et légèrement rejeté en arrière, il serre contre lui le coq. Cette animation n'exclut pas une certaine maladresse de détail : l'avant-bras et la main droite du jeune homme sont trop longs et graciles, la manière dont il tient le bout de son grand bâton bien artificielle. L'empâtement du visage peut en revanche être un trait de style local. Les chevelures étaient seulement peintes, de même que les sandales du défunt.

L'œil encore de face dans le visage de profil suggère une date entre 470 et 460.

Bibl. : Kaninia 1997 ; *GaB* 2004, p. 56, fig. 53 (G. Kaminski). Sur le présent du coq, Koch-Harnack 1983, p. 97-105.

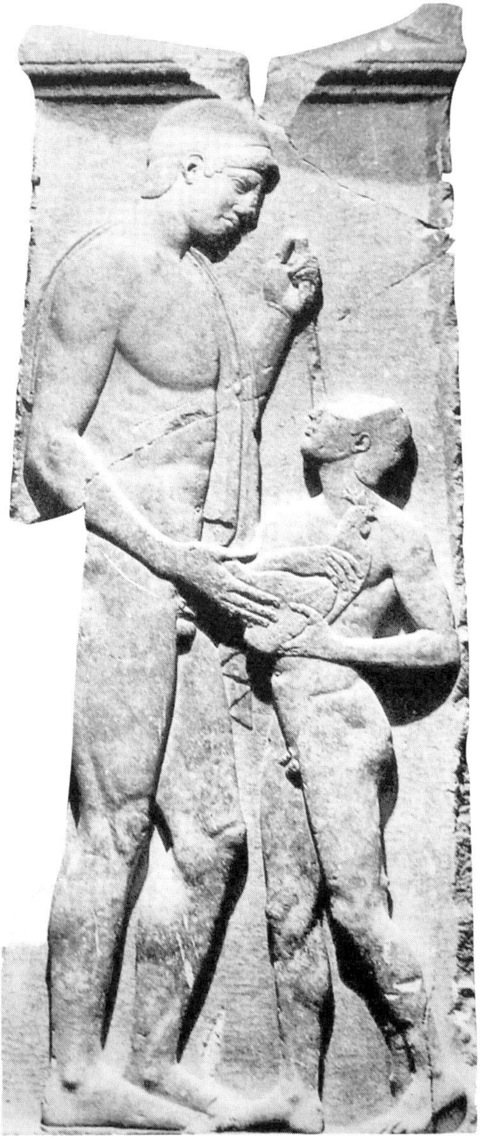

44. Stèle funéraire d'une mère de famille

Marbre. H. : 1,56 m. Icaria, Haghios Kyricos, MArch.

Restée longtemps presque inaccessible parce que son ampleur rendait son transport impossible, cette stèle est extraordinaire : signée par un sculpteur parien inconnu, Platthis, elle manifeste l'essor de la production de reliefs funéraires à Paros durant la première moitié du Ve siècle. Réalisé à Paros, le relief aura été ensuite transporté dans l'île d'Icaria : la signature du sculpteur, en alphabet parien, sous le relief, assure la provenance prestigieuse de l'œuvre ; mais l'inscription en alphabet ionien gravée en haut à droite dans le champ, ce qui ne se fait jamais, a dû être rajoutée sur place pour préciser l'identité des deux personnages inattendus de la scène : « Koiranos et Eurymèdès [...] frères d'Apollonios... », vraisemblablement le mari de la défunte, dont l'identité devait être donnée par l'inscription gravée sur la base perdue du monument.

Un champ sculpté aussi large (1,14 m entre les deux minces listels qui l'encadrent) ne pouvait plus être couronné par une palmette, comme c'était l'usage depuis 530 **(46)** : on a donc recouru ici au couronnement en fronton, attesté depuis 480 environ ; la mouluration des rampants et les trois acrotères* qui devaient la ponctuer étaient travaillés à part, comme l'attestent six trous de fixation. Une bande de méandres gravés et autrefois peints forme la ligne de sol sur laquelle se déploie une composition dont la richesse ne trouvera d'équivalent qu'un siècle plus tard en Attique **(68)** : la défunte est alors souvent seule ou avec un enfant et une servante, mais jamais, comme ici, avec trois enfants qui la regardent et deux jeunes hommes drapés, qui se tiennent devant elle avec des gestes de révérence quasi religieuse. La raideur des attitudes et du plissé des vêtements, le strict profil de la défunte, dont l'œil est cependant représenté de face, invitent à dater cette stèle exceptionnelle assez haut dans le « style sévère », entre 470 et 460.

Bibl. : Kontoleon 1970 ; Zapheiropoulou 2008 : dédicace à une divinité courotrophe. Sur les inscriptions : Matthaios 2008.

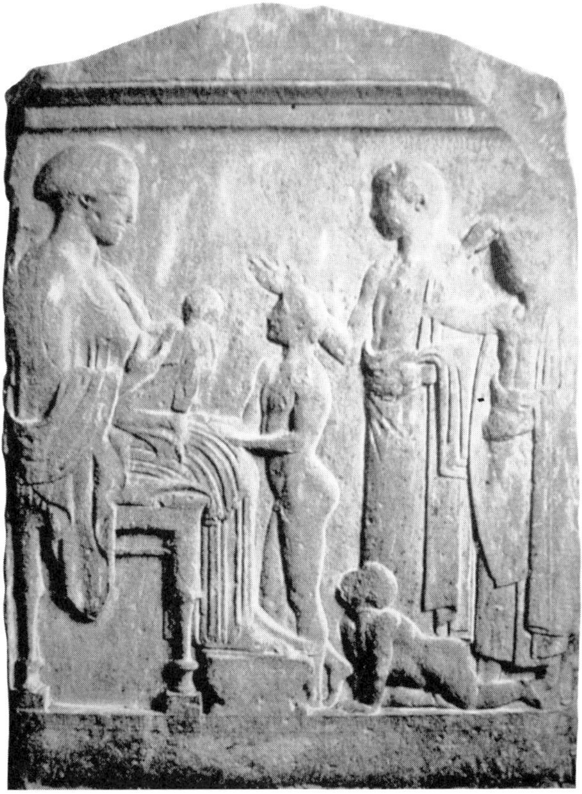

45. Relief votif à un héros thasien

Marbre. H. : 0,625 m ; l. : 1,14 m. Istanbul, MArch 578.

Ce grand relief, trouvé dans la ville antique de Thasos, ce qui assure son caractère votif, est un des plus remarquables de ce type. Ces reliefs attestés depuis la fin du VIe siècle représentent un héros allongé en train de banqueter, entouré de différents éléments de prestige, selon une image de souveraineté empruntée à l'Orient sémitique.

L'intérêt du relief thasien réside d'abord dans sa composition, qui bouscule le schéma déjà établi, à en juger par les deux reliefs antérieurs connus (Athènes, MNArch 55 ; Paros, MArch 758) : au lieu d'être assise à gauche, en face de son maître, devant lequel elle écarte son voile dans un geste (*anacalypsis*) qui signifie le rapport conjugal, l'épouse est ici reléguée à droite, ce qui l'isole du banquet tout en maintenant sa présence, nécessaire puisque les héros ainsi honorés sont souvent les ancêtres d'un clan qui se targue d'en descendre. De fait, cette femme trônante de profil, qui puise dans un alabastre* quelques gouttes de parfum, avec un miroir accroché dans le champ et un oiseau familier sous son siège, évoque plutôt les grandes stèles funéraires avec femme assise qui sont en train de se répandre : c'est une scène de gynécée, alors que le banquet est une scène d'*andrôn**. Au prix de cette permutation, le relief acquiert en effet plus de cohérence sur sa gauche, avec l'adolescent nu puisant dans le *dinos* pour servir son maître – et l'évocation des occupations viriles du héros : la guerre, avec son casque et son bouclier thrace (*pelta*) ; la chasse, avec son chien.

Exceptionnel aussi, le graphisme minutieux du relief, avec certains détails réservés à la peinture : les friandises posées sur le guéridon du premier plan ; les décors ornementaux du mobilier. Il est rare qu'un relief si soigné soit aussi hybride : peut-être le peintre Aglaophon, père de Polygnote, n'en est-il pas très loin. Il vaudrait mieux alors le dater d'avant la chute de Thasos aux mains des Athéniens en 463.

Bibl. : Ridgway 1970, p. 46, fig. 62-65 ; Dentzer 1982, p. 252-262 : R 316, fig. 565 b ; Holtzmann 2007, p. 46-48, fig. 2a.

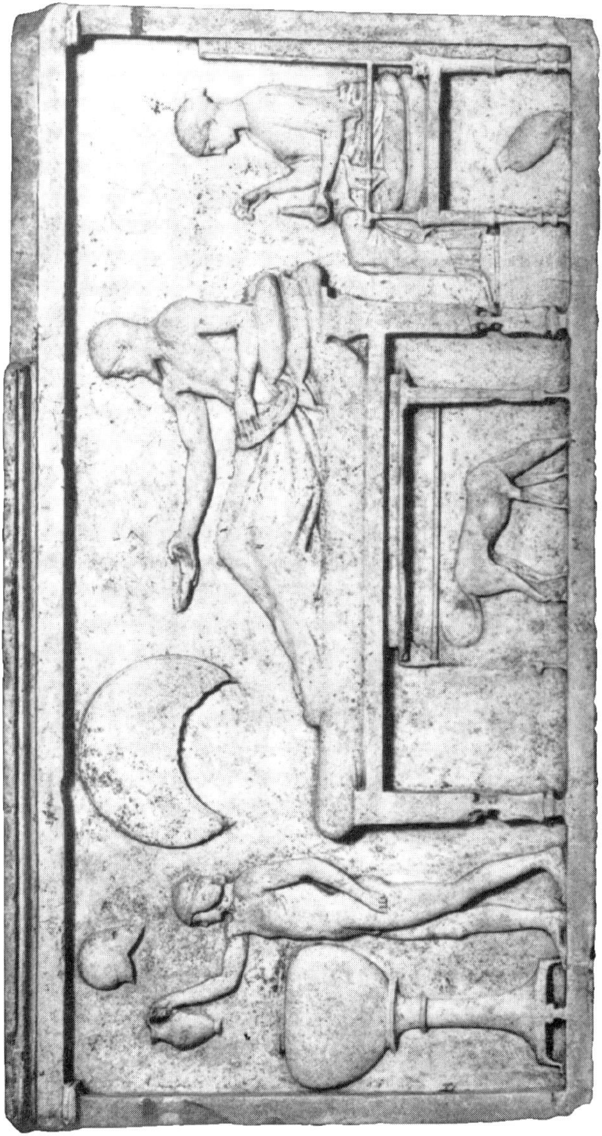

46. « Stèle Giustiniani »

Marbre. H. : 1,43 m. Berlin, StaatMusAnt Sk 1482.

Depuis le dernier quart du VIe siècle, les stèles funéraires ne sont plus couronnées par une sphinge **(25)** mais par une palmette dont la plasticité est de plus en plus marquée, tandis que le fût de la stèle, légèrement pyramidant, s'élargit pour représenter le défunt en acte, voire accompagné. En milieu ionien, les femmes accèdent à la représentation funéraire depuis la fin du VIe siècle, qu'il s'agisse de jeunes filles nubiles, de jeunes mariées ou encore de mères de famille **(44)**.

Parmi les reliefs funéraires de femme produits à Paros durant la période où l'éclipse d'Athènes la place au premier plan de la sculpture en marbre, la « stèle Giustiniani », créée vers 460, est la seule stèle à palmette complète connue. Elle représente, avec la pondération typique du « style sévère » – la jambe fléchie portée en avant repose entièrement sur le sol –, une jeune femme debout, en train de tirer quelque chose – un ruban, un collier, une bandelette ? – d'une boîte ronde, dont le couvercle est posé à terre – une occupation toute humaine et presque frivole, à laquelle il faut se garder de conférer un symbolisme quelconque : sur les stèles funéraires grecques, les défunts sont toujours représentés bien vivants. L'inclinaison de la tête ne doit pas non plus être interprétée comme une notation psychologique : c'est une convention formelle destinée, comme la jambe fléchie, à rompre avec la raideur des figures archaïques. Elle est particulièrement bienvenue ici, puisqu'elle complète le geste de la défunte, qui interrompt la verticalité prépondérante dans le rendu du vêtement : rarement l'épaisseur et le poids du *péplos* auront été aussi sensibles, de part et d'autre de son ouverture latérale rectiligne.

L'économie des moyens, dans les deux modes – graphique pour la chevelure, plastique pour le vêtement –, est ici une recherche délibérée : la vigueur exubérante du couronnement l'atteste par contraste.

Bibl. : Blümel 1966, p. 12-14, fig. 2, 4, 6, 9 ; Hiller 1975 : p. 87-89, 175-176, pl. 17-2, 30-3.

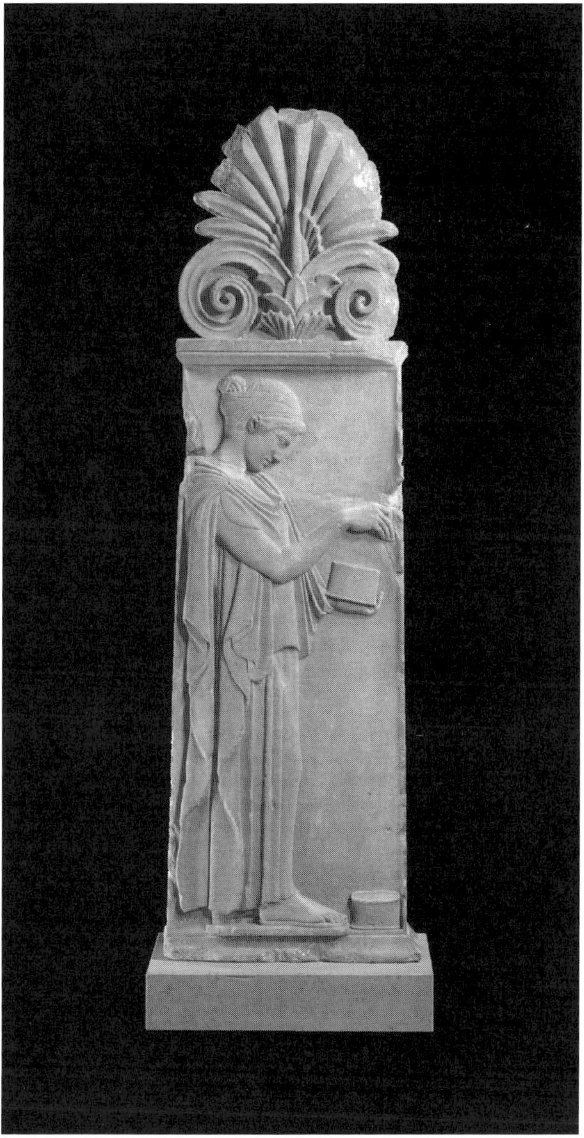

47. « Dieu du cap Artémision »

Bronze. H. : 2,09 m ; l. : 2,10 m. Athènes, MNArch Br 15161.

Issue de l'épave d'un bateau qui transportait des statues d'époques différentes, cette statue impressionnante, datée de 460 environ, reste d'une identité incertaine : Zeus ou Poséidon, selon que l'on place dans sa main droite le foudre* ou le trident, qui paraît plus vraisemblable étant donné la position des doigts autour de l'objet disparu. Incertaine aussi, faute de base, la position de la statue dans l'espace : le dieu était-il de trois quarts, le visage et les bras tournés vers les spectateurs, qu'il aurait alors menacés directement ? Cela enlèverait à la figure beaucoup de son intérêt formel au profit d'un effet dramatique non attesté à cette époque, alors que la vue de face rend la figure beaucoup plus démonstrative puisqu'elle s'incrit alors exactement dans un carré où elle se déploie au maximum, ce qui est conforme à la gestuelle simplifiée et emphatique **(37)** qu'affectionne le « style sévère ». C'est d'ailleurs seulement ainsi qu'on perçoit la fugacité de l'instant représenté : celui, précédant immédiatement le jet du trident, où le corps est en train de changer de jambe d'appui puisqu'il ne repose que sur le talon gauche et la pointe du pied droit.

La géométrie impérieuse de ce corps n'a pas été obtenue sans forcer la réalité anatomique : sur les deux jambes fléchies, aux directions presque diamétralement opposées, est greffé un torse peu détaillé, vu presque de face – une position très artificielle, que complètent l'horizontale trop voulue des deux bras et une tête au profil excessif. Ce montage très efficace montre les limites du « style sévère » : le mouvement n'est pas représenté, il est recomposé dans un espace à deux dimensions, et c'est lui seul qui délivre le message : le visage n'est qu'un masque impassible sans rapport avec l'action, et la tête n'a d'autre intérêt que de fournir, avec la chevelure, l'occasion d'un morceau de bravoure.

Bibl. : Curtius 1947, p. 69-82 ; Mattusch 1988, p. 5-6, 151-153 ; Rolley 1994, p. 333-336, fig. 341-344.

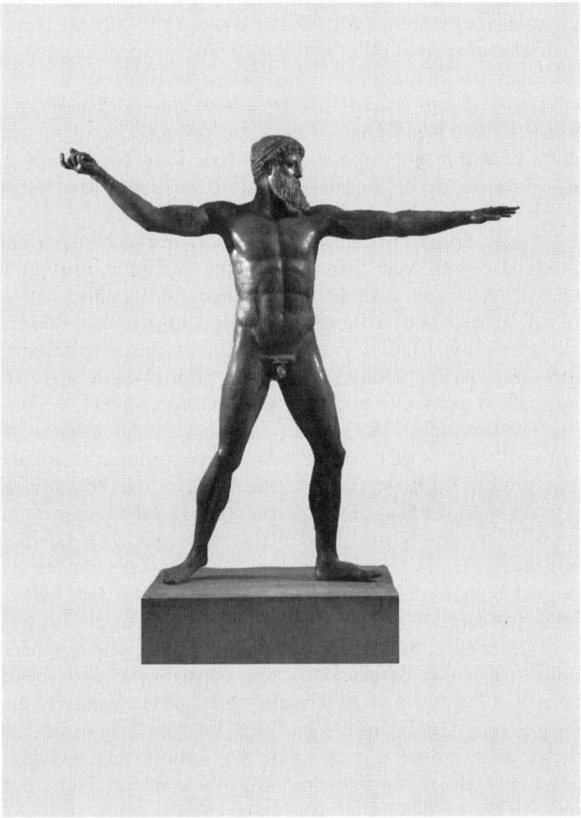

48. « Statue A » de Riace

Bronze. H. : 1,98 m. Reggio de Calabre, MArch.

Trouvée en mer, au large du village de Riace, en Calabre, avec une autre statue, B, plus récente d'une génération et remaniée de manière à former paire avec celle-ci, cette statue A, désormais privée de sa lance et de son bouclier et dépourvue d'environnement, est sans doute condamnée à rester anonyme, et son auteur inconnu, bien que les plus grands noms – Onatas, Phidias – aient été proposés, tant sa présence plastique en impose : c'est à ce jour l'expression la plus intense de la figure masculine au repos du « style sévère » parvenu à maturité, vers 460.

Ce type, apparu peu avant 480 **(36)**, est caractérisé par une pondération qui reste dans la tradition archaïque, puisque le pied de la jambe avancée repose encore tout entier sur le sol ; mais cette jambe, désormais fléchie, est souvent, comme ici, écartée de la jambe d'appui, ce qui accentue le déséquilibre du ventre, souligné par des sillons inguinaux très marqués. Toutefois, ce déséquilibre n'affecte guère le torse, très puissamment développé, comme chez la plupart des figures d'athlètes de cette période : les pectoraux, les épaules sont presque horizontaux. La tête est vivement tournée du côté de la jambe d'appui ; elle présente la même combinaison d'effets graphiques et d'effets plastiques que **47**, mais contrastée par le désordre volumineux de la barbe et des longues boucles couvrant les oreilles et la nuque sous le bandeau qui ceint le crâne ; quatre dents apparaissent sous la lèvre supérieure, cachée par une épaisse moustache régulièrement striée. Ces détails de la tête contribuent pour beaucoup à l'impression de vivacité presque redoutable que dégage ce guerrier, qui n'est plus un jeune homme : le visage, plus animé que celui de **47**, semble bien évoquer, sinon les traits d'une personne, du moins un caractère, par-delà la posture générique, un peu raide, du corps.

Bibl. : *Bronzi Riace* 1984 ; Marcadé 1986 ; Rolley 1994, p. 347-350, fig. 361-362.

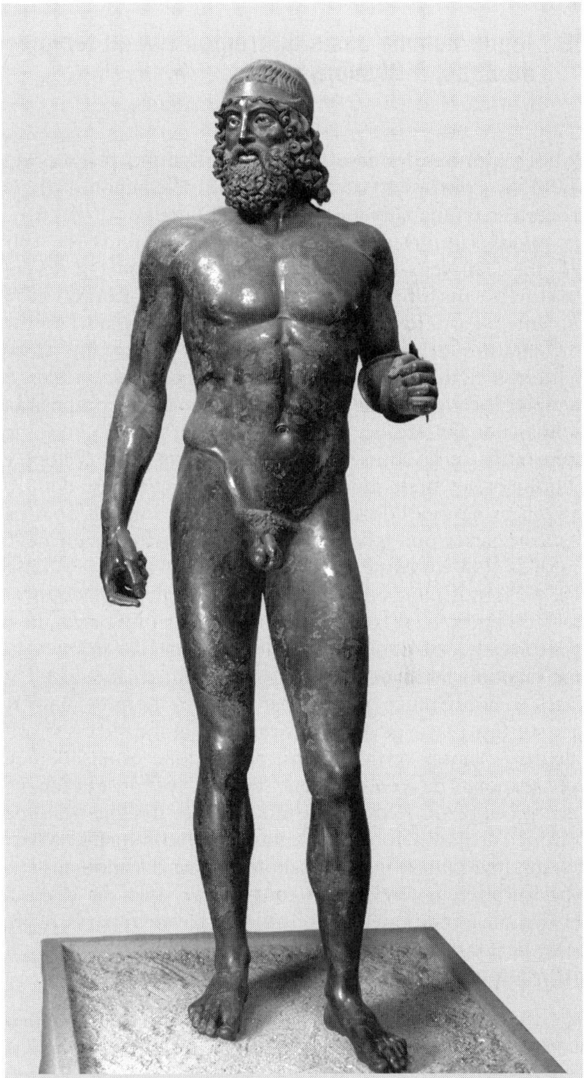

49. Jeune homme assis du fronton est du temple de Zeus, à Olympie

Marbre. H. cons. : 0,95 m. Olympie, MArch.

Les sculptures des deux frontons d'Olympie, réalisées vers 460-455, constituent, avec celles du Parthénon **(55)**, les ensembles tympanaux les plus amples (largeur : 26,40 m) et les mieux connus de l'art grec. À la différence de ceux d'Égine **(35)**, ceux-ci présentent la formule qui va devenir habituelle : un fronton statique en façade, un fronton mouvementé à l'arrière. Du côté ouest, la rixe opposant Lapithes et Centaures lors des noces de Peirithoos fournit une ample matière à figures agenouillées ou allongées susceptibles de meubler les angles – défi que doit relever toute composition tympanale. En façade, en revanche, le thème choisi, les préparatifs de la course de char qui va opposer Pélops et Oinomaos, s'y prête moins : passé le groupe central des protagonistes flanqués de leur char, les angles sont occupés par des comparses qui assistent à la scène : à droite, un devin angoissé (N), un jeune homme assis (E) et un autre allongé (P), personnification d'un cours d'eau local, le Cladéos.

Cette figure E est la plus mystérieuse et la plus originale du fronton est : n'est-ce qu'une admirable étude d'anatomie dans une position familière, née du seul besoin de meubler l'espace ? L'indifférence affectée par ce jeune homme, assis de face sur une partie de son manteau, une jambe pliée horizontalement, l'autre verticalement, et qui joue ostensiblement avec ses doigts de pied, alors que ses deux voisins sont tournés vers le centre où le drame se noue, ne le désigne-t-elle pas comme l'artisan dérobé de la catastrophe imminente, Myrtilos, soudoyé par Pélops pour saboter le char d'Oinomaos ? Ce « bel indifférent » révèle en tout cas le style du « Maître d'Olympie » et de l'atelier qu'il anime : novateur par la variété de ses personnages et de leurs postures, « sévère » par la simplicité monumentale qu'il leur confère.

Bibl. : *Olympia Skulpturen* 1987 ; Knell 1990, p. 79-94 ; Rolley 1994, p. 363-377 ; *GaB* 2004, p. 33-47, bibl. p. 500-501, fig. 43 a-w.

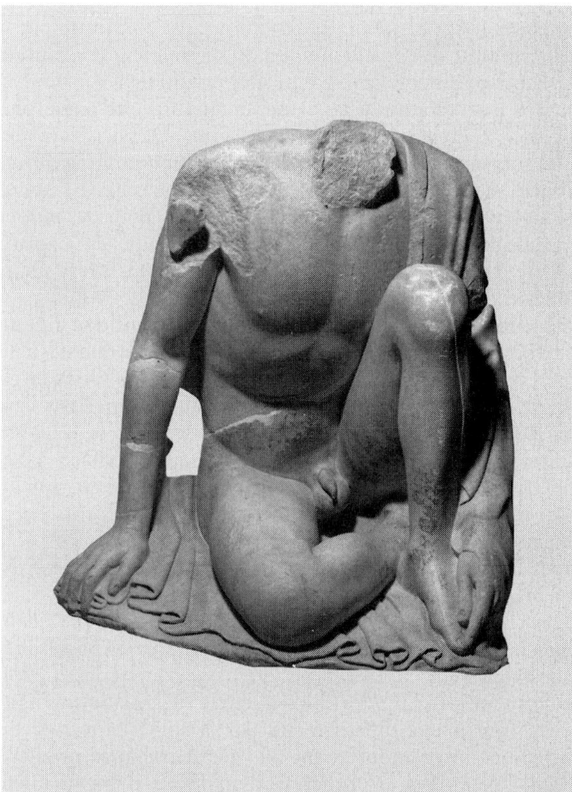

50. Discobole de Myron

Copie en marbre. H. : 1,55 m. Rome, MNR 126 371.

Cette statue reproduit une œuvre en bronze de Myron, sculpteur athénien actif avant 450 ; Lucien, dans *L'Amateur de mensonges* (18), l'assure et sa renommée est confirmée par le grand nombre de copies connues, qui permettent d'en apprécier l'audace. Encore faut-il faire abstraction de l'étai ajouté à l'arrière pour donner à la statue en marbre une assise plus solide, car il altère la géométrie de l'original. De plus, les petites reproductions en bronze (Munich, Antikensammlung 3012 ; Athènes, MNArch Br 16781) montrent que celui-ci s'inscrivait davantage dans la troisième dimension : pour des raisons de statique, les copistes marbriers ont été amenés à aplatir l'œuvre. Une chose, du moins, est sûre : comme **47**, la statue doit être vue sous l'angle où elle fait le plus d'effet visuel.

Ici encore, l'anatomie et la réalité du lancer antique sont un peu forcées pour obtenir une composition éloquente : un grand arc mince parcourt la figure de la pointe du pied gauche à la main droite qui tient le disque, contrebalancé par l'arc plus court et plus épais que dessinent le torse et la cuisse droite. Ce schéma très simple détermine quatre espaces à peu près triangulaires, alternativement fermés ou ouverts sur un côté : entre les jambes, derrière les cuisses, devant le torse, derrière le torse. Dans cette construction formaliste du corps, la tête n'a pas plus d'importance que chez **47** : sa beauté impassible n'a aucun rapport avec l'action.

En choisissant, comme chez **37** et **47**, l'instant précédant celle-ci, Myron aura poussé jusqu'à ses limites les possibilités du « style sévère », où l'expressivité passe par la construction du corps, et créé l'un des chefs-d'œuvre de la sculpture figurative : on pourra difficilement, par la suite, bâtir avec un corps humain en mouvement une géométrie aussi originale et aussi complexe, exprimer sa dynamique d'une manière aussi équilibrée.

Bibl. : Charbonneaux 1943, p. 22-28 ; *MusNazRom* 1979, p. 184-186, n° 120 (Em. Paribeni), fig. 120 : détail du visage ; Rolley 1994, p. 378-380, fig. 405-407 ; *Wiedererstandene Antike* 2003, p. 229-242, fig. 156-177 (W. Geominy).

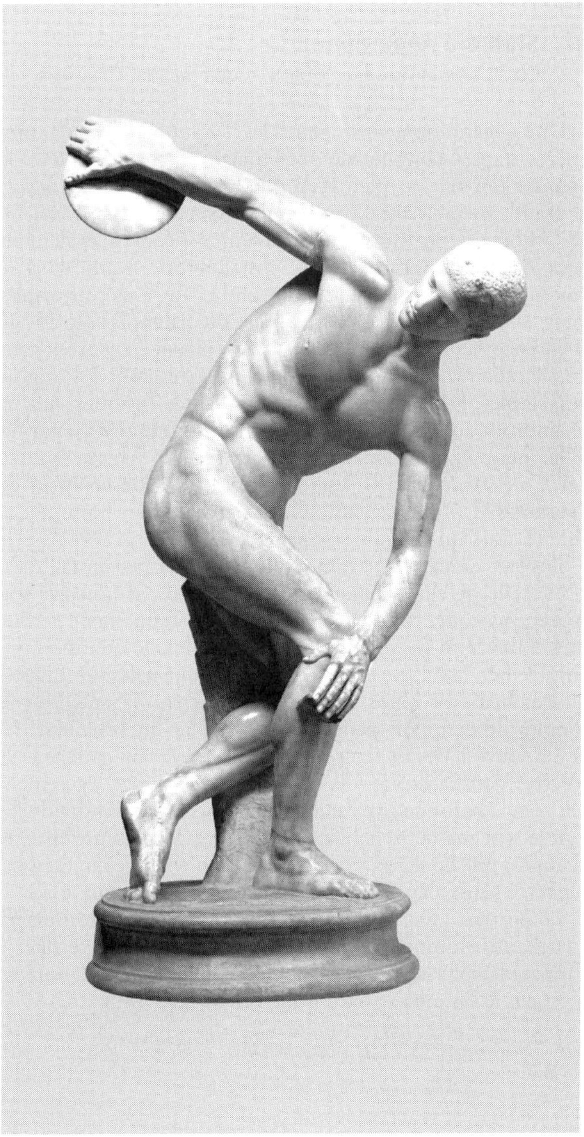

51. Statue d'Anacréon

Copie en marbre. H. : 1,90 m. Copenhague, GNC 491.

Une génération environ après les Tyrannoctones **(37)**, premières statues connues de personnages historiques, voici le premier portrait en pied bien attesté d'un artiste du *logos* : le grand poète lyrique ionien Anacréon de Téos, mort en 487. Portrait posthume donc, comme l'étaient également ceux d'Homère et d'Hésiode installés peu avant dans le sanctuaire de Zeus à Olympie. Celui-ci fut érigé, probablement vers 450-440, sur l'Acropole, où Pausanias (I, 25, 1) le vit encore au IIe s. ap. J.-C. Votives, puisque exposées dans un sanctuaire, ces statues commémoratives sont à l'origine des statues honorifiques de personnalités vivantes qui se répandront au siècle suivant. L'identification, assurée par un pilier hermaïque* inscrit (Rome, Capitole : Museo Nuovo dei Conservatori 838), est confirmée par l'observation de Pausanias (I, 25, 1) : « son allure est celle d'un homme qui chante alors qu'il serait ivre ».

Portrait de caractère donc, qui évoque la personnalité du poète telle qu'elle apparaît dans son œuvre, et non pas son aspect physique, dont la mémoire était certainement perdue près d'un demi-siècle après sa mort, à plus de quatre-vingts ans. De fait, la stature et la pondération sont celles des athlètes ou des héros au repos **(48)** du « style sévère ». Seuls les plis souples de ce qu'on peut à peine appeler un vêtement, les gestes vifs – il devait tenir une lyre dans la main gauche et le plectre* dans la droite – la tête tournée, le visage légèrement relevé et la barbe courte caractérisent plus qu'ils n'individualisent le type masculin habituel : le poète est représenté en acte, chantant une de ses œuvres. L'animation enjouée qui est ainsi suggérée suffit à faire portrait en faisant écho à l'œuvre.

Le portrait grec, qui émerge avec ces premiers hommages aux grands hommes défunts, mettra longtemps à se plier à l'apparence physique de ses modèles : ici non plus, la *mimèsis* n'est pas le fin mot de l'art, qui crée une réalité supérieure.

Bibl. : Voutiras 1980, 77-91 ; Richter 1984, p. 83-86 ; Johansen 1992, p. 18-21.

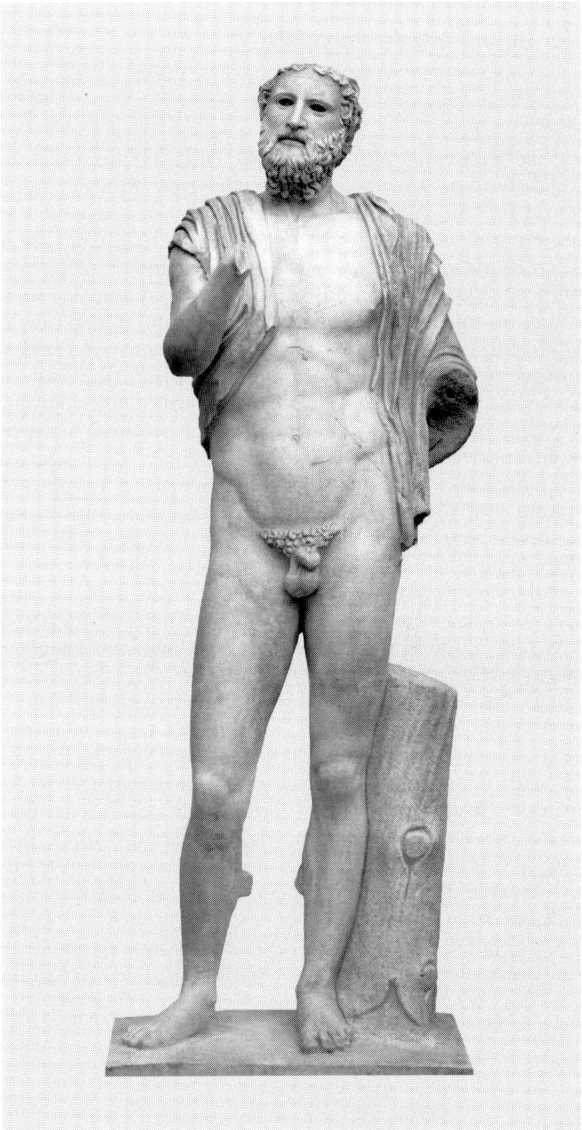

52. Doryphore de Polyclète

Copie en marbre du Pentélique. H. : 1,98 m.
Minneapolis, Institute of Arts 86.6.

Voici l'œuvre la plus commentée de la sculpture grecque – et d'abord par son auteur même : Polyclète, bronzier argien actif après 450, avait écrit un traité, *Le Canon*, pour expliquer comment il avait composé cette statue, qui marquait l'aboutissement de ses recherches sur la formalisation du corps masculin au repos, sujet presque unique de son œuvre. Ce traité est perdu, tout comme l'original de la statue, si bien que les Modernes s'efforcent d'en retrouver la teneur par l'analyse minutieuse des quelque soixante-dix copies, complètes ou partielles, qui nous en sont parvenues. Inutile d'entrer ici dans la recherche des proportions qui régissaient jusque dans ses moindres détails cette statue d'athlète tenant un javelot ou une lance : on en discutera encore longtemps, car les copies en marbre sont susceptibles de grossir les volumes, surtout aux jambes, pour renforcer l'équilibre, et le désir de « faire Polyclète » a pu amener à grossir certains effets.

Polyclète conserve le gabarit du « style sévère » **(48)** : ses athlètes sont puissants, avec des sillons inguinaux et des pectoraux très marqués, mais la silhouette acquiert une souplesse nouvelle : la jambe fléchie est rejetée en arrière et ne touche le sol que par les doigts de pied, ce qui inscrit la figure dans la profondeur et l'allège. Surtout, il l'unifie, en poussant au-delà de la taille les conséquences du hanchement* : à l'inclinaison du ventre correspond maintenant l'inclinaison inverse des épaules ; désormais, les torses seront arqués ou inscrits dans un trapèze. La tête, tournée du côté de la jambe d'appui, propose un nouveau type de visage, aussi impersonnel que le précédent, avec une chevelure en petites mèches plaquées sur le crâne, presque sphérique.

Cette statue créée vers 445-440 a fait époque : avec elle, la figure masculine nue se détache complètement de l'archaïsme.

Bibl. : Stewart 1978 ; *Polyklet* 1990, p. 135-198 (H. Philipp, E. Berger, H. von Steuben), p. 537-550 : nº 41-58 (D. Kreikenbom) ; *Personal Styles* 1996, p. 66-90 (A. Borbein) ; Rolley 1999, p. 28-31, fig. 11-12, 15-16.

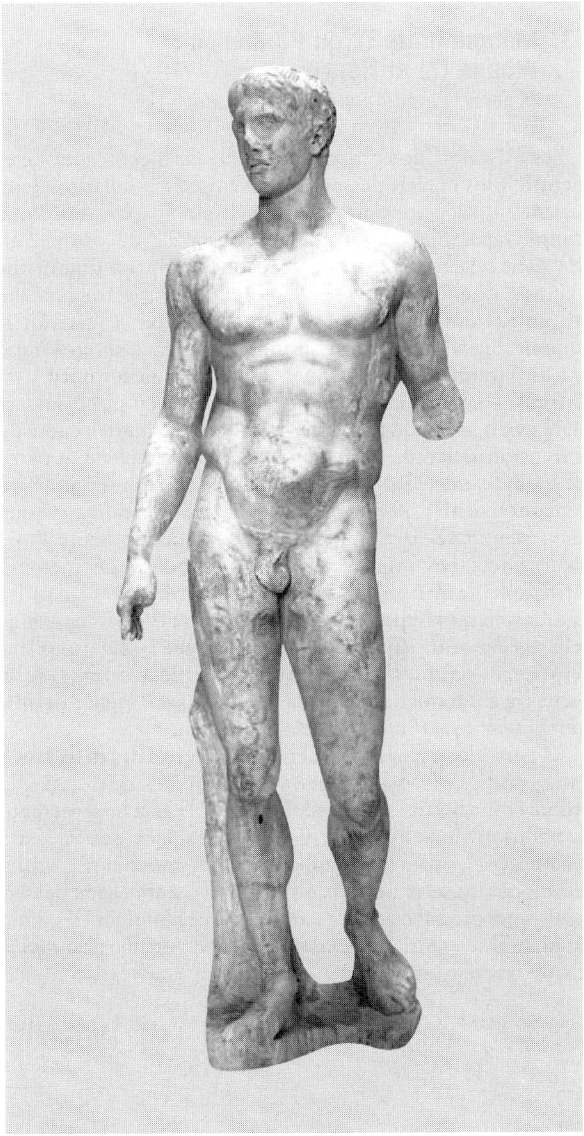

53. Métope nord 32 du Parthénon : Athèna (?) et Hèra

Marbre. H. : 1,34 m. Athènes, *in situ*.

Les métopes* de la frise dorique du Parthénon sont l'élément le plus ancien de son décor sculpté : il fallait qu'elles fussent en place pour que le bâtiment pût être couvert. Pour réaliser rapidement ce vaste programme de 92 plaques en très haut relief, entre 447 et 442, on fit appel à une main-d'œuvre dont la différence d'aptitudes est sensible dans l'exécution des quatre séries : Gigantomachie* à l'est, Amazonomachie à l'ouest, Centauromachie au sud, interrompue par un intermède énigmatique, prise de Troie au nord.

De ce côté, une seule métope était restée en place, la dernière avant la façade ouest, et n'avait pas été martelée lors de la transformation du bâtiment en église, probablement parce qu'on avait décidé d'y voir une Annonciation. Comme les deux précédentes, N 30 et N 31, cette métope calme évoque une assemblée de divinités qui commentent la prise de Troie par les Grecs. La composition rappelle celle d'une des métopes du temple de Zeus à Olympie (Louvre, MA 717), mais les figures sont représentées de trois quarts avec une vivacité nouvelle : la déesse de gauche – Athèna ou Hèbè ? – fait un grand geste qui enchâsse sa silhouette dans l'ample manteau qu'elle s'apprête à refermer sur elle ; la déesse assise – Hèra ? –, plus calme, semble argumenter de la main droite.

La perte de toutes les parties non couvertes des deux corps a transformé ce face-à-face animé en une étude d'étoffes et de drapés étourdissante, où la péplophore* de gauche représente la tradition du « style sévère », tandis que la déesse assise renoue avec les contrastes sollicités du vêtement ionien : ruissellement sensuel et nerveux du *chitôn*, plissé moelleux de l'*himation*. La prédisposition à l'artifice de ce sculpteur très doué est manifeste ; ainsi, dès avant 440, le maniérisme point dans le style sévère surmonté.

Bibl. : Brommer 1967 ; Berger 1986 ; Holtzmann 2003, p. 121-126 ; *Parthenon* 2005, p. 159-197 (K. A. Schwab).

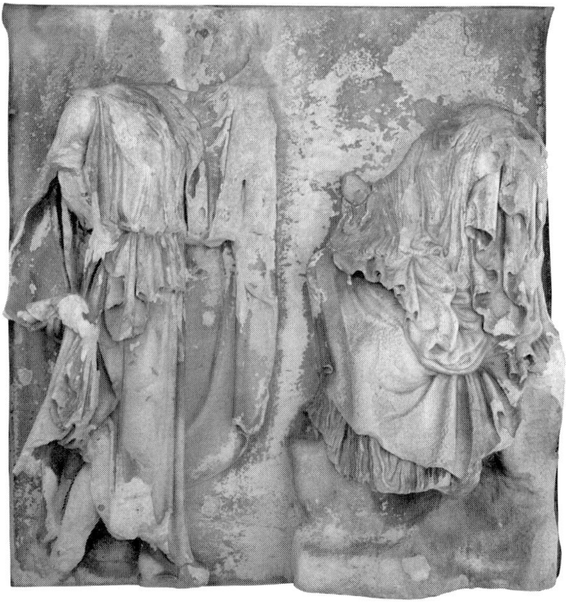

54. Plaque nord 47 de la frise ionique du Parthénon

Marbre. H. : 1,02 m. Londres, BrMus 325.

La frise continue, de type ionique, qui couronne le parement extérieur des murs et les deux porches du Parthénon, est l'élément le plus original et le mieux conservé de son décor sculpté. Placé dans la pénombre du plafond de la colonnade extérieure, ce ruban sculpté en très bas relief, long de 159,5 m, était à peine visible du sol, même si la polychromie* des figures se détachant sur fond bleu devait en faciliter la lecture. Cette position ingrate pourrait indiquer qu'il s'agit d'un ajout de dernière minute, décidé alors que la construction des murs était avancée et réalisé très rapidement, entre 442 et 438, au détriment des frontons **(55)**.

Le sujet de cette frise n'est pas moins étonnant : c'est un enchaînement subtil, au tempo incessamment varié, de moments choisis des Panathénées, la grande fête d'Athèna Polias, qui aboutit, en façade est, à l'offrande du *péplos* tissé par les jeunes filles d'Athènes en présence des dieux. Dans cet autoportrait d'Athènes, des groupes de cavaliers galopants occupent la plus grande place, étagés parfois sur sept plans pour une saillie maximale du relief de 5,5 cm…

À l'angle nord-ouest, on est encore loin de ce paroxysme de virtuosité : la scène est étonnamment familière. Tandis qu'à l'arrière-plan passent deux cavaliers qui vont rejoindre leur unité, au premier plan, deux cavaliers à pied en sont encore aux préparatifs. Celui de droite ajuste sa tunique, aidé par un jeune esclave ; tous deux présentent déjà la pondération que Polyclète est en train d'imposer. Beaucoup plus audacieuse, la figure du cavalier de gauche en train de se retourner atteste par son naturel que la maîtrise absolue de la figure humaine est désormais acquise : le « style sévère » a vécu. Toute une génération de marbriers va propager cette liberté nouvelle, notamment dans les reliefs funéraires.

Bibl. : Brommer 1977 ; Berger, Gisler-Huwiler 1996 ; Holtzmann 2003, p. 126-136 ; *Parthenon* 2005, p. 198-223 (J. Neils).

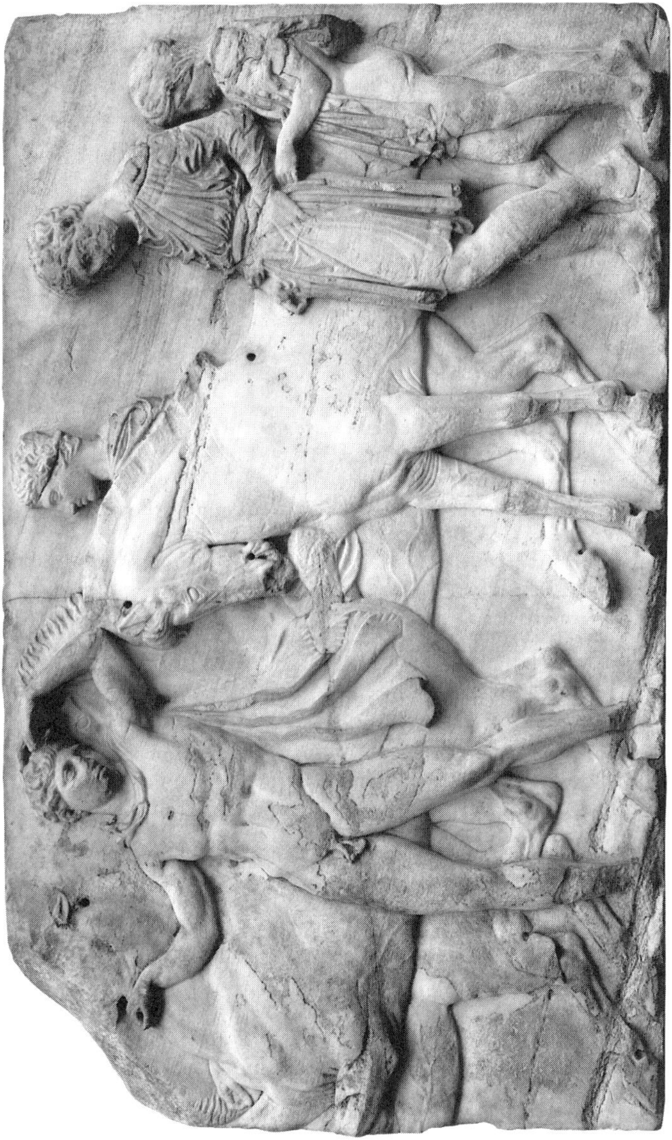

55. Figures féminines L et M du fronton est du Parthénon

Marbre. L. : 2,33 m. Londres, BrMus 303 L-M.

Réalisées en partie après l'inauguration du Parthénon aux Grandes Panathénées de 438, les sculptures des frontons sont l'étape ultime de la métamorphose stylistique qui s'y opère. Ces quelque cinquante figures colossales, réalisées par une équipe de marbriers où le rôle de Phidias reste incertain, ont beaucoup souffert : toute la partie centrale du fronton est, représentant la naissance d'Athèna, a disparu lors de la transformation du Parthénon en église ; le fronton ouest, où était figurée la dispute de Poséidon et d'Athèna pour la possession de l'Attique, a été mis en pièces en 1688.

Parmi les figures les mieux conservées, trois sont d'un style particulièrement avancé : à l'ouest, le torse N d'une femme en mouvement (Iris ?), dont l'élan frémissant préfigure la « Victoire de Samothrace » **(92)** ; à l'est, deux figures de femmes taillées dans un seul bloc, où l'on croit reconnaître Aphrodite allongée contre sa mère, Dionè, le bras gauche posé sur les épaules de sa fille. Comme le Dionysos juvénile et nu qui lui fait pendant dans l'angle gauche, Aphrodite tourne le dos à la scène centrale : dans cette composition centrifuge, les figures d'angle ne sont en rien concernées par le miracle qui vient de se produire au centre. La femme assise, les jambes incommodément repliées à cause de la hauteur déjà restreinte de l'angle, sert d'accoudoir à l'autre, qui, allongée dans une pose d'abandon sensuel, déploie complaisamment une anatomie dont le trois quarts du buste ne laisse rien ignorer. Le contraste traditionnel entre tunique fine et manteau épais est estompé ici par le souci d'animer incessamment les plissés, fût-ce par des artifices comme le bouillonnement d'étoffe qui surgit entre les cuisses. Ce style de haute virtuosité, qui ne s'épanouit qu'à l'occasion de figures féminines vêtues, c'est déjà le maniérisme attique de la fin du ve siècle, dont Agoracritos de Paros, l'élève préféré de Phidias, sera le chef de file.

Bibl. : Brommer 1963 ; Palagia 1993 ; Holtzmann 2003, p. 136-142 ; *The Parthenon* 2005, p. 224-259 (O. Palagia).

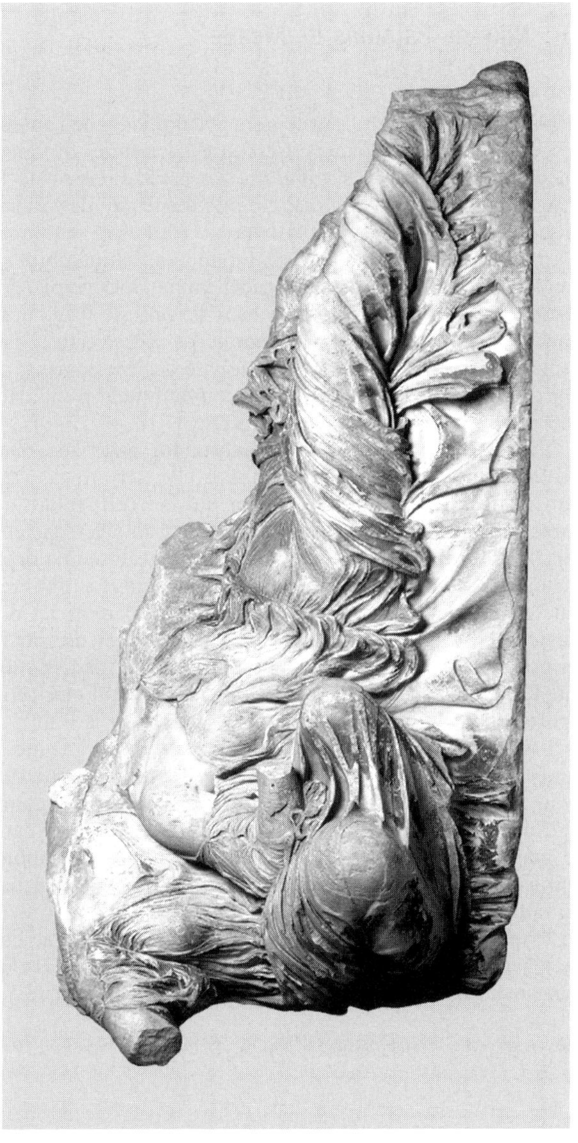

56. Nikè de Paionios de Mendè

Marbre. H. : 2,115 m. Olympie, MArch 46-48.

Nous ignorons tout, sauf le nom – Paionios – de l'auteur de cette œuvre stupéfiante ; c'est dire les lacunes de notre documentation, car il s'agit d'un des chefs-d'œuvre de la sculpture en marbre. Originaire d'une petite cité de Chalcidique et sans doute formé à Athènes, il était assez renommé pour recevoir la commande d'un monument votif ambitieux dans le plus grand sanctuaire panhellénique, à Olympie. Au sommet d'un pilier triangulaire haut de près de 9 m, situé non loin de la façade est du temple de Zeus, cette Nikè commémorait une victoire non précisée des Messéniens, ce qui empêche de dater précisément le monument ; une date peu après 421 est la plus vraisemblable.

Nikè est représentée en vol puisqu'un aigle aux ailes déployées passe transversalement sous elle, servant de support à la masse arrière du vêtement qui fait contrepoids au corps penché en avant. Les jambes battant l'air à la recherche du sol, elle freine sa descente grâce au manteau tenu à deux mains, qui formait derrière elle une vaste conque surmontée par les grandes ailes presque verticales qui partent ici des clavicules, et non des omoplates. On discute encore sur la nature du vêtement – vainement peut-être : il n'est pas sûr que le sculpteur visionnaire qui tailla dans un seul bloc cette figure prodigieuse s'en soit beaucoup soucié. Si le vent très fort qui vient de l'avant droit a pu dénuder jusqu'à l'aine la jambe gauche portée en avant, il ne peut pas, en tout cas, avoir dénudé le sein gauche, puisque l'étoffe correspondante à droite semble fixée au départ de l'aile… Mais comment ce grand maître du maniérisme se serait-il privé du motif emblématique d'un style qu'il porte à son comble ? Le bas du rabat, emporté horizontalement vers la gauche pour révéler le ventre, les plis profonds et pleins d'ombre qui irradient de la jambe droite – tous ces effets sont au-delà du réel : ils participent d'une exaltation qui transcende leur facticité.

Bibl. : Hölscher 1974 ; Stewart 1990, p. 89-92, pl. 408-411 ; Rolley 1999, p. 123-125.

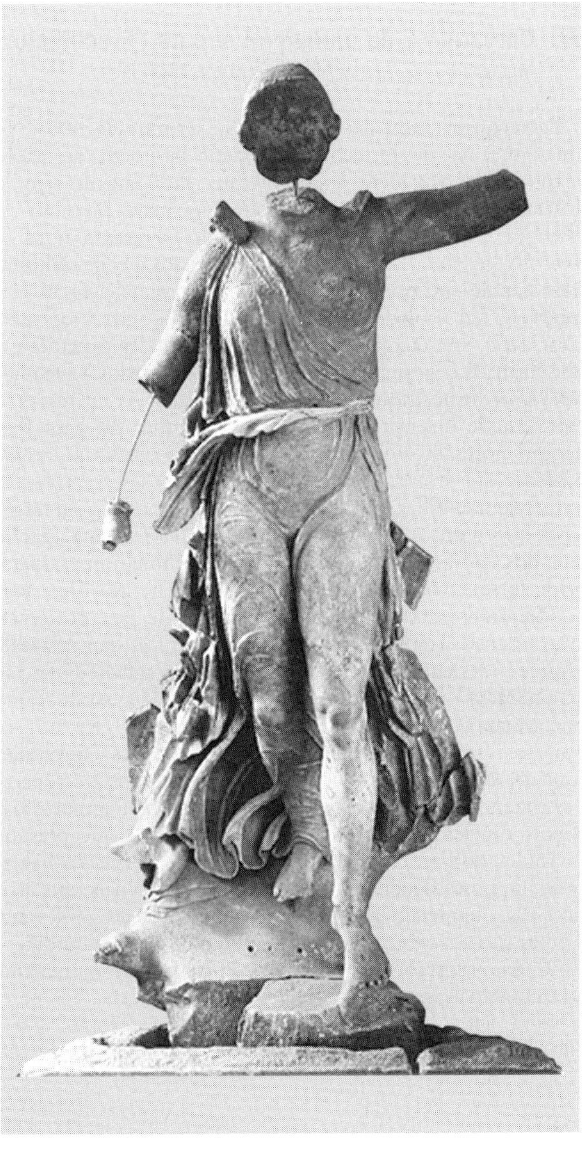

57. Caryatide E du baldaquin sud de l'Érechtheion

Marbre. H. : 2,31 m. Athènes, MAcr 15003.

La reconstruction de l'Acropole se termine en 406 avec l'inauguration de l'Érechtheion, petit bâtiment de haute virtuosité où voisinent à des niveaux différents le temple d'Athèna Polias, à l'est, et les cultes des héros premiers de l'Attique : à l'ouest, Érechthée sous le baldaquin nord et Kécrops au sud. L'emplacement de la tombe de celui-ci, sous l'angle sud-ouest du bâtiment, est signalé au niveau supérieur par un baldaquin appuyé au mur sud. Trop petit pour avoir une colonnade, il est porté par des caryatides – une formule déjà pratiquée au Trésor de Siphnos à Delphes **(28)**. Leur disposition – quatre en façade, deux en retrait – reproduit le dispositif des colonnes ioniques du haut baldaquin nord, introduisant entre les longs côtés une fausse symétrie qui se retrouve aux façades.

Ces jeunes filles vêtues d'un *péplos* à bouffant et rabat, ainsi que d'un voile à double pan (*diploïdion*) qui couvre leur dos, se ressemblent beaucoup : leur fonction portante bride le souci habituel de variété. C'est elle qui dicte leur pondération restreinte – une jambe fléchie peu portée en avant, dans la tradition du « style sévère » – et leur gestuelle limitée : les deux bras sont baissés, la main gauche tenant le vêtement à la manière des *coraï* archaïques **(30, 33)**, la droite une phiale*. Cette coupe sans pied pouvant être utilisée pour les libations* du rituel funéraire (*choai*), ces jeunes filles sont des choéphores attachées au culte du héros Kécrops.

Les réminiscences de styles antérieurs ; le soin apporté aux détails du vêtement et de la chevelure, bien que presque invisibles de l'arrière – car on n'entrait pas sous ce baldaquin ; le plissé détaillé et moelleux du *péplos*, mais sans artifices ; la dignité un peu compassée de ces jeunes filles aux formes pleines : tout suggère l'œuvre d'un maître modéré – Alcamène, assistant de Phidias ? – qui résiste au maniérisme à la mode à Athènes dans ces années 420-415.

Bibl. : Lauter 1976 ; Scholl 1995 ; Holtzmann 2003, p. 163-175.

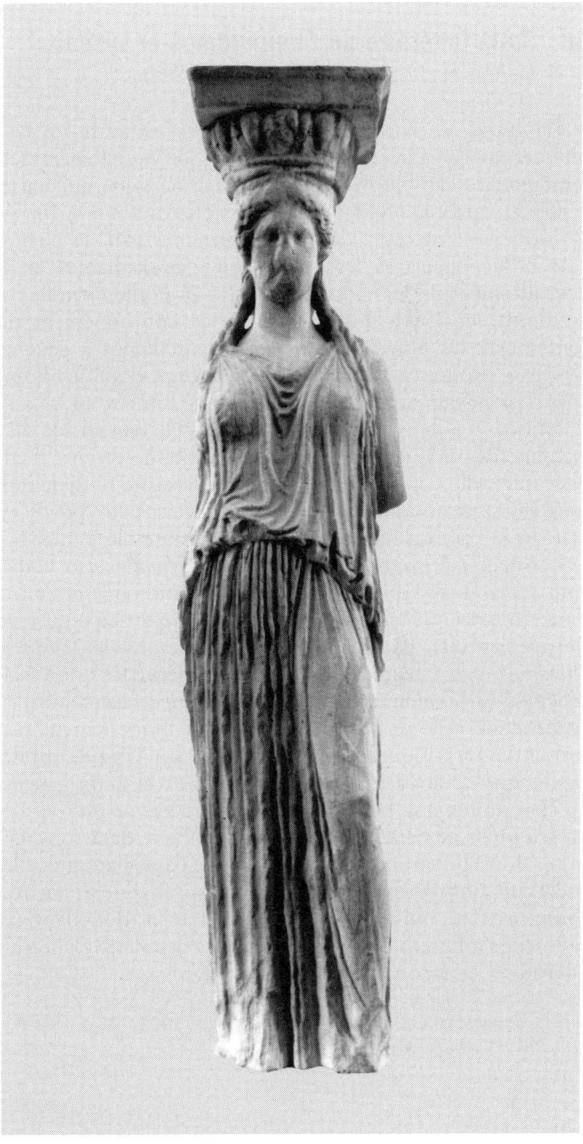

58. Stèle funéraire de Chairédèmos et Lyséas

Marbre. H. : 1,81 m. Le Pirée, MArch 385.

Ce grand relief, trouvé remployé avec un autre un peu plus récent (Le Pirée, MArch 386) à Coulouri (Salamine), témoigne de l'ambition de l'art funéraire attique qui renaît vers 430, après la levée de l'interdiction édictée à la fin du VIe siècle. À l'exemple des stèles pariennes **(44)**, le champ s'est beaucoup élargi, les figures sont plus saillantes, mais l'encadrement n'a pas encore trouvé sa nouvelle formule : il est limité ici à une mince moulure de couronnement où sont gravés les noms des défunts, Chairédèmos à gauche, Lyséas à droite. Si ceux-ci sont bien ceux dont les noms apparaissent sur deux listes de soldats « tombés au champ d'honneur » à deux ans d'intervalle, la stèle daterait de 409 au plus tôt, une date plus basse d'une bonne dizaine d'années que celle couramment retenue. La nature de leur rapport et les circonstances de leur mort devaient être précisées, soit sur la base du monument, soit sur une stèle jointe.

Les deux compagnons, jeunes encore puisque sans barbe, sont représentés l'un presque de face et immobile et l'autre dans un trois quarts plus mobile ; chacun participe du type polyclétéen **(52)**, pour la pondération chez Lyséas, pour le chiasme* chez Chairédèmos. La nudité héroïsante de Chairédèmos lui confère toutefois une présence beaucoup plus grande que celle de son camarade, plus modestement réaliste, avec sa tunique courte et sa lance sur l'épaule droite, tandis que Chairédèmos tient la sienne de la main gauche, au lieu de tenir la poignée de son bouclier, ce qui permet au sculpteur de présenter une figure d'athlète dans son intégrité. Ainsi, comme presque toujours dans l'art grec, les préoccupations formelles l'emportent sur la fidélité au réel (*mimèsis*) : ce qui importe davantage à l'artiste, dans cet hommage à l'hoplite* athénien sous ses deux espèces, idéale et réaliste, c'est son exaltation surréelle.

Bibl. : Clairmont 1983, p. 70-71 ; Clairmont 1993, II, p. 104-106 n° 2.156.

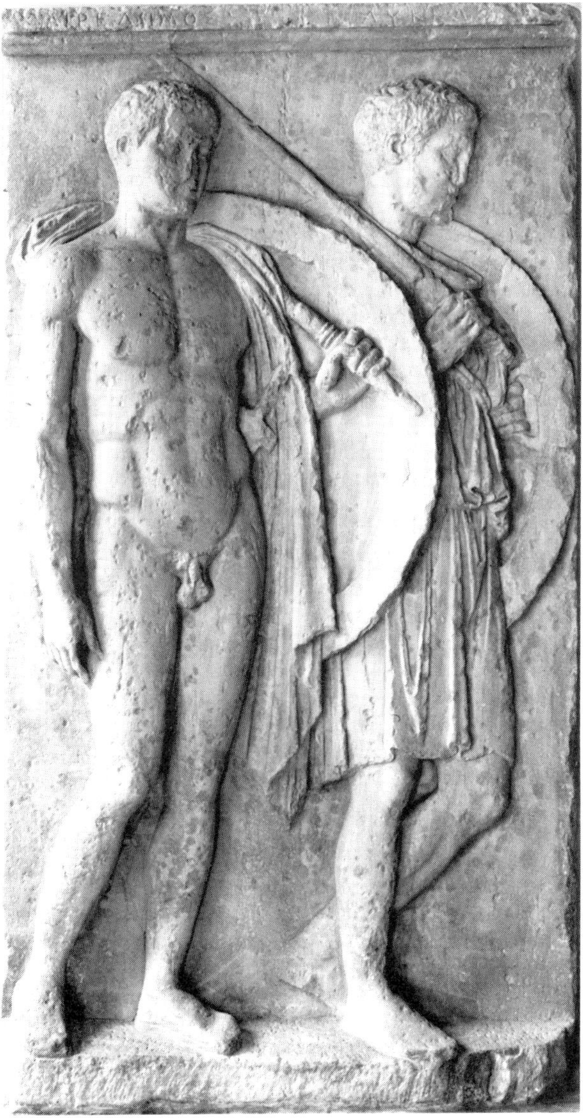

59. Nikè détachant sa sandale

Marbre. H. : 1,06 m. Athènes, MAcr 973.

Le minuscule temple ionique d'Athèna Nikè, construit vers 425 sur un bastion haut de 8 m au sud-ouest des Propylées de l'Acropole, a été entouré, entre 410 et 405, d'un parapet dont la face extérieure est ornée de reliefs. Sur une longueur de 41,7 m se succédaient trente-deux plaques épousant le bord des trois côtés du bastion, chacun présentant une variante du même sujet : en présence d'Athèna assise, les préparatifs d'une cérémonie d'actions de grâce après une victoire (*nikètèria*). Cette cérémonie est organisée par des Nikai, jeunes femmes ailées personnifiant la Victoire apportée par Athèna, qui est aussi une déesse guerrière.

Le fragment droit d'une plaque représentant une Victoire détachant sa sandale est à juste titre considéré comme le chef-d'œuvre de cet ensemble, dont ne subsiste qu'une moitié environ. Ce geste apparemment familier est en fait rituel : on se déchausse en entrant dans un espace sacré. C'est le prétexte à une posture originale et très recherchée, avec buste courbé de face et jambes de trois quarts, la droite levée et pliée à angle droit, ce qui entraîne pour le vêtement des conséquences que le sculpteur détaille avec délices. Le *chitôn* transparent révèle l'anatomie, jusqu'au nombril compris : c'est l'effet de haute virtuosité traditionnellement appelé « drapé mouillé », avec lequel contrastent les plis profonds que fait le manteau dans l'écartement des jambes. La flexion du corps en équilibre instable est reprise par le bras gauche et complétée par la courbe des ailes, dont le détail non sculpté devait être peint.

Voilà donc une célébration de victoire où ne sont représentées que des figures féminines d'une grâce extrême : le maniérisme attique, porté ici à sa plus haute expression, peut-être par Agoracritos, triomphe tandis que s'amorce la chute de la démocratie athénienne. Serait-ce donc un phénomène de crise, un retrait éthéré hors de l'histoire ?

Bibl. : Carpenter 1919 ; Brouskari 1998 ; Rolley 1999, p. 112-115 ; Holtzmann 2003, p. 160-163.

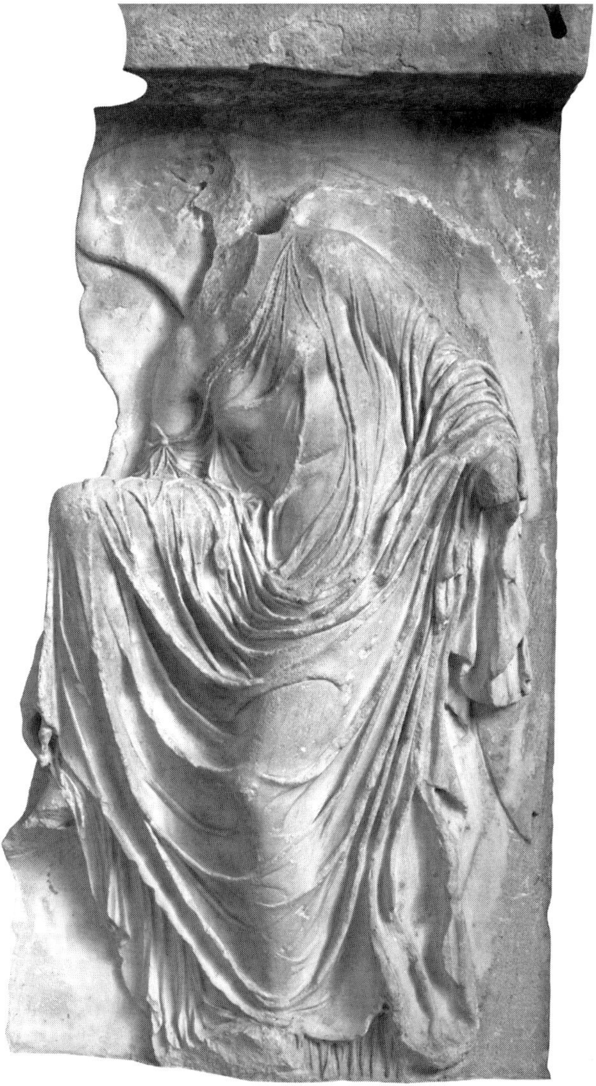

60. « Aphrodite de Fréjus »

Copie en marbre. H. : 1,64 m.
Paris, musée du Louvre MA 525.

Appelée jadis Vénus Génitrix, cette statue a connu une fortune extraordinaire à l'époque impériale, car nous en possédons des dizaines de copies et de variantes, sans pour autant en connaître l'auteur : Alcamène et Callimachos, actifs à Athènes à la fin du ve siècle, sont les plus vraisemblables, dans la mesure où l'original en bronze devait s'y trouver, à en juger par l'excellente qualité des copies en marbre du Pentélique, comme celles de Salonique (MArch 831) et de Copenhague (GNC 1531). Quel qu'il soit, l'artiste est un maniériste modéré qui a reçu la leçon de Polyclète et concilie en les édulcorant les pôles de la sculpture grecque de la seconde moitié du ve siècle : le formalisme austère de Polyclète **(52)** et la sensualité effusive du maniérisme attique **(59)**.

De Polyclète, la figure tient sa pondération : la jambe fléchie en arrière ; le chiasme* du torse, qui s'inscrit dans un trapèze ; et même le geste du bras droit levé à l'horizontale, avec l'avant-bras replié vers la tête, ici pour tenir levé un pan du manteau. Comme chez Polyclète, le temps est suspendu : la déesse pose avec complaisance contre le fond que constitue le manteau, qui forme à l'arrière un grand losange plat à peine animé de quelques plis. Sur cette figure très composée, la tunique ruisselle depuis l'épaule droite où un bouton la retient, tandis que l'épaule et le sein gauches sont dénudés suivant la formule inventée au Parthénon **(55)**. Les plis ténus d'une étoffe merveilleusement légère ne laissent rien ignorer de cette anatomie plantureuse qu'ils épousent de leurs grandes lignes flexueuses. Mais le refouillement profond des plis verticaux qui séparent celles-ci interrompt ces artifices comme un rappel à l'ordre – un motif que les copistes soulignent ou estompent suivant leur préférence pour l'une ou l'autre des tendances stylistiques ici conjointes.

Bibl. : Bieber 1977, p. 46-47, fig. 124-159 ; Brinke 1996 ; Rolley 1999, p. 142-143.

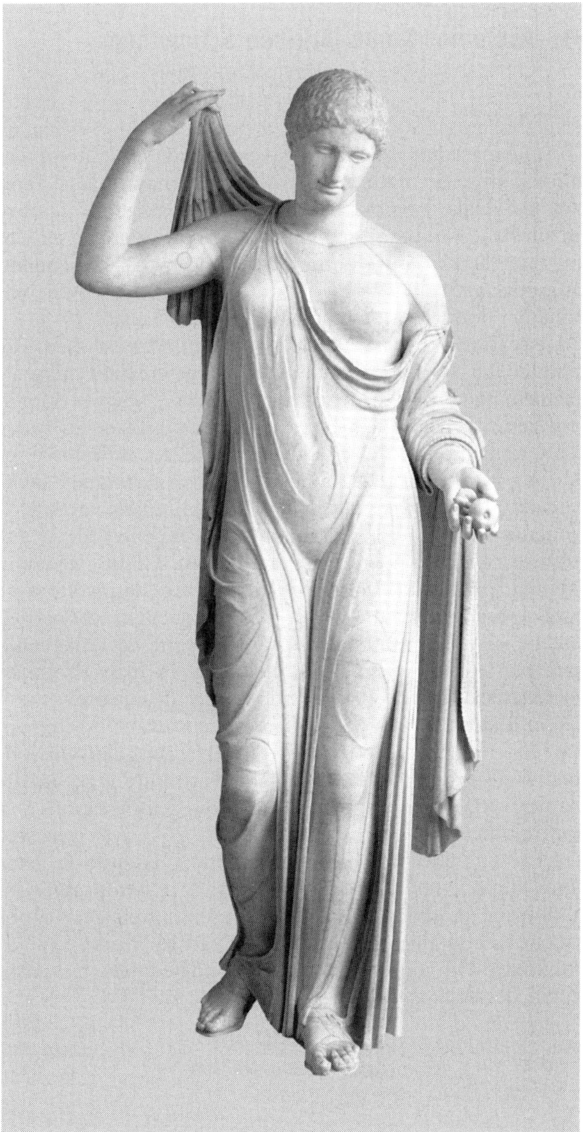

61. Asclèpios jeune, attribué à Timothéos

Copie en marbre. H. 1,30 m. Argos, MArch 350.

L'essor du culte d'Asclèpios, depuis la fin du ve siècle, ne s'est guère accompagné d'une diversification de ses représentations, faute de mythes anciens le concernant. C'est d'emblée un vieillard barbu, drapé dans un manteau et appuyé sur un haut bâton autour duquel s'enroule le grand serpent qui rappelle sa nature chthonienne* de héros. Cependant, Pausanias a vu dans le Péloponnèse des statues d'Asclèpios imberbe, dont quelques copies se sont fait l'écho.

Cette statue décorative de petite taille est la meilleure réplique, en marbre du Pentélique, d'une création originale qui peut remonter au début du IVe siècle. Asclèpios adolescent, dont la chevelure en mèches courtes plaquées sur le crâne rappelle celle des athlètes de Polyclète, est appuyé sur un long bâton calé sous son aisselle, qu'on distingue à peine dans les plis épais que fait le manteau de ce côté ; au bas de ce bâton s'enroule un serpent dont un fragment de la tête subsiste contre le genou gauche du dieu. Ce discret appui extérieur permet à la figure une attitude très désinvolte, avec jambe gauche libre en avant et pied ne touchant que partiellement le sol, ce qui amorce une silhouette en vrille soulignée par le drapé diagonal du manteau. La main droite est portée sur la hanche et la tête détournée de ce côté.

Cette attitude très particulière se retrouvant exactement sur l'Aphrodite Este (Vienne, KHM 1192) et dans un style maniériste prononcé, il est tentant d'attribuer à un maître maniériste de la seconde génération ces deux créations : ce pourrait être Timothéos, dont on sait qu'il avait réalisé à Trézène une statue en bronze d'Asclèpios, assimilé au jeune héros Hippolyte. Mais le plissé n'est-il pas trop sage, sur la poitrine et l'épaule gauche, bien qu'il moule la jambe gauche ? Faudrait-il alors rechercher l'auteur dans l'école de Polyclète ? On voit que les œuvres modérées **(60)**, qui participent des deux styles, sont difficiles à cerner.

Bibl. : Schlörb 1965, p. 48-50 ; Marcadé 1982 ; Holtzmann 1984, p. 870, n° 31 (fig.), et p. 893 ; Todisco 1993, p. 60, n° 80.

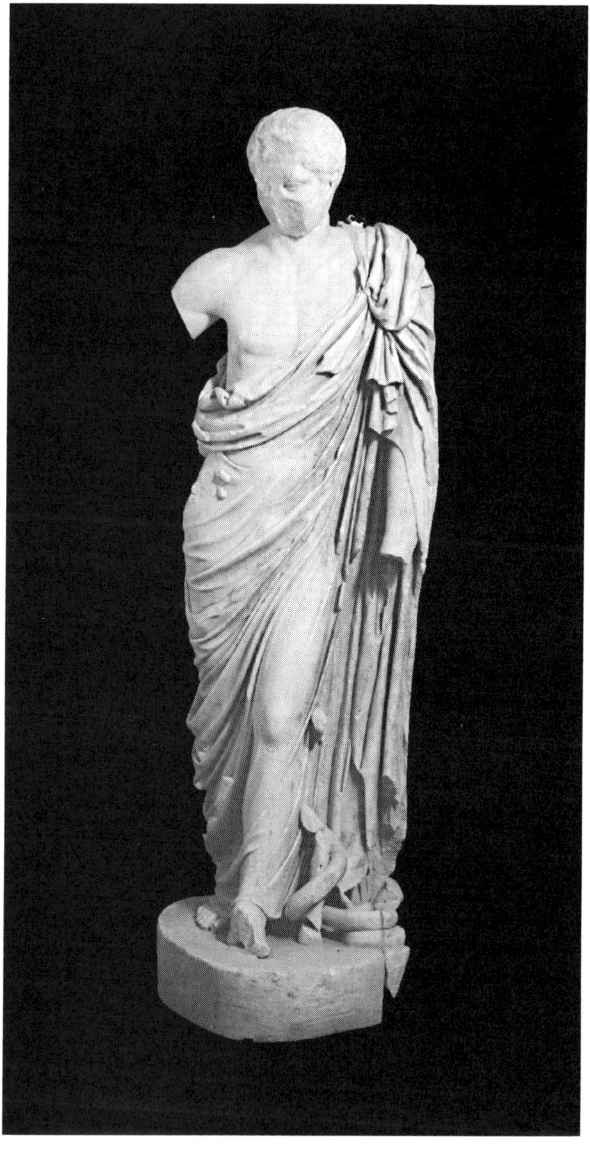

62. Néréide du tombeau d'Arbinas, à Xanthos

Marbre. H. : 1,78 m. Londres, BrMus 910.

Le dynaste* Arbinas s'est fait construire sur l'acropole de Xanthos (Lycie), sa capitale, entre 390 et 380, un tombeau fastueux, réalisé en partie par des artistes grecs. Dans un décor sculpté surabondant – deux frises superposées au sommet du soubassement, une frise sur l'architrave extérieure, une autre encore au sommet du parement extérieur de la chambre funéraire, deux frontons –, les figures féminines en mouvement très rapide placées entre les colonnes sont les plus purement grecques. C'est elles qui ont donné son nom moderne de Monument des Néréides au bâtiment, dont la façade a été reconstituée au British Museum : toutes (?) ont pour support un animal marin qui les identifie comme filles de Nérée, divinités des eaux marines.

Sous les jambes de cette Néréide, un dauphin s'avance en diagonale vers la gauche, tandis que la Néréide court dans la même direction, le bas du corps presque de profil, le buste presque de face et la tête légèrement tournée en arrière, suivant une formule plastique qui rappelle l'archaïsme. Mais le vêtement qui l'enveloppe participe du maniérisme attique le plus prononcé. Le *péplos* est ouvert sur la gauche ; il a une texture différente entre les jambes, où ses grands plis épais assurent matériellement et visuellement la stabilité de la figure, et sur le buste où, en dépit du rabat qui redouble l'étoffe, un plissé nerveux et fin révèle les seins. Le manteau déployé en conque derrière la figure, suivant une formule fréquente depuis la Nikè de Paionios **(56)**, est enroulé autour du bras gauche, en sorte que son extrémité disparue devait se déployer vers le haut en un bouquet de plis d'un artifice flagrant. Mais est-on en droit d'attendre du réalisme chez une figure courant au ras des flots sur un dauphin ? Mieux vaut apprécier pour lui-même ce superbe étalage de virtuosité où l'un des sculpteurs attiques dirigeant l'atelier montre tout son savoir-faire.

Bibl. : Childs, Demargne 1989, p. 126-128, pl. 94-97, 1 ; Todisco 1993, p. 29-32, p. 55-56, pl. 66-71.

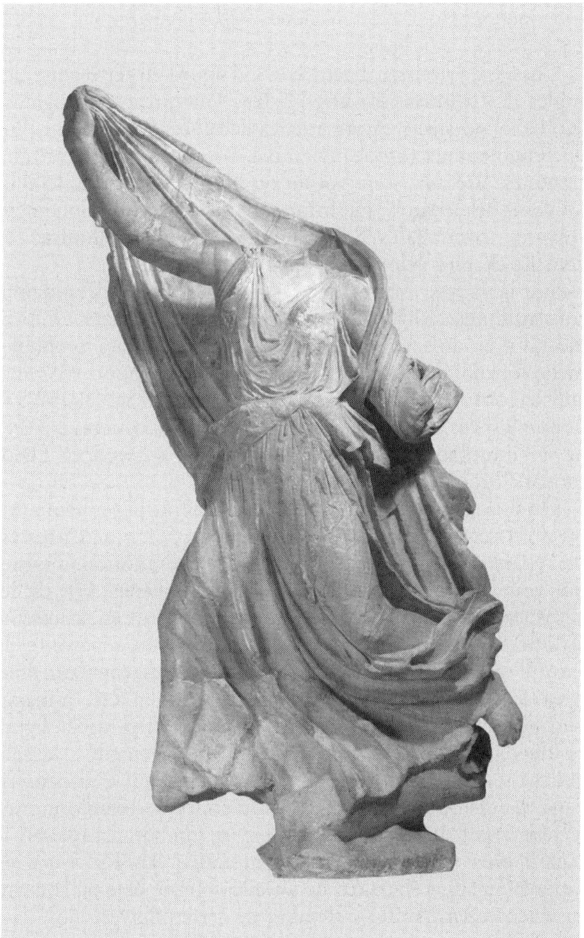

63. Acrotère latéral du fronton ouest du temple d'Asclèpios à Épidaure

Marbre. H. : 0,80 m. Athènes, MNArch 157.

L'usage de décorer d'acrotères*, d'abord en terre cuite, les angles des frontons est attesté dans l'architecture religieuse depuis le VIIe siècle. Alors que les acrotères faîtiers sont plutôt ornementaux (Égine, Olympie, Sounion, Parthénon), les acrotères latéraux sont volontiers figurés ; ce sont le plus souvent des figures féminines ailées ou symboliquement volantes, comme les Brises (*Aurai*), dont la silhouette se détache en plein ciel.

Sur la façade ouest du temple d'Asclèpios d'Épidaure, construit vers 375, ce sont d'élégantes créatures drapées montant en amazone des chevaux qui se cabrent, probablement tournés plutôt vers l'extérieur. L'inscription récapitulant le coût du bâtiment (*IG* IV^2 102 B 1, l. 90-91, 97-98) donne le prix des deux ensembles de trois acrotères : 2 240 dr. à Timothéos pour ceux de l'ouest (?) ; 2 240 dr. à Théo-[dotos ?] pour ceux de l'autre côté.

Qu'il s'agisse de Timothéos, bien connu par ailleurs **(61)** ou d'un certain Théodotos, le sculpteur de ces acrotères est un représentant majeur de la seconde génération maniériste, qui voit la diffusion de ce style hors d'Athènes. On est ici au moment où la virtuosité exaltée qui animait les sculpteurs attiques de la fin du Ve siècle se fige en un répertoire de formules qui vont se scléroser en dépit d'un savoir-faire éminent. Le corps est négligé : la médiocrité de la tête, la massivité des jambes en témoignent. Tout l'intérêt de la figure réside dans la préciosité artificielle du vêtement : le sein gauche semble dénudé par les plis sollicités qui le circonscrivent, tandis qu'un remous d'étoffe erratique bouillonne sur le sexe avant de s'engouffrer entre les jambes, accaparant le regard sans assurer la verticale attendue ici. L'absence de rapport au sol et le contraste avec le volume lisse de la monture accentuent l'effet d'irréalité de cette effervescence.

Bibl. : YALOURIS 1992 : p. 32-33, n° 27, pl. 29-31, p. 67-74 ; *GaB* 2004, p. 272-277 (W. Geominy), fig. 220.

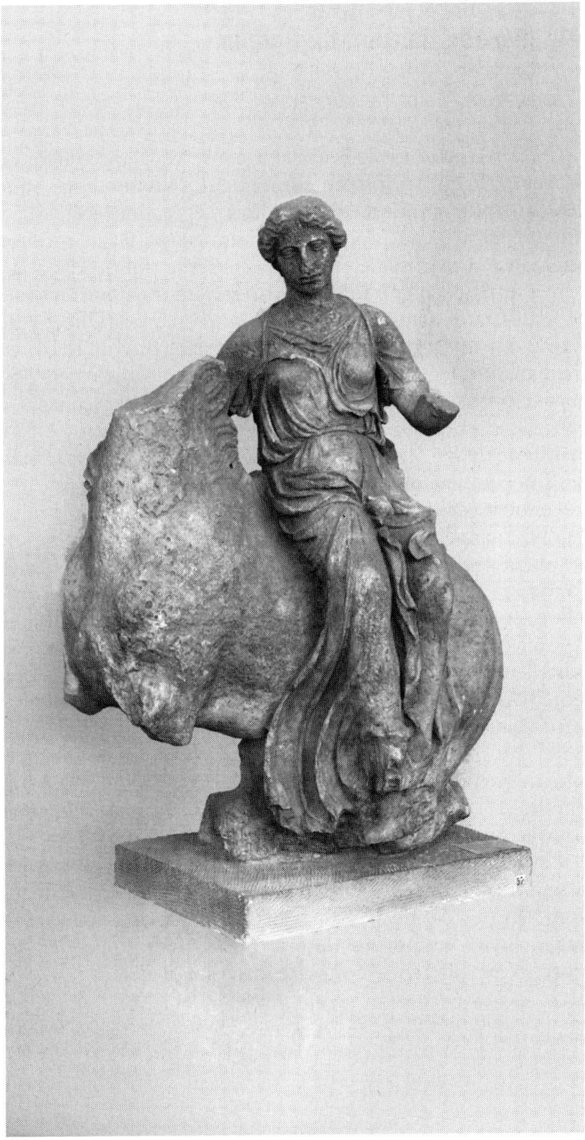

64. Ménade dansant de Scopas

Copie en marbre. H. : 0,45 m.
Dresde, Skulpturensammlung 133.

Cette statuette est le seul écho conservé d'une œuvre de Scopas de Paros, surtout auteur de figures divines, mais aussi décorateur du temple d'Athèna Aléa à Tégée, dont il était l'architecte, et actif au Mausolée d'Halicarnasse **(65)**. La statue originale, en marbre de Paros, était célèbre puisqu'elle a fait l'objet de deux épigrammes et surtout d'un texte enthousiaste de Callistratos dans ses *Descriptions de statues*. Une figure d'amazone de la grande frise du Mausolée (BrMus 1014) en étant manifestement inspirée, elle a dû être réalisée vers 360 ou peu après, assez tôt donc dans la carrière de Scopas. Ce pourrait alors être la statue qui l'a rendu célèbre, car c'est un manifeste de son style dramatique, caractérisé par l'expression des émotions, à l'opposé des styles classique et maniériste.

Le thème des Ménades emportées par la transe dionysiaque n'avait jamais été traité d'une façon aussi intense et dépourvue de maniérismes **(73)**. La perte des jambes et des bras réduit l'œuvre à l'essentiel : un torse arqué et tordu, saisi en plein tourbillon, et un visage révulsé, presque à l'horizontale ; la tunique s'est ouverte, révélant indiscrètement les formes, et les cheveux ruissellent en désordre. Dans un art jusque-là soucieux de présenter des figures humaines composées et qui « se tiennent », cette Ménade qui ne se possède plus est une œuvre révolutionnaire, qui ouvre un champ nouveau à la sculpture grecque, celui de l'expressivité débridée : au IIe siècle, Pergame **(87, 97)** et Rhodes **(111, 112)** exploiteront cette veine en faisant du pathétique la tonalité psychologique typique de leurs créations.

Cette œuvre extrême clôt aussi la très lente évolution de la sculpture grecque vers la maîtrise de la troisième dimension : ici, les derniers vestiges de frontalité ont disparu ; la statue invite à tourner autour d'elle pour apprécier ses aspects très différents, dont aucun n'est privilégié.

Bibl. : Stewart 1977, p. 91-93, p. 130-131 (textes anciens), p. 140-141, pl. 32 ; *GaB* 2004, p. 335-336 (C. Maderna), fig. 306 a-g ; Rolley 1999, p. 272, fig. 276.

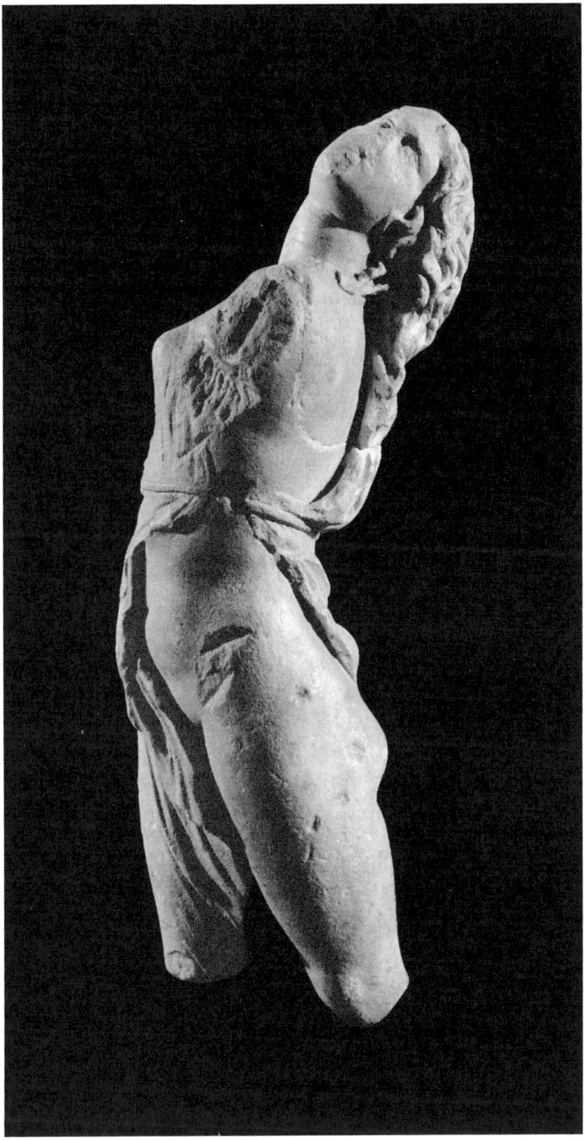

65. « Mausole », statue-portrait du Mausolée d'Halicarnasse

Marbre du Pentélique (Spilia) pour le corps et de Paros (*lychnitès*) pour la tête. H. : 3 m. Londres, BrMus 1000.

L'imposant monument funéraire, haut d'environ 40 m, que se fait construire, peu avant le milieu du IVe siècle, le satrape* de Carie Mausole au cœur de sa nouvelle capitale, la ville grecque d'Halicarnasse, imite le Monument des Néréides **(62)** : sur un haut soubassement s'élève un temple ionique surmonté d'une pyramide flanquée de lions, au sommet de laquelle étaient figurés sur un char Mausole et sa femme Artémise. Le décor sculpté était abondant, mais il est mal connu. Outre la frise de l'Amazonomachie, seule bien conservée (24 m), il comprenait deux autres frises, dont la place n'est pas assurée, non plus que celle d'une bonne centaine de statues colossales de 3 m et 2,40 m, dont deux sont à peu près complètes, où l'on reconnaissait jadis Mausole et Artémise.

Le corps du personnage est entièrement couvert par son vêtement – tunique et manteau. Sur le buste, la tunique ne présente pas le plissé habituellement léger d'un *chitôn* grec : les plis sont larges et plats, tandis que le grand rabat du manteau, qui ceinture haut la taille, a plus de volume. Sur les jambes sont indiqués en légers traits les « plis d'armoire » résultant du rangement de l'étoffe. Sous cet habit peu grec, le corps est massif, charnu plus que musclé. La tête en marbre de Paros est rapportée, suivant un procédé qui devient ici systématique et va se généraliser par la suite. Elle apporte une touche supplémentaire d'exotisme : le regard languide et sombre, les lèvres charnues surmontées d'une moustache, le nez busqué, la chevelure longue et flottante suggèrent un type ethnique non grec. Bien que cette œuvre vigoureuse et originale soit contemporaine de l'essor du portrait grec, il faut y voir plutôt une figure de genre ou de caractère qui avait sa place dans une galerie d'ancêtres.

Bibl. : Waywell 1978, p. 97-103, n° 26, pl. 13-15 ; *Sculptors... of Caria...*, p. 30-67, fig. 15-73 : diverses contributions ; Rolley 1999, p. 307-316 ; *GaB* 2004, p. 303-306 (C. Maderna), fig. 279 a-e.

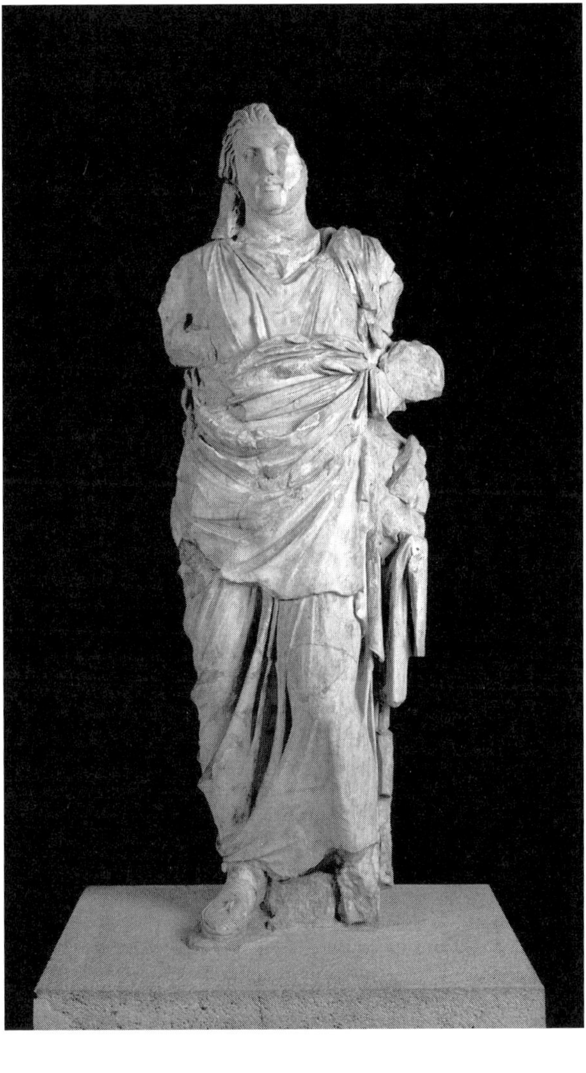

66. « Athèna du Pirée »

Bronze. H. : 2,35 m. Le Pirée, MArch 4646.

Remisée avec trois autres statues en bronze en prévision d'un transport prochain vers l'Italie, cette grande statue a été trouvée dans les ruines d'un hangar détruit lors du saccage du Pirée par les troupes romaines de Sylla, en 86 av. J.-C. Elle entre donc dans le cadre bien connu du trafic de statues **(48)** que l'engouement de la classe dirigeante romaine pour la culture grecque a suscité au Ier siècle av. J.-C.

Athèna, immédiatement reconnaissable à son casque et à son égide*, minimisée et portée en écharpe, devait tenir de la main gauche un bouclier posé sur sa tranche, comme les deux Athèna colossales réalisées par Phidias sur l'Acropole, la Promachos en bronze et la Parthénos chryséléphantine* ; il est tentant dès lors de restituer dans sa main droite une Victoire, comme chez la Parthénos. Comme celle-ci, elle porte un *péplos* qui ne laisse rien voir du bas du corps : si la jambe fléchie n'était pas très déportée vers l'extérieur, elle disparaîtrait également derrière les plis lourds et profonds que forme l'ample étoffe de laine. Mais le rabat triangulaire qui descend jusqu'au-dessus du genou fléchi est une nouveauté et son retroussement sur les épaules à l'arrière, de manière à laisser paraître une ceinture placée très haut, est unique en son genre. La tête, petite, est inclinée, avec une expression rêveuse, lèvres entrouvertes, typique des valeurs psychologiques qu'introduisent les artistes qui renouvellent la sculpture au milieu du IVe siècle. Parmi eux, on a surtout pensé à Euphranôr, actif à Athènes entre 360 et 330, dont nous possédons un original, l'Apollon Patrôos de l'Agora.

Mais l'« Athèna du Pirée » est-elle un original de 350 environ ? Comment une statue disparue en 86 av. J.-C. peut-elle faire l'objet d'une copie au IIe s. ap. J.-C. (Louvre, MA 530) ? Ce pourrait bien être, comme d'ailleurs d'autres statues de cette cargaison avortée, la réplique destinée à l'exportation d'un original qui sera plus tard copié en marbre.

Bibl. : Palagia 1980, p. 21-23, p. 65-66 ; Holtzmann, Pasquier, 1998, p. 210-211 ; Fuchs 1999, p. 9-14, pl. 1-6 ; Rolley 1999, p. 284-289.

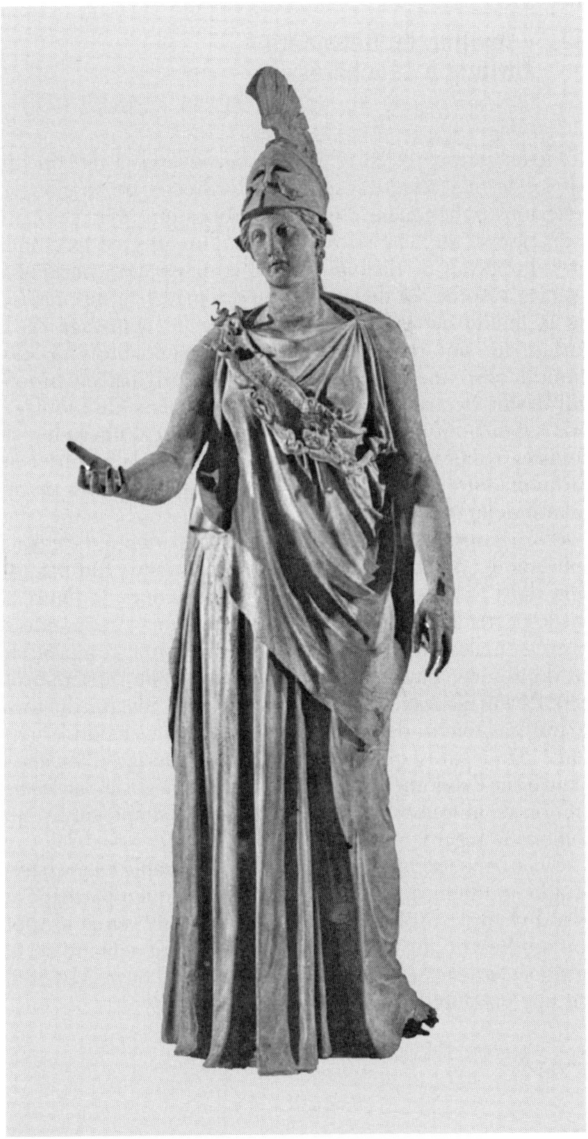

67. « Apollon du Belvédère », attribué à Léocharès

Copie en marbre. H. : 2,24 m. Vatican, musées 1015.

Cette statue, célèbre dès sa découverte à la fin du XVe siècle, n'a cessé d'inspirer les artistes et de susciter les réflexions esthétiques : c'est à son propos que Winckelmann a développé, au XVIIIe siècle, la thèse d'un art grec spécifique qu'il importait de distinguer dans la masse des « antiques » visibles à Rome. La dérestauration des mains, la suppression de la feuille de vigne cachant le sexe, le nettoyage de la surface lui ont rendu récemment sa matérialité archéologique : c'est une excellente copie d'un original en bronze qui devait être célèbre, puisque des fragments de moulages pris sur lui ont été retrouvés dans le rebut d'un atelier de copistes à Baïes. Son identité est assurée par le baudrier du carquois porté en bandoulière, que devait compléter un arc brandi de la main gauche.

L'originalité de cet Apollon, ce qui lui donne l'élégance souveraine qui séduit les commentateurs, tient à son inscription dans l'espace : la frontalité n'a plus cours, la figure se meut légèrement dans la troisième dimension. Aux pondérations frontales du Ve siècle **(48, 52)** succède une composition en profondeur où l'axe oblique des jambes, de l'arrière droit vers l'avant gauche, est équilibré par l'axe inverse du torse et du bras tendu, de l'arrière gauche vers l'avant droit, renforcé par le trois quarts de la tête. Le passage d'un axe à l'autre sur l'abdomen est très habilement négocié par la discrétion de la musculature et l'emphase du drapé voisin, qui sollicite le regard.

On attribue souvent cette statue remarquable à Léocharès, sculpteur athénien du milieu du IVe siècle, qui a participé au grand chantier du Mausolée **(65)** et dont une statue d'Apollon se dressait sur l'agora* d'Athènes. Il est tentant de lui attribuer également la « Diane de Versailles » (Louvre MA 589), car elle présente la même composition.

Bibl. : Tölle 1966 ; Landwehr 1985, p. 104-111, pl. 61-64 ; Rolley 1999, p. 290-292.

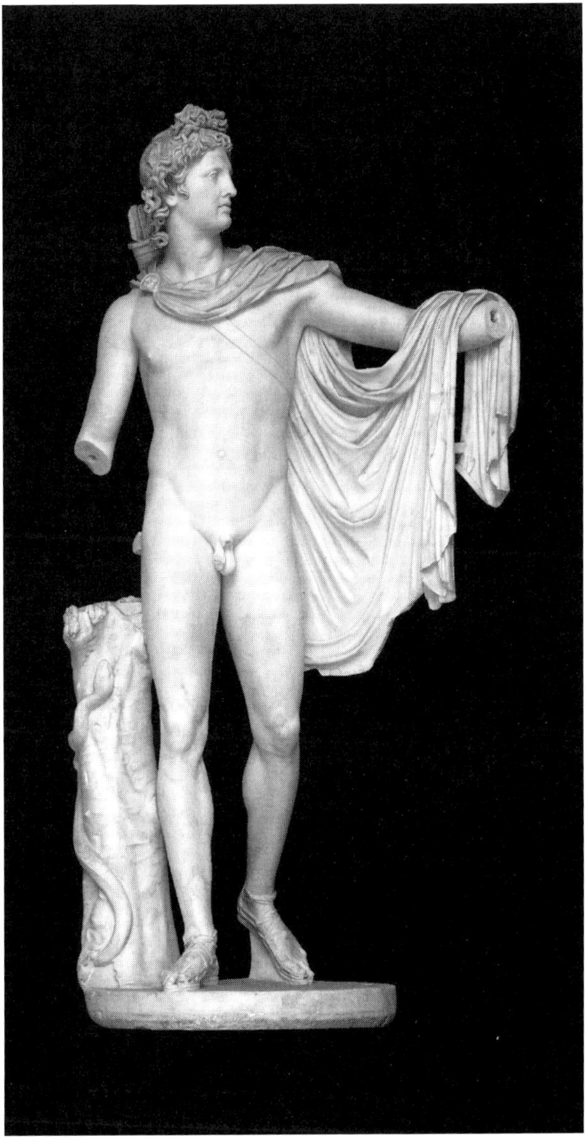

68. Stèle funéraire de Damasistratè

Marbre. H. : 1,12 m. Athènes, MNArch 743.

Les stèles funéraires attiques connaissent leur apogée au IVe siècle. Leur morphologie est désormais bien établie : la stèle en forme de petit temple (*naïscos*) domine, avec une architrave inscrite et un fronton bas portés par deux pilastres. Dans ce cadre, où l'axe vertical traditionnel reste prépondérant, sont représentés, dans un relief de plus en plus marqué, plusieurs personnages – de deux à sept : des groupes familiaux avec serviteurs et enfants. La production augmentant, la qualité s'en ressent : des stéréotypes iconographiques se répandent, comme la poignée de main d'adieu (*dexiôsis*) ; l'exécution est moins soignée que dans la suite immédiate du Parthénon ; les personnages restent génériques, ce ne sont jamais des portraits. C'est presque toujours la vie du défunt qui est évoquée, sa fonction sociale ou familiale, plus rarement une activité professionnelle ; aussi les sentiments restent-ils très contenus : le chagrin s'exprime par un geste discret.

La stèle de Damasistratè, fille de Polycleidès, représente un point d'équilibre, vers 350, dans l'évolution de la stèle attique. Les personnages latéraux débordent du cadre architectural, comme souvent, ce qui donne plus de présence à la scène, notamment à la protagoniste, la femme assise sur un trône derrière lequel se tient familièrement une petite servante. Sa main gauche qui écarte son voile (*anacalypsis*) indique que l'homme barbu qui lui serre la main est son mari ; celui-ci tient dans la main gauche un strigile* évoquant un rapport avec le sport. La jeune femme vue de face entre eux, la tête inclinée et faisant un geste signifiant la nostalgie, pourrait être la fille du couple ou une proche parente. La figure de la défunte, qui occupe la plus grande partie du champ, est traitée avec plus de soin que celle des comparses, dont les vêtements restent schématiques.

Bibl. : Conze I, 1893, p. 94-95, nº 410, pl. XCVII ; Clairmont 1993, p. 103-104, nº 4.430 ; Bergemann 1997, p. 61 ; détails : pl. 26 1-2, 32 1-2, 73 3-4.

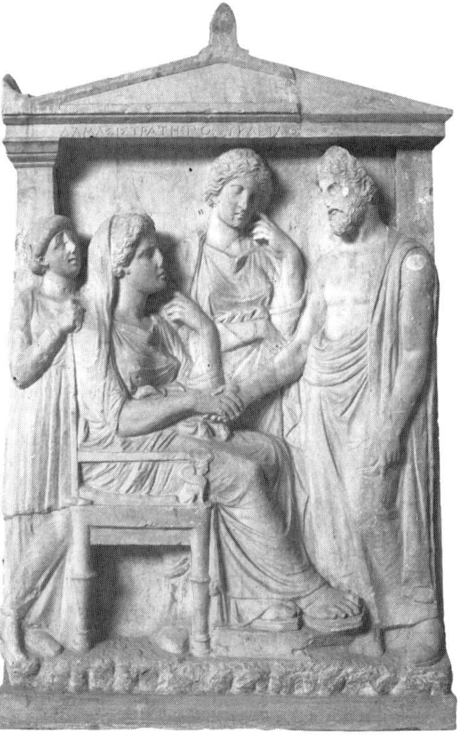

69. Aphrodite de Cnide, par Praxitèle

Copie en marbre. H. : 2,04 m. Vatican, musées 812.

Ce premier nu féminin de la sculpture grecque, créé vers 350, fit scandale, d'autant que Phrynè, courtisane célèbre et maîtresse de Praxitèle, aurait servi de modèle pour cette figure d'Aphrodite au bain, ce qui redoublait le sacrilège. L'original en marbre de Paros était exposé à Cnide dans une rotonde dont les deux portes permettaient de la voir de face et de dos. De très nombreuses copies en reproduisent le type, où l'on s'est hasardé à reconnaître deux variantes, selon que le corps de la déesse est droit ou légèrement incliné, l'attitude plus dégagée ou plus gênée. L'une, conforme à l'original, serait souveraine et indifférente à ce qui l'entoure ; l'autre, une reprise postérieure, la montrerait surprise, ce qui place le spectateur en voyeur exposé au courroux de la déesse...

La copie Colonna du Vatican est l'exemplaire le plus complet de la seconde variante : la déesse vient de s'apercevoir qu'elle est observée ; dans un réflexe de pudeur, elle serre les cuisses, ce qui donne un air de gaucherie à sa pondération polyclétéenne, et cache son sexe de sa main droite, tandis que sa main gauche semble sur le point de reprendre le vêtement qu'elle était en train de déposer. Si le sujet est audacieux et fera époque au point de susciter une suite de variations durant l'époque hellénistique **(99-102)**, la manière dont il est traité l'est moins : la pondération à la Polyclète produit sur le torse tous les effets attendus, que souligne la massivité des formes. La tête est plus originale : elle propose un nouveau type de visage à l'ovale très accentué, avec une petite bouche entrouverte et des yeux effilés aux paupières inférieures estompées, créant cette expression rêveuse typique des figures de Praxitèle. Les cheveux ondulent en fines mèches depuis la raie médiane, donnant au front une forme triangulaire ; ils sont retenus par deux rubans et réunis en chignon sur la nuque.

Le marbre s'est imposé à nouveau pour traiter ce sujet indécent : la chair de la femme.

Bibl. : Stewart 1995, p. 97-106 ; Rolley 1999, p. 257-261 ; *Praxitèle* 2007, p. 130-201 (A. Pasquier).

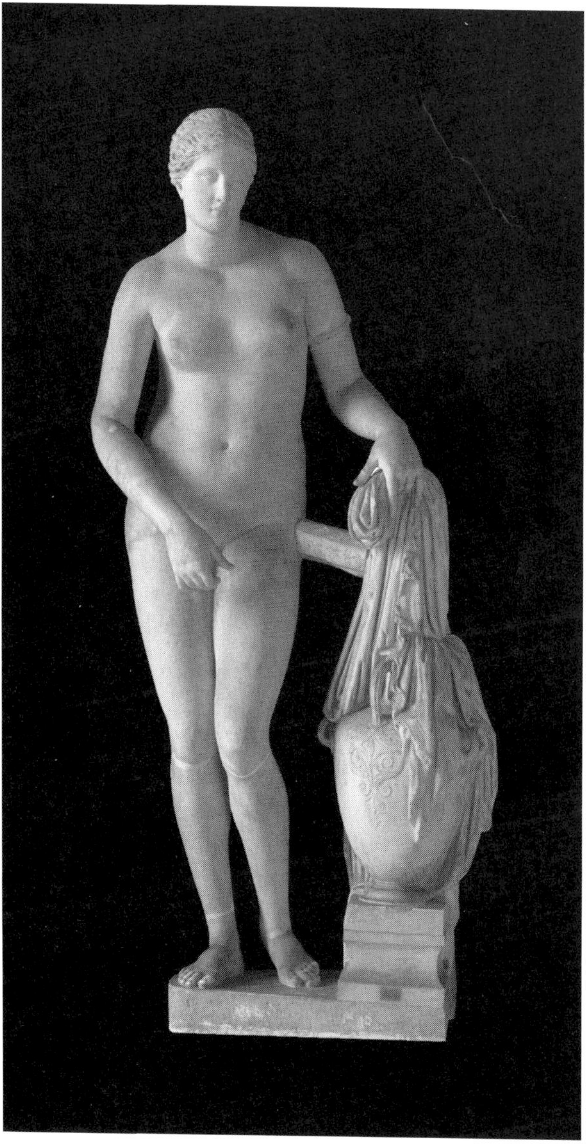

70. Hermès et Dionysos enfant, de Praxitèle

Copie en marbre. H. : 2,15 m. Olympie, MArch.

Cette statue célèbre est une copie qui a remplacé un original peut-être confisqué par Néron lorsqu'il participa aux jeux Olympiques en 67 ap. J.-C. De la copie, la statue porte en effet plusieurs stigmates : des traces d'outils incongrues sur le support extérieur – un tronc d'arbre schématique ? – et dans le dos, zone souvent négligée par les copistes qui savent que leur œuvre sera exposée contre un mur ; mais surtout un étai latéral horizontal flagrant contre la hanche gauche d'Hermès – un tic de praticien habitué à consolider ainsi des copies en marbre qui n'ont pas la légèreté des originaux en bronze. Il est inconcevable qu'un des plus grands maîtres du marbre se soit autorisé cette lâcheté, qui ne se constate d'ailleurs sur aucun original en marbre du IVe siècle. Enfin, l'aspect luisant de la face antérieure correspond au goût de l'époque romaine pour un polissage extrême et ne se rencontre pas non plus au IVe siècle. Toutes ces inconséquences de finition ne doivent pas empêcher d'apprécier cette belle statue, dont le style praxitélien est évident.

Le prétexte à cette étude de nu masculin est fourni par un mythe souvent représenté : Hermès, chargé par Zeus de confier Dionysos nouveau-né aux Nymphes de Nysa, amuse le bébé en lui présentant peut-être une grappe. La façon dont il tient l'enfant s'inspire directement de l'Eirènè portant Ploutos de Céphisodote, père de Praxitèle (Munich 219), mais l'appui extérieur, habilement caché par le manteau, permet de dégager la silhouette du dieu et de lui donner une sinuosité marquée, que prolongeait le geste du bras droit. L'agilité d'Hermès est suggérée par la finesse de ses longues jambes, mais le torse, quoique plus délicatement modelé que dans la tradition polyclétéenne, est plus musclé qu'il ne l'est d'habitude chez Praxitèle **(71)**. Le visage ovale, aux yeux estompés, est couronné de cheveux très courts, dont le volume désordonné est ici plus sommairement esquissé qu'il n'est de mise peu après 350.

Bibl. : Rolley 1999, p. 250-254 ; Pasquier 2001.

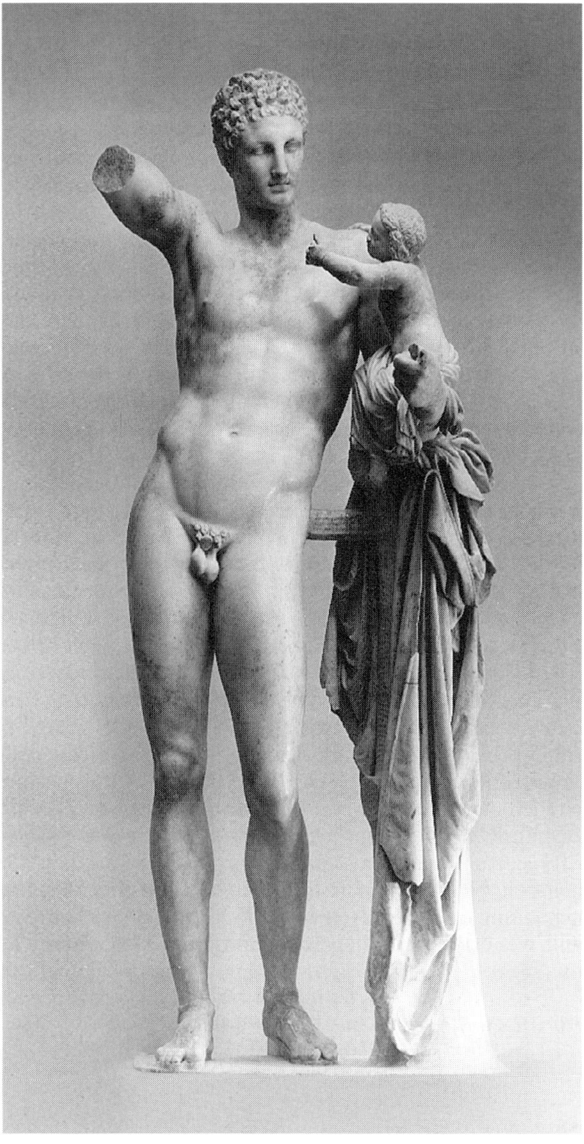

71. Apollon Sauroctone de Praxitèle

Copie en marbre. H. : 1,49 m.
Paris, musée du Louvre MA 441.

Cette statue, l'un des rares bronzes de Praxitèle, nous est connue par un très grand nombre de copies en marbre et par deux répliques en bronze tardives (Rome, Villa Albani 952 ; Cleveland, Museum of Art 2004.30). Cette notoriété antique a probablement plusieurs causes : sans doute était-elle aisément accessible, visible et reproductible ; son thème pittoresque la rendait particulièrement décorative ; c'est une des œuvres les plus avancées de Praxitèle (après 340 ?), celle où son originalité est le plus manifeste.

Le sujet – Apollon s'apprêtant à tuer un lézard venimeux – témoigne une fois de plus de la façon dont Praxitèle illustre les mythes par des scènes de genre où les divinités sont traitées familièrement, quand bien même leur beauté plastique les maintient hors du commun. Le corps athlétique traditionnel est récusé au profit d'un corps d'adolescent, dont la fluidité se prête à des attitudes beaucoup plus flexueuses : on reprochera à Praxitèle d'avoir féminisé le corps masculin. Il est vrai que la tête de cet Apollon tueur de lézard est ambiguë, avec l'ovale très prononcé du visage et une coiffure très proche de celle de l'Aphrodite de Cnide **(69)**. Sans renier la pondération héritée de Polyclète et le chiasme* qui en résulte, Praxitèle les subvertit en les poussant à la limite : la jambe fléchie repose toujours sur la pointe des pieds, mais elle est désormais derrière la jambe d'appui – une posture rendue possible par l'appui extérieur, qui est ici un élément constitutif du sujet, puisque c'est sur l'arbre que se meut la bestiole, sur laquelle va s'abattre la main droite du dieu. De même, le bras s'appuyant très haut à l'arbre engendre une inclinaison extrême des épaules. Il en résulte une figure en vrille très étirée, dont la grâce contraste avec l'agressivité de son action.

Bibl. : Martinez 1988 ; Rolley 1999, p. 248-250 ; Preisshofen 2002 ; *Praxitèle* 2007, p. 202-235 (J.-L. Martinez).

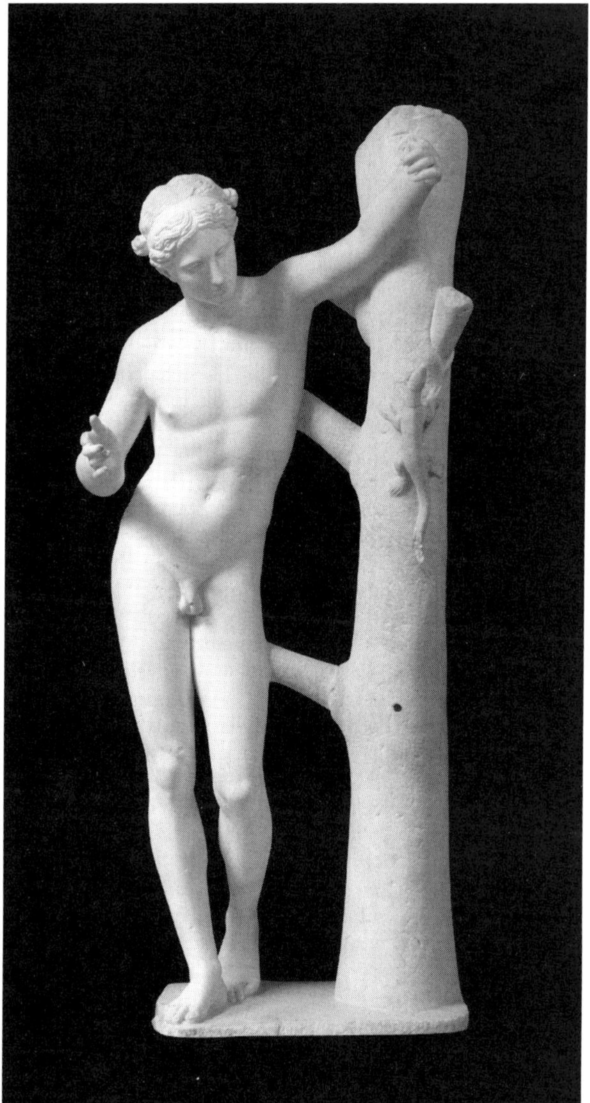

72. Relief votif attique

Marbre. L. : 0,90 m. Paris, musée du Louvre MA 755.

L'usage des reliefs votifs en marbre ne s'impose en Attique qu'à la fin du Vᵉ siècle : il fournit aux sculpteurs marbriers un débouché secondaire, qui complète celui que leur assure la reprise des stèles funéraires **(58)**. La morphologie et l'iconographie de ces reliefs, longtemps indécises, se fixent alors. Tandis qu'antérieurement les dieux honorés étaient d'abord représentés seuls, puis avec le dédicant, généralement plus petit et faisant un geste de vénération, les scènes de sacrifice s'imposent au IVᵉ siècle : les deux mondes, divin et humain, se font face autour de l'autel où a lieu leur rencontre rituelle. Ces reliefs se déployant en largeur, la formule d'encadrement qui prévaut, sans doute par analogie avec celle des stèles funéraires, évoque le long côté d'un temple, dont la corniche est ponctuée d'antéfixes*.

Le relief du Louvre, exécuté après 350 en marbre du Pentélique, provient probablement de l'Asclèpieion d'Athènes où nombre de reliefs semblables ont été trouvés. La composition en diptyque définie plus haut y est appliquée avec rigueur, puisque les deux divinités occupent à elles seules autant d'espace que les huit mortels plus petits qui leur font face. Si l'attitude nonchalante d'Hygie, appuyée ici à un relief votif circulaire monté sur un pilier, ne trouvait des parallèles exacts sur d'autres reliefs de l'Asclèpieion d'Athènes (MNAth 1330, 1352) où le dieu assis ne saurait être que son père Asclèpios, on pourrait douter qu'il s'agisse de lui, en l'absence du grand serpent qui l'accompagne d'habitude. Tandis qu'un petit esclave conduit à l'autel un taureau – l'animal le plus précieux qui puisse être sacrifié –, le chef de famille et son fils engagent les rites préliminaires en présence de la mère, qui tient une petite fille, et d'une autre femme ; une servante portant un nourrisson ferme la marche. La vivacité de ce groupe, où chacun est campé différemment dans l'espace, est compromise par la médiocrité de l'exécution.

Bibl. : HOLTZMANN 1984, p. 873, nº 64, p. 891-892 ; HAMIAUX 2001, p. 218, nº 227.

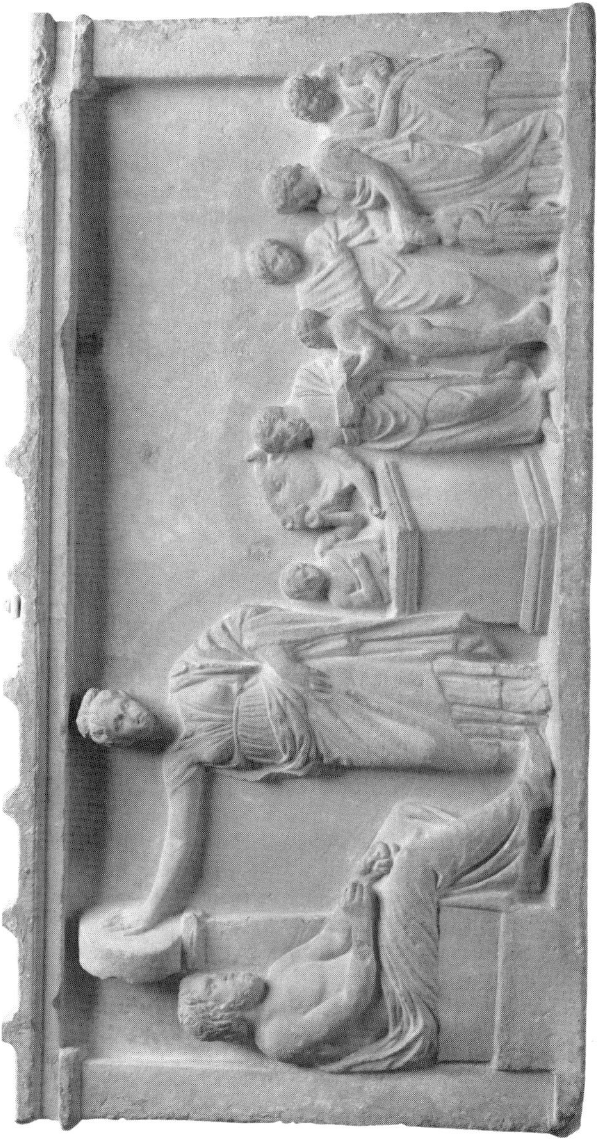

73. Cratère cinéraire de la tombe B de Dervéni, face B

Bronze. H. : 0,905 m. Salonique, MArch inv. B 1.

Trouvé dans une tombe close vers 320 au plus tard, ce grand cratère à volutes contenait les cendres d'un homme dont le nom est inscrit en dialecte thessalien sur les languettes de la lèvre : Astioun, fils d'Anaxagoras, natif de Larissa – certainement l'un des aristocrates thessaliens retenus comme otages en Macédoine par Philippe II après 344. Même s'il a été réalisé deux ou trois décennies avant d'avoir été enfoui, ce vase témoigne de la longévité du style maniériste, dont les figures féminines et sensuelles, les effets de haute virtuosité conviennent aux objets de luxe raffinés – vases et miroirs à couvercle figuré surtout – produits par des ateliers dont il est peut-être vain de rechercher la localisation si, comme c'est probable, les artistes allaient au-devant de la clientèle aristocratique à même d'acheter leurs produits.

La teneur exceptionnelle en étain (15 %) de ce bronze lui confère une apparence dorée qui accentue l'impression de luxe extrême que donne la profusion de ses décors secondaires : motifs ornementaux, végétaux, animaux saturent les surfaces du col et des anses. Quatre figures en ronde-bosse*, assises sur l'épaule du vase de part et d'autre des anses, préfigurent par leurs postures abandonnées tout un pan de l'iconographie hellénistique : la transe dionysiaque **(90)**. La frise en bas relief de la panse est moins originale, tant par son sujet – Ariane conquise par Dionysos, au milieu d'un essaim tourbillonnant de Ménades – que par son style, le maniérisme attique. Mais celui-ci est porté à un paroxysme qui va bien au-delà des Ménades plus décoratives attribuées à Callimachos : les corps tendus, tordus ou chavirés sont révélés par le « drapé mouillé », qui déploie sur et autour d'eux ses artifices extravagants. Ainsi l'adéquation parfaite du style au sujet – la virtuosité au service de la frénésie – produit un chef-d'œuvre où le maniérisme trouve un ultime accomplissement.

Bibl. : Rolley 1999, p. 370-371 ; *GaB* 2004, p. 467-472, fig. 450 a-e (U. Mandel) ; Barr-Sharrar 2008.

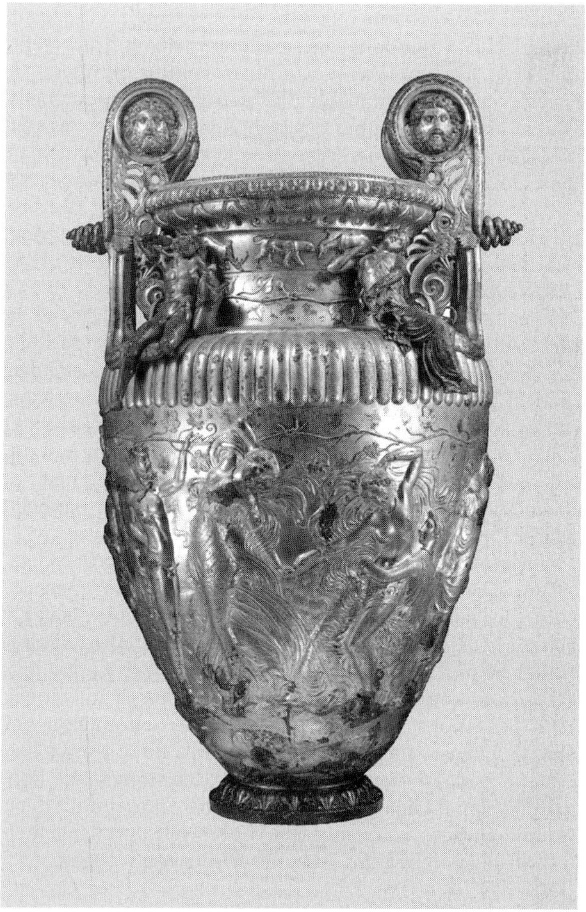

74. Le champion de pancrace Aghias, par Lysippe

Copie en marbre. H. : 2 m. Delphes. MArch.

Auteur, selon Pline (XXXIV, 37), de mille cinq cents œuvres grâce à une longévité exceptionnelle et à un atelier important, Lysippe est le sculpteur le plus novateur du IVe siècle, celui qui amorce le plus nettement l'époque hellénistique, avec ses groupes à nombreuses figures et ses portraits **(76)**. Mais il a aussi renouvelé le thème de l'athlète au repos, dont Polyclète avait établi la formule classique **(52)**. Bronzier comme lui et issu d'un autre centre du nord-est du Péloponnèse, Sicyone, il a établi un nouveau canon dont la statue d'Aghias est, avec son Apoxyomène (Vatican 1185), la meilleure illustration.

Dans le groupe de statues en marbre d'ancêtres et de parents installé vers 335 par Daochos, un notable de Pharsale, dans le trésor* que les Thessaliens avaient consacré dans le sanctuaire d'Apollon à Delphes, certaines au moins, dont celle-ci, semblent avoir été des reproductions d'originaux en bronze (plus anciens ?) exposés à Pharsale et portant la signature de Lysippe. Il ne s'agit pas de portraits : Aghias, un pancratiaste* vainqueur dans tous les concours panhelléniques, a vécu cent cinquante ans plus tôt.

La silhouette est beaucoup plus svelte que chez Polyclète : les jambes sont plus longues, la musculature moins marquée, la tête plus petite. La pondération est moins stable : la jambe fléchie est déportée sur le côté, comme si le corps allait se tourner dans la direction indiquée par la tête ; les bras, détachés du corps, semblent eux aussi esquisser un mouvement. Les jambes, les cuisses, le ventre et l'abdomen, la poitrine, le visage – aucun élément du corps ne se trouve dans le même plan. Au statisme équilibré et harmonieux de Polyclète, Lysippe fait ainsi succéder une immobilité dynamique : fugace, voire inquiète, qui révèle le changement d'esprit de la civilisation grecque, d'un siècle à l'autre.

Bibl. : *GDelphes Musée* 1991, p. 91-98 (F. Croissant) : Aghias daté de 360-350 ; Rolley 1999, p. 325-329, fig. 335-338. Sur les inscriptions de la base : *FD* III-4, p. 134-138, n° 460.

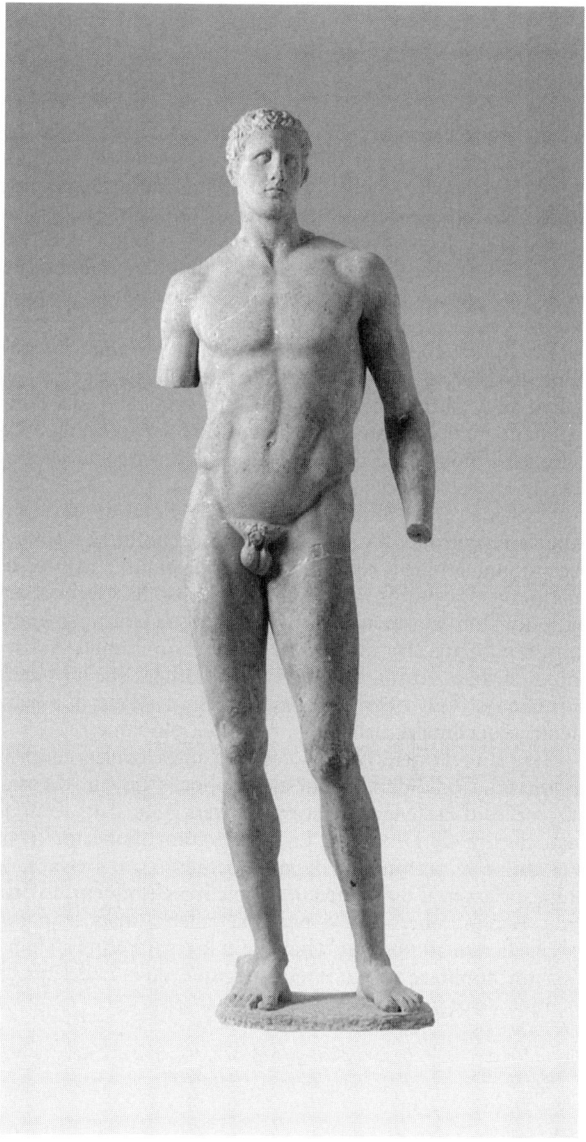

75. Portrait de Sophocle

Copie en marbre. H. : 2,05 m. Vatican, musées 9973.

L'émergence du portrait a été bridée au Vᵉ siècle par des courants idéologiques et esthétiques peu favorables : l'égalitarisme (*isonomia*) dans les cités démocratiques comme Athènes ; la formalisation harmonieuse du réel dans l'art. Cependant, quelques grands athlètes, artistes et hommes d'État sont dès lors honorés d'une statue, plus commémorative qu'honorifique. Réalisées pour la plupart après la mort de leur modèle, ces statues proposent une vision synthétique de leur caractère ou de leur personnalité, comme le note Pline (XXXIV, 82) à propos de Silaniôn, portraitiste actif au milieu du IVᵉ siècle, qui avait réalisé une statue d'Apollodore, sculpteur maniaque au point de détruire ses œuvres : « Ce n'est pas l'homme qu'il a représenté en bronze, mais l'emportement personnifié. »

À Athènes, qui s'efforce jusqu'en 322 d'assumer sa tradition démocratique, les statues d'hommes politiques restent exceptionnelles au IVᵉ siècle, mais les portraits rétrospectifs en bronze des poètes, dramaturges, philosophes et orateurs qui ont établi la primauté d'Athènes dans la culture grecque sont nombreux. La plupart ne sont connus que par des copies tardives en marbre de la tête, montées sur les piliers hermaïques* qui ornent les gymnases, devenus des lieux d'éducation intellectuelle aussi bien que physique.

C'est dire l'intérêt d'une des très rares copies en pied conservées : celle de la statue de Sophocle, qui fut dressée, avec celles d'Eschyle et d'Euripide, vers 330, dans le nouveau théâtre de Dionysos. La pondération lysipéenne **(74)**, qui campe le personnage dynamiquement dans l'espace, le drapé transversal du manteau, simple mais éloquent, le bras droit retenu sobrement dans le vêtement, mais le poing gauche fièrement posé sur la hanche et le regard porté au loin : c'est un Sophocle modeste et énergique qu'a créé l'auteur inconnu de ce portrait célèbre.

Bibl. : Rolley 1999, p. 296-306, p. 374-375, fig. 392 ; Schefold 1997, p. 180, fig. 86.

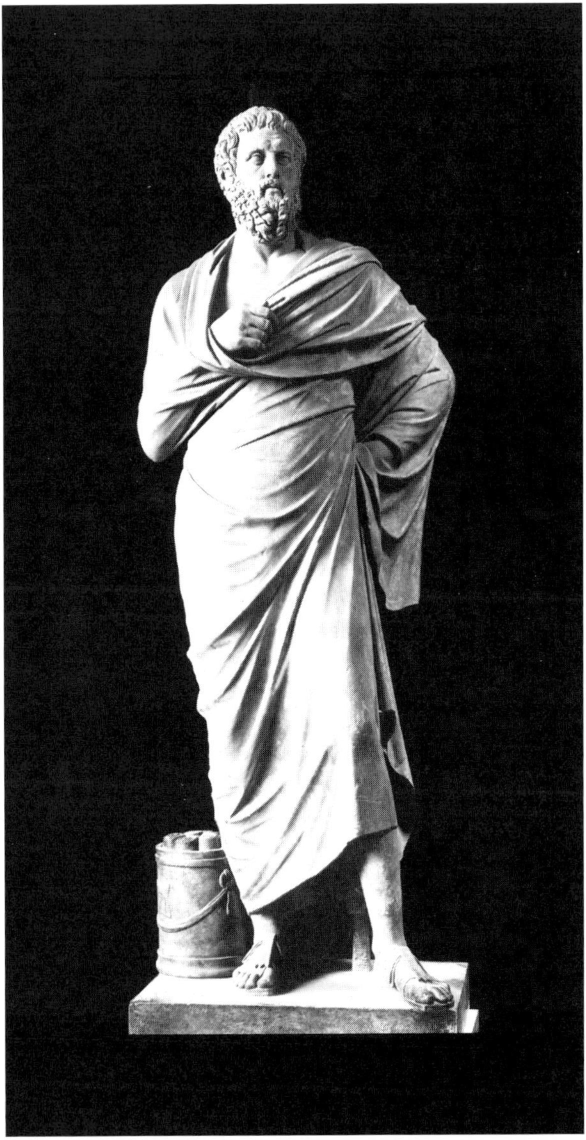

76. « Alexandre Azara » de Lysippe

Copie en marbre. H. du pilier : 0,68 m. Paris, musée du Louvre MA 436.

Hormis le portrait attribué avec vraisemblance à Léocharès (MAcr 1331), les autres portraits d'Alexandre exécutés avant sa mort en 323 sont dus à Lysippe, à qui le conquérant en avait accordé l'exclusivité, estimant qu'il était le seul à savoir rendre « ce qu'il y avait en lui de mâle et de léonin ». L'un des plus importants semble avoir été un « Alexandre à la lance » exposé probablement à Alexandrie, dont le Louvre possède à la fois une petite réplique en bronze provenant d'Égypte (Br 370) et cette tête en marbre montée sur un pilier hermaïque*, l'« Alexandre Azara », du nom du collectionneur qui en fit don à Napoléon. En dépit de sa médiocrité et de sa mauvaise restauration, ce portrait reste l'une des bases de l'iconographie d'Alexandre, brouillée par les innombrables portraits posthumes produits jusqu'au IIIe siècle ap. J.-C.

Si l'on ne retrouve pas sur ce document le port de tête caractéristique que mentionnent les témoignages anciens – la tête penchée vers la gauche et le regard tourné vers le ciel –, on y remarque en revanche un autre trait distinctif : la chevelure désordonnée, dont les mèches épaisses et bouclées, qui couvrent en grande partie les oreilles et moutonnent sur la nuque, forment sur le front la fameuse *anastolè* : dressées verticalement, elles retombent de part et d'autre du visage. Celui-ci est allongé et ovale, avec un menton assez fort que l'on retrouve sur le portrait attribué à Léocharès. En revanche, la bouche entrouverte n'est qu'un trait d'époque.

Ces statues-portraits de Lysippe ont instauré un genre qui va s'épanouir à l'époque hellénistique : le portrait royal. Les diadoques* et leurs successeurs, régnant en grande partie sur des populations non grecques habituées au culte de la personnalité, vont propager leur image, qui s'inspire souvent des modèles fournis par Lysippe.

Bibl. : Stewart 1993, p. 42-52 et 423 ; p. 341-358 : textes anciens traduits ; Rolley 1999, p. 352-356.

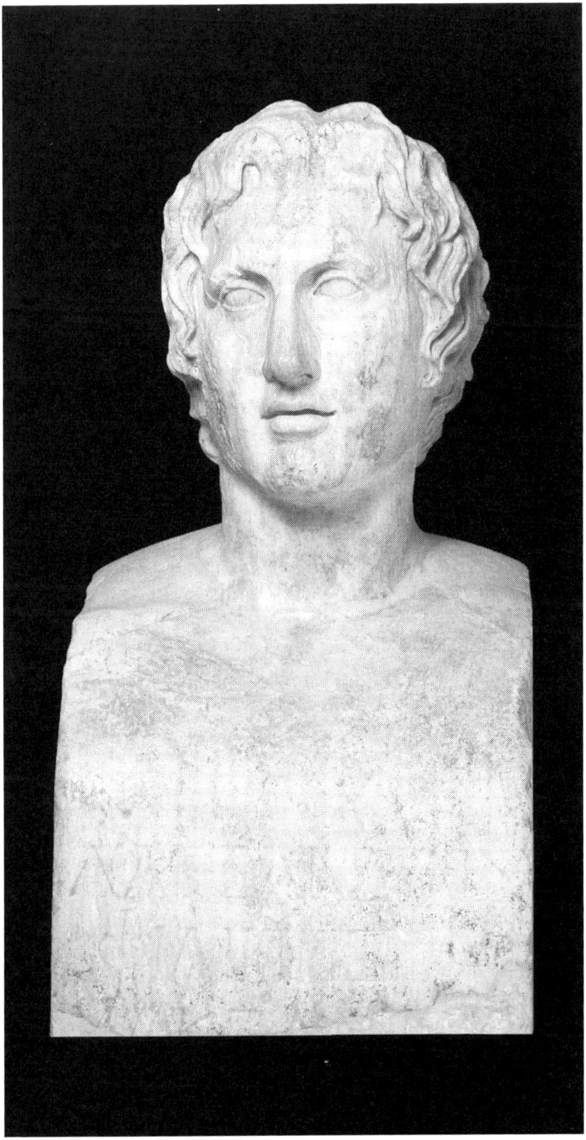

77. Tête colossale de Dionysos

Marbre. H. : 0,60 m. Thasos, MArch 16.

Découverte en même temps qu'une statue de la Comédie et qu'un masque de théâtre en marbre du Pentélique, cette tête en marbre de Paros appartenait à la figure centrale colossale d'un groupe de statues dédié dans le sanctuaire de Dionysos, à Thasos, à l'occasion d'un festival réunissant des artistes célèbres, comédiens et musiciens. Bien que Thasos ait été, depuis la fin du VIIe siècle, l'un des grands centres de la sculpture en marbre, en raison de l'existence locale de ce matériau, ce groupe, sculpté en marbres importés, est dû à un atelier attique. Cette intrusion exceptionnelle illustre le regain de la sculpture en marbre à Athènes à partir du milieu du IVe siècle et sa diffusion à l'extérieur – regain qu'il faut probablement mettre en rapport avec la participation prépondérante d'artistes attiques au grand chantier du Mausolée **(65)**, qui a joué alors le même rôle de creuset que le Parthénon au siècle précédent.

La technique des têtes travaillées à part, comme ici, se généralise au Mausolée : elle permet, pour les statues de grand format et pour les programmes à statues multiples, de gagner du temps en divisant le travail entre divers sculpteurs. D'autre part, le type iconographique proposé ici n'est pas original : il participe de ces visages ovales à l'expression languide et aux traits androgynes encadrés par des cheveux longs qui sont donnés aussi bien à certaines divinités masculines que féminines, à la suite de Praxitèle, d'Euphranôr et de Léocharès. L'exemple le plus proche du Dionysos de Thasos est celui du fronton ouest du temple d'Apollon de Delphes (MArch 1344), œuvre probable de l'Athénien Praxias. Or la présence du même Praxias – ou de son fils ? – est attestée à Thasos, sur l'agora, par la signature de la statue honorifique d'un vainqueur aux concours pythiques*. Selon que l'on optera pour le père ou le fils, on datera de 340 ou des vingt années suivantes ce témoignage important du retour au marbre de la sculpture attique.

Bibl. : Holtzmann 2005 A.

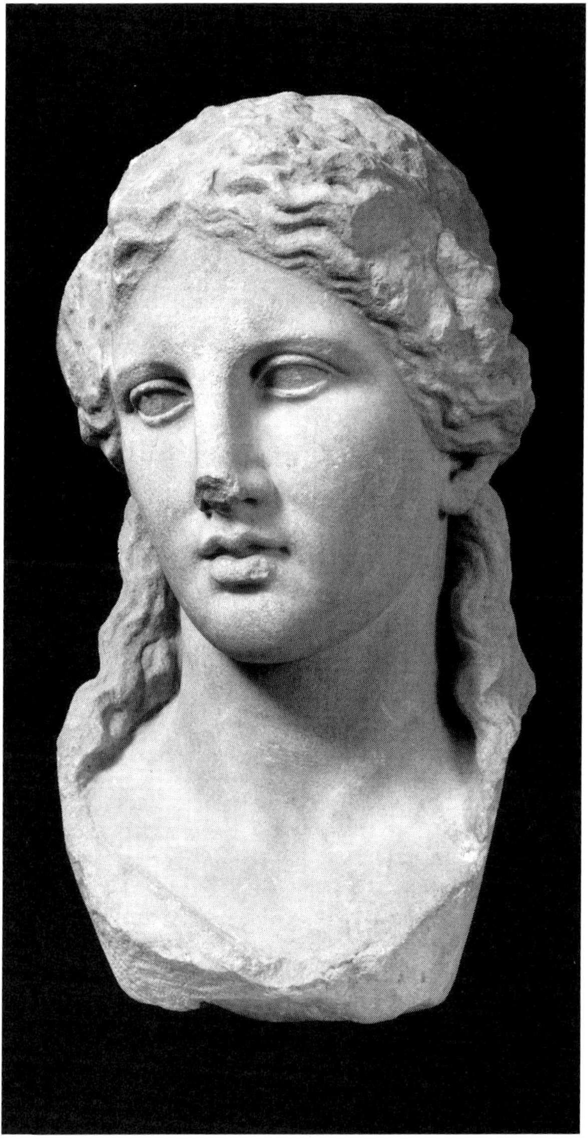

78. *Naïscos* funéraire au cheval

Marbre. H. : 2 m. Athènes, MNArch 4464.

Trouvé dans une zone suburbaine consacrée aux activités hippiques, Colonos Hippios (La Butte aux Chevaux), ce très grand relief illustre l'évolution rapide des stèles funéraires attiques, qui conduira à leur interdiction par Dèmètrios de Phalère en 317. Durant le troisième quart du IVe siècle, l'accroissement de la saillie du relief et des dimensions conduit à la dislocation de la stèle, qui perd son unité morphologique : le cadre architectural, de plus en plus développé, est travaillé à part et les figures ont tendance à se détacher du fond. La rupture est consommée au monument de Nikèratos (Le Pirée, MArch), où trois statues sont présentées dans un écrin architectural monté sur un haut podium : la stèle est devenue un monument composite.

Nous n'en sommes pas encore là avec ce haut-relief (saillie : 0,34 m) dont les grandes plaques étaient enchâssées dans un encadrement architectural disparu. Les deux plaques conservées sont occupées par un cheval rétif, qu'un palefrenier négroïde s'efforce de contrôler en le menaçant d'une badine. Le pittoresque original de la scène, en grandeur naturelle, ne doit pas leurrer : ce n'est pas la stèle d'un cheval célèbre, comme on l'a proposé ! Cet étalon couvert d'une peau de panthère en guise de tapis de selle est la monture superbe et frémissante d'un cavalier qui devait être figuré à pied sur une troisième plaque située à gauche, dont l'existence est suggérée d'une part par le départ de la queue du cheval, qui devait se déployer au-delà de la plaque conservée, d'autre part par la présence d'un casque béotien peint au-dessus de la croupe de l'animal – type de casque qui est celui de la cavalerie athénienne. Le personnage figuré devait y occuper une position éminente – celle d'hipparque ?

La grandeur baroque de ce relief singulier tranche sur l'ambiance d'infatuation bourgeoise qui règne généralement en ces derniers temps de la figuration funéraire attique.

Bibl. : Schuchhardt 1978 ; Clairmont 1993, p. 604-607, n° 2.490 ; Moreno 1994, p. 81-85 : tombe de Léosthénès ; Palagia 2003 : tombe de Phocion.

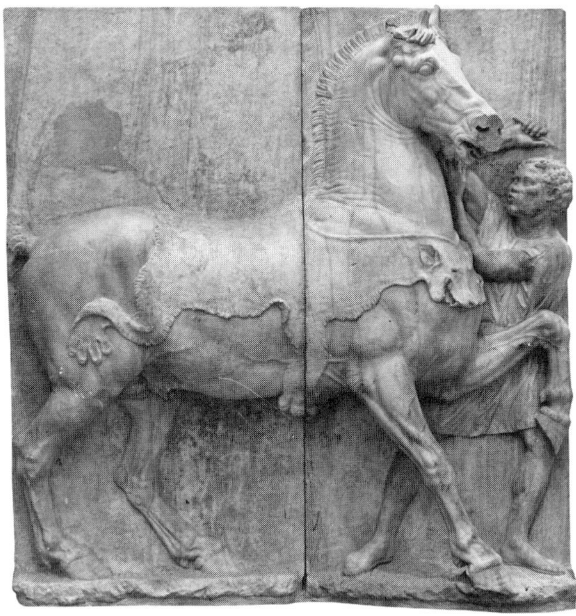

79. « Bronze Getty »

Bronze. H. cons. : 1,51 m.
Malibu, J. Paul Getty Museum 77 AB 30.

Repêchée en 1963 dans l'Adriatique au large de Fano, cette statue en bronze d'un athlète vainqueur qui s'apprête à faire hommage à une divinité de la couronne de feuillage dont il était ceint, a fait sensation, comme tous les grands bronzes grecs au moment de leur découverte : il a semblé qu'on se trouvait en présence d'un original du plus grand bronzier du IVe siècle, Lysippe. Bien que l'absence des pieds donne à la figure une légèreté irréelle, la pondération était bien celle des athlètes de Lysippe **(74)**, avec la jambe fléchie déportée latéralement et la tête tournée du même côté ; la silhouette est animée par l'instabilité typique des corps lysippéens, même au repos. Quant à sa sveltesse presque gracile, elle a fait penser qu'il s'agissait d'un athlète adolescent, vainqueur à une épreuve pour juniors, mais il est aujourd'hui établi que les originaux en bronze sont moins volumineux que leurs copies en marbre, dont nous disposons seules généralement, en sorte que la minceur ne peut être tenue pour un critère d'âge. La tête n'est d'ailleurs pas celle d'un adolescent ; presque sphérique, avec les arcades sourcilières surplombant de très près l'angle interne des yeux et une chevelure faite de petites boucles désordonnées mais volumineuses, elle a toutes les caractéristiques du style de Lysippe.

S'il est très peu probable que cet athlète vainqueur – un genre de sculpture très pratiqué depuis le Ve siècle dans les grands sanctuaires, puis sur les agoras – soit aussi, par un hasard extraordinaire, l'un des futurs diadoques*, Séleucos Nicator ou Dèmètrios Poliorcète, comme on l'a proposé, son anonymat n'aide pas à dater cette statue : est-elle de Lysippe lui-même ou de l'un des nombreux élèves issus de son atelier ? Aucun détail de facture ou de style ne permet de choisir entre 340 et 290, et la longévité du maître pourrait s'accommoder encore d'une date tout à la fin du IVe siècle.

Bibl. : Frel 1982 ; Viacava 1994 ; Moreno 1995, p. 68-81.

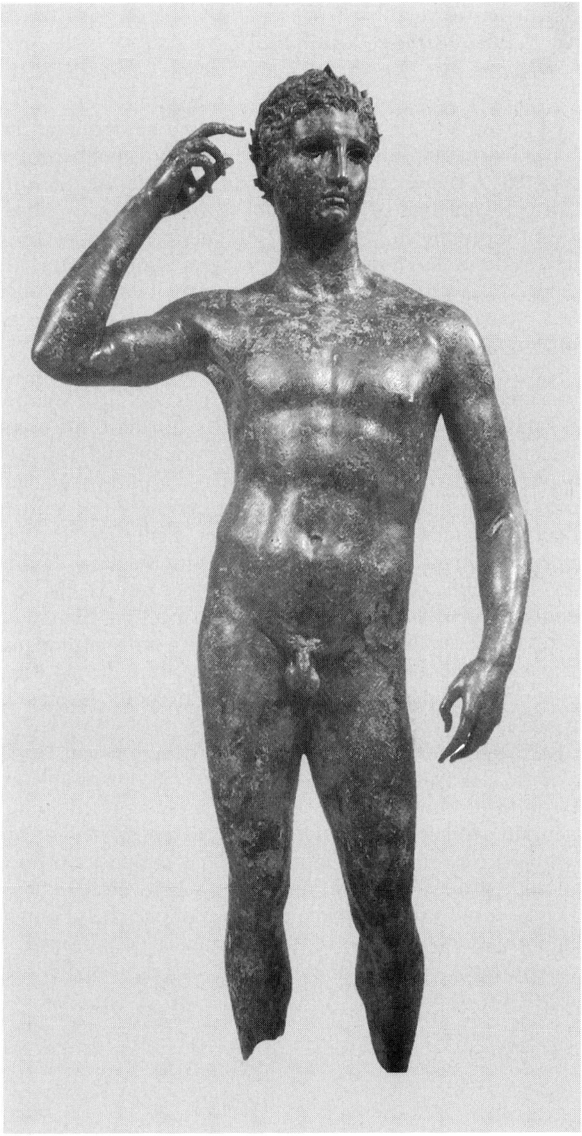

80. « Sarcophage d'Alexandre »

Marbre. H. : 1,95 m ; l. : 3,18 m. Istanbul, MArch 370.

Le sarcophage en pierre à décor sculpté ne deviendra un type privilégié de monument funéraire qu'à l'époque impériale **(123)**. Celui-ci, quoique de facture grecque, était destiné à un petit potentat oriental, le roi de Sidon (Liban) Abdalonymos, installé au pouvoir par Alexandre en 333 av. J.-C. Cela explique le choix, étranger à la tradition grecque, de scènes à caractère politique pour le décor figuré des longs côtés : bataille entre Orientaux et Grecs ; chasse royale au lion, où Grecs et Orientaux se côtoient.

C'est entre 320 et 310 qu'Abdalonymos a dû demander à un atelier de sculpteurs attiques, venus avec leur marbre du Pentélique, de réaliser son monument funéraire. De nombreux motifs ornementaux décorent les moulures de la cuve et le couvercle, flanqué à ses quatre angles d'un lion rugissant, reproduit un entablement ionique surmonté d'une toiture ponctuée de gargouilles animalières et d'antéfixes* à tête humaine. Quant au morceau de bravoure du décor figuré, c'est la bataille, beaucoup plus complexe que la chasse : depuis la frise des Panathénées **(54)**, on n'avait pas représenté un tel enchevêtrement de figures, souvent sur quatre plans, mais ici en très haut relief. Tout le répertoire des postures de combat, à pied et à cheval, mis au point depuis le VIe siècle, est ici exploité avec virtuosité.

En marge de cette mêlée furieuse, à l'extrémité gauche du relief (h. : 0,69 m), Alexandre à cheval, reconnaissable au casque léonin qui l'assimile à Hèraclès, est représenté attaquant un cavalier perse. Cette position décentrée ne doit pas tromper : c'est la place d'honneur d'une composition dont il occupe d'ailleurs plus du quart avec son adversaire.

Grâce à son exceptionnelle conservation, ce chef-d'œuvre singulier atteste aussi de ce qu'apportait la polychromie* : des contrastes, des détails de la réalité, de l'expressivité – ici surtout par les regards.

Bibl. : GRAEVE 1970 ; RIDGWAY 1990 A, p. 37-45, pl. 10-16 ; ROLLEY 1999, p. 364-369, fig. 383-386 ; *GaB* 2004, p. 491-493, fig. 471 a-j.

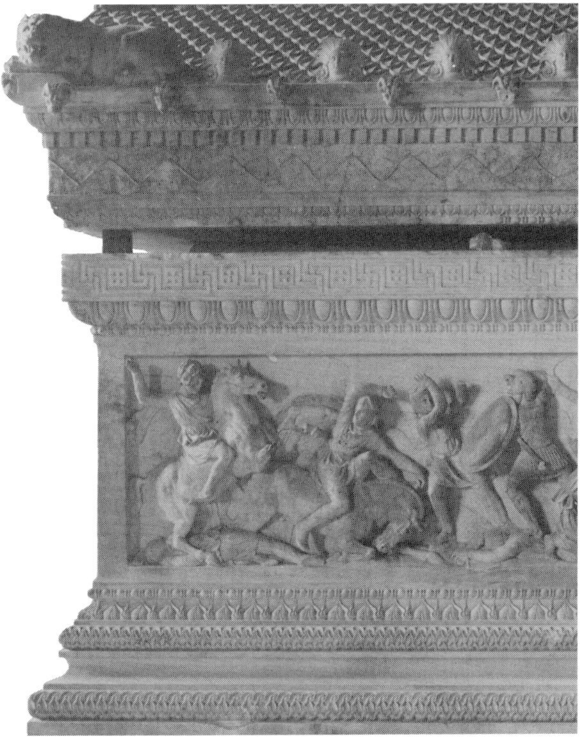

81. « Grande Herculanaise »

Copie en marbre. H. : 1,95 m. Dresde, Skulpturensammlung 326.

Appelée ainsi parce qu'elle provient du théâtre d'Herculanum et pour la distinguer de l'autre statue de femme drapée, légèrement plus petite, trouvée avec elle en 1706, cette statue est une bonne copie complète d'un type très souvent reproduit et varié, dont nous ignorons l'auteur et l'identité : un recensement fait en 1975 en dénombrait plus de cent cinquante exemplaires en ronde-bosse* et presque autant en relief, sur des stèles funéraires ou des sarcophages.

La pondération retenue, avec la jambe gauche libre écartée de la jambe d'appui, a peu d'importance dans la définition de la silhouette, plus massive que celle de sa consœur, car elle est articulée essentiellement par le drapé du manteau. Très enveloppant, celui-ci ne laisse paraître du corps que les doigts et le visage, selon une mode qui va trouver dans les figurines de Tanagra **(82)** d'innombrables variantes et qui a son équivalent chez les hommes **(75)**. Peu accentué sous la taille, le plissé naturel est perturbé par le geste du bras droit qui rabat contre le buste un pan d'étoffe, créant ainsi autour du sein gauche deux fortes diagonales perpendiculaires et rectilignes qui font l'originalité de la pièce. Ce geste de pudeur et la tête voilée, mais suffisamment inclinée et tournée pour révéler la complexité décorative de la coiffure dite « en côtes de melon », confèrent à cette figure majestueuse une dignité dolente qui explique qu'on l'ait préférée par la suite à la « Petite Herculanaise », non voilée et aux gestes plus vifs, pour représenter des femmes plus mûres : prêtresses, bienfaitrices, impératrices…

Parfois attribuée à la mouvance de Praxitèle, dont les fils Céphisodote II et Timarchos maintiennent l'atelier, cette œuvre importante, probablement attique, reste difficile à placer précisément dans le dernier tiers du IVe siècle.

Bibl. : Kruse 1975, p. 41-67, 260-293 (liste des copies) ; Bieber 1977, p. 148-162, pl. 112, 118-121 ; Todisco 1993, p. 133-134, pl. 291-292 ; *GaB* 2007, p. 25-27, fig. 30 a-c (R. von den Hoff : vers 320).

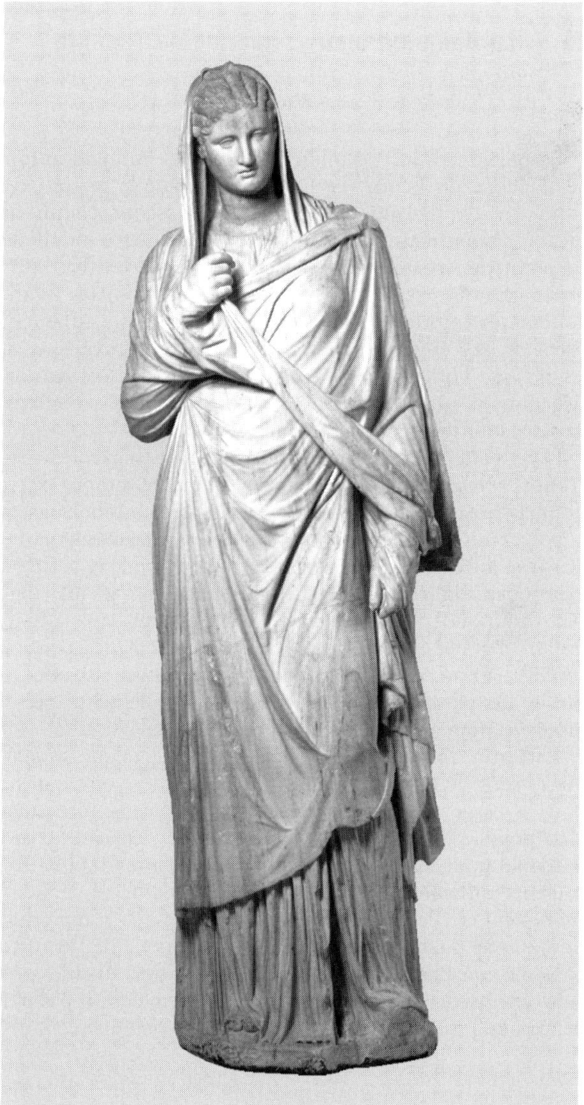

82. « La Dame en bleu », figurine de Tanagra

Terre cuite. H. : 0,325 m.
Paris, musée du Louvre MNB 907 (ex S 1633 bis).

Le pillage effréné de milliers de tombes antiques autour de Tanagra, en Béotie, vers 1870, a inondé le marché des antiquités de figurines de terre cuite qui ont connu un succès extraordinaire jusqu'à la Première Guerre mondiale, au point de susciter toutes sortes d'échos et de très nombreux faux. Les statuettes les plus typiques sont les figures de femmes empruntées par les ateliers béotiens à Athènes à partir de 340 environ : c'est dans l'œuvre de Praxitèle et de ses fils que l'on rencontre d'abord, semble-t-il, ces femmes élégamment drapées et coiffées, dont les deux « Herculanaises » sont les exemples les plus connus **(81)**.

Dans cette production abondante se distingue un petit groupe, provenant probablement d'une seule tombe, exceptionnel par ses dimensions et la qualité de son modelé et de sa polychromie*. Deux statuettes, à Berlin (StaatMusAnt TC 7674) et à Paris, en forment le noyau : l'attitude et le drapé, identiques, sont ceux de la « Grande Herculanaise » **(81)**, mais avec une pondération inversée. Chacune tient dans la main droite un grand éventail, mais l'exemplaire de Paris a perdu la *tholia*, chapeau rond à bout pointu, qui subsiste sur celui de Berlin. Les plis des vêtements ont été repris à la main après le moulage, pour accentuer leur modelé.

L'identité absolue de la polychromie suggère que les deux pièces sont de la même main. On remarquera que, hormis pour le visage, une seule couleur est employée, le bleu, aussi bien pour le vêtement que pour l'éventail, rehaussés d'or à la feuille pour les bordures, alors qu'on s'attendrait à trois couleurs différentes, pour la tunique (*chitôn*), le manteau (*himation*) et l'éventail. Encore une preuve que la reproduction du réel n'est jamais l'impératif catégorique de l'art grec.

Reste une énigme : le sens de ces figurines, au sujet profane, retrouvées dans les tombes. Peut-être n'était-il pas plus défini que l'usage moderne des fleurs aux obsèques…

Bibl. : *Tanagra*… 2003, p. 194-197 (V. Jeammet) ; *Tanagras* 2007.

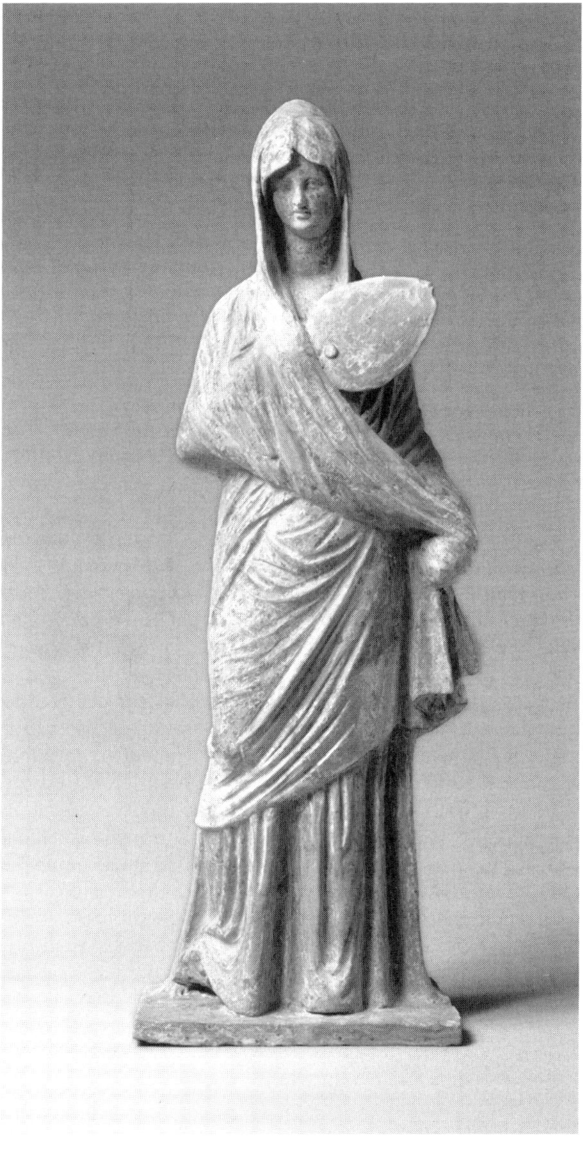

83. « Corè de Callion »

Marbre. H. : 1,96 m. Amphissa, MArch.

Cette statue plus grande que nature, découverte en 1979 sur le site de l'antique Callion, à l'est de Delphes, représente certainement une déesse – peut-être Corè, fille de Dèmèter, car elle se dressait auprès d'une autre statue, peut-être assise, ce qui conviendrait pour ces deux déesses.

Réalisée en marbre du Pentélique, elle est l'un des rares témoignages presque complets de la vogue des grandes statues en marbre de divinités ou de personnifications diverses, qui est diffusée par les ateliers athéniens durant la seconde moitié du IVe siècle. La technique des pièces rapportées, qui s'est répandue pour les têtes depuis le Mausolée d'Halicarnasse **(65)**, est ici étendue aux deux bras, dont la partie nue, sculptée à part, était fixée au corps par des goujons en métal bloqués par des clavettes transversales. Ce procédé, qui se rencontre déjà chez les *coraï* **(30, 33)**, permet de produire plus rapidement une figure dont les bras détachés du corps demanderaient sinon un long travail de dégrossissage.

Le vêtement est également de type athénien : le *chitôn*, ceinturé haut sous les seins et retenu par un nœud d'Hèraclès d'où retombent deux boucles, les cordelettes passant sous les aisselles pour retenir les manches, le plissé en V entre les seins sont des formules fréquentes sur ces grandes figures féminines, dont le torse de la « Pseudo-Démocratie » de l'agora d'Athènes (S 2370) fournit le meilleur exemple. Le drapé du manteau laisse toujours le buste visible en formant un gros bourrelet, plus ou moins incurvé suivant la position du bras gauche qui le recueille. L'avant-bras gauche étant ici légèrement baissé, cette masse de tissu barre presque horizontalement la figure.

La tête, beaucoup plus usée que le corps, semble proche de celle de la « Dèmèter de Cnide » attribuée à Léocharès, auprès de qui ce sculpteur pourrait avoir appris son métier. Une date à partir de 320 serait alors possible.

Bibl. : Themelis 1998, p. 47-59 ; Andreae 2001, p. 66-67, pl. 11 ; *GaB* 2007, p. 48-50, fig. 63 (W. Geominy : peu après 279).

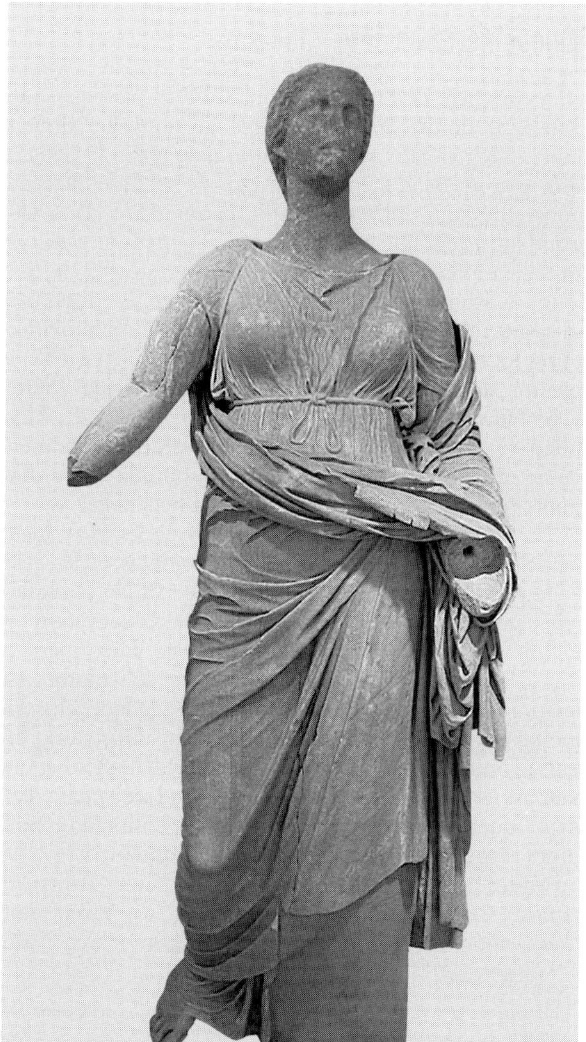

PÉRIODE HELLÉNISTIQUE (336-30)

La conquête de l'Orient jusqu'à l'Indus par Alexandre (336-323) donne au monde grec de nouvelles dimensions [1]. Ses généraux se disputent longtemps (323-281) ce vaste empire hétérogène avant que ne se stabilisent des monarchies qui sont en conflit permanent ; dans leur orbite subsistent les cités grecques, qui tentent de s'unir en confédérations. La deuxième guerre punique (219-202) donne à Rome l'occasion d'intervenir en Méditerranée orientale. Elle sera amenée peu à peu à réduire en provinces toutes les monarchies grecques : la Macédoine en 148, le royaume de Pergame en 129, le royaume séleucide* (Syrie) en 63 et le royaume lagide* (Égypte) en 30 av. J.-C. Ainsi prend fin l'histoire politique de la Grèce, au moment même où triomphe sa civilisation [2] : toute la classe dirigeante romaine est alors profondément hellénisée.

L'évolution de l'art, durant ces trois siècles, n'a plus la même linéarité que durant les siècles précédents, où les styles d'époque, clairement définis en dépit de variantes locales, s'enchaînent avec une régularité où l'on a été souvent tenté de voir une logique esthétique universelle. Désormais, ce sont le lieu de création, mais aussi le genre de sculpture qui déterminent le style, beaucoup plus que l'époque, en sorte que peuvent cohabiter au même moment des styles différents. Toutefois, cette déstructuration du champ esthétique n'est pas un signe de déclin : elle correspond seulement, dans un art moins lié à la religion, à la diversité des situations politiques et sociales dans le monde hellénistique.

Auprès de centres traditionnels comme Athènes [3], Samos [4], Cos [5] ou Rhodes [6], apparaissent des foyers nouveaux, notamment les capitales des deux monarchies qui

1. Histoire de la période : Will 1979-1982. 2. Sur la civilisation hellénistique : Chamoux 2001. 3. Stewart 1979. 4. Horn 1972. 5. Kabus-Preisshofen 1989. 6. Merker 1973 ; Gualandi 1976 ; Zimmer, Baïrami 2008 ; Goodlett 1991.

développent une politique culturelle de grande envergure : Alexandrie et Pergame. Si la production alexandrine reste difficile à saisir[1] **(88, 89)**, celle de Pergame, en revanche, est manifeste en sculpture[2], avec les deux groupes commémorant les victoires sur les Galates[3] **(87)**, et surtout le Grand Autel **(97)** et ses prolongements **(111-112)**. Avec son expressivité outrancière, ce style est le dernier moment créateur de la sculpture grecque avant que la demande romaine n'en infléchisse le cours. L'îlot de Dèlos[4], grâce à un statut douanier particulier suscité par Rome, devient pendant quelques décennies une plaque tournante d'échanges entre l'Orient et l'Italie en cours d'hellénisation et, de ce fait, le lieu singulier d'acculturations diverses. Enfin, Rome elle-même finit par être un centre de la sculpture grecque au Ier siècle av. J.-C.[5], où des artistes grecs immigrés s'affairent à satisfaire la fringale d'art grec d'une clientèle parfois très avertie[6] en revivifiant des styles devenus « classiques » : de l'archaïque[7] **(105, 108)** au baroque pergaménien **(111-112)**.

Cette période complexe bénéficie aujourd'hui d'une attention nouvelle, comme le montrent, par-delà les études portant sur des œuvres[8] **(88, 92, 98, 101, 104, 112)** ou des séries particulières[9], les nombreuses synthèses parues depuis la seconde guerre mondiale[10]. Elle restera pourtant encore longtemps le grand chantier des études de sculpture grecque.

---

1. Himmelmann 1983 ; *Alexandrie* 1998 : p. 328 : bibliographie sur la sculpture. 2. Schober 1951 ; Radt 1999, p. 281-284. 3. Sur le « petit ex-voto galate », Stewart 2004. 4. Marcadé 1969 ; *SculpDél* 1996. 5. La Rocca 1996 ; Fuchs 1996. 6. Jucker 1950. 7. Zagdoun 1989 ; Fullerton 1990. 8. Dohrn 1960 ; Geominy 1984 ; Himmelmann 1989. 9. Linfert 1976 ; Laubscher 1982 ; Bayer 1983 ; Fleischer 1991 ; Schmidt 1991 ; Lewerentz 1993 ; Hoff 1994 ; Damaskos 1999 ; *Gruppen* 1999 ; Queyrel 2003. 10. Bieber 1961 ; Charbonneaux, Marcadé 1970 ; Smith 1991 ; Moreno 1994 ; Ridgway 1990 A, 2000, 2002 ; Andreae 2001 ; Kunze 2002 ; *GaB* 2007.

84. Portrait de Démosthène par Polyeuctos

Copie en marbre. H. : 2,02 m. Copenhague, GNC 2782.

Installé en 280-279 sur l'agora d'Athènes, où Pausanias (I, 8, 2-3) le vit encore cinq siècles plus tard, le portrait en bronze de l'orateur et homme politique Démosthène (384-322) est l'œuvre d'un sculpteur inconnu par ailleurs, Polyeuctos (Plutarque, *Moralia* 847a). L'original perdu nous a été transmis par une cinquantaine de répliques en marbre, qui en font l'un des portraits antiques les mieux attestés. Des trois copies en marbre conservées en pied, celle de Copenhague, trouvée en Campanie, est la plus complète : seules les mains ont été restaurées ; autrefois croisées, elles tiennent aujourd'hui un rouleau de papyrus.

Le drapé minimal du manteau, avec une partie de la poitrine visible et un pan retombant verticalement, est plus simple que celui de la statue de Sophocle **(75)**, antérieure d'une quarantaine d'années. Il serait pourtant erroné d'y voir une évolution de la mode vestimentaire ou du style des portraits : le vêtement grec étant sans forme préconçue, la façon de se draper est une expression importante de la personnalité. Dans ces portraits de caractère que sont essentiellement les portraits posthumes de « grands hommes », l'attitude et le drapé définissent la personne.

Tout indique ici l'austérité : le vêtement sans recherche, le corps décharné, le visage émacié, la barbe et les cheveux très courts. L'expression est soucieuse, mais concentrée – celle d'un homme dont l'intelligence et l'énergie sont au service d'une cause. Sur le socle de la statue était gravé un distique* : « Si ton pouvoir avait été à la mesure de tes desseins, jamais l'Arès macédonien n'aurait pu dominer les Grecs » –, hommage tardif au défenseur passionné de la liberté d'Athènes menacée par Philippe II. Le portrait de Polyeuctos illustre si parfaitement le caractère amer qu'évoque Plutarque qu'on peut se demander si cette statue célèbre n'a pas contribué largement à le définir pour la postérité.

Bibl. : Richter 1984, p. 108-113 ; Johansen 1992, p. 84-87, n° 33 ; Balty 1978 ; *GaB* 2007, p. 22-23 (R. van den Hoff), fig. 26 a-b, 44 a-c, 58.

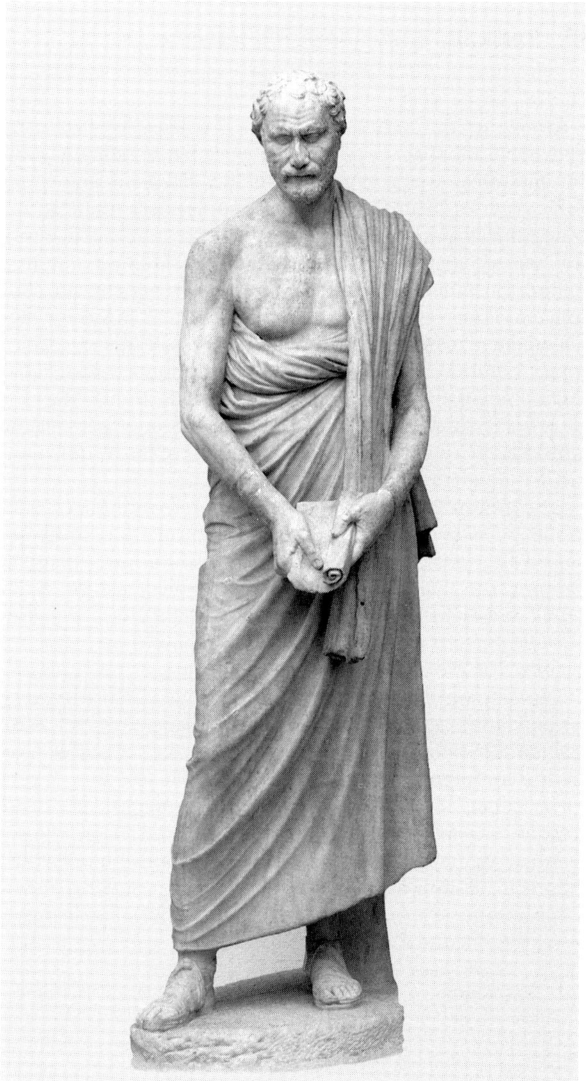

85. Buste de Ptolémée II Philadelphe (?)

Bronze. H. : 0,56 m. Naples, MNArch 5600

Alors que les Grecs ont toujours privilégié le portrait en pied **(51, 75, 84, 110)** car, pour eux, c'est la figure humaine dans son ensemble, avec son attitude et son vêtement drapé, qui révèle la personnalité, les Romains, héritiers de la tradition italique des masques funéraires, ont d'emblée pratiqué le buste, qui concentre sur les traits du visage l'expression de l'individualité. En milieu romain, les statues-portraits grecques ont donc volontiers été réduites à des bustes, qui s'intègrent plus facilement dans de vastes programmes décoratifs et idéologiques, comme celui de la Villa des Pisons, dite aussi des Papyrus, à Herculanum, réalisé dans la seconde moitié du Ier s. av. J.-C. C'est dans le grand atrium* à bassin et péristyle de cette villa qu'a été trouvé, le 24 mars 1754, ce buste, qui faisait partie d'une série de portraits politiques.

Le bandeau large et plat qui ceint la tête indique en effet que le personnage est de rang royal. Il faut dès lors comparer son profil à ceux qui apparaissent sur les monnaies d'argent frappées par les rois grecs de l'époque hellénistique pour tenter de l'identifier. Bien que les traits empâtés, les grands yeux, la bouche charnue conduisent d'emblée du côté des Lagides*, il est difficile de déterminer lequel des premiers Ptolémées, souverains d'Égypte, peut être représenté ici : on a le plus souvent cru y voir Ptolémée II Philadelphe (283-246), mais d'autres identifications plausibles ont été proposées. Resterait à comprendre pourquoi des dirigeants romains (le père est consul en 58, le fils en 15 av. J.-C.), imprégnés de culture grecque comme le prouve leur bibliothèque de textes philosophiques, incluent dans leur galerie de portraits d'intellectuels grecs ceux des rois d'États qu'ils ont fini par conquérir. Serait-ce un hommage au « despote éclairé » qui développa le musée et la bibliothèque d'Alexandrie ?

Bibl. : Pandermalis 1971, p. 208-209, n° 65 ; Beil. 8 et 9 : situation des trouvailles de sculpture ; Kyrieleis 1975, p. 20-24, p. 167 : B 9, pl. 14 (Ptolémée III Évergète) ; Wojcik 1986, p. 220-222, n° I, 2, pl. CX (Antigone Gonatas) ; Mattusch 2005, p. 264-267.

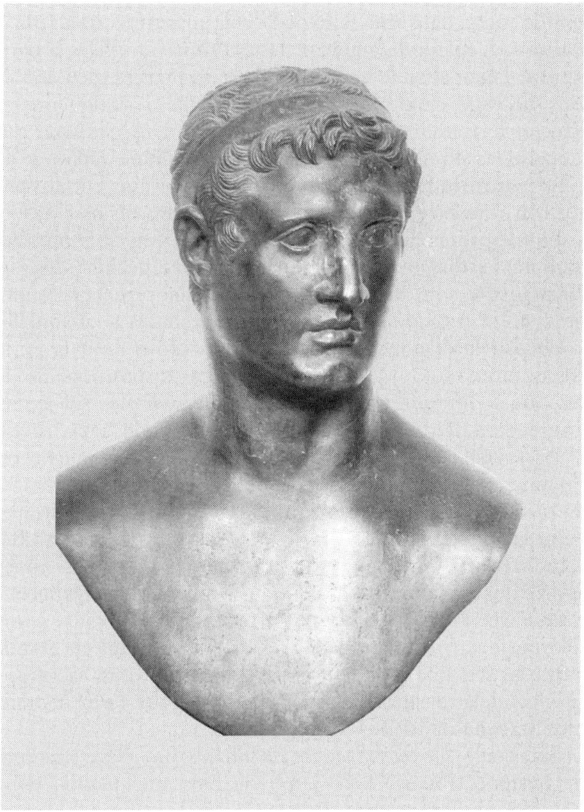

86. « Fanciulla d'Anzio »

Copie en marbre. H. : 1,80 m. Rome, MNR (Palazzo Massimo alle Terme) 50170.

Découverte par une tempête, cette statue décorait une grande niche dans une salle de la villa maritime de Néron à Antium. L'épaule dénudée et la tête sont travaillées à part, comme l'était aussi le bras droit, dans un marbre (de Paros ?) plus fin que celui du corps. La plinthe rectangulaire et épaisse, le traitement des plis inférieurs de la tunique qui rappelle les effets du bronze, l'existence d'une réplique de taille réduite indiquant que l'œuvre était connue, conduisent à y voir une excellente copie d'une création très originale.

La vue principale, indiquée par l'orientation de la plinthe, souligne les diagonales – de la jambe droite fléchie ; des plis du manteau sous son bourrelet horizontal ; du bord supérieur de la tunique ; de la tête inclinée enfin – auxquelles s'opposait la diagonale inverse du bras droit, dont la perte déséquilibre aujourd'hui la figure. La disposition de la tunique de lin est d'une complexité sans exemple : si l'épaule droite dénudée reprend un motif à la mode à la fin du ve siècle **(55, 59, 60)**, le rabat visible sur le flanc gauche est singulier, tout comme le bord inférieur, relevé pour dégager le pied gauche mais traînant à côté sur le sol. Même désordre très étudié dans la coiffure, avec la masse des cheveux ramenée en avant pour dégager la nuque et nouée approximativement au-dessus du front. Cette négligence forme avec l'action un contraste piquant : cette toute jeune fille porte sur un plateau des objets, aujourd'hui en grande partie brisés, qui évoquent les préliminaires d'un sacrifice : une bandelette enroulée, un petit vase pour l'eau lustrale, une branche de laurier pour son aspersion.

Serait-elle *La Sacrificatrice* de Phanis, un élève inconnu de Lysippe (Pline XXXIV, 80) ou bien une pythie, voire une nymphe ? Une date dans le IIIe siècle est probable.

Bibl. : *Helbig* III, p. 180-183, n° 2270 (H. von Steuben) ; Moreno 1994, p. 308-318 ; Andreae 2001, p. 88-90, pl. 40, 42 ; Kunze 2002, p. 43-47, fig. 13-16 ; *GaB* 2007, p. 121-124 (U. Mandel), fig. 141 a-h.

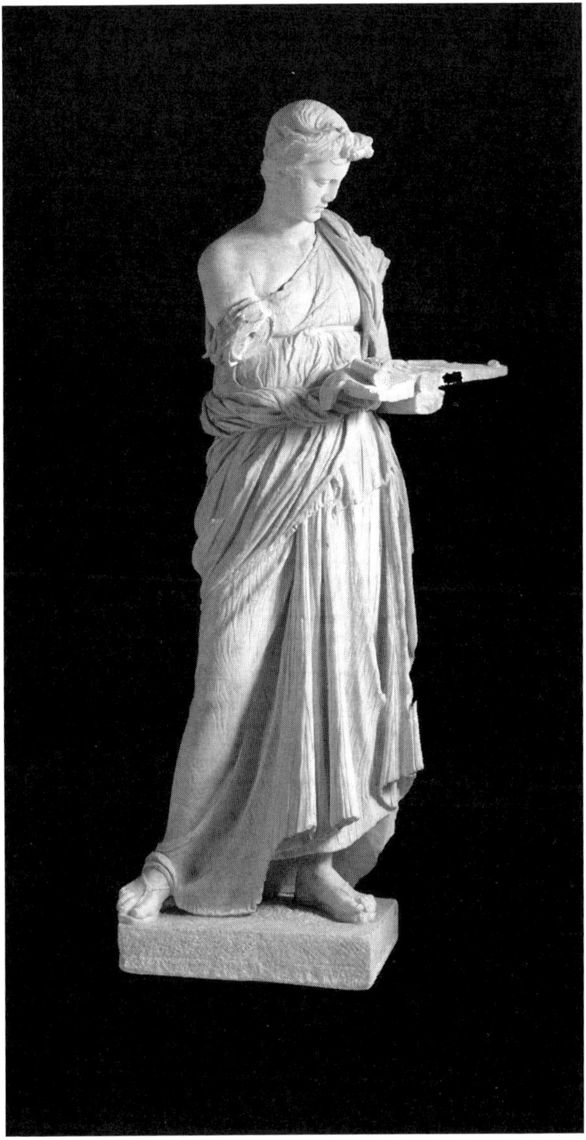

87. « Groupe des Galates Ludovisi »

Copie en marbre. H. : 2,11 m. Rome, MNR (Palais Altemps) 8608.

Trouvé avec le « Gaulois mourant » (Rome, musée du Capitole 747) et sculpté dans le même marbre, ce groupe faisait partie d'une série de copies reproduisant une offrande d'Attale Ier de Pergame, faite vers 230-220 pour célébrer ses victoires sur les tribus celtes qui rançonnaient l'Asie Mineure. Ces statues de grandes dimensions formaient, dans le sanctuaire d'Athèna de l'acropole de Pergame, ce qu'on appelle le « grand ex-voto galate » pour le distinguer du « petit ex-voto », plus récent, aux figures plus nombreuses et plus petites. La disposition des figures sur les deux bases – l'une ronde et élevée, l'autre basse et longue – conservées dans le sanctuaire de Pergame reste discutée.

Le groupe du Galate qui se suicide après avoir tué sa femme est en tout cas destiné à être vu de tous côtés, puisque, selon le point de vue adopté, la composition est très différente, mais toujours impressionnante. Tantôt, c'est le corps agenouillé et déjà inerte de la femme qui est au premier plan, que son mari soutient encore d'un bras tandis qu'il enfonce son épée dans sa poitrine, en se retournant vers l'ennemi ; et c'est alors le pathétique d'une situation extrême qui l'emporte. Tantôt, c'est la figure héroïque de l'homme, animée par l'énergie du désespoir, qui masque presque entièrement celle de sa femme qui succombe ; sa grande enjambée, la musculature exacerbée par l'emportement du geste, la torsion de la tête, le flottement nerveux du manteau détaché du corps composent une figure dramatique d'une éloquence exceptionnelle. Les cheveux épais et hirsutes, la moustache évoquent un type ethnique barbare, mais le sujet est traité sans intention péjorative : les deux figures, peut-être œuvres d'Epigonos, semblent destinées à susciter la pitié et l'admiration.

Bibl. : Wenning 1978 ; Hölscher 1985 ; Ridgway 1990, p. 284-290 ; Andreae 2001, p. 92-93, fig. 46, 49 ; *GaB* 2007, p. 167-173 (U. Mandel), fig. 168, a-k.

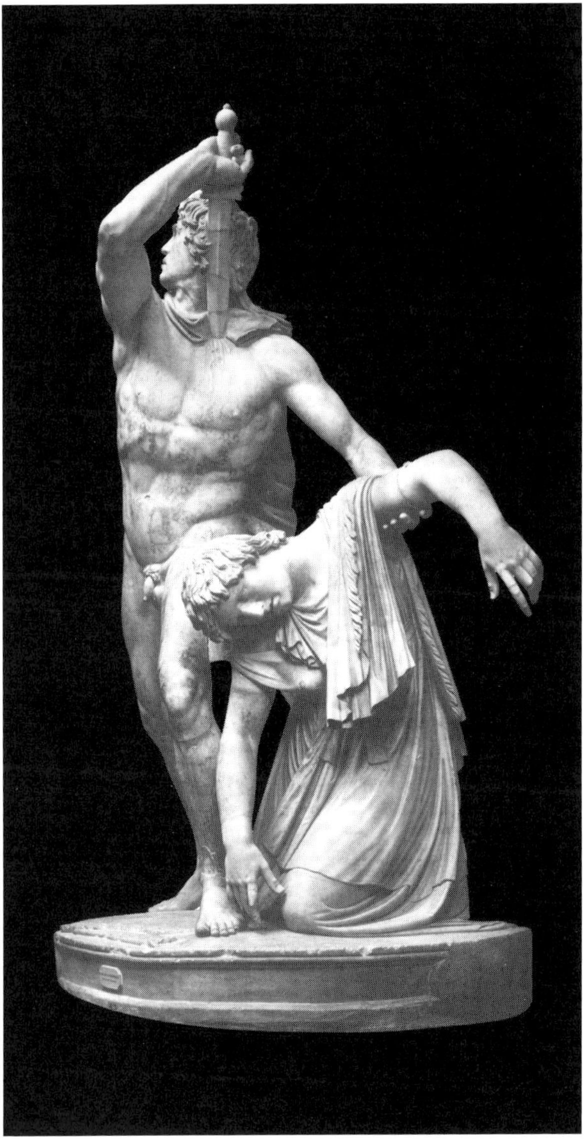

88. Vieille femme ivre

Copie en marbre. H. : 0,92 m. Munich, glyptothèque 437.

Des statues en grandeur naturelle de personnages assis ou couchés à terre, l'art grec n'en a longtemps produit que pour meubler les angles des frontons à décor figuré **(35, 49)**. À l'époque hellénistique en revanche, les grandes offrandes attalides **(87)** et diverses scènes de genre en fournissent plusieurs exemples, dont celui-ci est certainement le plus célèbre. Une vieille femme est assise sur le sol, les genoux relevés, cernée sur les côtés par les plis houleux de son manteau. Elle serre contre elle un vase, dont elle étreint la panse et tient le goulot. La tête rejetée en arrière, la bouche ouverte et déformée expriment une extase qui n'est pas, comme chez la Ménade de Scopas **(64)**, un paroxysme de mouvement mais le vertige de l'ébriété. La tunique, qui a glissé de l'épaule droite suivant le motif cher au maniérisme attique **(55, 59, 60)**, révèle ici un corps décharné où les clavicules et les nerfs du cou font excessivement saillie. Le visage est émacié : la peau fripée n'adhère plus à la structure osseuse. Une figure anti-classique donc, puisqu'elle exhibe la vieillesse et l'indignité, le corps défait par l'âge et l'égarement.

Même si Pline signale à Smyrne une statue célèbre de vieille femme ivre due à un bronzier du IIIe siècle (XXXVI, 32), on crédite plus volontiers l'art alexandrin de ce réalisme provoquant, car le vase auquel s'accroche cette saoularde est un *lagynos*, récipient qui jouait un rôle essentiel dans une fête instaurée par Ptolémée IV (221-204) en l'honneur de Dionysos, les lagynophories, où le peuple d'Alexandrie trouvait l'occasion de s'enivrer. Resterait à déterminer la fonction d'une telle œuvre. Peut-on admettre qu'une image aussi peu reluisante de l'humanité ait pu être dédiée dans un sanctuaire de Dionysos ? Une démarche aussi contraire à la tradition grecque peut-elle s'expliquer par le cosmopolitisme de l'Alexandrie hellénistique ou cette figure évoque-t-elle un personnage de comédie : la prostituée décatie et alcoolique ?

Bibl. : Zanker A 1989 ; Amedick 1995 ; Kunze 1999 ; Andreae 2001, p. 98-99, pl. 58-59.

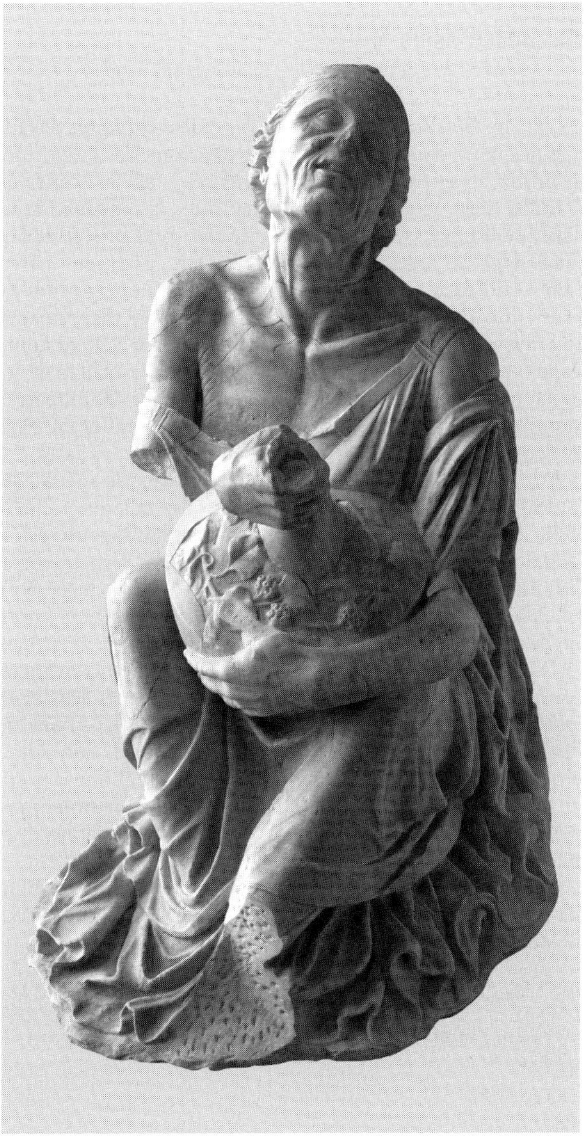

89. Bossu assis

Bronze. H. : 0,16 m. Berlin, StaatMusAnt 30 894.

L'art hellénistique ne s'est pas contenté d'exploiter davantage des voies déjà explorées par les arts mineurs – figurines en bronze et en terre cuite, vases figurés – où les scènes de la réalité se rencontrent dès l'archaïsme : la tendance anticlassique est poussée parfois à l'extrême, avec une complaisance dans la hideur morbide qui a fait justement parler d'un « laid idéal ». Dans ce registre, les petites figurines de terre cuite provenant d'Alexandrie, de Tarse, mais surtout de Smyrne, offrent un choix de monstres qui défient toute réalité. En comparaison avec ces figures de cauchemar, les petits bronzes, probablement fabriqués pour la plupart à Alexandrie, d'où cette mode a dû se répandre en Asie Mineure, paraissent plus subtils, plus dérangeants aussi.

À la banalité parfois fade du corps glorieux des héros **(48)** et des athlètes **(52)**, cette statuette oppose la figure, également nue, d'un homme contrefait perché sur un étroit rocher comme pour exhiber sa difformité. La recherche traditionnelle d'une harmonie supérieure a cédé la place ici à celle d'une dissonance stridente, car ce corps disgracié, dont les membres décharnés et anguleux contrastent avec l'excroissance de la cage thoracique, est terriblement vivant et expressif. Les oreilles décollées, le nez busqué, les lèvres épaisses et entrouvertes, le regard perçant : les traits du visage sont tous accentués jusqu'à la caricature, donnant à la physionomie une vivacité menaçante que renforce la gesticulation énigmatique des bras, car les mains ne semblent pas avoir tenu quelque chose. Serait-ce l'effort malhabile d'un mendiant handicapé pour attirer l'attention ?

Quelle pouvait être la fonction d'une œuvre aussi singulière ? Illustrer, chez un adepte des cyniques vivant au IIIe siècle, la misère de la condition humaine ?

Bibl. : NEUGEBAUER 1951, p. 69-71, n° 62, pl. 30 ; HIMMELMANN 1983, p. 59-61, pl. 44 ; HOLTZMANN, PASQUIER 1998, p. 274-275 ; *GaB* 2007, p. 180-182 (U. Mandel), fig. 172, a-d ; *Smyrne* 2009, p. 170-191 (L. Laugier).

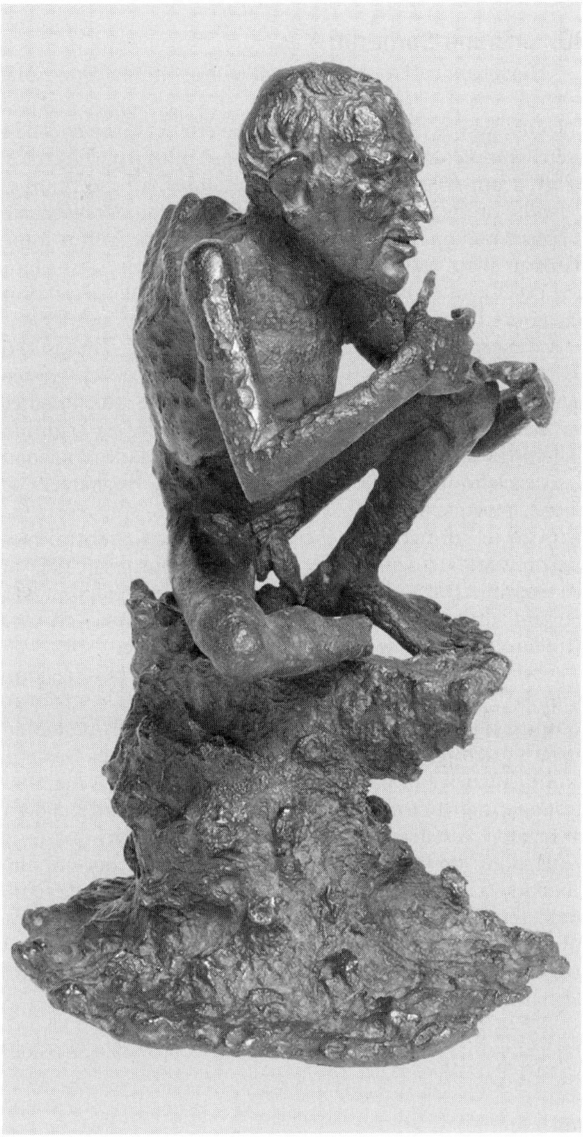

90. « Faune Barberini »

Copie en marbre. H. : 2,15 m. Munich, glyptothèque 218.

Cette statue, célèbre dès sa découverte à Rome en 1624, a été complétée d'abord par Bernin, puis par Pacetti en 1799, avant d'être aujourd'hui dérestaurée, à l'exception de la jambe droite, dont la position exacte est toujours discutée. Original ou copie ? Trouvée dans une zone de jardins impériaux où elle a pu servir de décor à une fontaine, c'est plutôt une excellente copie d'un bronze de la fin du IIIe siècle, dont on ignore l'auteur…

À l'exception du grand relief au Silène de Thasos **(34)**, les représentations des suppôts de Dionysos étaient restées cantonnées dans les arts mineurs jusqu'à ce que Praxitèle les mette à la mode au milieu du IVe siècle. La sculpture hellénistique en fera l'un de ses sujets de prédilection, mais il est exceptionnel qu'un « Satyre » – ou plus exactement un Silène, puisque ses jambes sont humaines – soit représenté dans un tel format. Si le thème du « Satyre » endormi n'est pas nouveau – le cratère de Dervéni en fournissait déjà un bel exemple **(73)** –, il est ici magnifié par un sculpteur participant du courant baroque qui se développe en Asie Mineure durant la seconde moitié du IIIe siècle.

Affalé au creux d'un rocher où il a disposé sa peau de loup, dont la tête retombe devant son bras gauche, le « Satyre » somnole plutôt qu'il ne dort, dans une position instable qui ne laisse rien ignorer de sa puissante anatomie : le bras et la jambe gauches sont naturellement allongés, mais les membres droits sont artificiellement pliés et écartés de manière à offrir au regard l'aisselle et l'entrecuisse, habituellement invisibles. Voilà donc un corps abandonné, défait, pourrait-on dire, alors que la sculpture grecque n'a cessé de construire la figure masculine. Son animalité physique n'est rappelée que par une minime queue de cheval au bas du dos : l'esprit de Dionysos, dieu de l'excès, s'incarne ici, non pas dans un monstre déchaîné, mais dans un rustre impudique et passif.

Bibl. : Ridgway 1990, p. 313-321 ; Moreno 1994, p. 287-290 ; *GAB* 2007, p. 145-149 (U. Mandel), fig. 157 a-c.

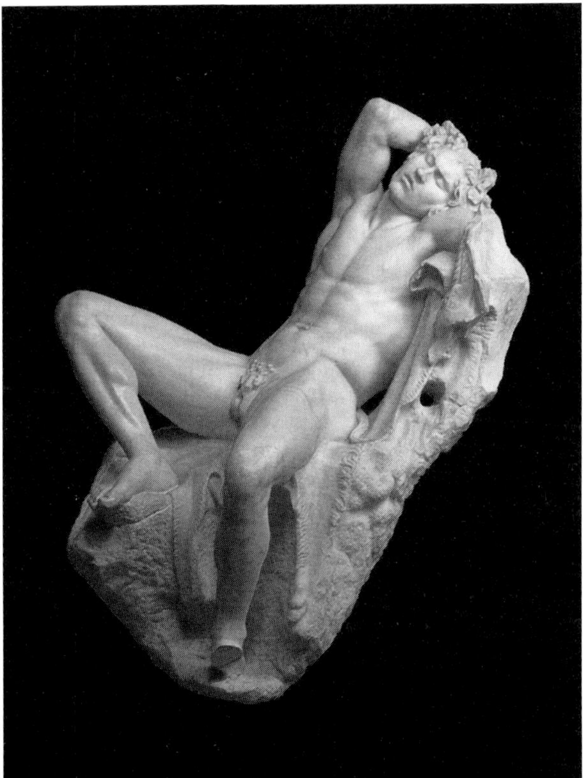

91. Tête du géant Anytos, du groupe cultuel de Lycosoura

Marbre. H. : 0,74 m. Athènes, MNArch 1736.

Damophon de Messène, actif dans le Péloponnèse entre 220 et 180 environ, fut un *agalmatopoios* – spécialiste de statues de divinités – assez renommé pour être convié à restaurer à Olympie la statue chryséléphantine* de Zeus, chef-d'œuvre de Phidias. On a trouvé à Messine, dans un monument peut-être consacré à son culte héroïque, une colonne où sont inscrits sept décrets pris par diverses cités pour l'honorer, ce qui permet aujourd'hui de reconstituer plus exactement sa carrière. Le plus intéressant est celui de Lycosoura, qui lui a fait ériger une statue en bronze pour le remercier d'avoir renoncé à une partie de ses honoraires, ainsi que la somme considérable de 14 184 drachmes, reliquat du prix d'un groupe de statues de culte colossales en marbre.

Or de nombreux fragments de ce groupe représentant Dèmèter et sa fille Despoina trônantes, entourées d'Artémis et d'Anytos debout, sont conservés. Du Titan arcadien, père nourricier de Despoina, subsiste surtout la tête, qui était rapportée. Le caractère baroque que lui confère un système pileux abondant et désordonné, travaillé dans la masse et peu détaillé, ne doit pas leurrer sur le style de l'artiste : si l'on fait abstraction de ce chaos périphérique, qui signifie la rusticité du personnage, le visage est celui, majestueux et serein, des dieux âgés du IVe siècle. Cette référence stylistique est plus nette encore chez la tête d'Artémis (Athènes, MNArch 1735), dont l'ovale accentué et la coiffure en « côtes de melon » ont également leur modèle au dernier tiers de ce siècle. Les yeux rapportés en pierres de couleur ou en pâtes de verre rappellent enfin que Damophon fut aussi un spécialiste des techniques composites, dont les matériaux rares renforcent le prestige des statues de culte.

Bibl. : Levy, Marcadé 1972 ; Moreno 1994, p. 507-518 ; Andreae 1998, p. 87-93 ; Damaskos 1999, p. 60-70 ; *GaB* 2007, p. 190-197 (E. Schraudolph), fig. 174 a-m ; Sève 2008.

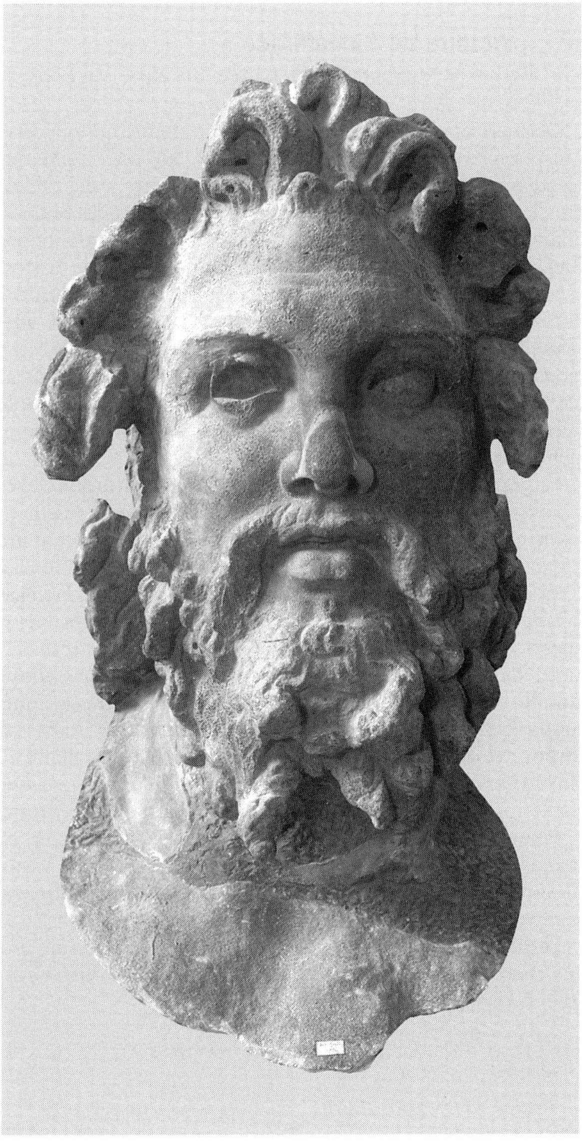

92. « Victoire de Samothrace »

Marbre. H. : 2,45 m. Paris, musée du Louvre MA 2369.

Dernière et grandiose variation sur un thème qui n'a cessé d'inspirer les sculpteurs grecs **(22, 41, 56, 59)**, cette Nikè qui prend pied sur la proue d'un bateau de guerre a été dédiée dans le sanctuaire des Grands Dieux protecteurs des marins, à Samothrace, pour commémorer une victoire navale inconnue. Si le marbre grisâtre du bateau est bien celui de Lartos, ce pourrait être une offrande de Rhodes, puissance maritime alors à son apogée (vers 190 ?), à moins que ce ne soit simplement l'œuvre d'un artiste rhodien inconnu. Elle était exposée dans une grande niche, peut-être couverte et aménagée en bassin, où la proue du navire était orientée vers la gauche d'environ 15°, pour que son mouvement fût pleinement mis en valeur.

La perte de la tête et des bras – sauf la main droite, levée et ouverte, qui ne tenait rien – a réduit la figure à l'essentiel, accentuant l'effet recherché par la position éloquente du corps, le rendu du vêtement et le déploiement des ailes. La grande enjambée et la torsion du tronc rappellent le Gaulois se suicidant **(87)**, mais, ici, c'est l'exaltation qu'exprime la tension du corps. La tunique de lin très fine retrouve le motif de l'épaule dénudée **(55, 60)** et les effets de « drapé mouillé » révélant le nombril **(59)** du maniérisme attique, tandis que la ceinture haute qui souligne les seins est empruntée à la fin du IVᵉ siècle **(83)**. La position du manteau plié en deux, en revanche, est sans exemple : il ne tient que par le fort vent contraire qui le plaque sur la jambe droite, le laboure de plis latéraux profonds et le fait claquer en arrière – ce vent contre lequel restent déployées les vastes ailes qui équilibrent la figure et dont le plumage prodigieux se retrouve à l'Autel de Pergame **(97)**.

La surréalité visionnaire de ce chef-d'œuvre proclame une fois encore avec éclat que le réalisme n'est pas le but de l'art grec, à l'époque hellénistique non plus.

Bibl. : Knell 1995 ; Ridgway 2000, p. 150-160 ; *GaB* 2007, p. 137-141 (U. Mandel), fig. 155 a-e ; Hamiaux 2007.

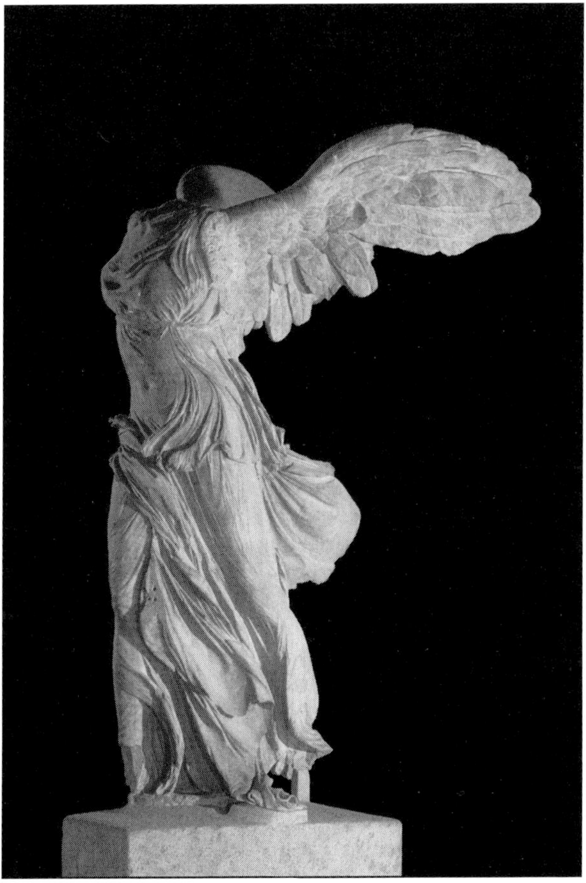

93. « Enfant à l'oie »

Copie en marbre. H. : 0,92 m.
Paris, musée du Louvre MA 40.

Cette copie, dont les têtes modernes reproduisent celles d'autres copies romaines, est l'écho d'un bronze célèbre de Boethos, dont Pline (XXXIV, 84) note qu'il était plus apprécié en tant qu'orfèvre ; l'original avait été transporté à Rome, car la plupart des copies connues en proviennent. Une base signée vers 184, trouvée à Lindos, indique que ce Boethos était originaire de Chalcédoine ; une autre, trouvée à Dèlos, qu'il était encore actif vers 166-163, puisqu'il s'agit d'un portrait d'Antiochos IV. D'autres témoignages montrent que la firme Boethos & fils existait toujours un siècle plus tard : certains bronzes de l'épave de Mahdia (Tunis, musée du Bardo), outre le pilier hermaïque* en bronze portant sa signature et sa réplique (Malibu, musée Getty), pourraient en provenir.

Est-ce seulement une scène de genre : un délicieux bambin martyrise un animal familier – ou bien est-ce de la mythologie pittoresque, dans la veine inaugurée par Praxitèle **(71)** : un Hèraclès en herbe fait ses premières armes sur un gros volatile de basse-cour ? Une telle œuvre apparaît au IIIe siècle dans un poème d'Hérondas (Mime IV), en rapport avec Asclèpios. Quelles que soient les connotations du sujet, on est ici devant un chef-d'œuvre d'observation, qu'il s'agisse de l'oie qui résiste et proteste – ce qui n'est pas nouveau, car la sculpture animalière a une longue tradition derrière elle –, ou qu'il s'agisse de l'enfant qui l'agresse – ce qui l'est davantage, l'art grec ayant mis très longtemps à représenter correctement les petits enfants. La chair dodue et molle de l'enfant forme un contraste amusant avec la contention de la posture, empruntée à l'iconographie du combat ou de la lutte. La composition pyramidale propose deux aspects opposés de l'œuvre – une pluralité de points de vue désormais fréquente **(87)**.

Bibl. : Linfert 1994 ; Mattusch 1994 ; Andreae 2001, p. 158-160, n° 134, fig. 121-123 ; Kunze 2002, p. 142-153 (note 791 : liste de 12 répliques ; date : 250-200), fig. 60-66, p. 262-264 ; *GaB* 2007, p. 164-167 (U. Mandel), fig. 166 a-d.

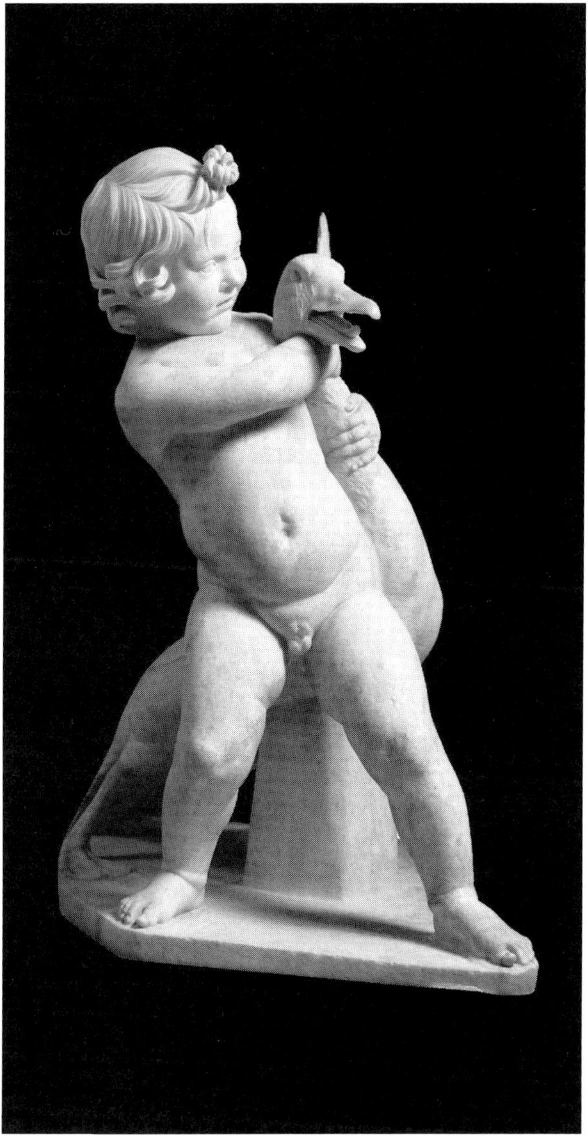

94. Marsyas supplicié

Copie en marbre du Pentélique. H. : 2,56 m.
Paris, musée du Louvre MA 542.

Cette œuvre illustre un mythe bien connu : Marsyas, Silène phrygien, ayant récupéré la « double flûte » (*aulos*) abandonnée par Athèna, apprend à en jouer et, ravi par ce nouvel instrument, a la témérité de défier Apollon, patron de la grande musique pour cordes ; vaincu, il est écorché vif. La figure plus banale de son bourreau accroupi en train d'aiguiser l'instrument du supplice n'est conservée que par une copie (Florence, musée des Offices 230), mais celle de Marsyas l'est en grand nombre : on distingue traditionnellement deux variantes, l'une « rouge », vers 200, plus expressionniste que la « blanche », vers 150 (?).

Autre façon, radicale, de déconstruire le corps classique **(90)** en le suspendant, ce qui annule le rapport au sol, fondateur de la figure grecque depuis l'archaïsme. Ici, c'est la position des mains, liées très haut à une branche, qui détermine le reste de la figure, caractérisée par l'élongation des bras, du torse et des jambes, qui ne devaient pas être soutenues sur l'original en bronze. Cette position, plus douloureuse que celle de la crucifixion, provoque une emprise inversée du corps : les jambes sont libres, mais les bras, la tête et le torse subissent une contrainte maximale qui gêne la respiration et fait saillir différemment muscles et ossature. L'inclinaison forcée de la tête entraîne un rictus de douleur qui contracte la face, encadrée par une chevelure et une barbe désordonnées, qui rappellent seules la nature sauvage du personnage.

Sous le prétexte d'un mythe localisé en Phrygie, voilà donc représentée avec complaisance une scène de grande cruauté qui n'entre pas dans le registre convenu de la guerre **(87)**. Son pathétique immobile la distingue des grandes compositions pergaméniennes **(97)** qui marquent le paroxysme du courant baroque, surtout attesté en Asie Mineure.

Bibl. : Weis 1992 ; Pasquier, Martinez 2007, p. 182-183 ; *GaB* 2007, p. 149-152 (U. Mandel), fig. 158 a-l.

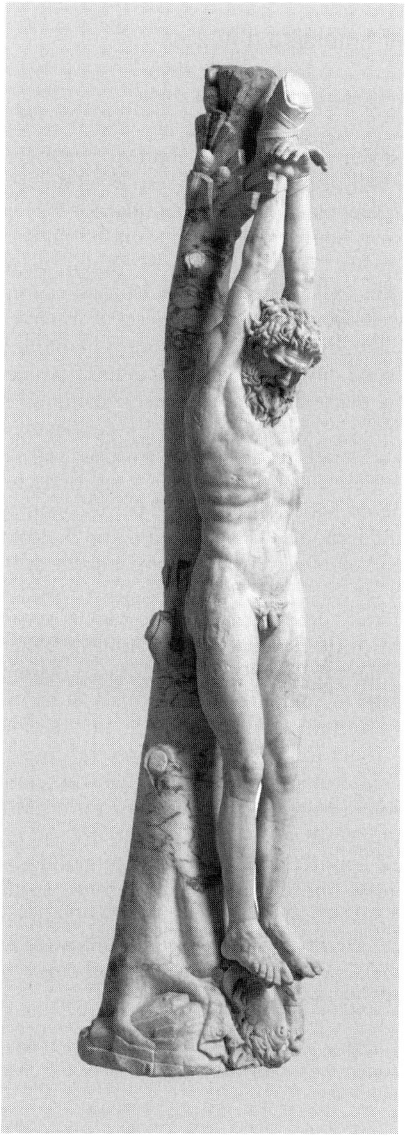

95. Relief funéraire d'Attalos

Marbre. H. : 1,07 m ; l. : 1,26 m.
Paris, musée du Louvre MA 2854.

Ce grand relief, massif et légèrement pyramidant, à l'encadrement architectural négligé, est funéraire en dépit de sa forme légèrement oblongue commandée par la scène de banquet qui y figure. L'inscription gravée sur son bandeau inférieur l'atteste : le défunt s'appelle Attalos, fils d'Asclèpiodôros. Les dix scellements situés en haut du champ servaient à fixer des éléments rapportés : pièces d'armement dans la composition traditionnelle du banquet héroïque ou plutôt ici objets évoquant la profession du défunt. Les deux recreusements à la place des têtes indiquent, comme l'absence de l'angle supérieur droit, que le relief a été réparé : aux têtes en très haut relief de l'état initial, créé vers 175-150 à Cyzique, ont été substituées des têtes en ronde-bosse*.

Le thème du banquet est adopté par l'iconographie funéraire durant l'époque hellénistique, car le commun des morts accède alors au titre de héros sans en avoir le statut religieux. Il est ici représenté non pas dans sa version initiale, réservée au culte des héros **(45)**, mais dans sa version modernisée au milieu du IVᵉ siècle, qui inclut généralement la présence d'animaux en rapport avec le monde chthonien* des héros : le serpent et le cheval. Désormais, la femme du banqueteur est souvent assise sur le lit ; un guéridon rond à trois pieds zoomorphes* porte gâteaux et fruits ; le couple est entouré de deux domestiques, miniaturisés pour indiquer leur fonction subalterne : un serviteur en tunique qui, ici, puise dans un cratère le vin qu'il va servir à son maître ; une servante qui apporte à sa maîtresse une grande boîte ronde dont l'allure architecturale rappelle d'assez près un bâtiment singulier, l'Arsinoeion du sanctuaire des Grands Dieux de Samothrace. À l'arrière-plan à gauche, un coffre à vêtements et une corbeille à laines rappellent la principale occupation des femmes grecques : le tissage.

Bibl. : Pasquier-Martinez 2007, p. 204-205 ; Sève 2007. Sur l'évolution hellénistique du thème du banquet : Schmidt 1991, p. 103-116.

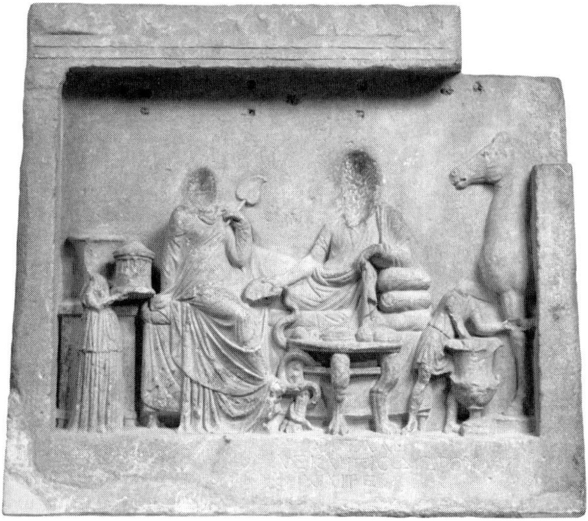

96. Relief funéraire d'un cavalier

Marbre. H. : 0,88 m. Berlin, StaatMusAnt Sk 809.

Un cadre architectural massif, composé de deux piliers et d'une frise ionique à trois fasces* surmontée d'une moulure de couronnement, détermine un champ où l'axe vertical, traditionnel pour les stèles funéraires, est très peu marqué. Du fond se détache en très haut relief un homme nu, le manteau enroulé autour du bras gauche ; le bras droit étendu tenait par la bride sa monture : un étalon fringant, la tête tournée vers son maître et la jambe avant gauche levée, le dos couvert d'une peau de bête. La silhouette instable du cavalier, qui évoque la manière de Lysippe, et le trois quarts plus marqué du cheval composent un groupe centrifuge que flanquent des figures dont la petite taille indique le rang social subalterne : à gauche, un valet d'armes qui s'est peut-être affublé du casque empanaché de son maître ; à droite un autre serviteur, qui tient une très longue lance et qu'accompagnent deux chiens familiers. À l'arrière-plan à droite, enroulé dans un arbre fruitier dont la ramure s'étale dans le champ, un grand serpent approche sa tête de celle du cavalier, brisée.

La présence de ce reptile arboricole (*drakôn*), symbole de l'esprit chthonien* des héros, et la nudité du cavalier suffisent à indiquer que le mort est héroïsé, ce qui ne signifie plus, à l'époque hellénistique, que le défunt reçoit un culte : beaucoup d'inscriptions qualifient de héros des défunts ordinaires, ce qui permet de les représenter d'une manière plus prestigieuse et pittoresque. Le cheval, bien qu'il soit aussi un élément majeur de l'iconographie des héros et garde toujours une connotation aristocratique, a plutôt ici une valeur concrète : le défunt était un soldat de cavalerie, comme le suggèrent le casque et la lance portés par les valets.

Cette stèle funéraire s'inscrit dans une série produite à Smyrne.

Bibl. : Pfuhl-Möbius II, p. 341, n° 1439, pl. 210 ; *Antikensammlung... Berlin* 1998, p. 186-187, n° 111 ; sur le type : Berger 1990, p. 251-282. Sur les stèles funéraires de Smyrne, *Smyrne* 2009, p. 64-79 (L. Laugier).

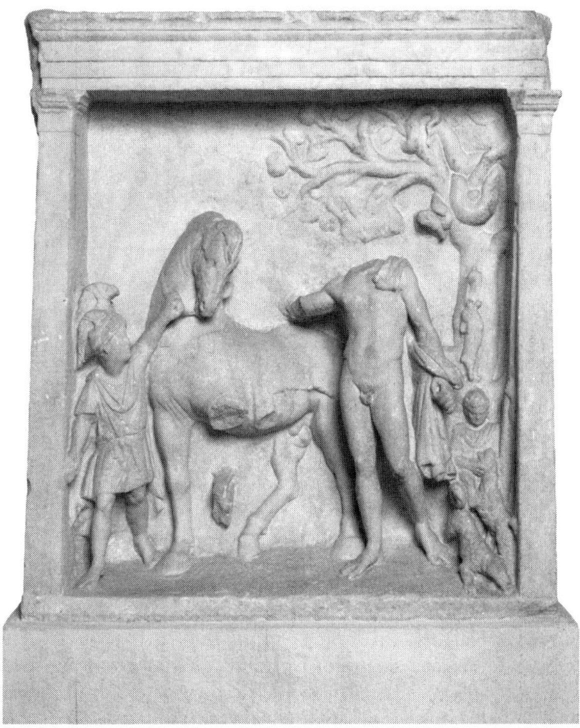

97. Athèna et Gè, sur la frise du « Grand Autel » de Pergame

Marbre. H. : 2,30 m. Berlin, StaatMusAnt.

Le Grand Autel de Pergame (36,80 x 34,20 m) occupait une terrasse de l'acropole en contrebas du sanctuaire d'Athèna **(87)**. Sur un podium haut de 6 m s'élevait une cour fermée, ceinturée par une colonnade ionique. La grande frise courant autour du podium, la petite frise ornant le parement intérieur du mur de la cour, les statues disposées entre les colonnes et sur le bord du toit de la colonnade constituent le dernier ensemble majeur de sculpture architecturale, après le Parthénon **(53-55)** et le Mausolée **(65)**.

La frise du podium, longue de 113 m et haute de 2,30 m, qui représente en haut relief la Gigantomachie*, comprenait au moins 111 personnages dont les noms étaient inscrits, pour les dieux au-dessus et pour les Géants au-dessous du relief. Quelques signatures de sculpteurs sont également conservées. Le monument, laissé légèrement inachevé, aurait été consacré aux douze dieux et à Eumène II divinisé bien après sa mort en 158.

Sur le côté est, le plus visible et le plus prestigieux, sont représentés presque tous les grands dieux olympiens. Parmi eux, Athèna, patronne de cette nouvelle Athènes que se targue d'être Pergame, figure en bonne place, terrassant le Géant Alkyoneus, que Gè, sa mère la Terre, essaie de secourir, tandis que Nikè vient déjà couronner sa maîtresse. Au premier plan, les figures pathétiques et échevelées des vaincus forment un axe transversal tendu, que domine, légèrement décalé, le groupe pyramidant, aux mouvements inverses, d'Athèna et Nikè. Entre ces figures colossales présentées toutes presque de face, le déploiement des drapés et des ailes achève de saturer l'espace, composant une symphonie tonitruante de formes contrastées : la nouvelle Athènes est ici, superbement, une anti-Athènes.

Bibl. : *Pergamonaltar* 1997 ; Ridgway 2000, p. 19-66 ; Andreae 2001, p. 136-147, fig. 106-119 ; Queyrel 2006 ; Massa-Pairault 2007.

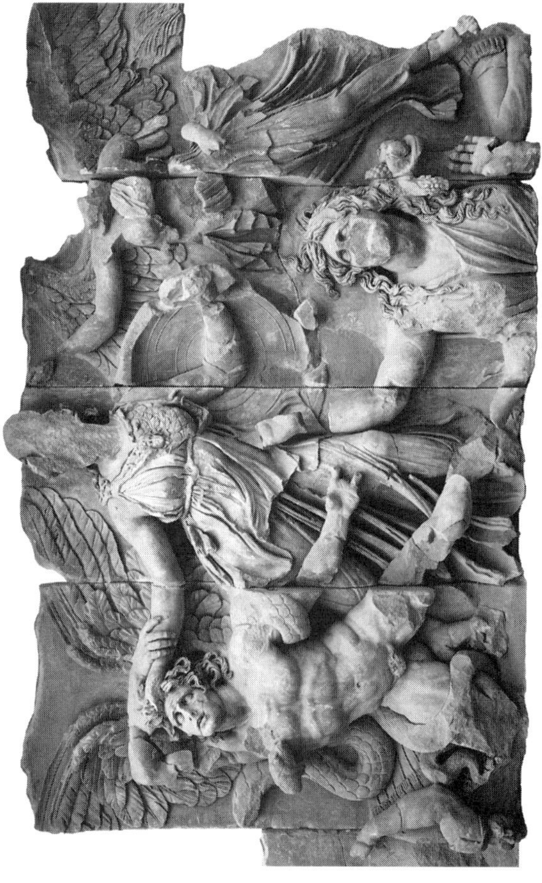

98. « Apothéose d'Homère »

Marbre. H. : 1,15 m. Londres, BrMus 2191.

Ce relief grec est singulier par son lieu de trouvaille, à Bovillae, au sud de Rome ; par sa grandeur et sa forme ; par sa composition en quatre registres ; par le nombre de ses figures ; par la signature d'un sculpteur inconnu, Archélaos de Priène, qui réalise la commande d'un lettré féru d'Homère, héros archégète* de la culture grecque.

Le registre inférieur adopte en effet la composition en diptyque des reliefs votifs du IVe siècle **(72)**. Contre le fond, autrefois coloré, que procure une tenture accrochée aux chapiteaux d'une colonnade, se détache en bas relief une scène dont les personnages allégoriques sont identifiés par des inscriptions. À gauche Homère trônant, entouré de l'Iliade et de l'Odyssée agenouillées, est couronné par Oikouménè, la Terre habitée, flanquée de Chronos, le Temps, dont les traits évoquent ceux de Ptolémée IV, tandis que le petit officiant n'est autre que le Mythe. Derrière l'autel rond apparaît la tête de l'animal africain qui va être sacrifié : un zébu. À droite, l'Histoire procède aux offrandes préliminaires, suivie par la Poésie, la Tragédie et la Comédie qui font un grand geste de salut ; enfin un enfant, la Nature, précède le Mérite (*arétè*), la Mémoire, la Fidélité et la Sagesse.

Plus haut s'étagent sur deux plans les figures des neuf Muses, filles de Zeus, qui trône au sommet, et de Mnèmosynè, debout. La première fait face à Apollon citharède dans un espace séparé : le sanctuaire de Delphes, à en juger par l'*omphalos**. Immédiatement à droite, la statue d'un lettré, le dédicant lui-même, se dresse également à Delphes.

Il s'agit probablement de l'offrande faite au IIe siècle av. J.-C. par un poète qui a fréquenté le musée d'Alexandrie après la fondation du culte d'Homère, à la fin du IIIe siècle, et qui a remporté un prix aux concours de Delphes.

Bibl. : Pinkwart 1965 ; Voutiras 1989 : ambiance stoïcienne et pergaménienne ; Stewart 1990, p. 217-218, fig. 761-763 ; Andreae 2001, p. 177, pl. 168 ; *GaB* 2007, p. 257-259 (Prittwitz und Gaffron), fig. 224 ; Newby 2007.

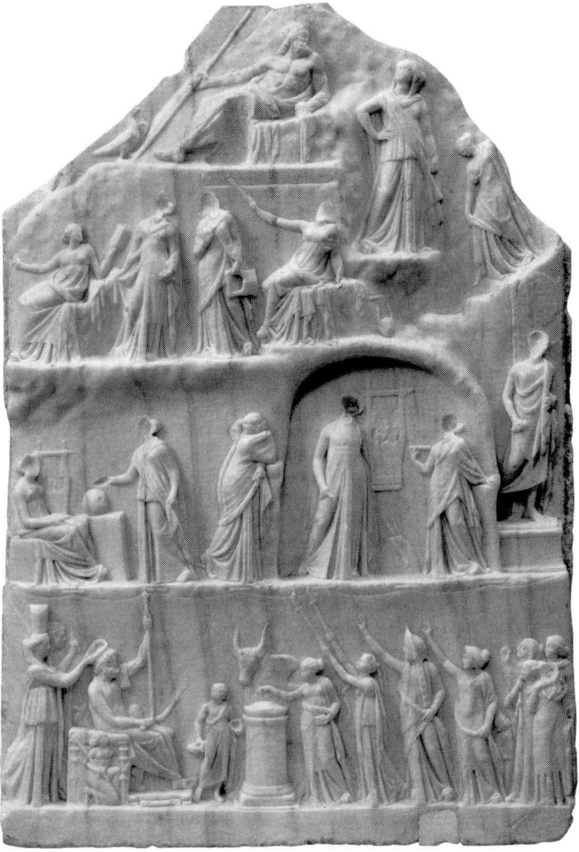

99. « Vénus du Capitole »

Copie en marbre. H. : 1,93 m.
Rome, musée du Capitole 409.

L'Aphrodite de Cnide de Praxitèle **(69)** est à l'origine d'une série de statues représentant la déesse, plus ou moins nue, en diverses postures **(100, 101, 102)** : l'époque hellénistique s'est délectée de ce sujet nouveau, le corps féminin enfin traité avec une sensualité libérée. Durant l'époque impériale, un très grand nombre de copies et de variantes de ces œuvres ont été faites à des fins décoratives, en sorte que plusieurs types assez proches sont bien attestés. L'un des plus appréciés fut celui que représente la « Vénus du Capitole », trouvée à Rome entre 1670 et 1676.

Réalisée au IIe s. ap. J.-C., à en juger par le poli extrême de la chair, cette statue propose une version complète, sans restaurations modernes, d'un type d'Aphrodite dont la « Vénus Médicis », longtemps plus célébrée, offre une variante beaucoup plus restaurée, à la chevelure plus courte. Ici, le thème de la pudeur alarmée, seulement suggéré chez Praxitèle, est explicite : tandis qu'une main couvre le sexe, l'autre s'apprête à couvrir les seins, qui restent cependant découverts. Les genoux sont serrés, le torse légèrement fléchi, la tête tournée vers l'origine du trouble auquel réagit instinctivement la déesse. De longues mèches de cheveux retombent dans le dos, d'autres sont nouées au sommet du crâne, comme chez l'« Apollon du Belvédère » **(67)**.

La place de l'œuvre dans la descendance hellénistique de Praxitèle n'est pas assurée : on y voyait jadis une variation classicisante des IIe-Ier siècles av. J.-C. ; mais d'autres voudraient en faire une œuvre de Céphisodote le Jeune, au seuil du IIIe siècle, car Pline mentionne, dans son livre sur le marbre (XXXVI, 24), l'existence à Rome d'une statue célèbre d'Aphrodite réalisée par ce sculpteur athénien.

Bibl. : *Helbig* II, p. 128-130, n° 1277 ; Ridgway A 1990, p. 355-356, pl. 181 ; Corso 1992 ; Andreae 2001, p. 70-72, pl. 17 et 30 ; Pasquier, p. 146-148, in *Praxitèle* 2007.

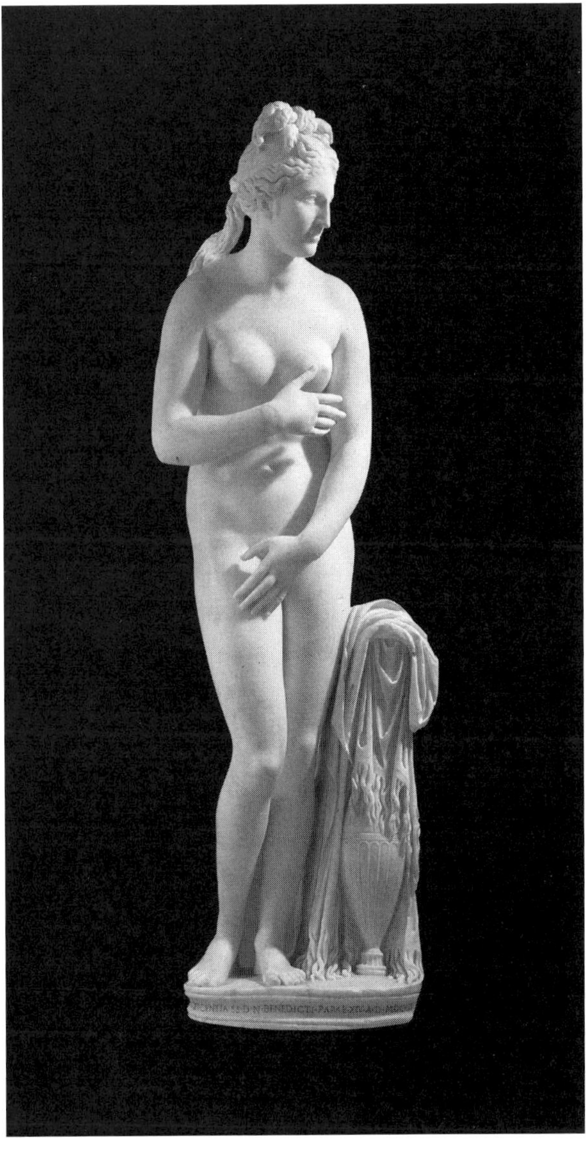

100. Aphrodite accroupie

Copie en marbre. H. : 1,07 m.
Rome, MNR (Palazzo Massimo alle Terme) 108 597.

Dans la lignée des Aphrodites nues inaugurée par la célèbre statue de Praxitèle, celle-ci est singulière puisqu'elle représente la déesse non pas debout **(69, 99)**, mais accroupie dans une attitude préfigurée par certaines figures d'archers : le poids du corps repose sur le talon du pied droit dressé, la jambe étant fléchie à l'horizontale, tandis que la jambe gauche, également fléchie, est redressée par le pied posé à plat sur le sol. Le buste, courbé, amorce la torsion vers la droite qu'accomplit la tête, légèrement inclinée. La présence, sur l'épaule gauche, d'un petit étai circulaire indique que le bras droit, passant sur le sein droit qu'il comprime, était plié et relevé devant le torse et que la main devait être portée à la nuque, comme en vue de dénouer le large ruban qui retient encore les mèches épaisses de la chevelure. Le bras gauche, également plié mais le coude écarté du corps, revenait jusque sous le sein gauche, semble-t-il. Si la position des jambes et du torse ne prend toute sa valeur que vue de profil, celle des bras est privilégiée par la vue de face.

Cette composition complexe jusqu'à l'artifice n'en est pas moins réaliste dans le traitement du corps : un bourrelet de chair comprimée barre la taille au-dessus du nombril ; les dents supérieures apparaissent dans la bouche entrouverte.

Le nombre de copies conservées de ce type statuaire atteste que l'œuvre était célèbre. Les Modernes l'ont attribuée à un sculpteur dont le nom bithynien, Doidalsès, pourrait transparaître chez Pline (XXXVI, 35) – une hypothèse aujourd'hui contestée, mais qui a pour elle la reproduction de ce type sur des monnaies de Bithynie. Les dates proposées sont comprises entre 250 et 150 av. J.-C.

Bibl. : Sur cette copie : *Helbig*, p. 206-209, n° 2292 (H. von Steuben). Sur la copie du Louvre : PASQUIER-MARTINEZ 2007, p. 170-171 (J.-L. Martinez). Sur le type : LULLIES 1954 ; RIDGWAY A 1990, p. 230-232, pl. 112-113 ; ANDREAE 2001, p. 80-82, pl. 32-33 ; *GaB* 2007, p. 92-93 (W. Geominy : Ire moitié du IIIe s., fig. 119 a-d).

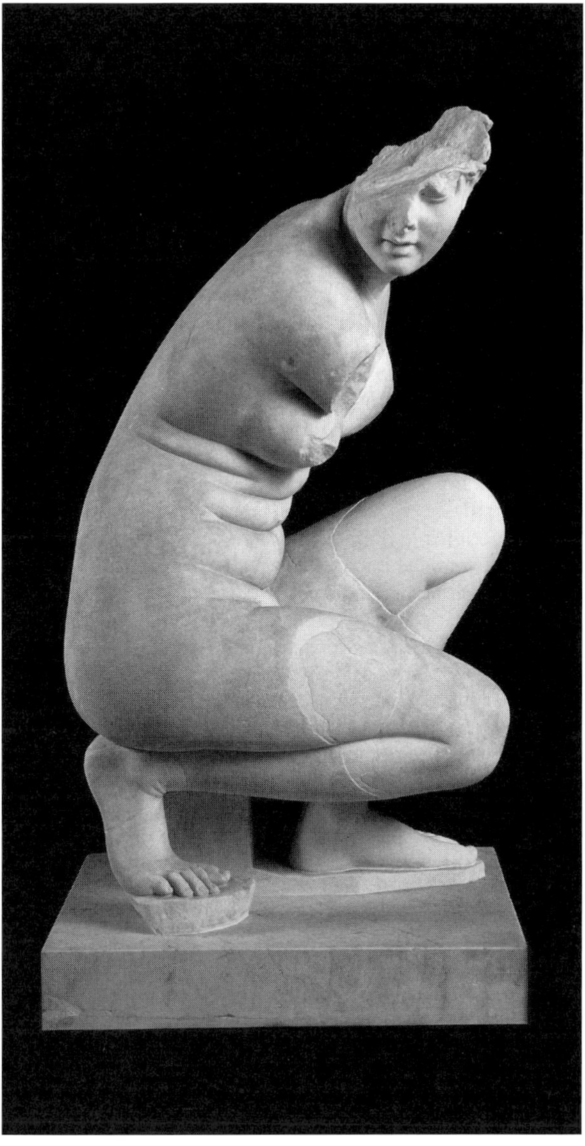

101. « Vénus de Milo »

Marbre. H. : 2,04 m. Paris, musée du Louvre MA 399.

Trouvée en 1820 dans une niche du gymnase (?) de Mélos, cette statue a acquis aussitôt une renommée qui nuit à sa juste appréciation stylistique et chronologique. Comme l'indiquait une inscription aujourd'hui perdue, c'était l'œuvre, non pas d'un des grands maîtres de l'époque classique, comme on a voulu le croire au XIXe siècle, mais d'un sculpteur inconnu par ailleurs, (Hagès ?)andros d'Antioche du Méandre, probablement actif durant le dernier tiers du IIe siècle av. J.-C. De fait, cette Aphrodite s'inspire d'une statue antérieure de deux siècles, qui nous est connue par l'« Aphrodite de Capoue » (Naples, MNArch) et que varie également la Victoire en bronze de Brescia. Il s'agit donc d'une transcription du bronze au marbre, et surtout d'une adaptation, où l'œil exercé des Grecs savait reconnaître la petite part de nouveauté introduite par un sculpteur ayant plus de métier que d'invention.

La jambe gauche fléchie est avancée et repose sur un petit élément surélevé ; les bras étaient portés vers sa gauche, le droit baissé transversalement devant le torse, le gauche écarté du corps presque à l'horizontale – un geste dont le sens nous échappe. La perte des bras souligne aujourd'hui la nouveauté essentielle : la sinuosité accentuée de la silhouette, ainsi qu'une inscription dans la troisième dimension plus marquée que chez le modèle du IVe siècle, semble-t-il. Avec la vivacité sensuelle de ce corps bien en chair contrastent la petitesse de la tête et la sérénité figée du visage, qui reprend les formules de Praxitèle : estompement du regard, yeux en amande ; fluidité de la chevelure, dont les longues mèches ondulent vers l'arrière pour former un chignon massif au-dessus du cou.

Rafraîchir le répertoire pour le transmettre, c'est la définition même de la culture et la leçon de modestie que propose cette œuvre méconnue.

Bibl. : Pasquier 1985 ; Ridgway 2000, p. 167-171 ; Andreae 2001, p. 195-197, pl. 186-187 ; Rousser 2005.

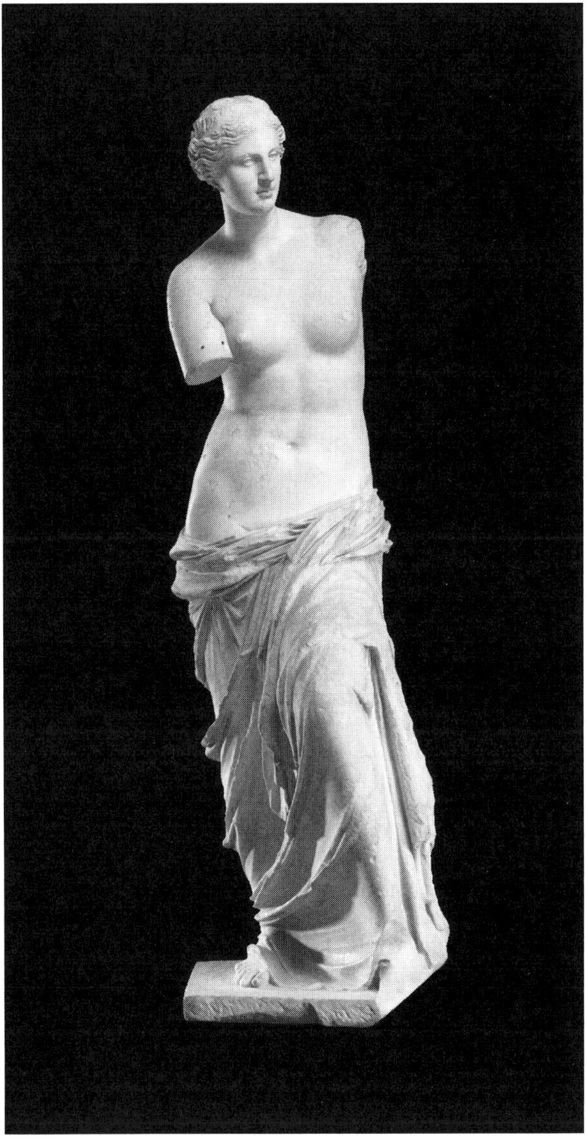

102. « Aphrodite à la sandale »

Copie en marbre. H. : 1,32 m (1,55 m avec la base). Athènes, MNArch 3335.

Ce groupe presque intact a été trouvé en 1904 à Dèlos, dans l'« Établissement des Poseidoniastes de Bérytos », luxueux siège d'une association de négociants originaires de Beyrouth. C'est une offrande, comme l'indique l'inscription gravée sur sa base : « Dionysios, fils de Zénon, petit-fils de Théodôros, de Beyrouth, bienfaiteur, [a fait] pour lui-même et ses enfants [cette offrande] aux Dieux ancestraux. » D'après les circonstances de la découverte, le groupe devait orner une des salles du niveau supérieur.

Aphrodite, plutôt amusée qu'importunée, repousse les assiduités de Pan – le sujet est une variante inusitée d'un thème érotique très prisé à l'époque hellénistique : les amours des Satyres et des Nymphes, qui donnent lieu à des *symplegmata** plus ou moins agités. Entre ces deux divinités, les choses sont moins explicites. Pan, appuyé sur un support qui lui donne un peu plus de stabilité, essaie d'attirer à lui Aphrodite, qu'il tient fermement au poignet et enlace par la taille. La déesse le menace d'une sandale, tandis qu'Eros retient le chèvre-pied par l'une de ses cornes de bouc. La bestialité entreprenante du petit dieu rustique, détaillé avec un soin réaliste, trouble peu la beauté souveraine de la déesse, représentée dans une attitude pudique qui rappelle la « Vénus du Capitole » **(99)**, variante de l'Aphrodite de Praxitèle **(69)**. La conjonction de ces manières d'être et de ces styles contrastés se rencontre également sur le groupe de Pan et Daphnis (Naples, MNArch 6329), œuvre d'Hèliodôros, sculpteur rhodien de la même époque. Les deux œuvres seraient-elles du même auteur ? Elles illustrent en tout cas le goût de l'époque hellénistique avancée pour les scènes galantes, où s'accentue la dévalorisation décorative des thèmes mythologiques amorcée par Praxitèle.

Bibl. : Bulard 1906 ; Marcadé 1969, p. 393-396, pl. L ; *SculpDél* 1996, p. 142, nº 61 (Ph. Jockey) ; Kunze, 2002, p. 202-211, fig. 91-92 ; *GaB* 2007, p. 300-301, fig. 291.

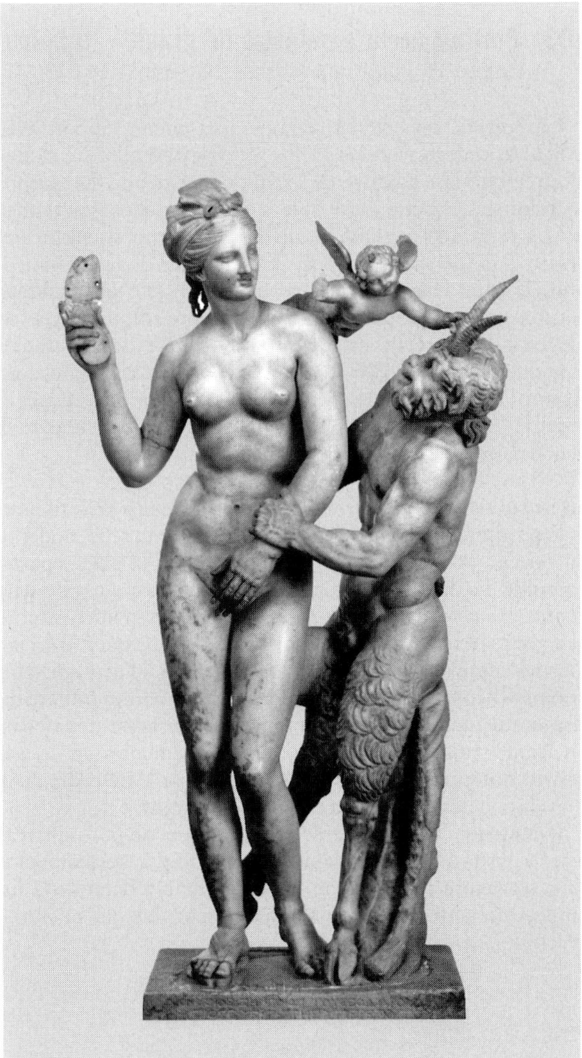

103. Portrait de la « palestre de granit », à Dèlos

Bronze. H. : 0,325 m. Athènes, MNArch Br 14 612.

Ce portrait célèbre n'a certainement aucun rapport avec le lieu de sa découverte, à Dèlos : le niveau où il a été trouvé indique que la « palestre de granit » était depuis longtemps abandonnée lorsque cette tête a été jetée dans ses ruines, situées hors de l'agglomération restreinte qui survécut aux désastres de 88 et 69 av. J.-C. En l'absence de toute indication, le plus vraisemblable est que cette tête de grandeur naturelle ait appartenu à une statue honorifique érigée en plein air, puisqu'elle est en bronze – l'une de ces statues coûtant environ 3 000 drachmes, que les cités grecques étaient, à l'époque hellénistique, d'autant moins avares à accorder que la somme était souvent payée par l'heureux bénéficiaire de cet honneur ou par ses proches.

On est frappé d'emblée par le réalisme de cette œuvre, où ne subsiste rien de la réticence de l'art grec à se contenter de reproduire la réalité : c'est ici un portrait au sens moderne du terme – celui d'un quadragénaire dont la chair épaisse s'amollit. Le double menton, la fourche encadrant la bouche depuis les ailes du nez, les pattes-d'oie à l'extrémité externe des yeux, le front bosselé barré d'une ride au tracé indécis : tous les stigmates de l'âge sont déjà là, mais à l'état naissant, non pas encore inscrits mais modelés. L'animation intense du visage qui résulte de cette modulation constante de la chair est accrue par le port de la tête, qui est vivement tournée, par l'expression presque anxieuse du regard, par le désordre de la chevelure qui tourbillonne en virgules épaisses.

L'existence, à Dèlos même et en Attique, de portraits réalistes à l'expression semblablement tendue, la ressemblance de la chevelure avec celle de **104** conduisent à dater de la fin du IIe siècle cette statue qui n'a dû rester visible que quelques décennies.

Bibl. : Picard 1920 ; Michalowski 1932, p. 1-5, pl. I-VI ; Stewart 1979, p. 91, n. 25 ; Moreno 1994, p. 685, fig. 837 (rapproché de 80) ; *SculpDél* 1996, p. 220, n° 100 (F. Queyrel).

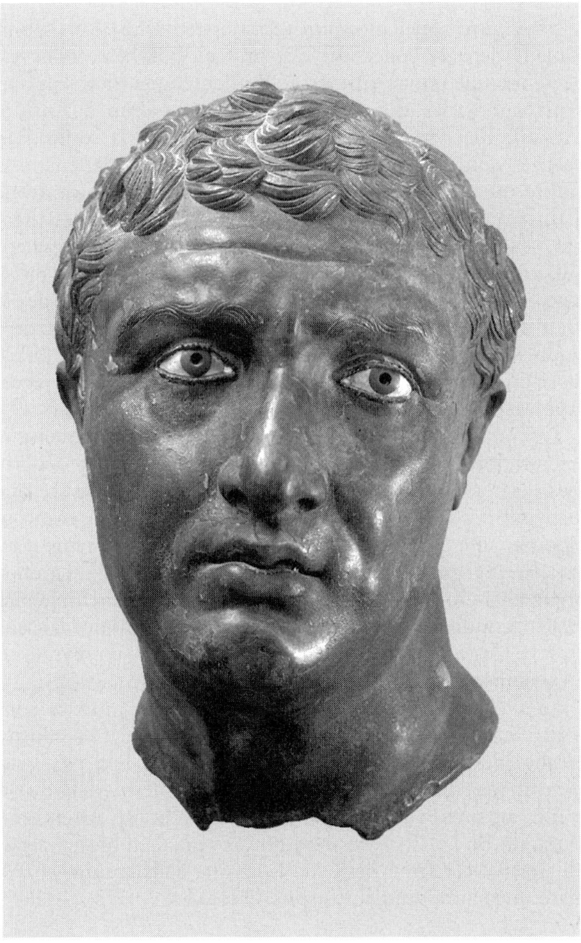

104. « Gladiateur Borghèse », d'Agasias d'Éphèse

Marbre. H. : 1,69 m. Paris, musée du Louvre, MA 527.

Sous cette appellation erronée, qui remonte à son séjour romain dans la collection des princes Borghèse, nous est parvenue une œuvre en marbre du Pentélique (sauf son bras droit, moderne) qui ornait la villa de Néron à Antium (Anzio). Bien qu'il s'agisse probablement de la copie d'un bronze, comme le suggèrent le tenon carré soutenant la plante du pied gauche et surtout l'étai en forme de tronc d'arbre qui la flanque, elle est signée sur celui-ci par « Agasias, fils de Dôsithéos, d'Éphèse » – l'un de ces praticiens qui, au début du Ier siècle av. J.-C., reproduisaient des originaux grecs pour les collectionneurs romains : sans doute avait-il le sentiment d'avoir réalisé là une prouesse exceptionnelle. De fait, cette figure difficile à équilibrer est taillée dans un seul bloc, à une époque où le recours aux pièces rapportées est monnaie courante.

Le mouvement, qu'ont rendu encore plus éloquent la restauration moderne du bras droit, excessivement déporté vers l'arrière, et la perte du bouclier, dont ne subsiste que le brassard à l'avant-bras gauche, est celui d'un fantassin qui repousse une attaque venant d'en haut, probablement d'un cavalier. Il s'agirait donc de l'un des deux éléments d'un groupe original en bronze, faisant peut-être partie d'un ensemble plus vaste. La nudité du personnage indique en tout cas que la scène n'est pas historique, mais se place dans le registre du mythe, où les personnages héroïsés sont ainsi distingués.

La sveltesse du corps tendu, où tous les muscles sont apparents, la petitesse de la tête, avec sa chevelure en courtes mèches désordonnées, rappellent le style de Lysippe, mais avec un paroxysme dans la dynamique et le modelé qu'on trouve aussi chez « Le cheval de course » du cap Artémision (MNAth Br 15 177), en sorte que l'original en bronze serait plutôt à placer au IIe siècle av. J.-C. que dans la suite immédiate du maître dont il s'inspire librement.

Bibl. : Bourgeois, Pasquier 1997 ; A. Pasquier, p. 276-277 in *D'après l'Antique* 2000 ; *GaB* 2007, p. 309-310 (Ch. Vorster), fig. 303 a-b.

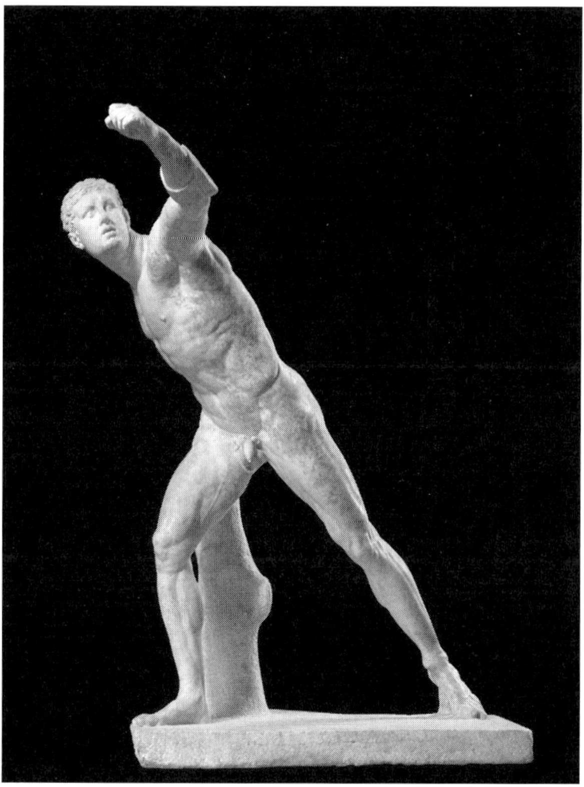

105. Relief néoarchaïque avec quatre divinités

Marbre. H. : 0,50 m ; l. : 0,58 m. Dèlos, MArch A 9.

Trouvé en 1894 à Dèlos, ce relief provient de la « Maison du lac » ; peut-être était-il encastré dans la niche de la pièce g. Bien que représentant quatre divinités, il est probable qu'il n'avait qu'un caractère décoratif.

Sur une ligne de sol approximative, quatre personnages s'avancent vers la gauche, d'un pas presque dansant. Le premier, qui brandit le caducée, est Hermès, barbu à la manière archaïque ; il est suivi par Athèna, qui porte l'égide* sur la poitrine et tient une lance et un casque ; le troisième, une flèche dans la main droite, devait avoir l'arc dans la gauche, disparue avec le torse : c'est Apollon ; le quatrième enfin, qui tient une grande torche, avait également un arc, dont l'extrémité supérieure dépasse du carquois porté sur le dos : ce ne peut être que la sœur jumelle d'Apollon, Artémis. Le cortège est surmonté d'une rangée de bucranes* auxquels sont accrochées des guirlandes – un motif à la mode depuis le IIe siècle av. J.-C.

En dépit de la représentation des corps à la manière archaïque – les jambes de profil et le torse de face –, la souplesse de l'enjambée et l'affectation des gestes ne sont pas archaïques. Les cheveux longs aux coiffures élaborées, la disposition des vêtements et le motif inlassablement varié des plis en zigzags sont les traits essentiels du style néoarchaïque qui se répand depuis la fin du IIe siècle av. J.-C., accrochant à des silhouettes trop souples pour être archaïques quelques formules décoratives archaïsantes.

Ce relief médiocre, probablement antérieur au premier saccage de Dèlos, en 88 av. J.-C., reproduit une composition connue par d'autres variantes ; comme c'est la seule œuvre néoarchaïque caractérisée connue à Dèlos – un milieu artistique éclectique prompt à adopter toutes les modes –, il se pourrait que la diffusion de ce style hors d'Athènes ait été postérieure à ce qu'on suppose généralement.

Bibl. : Marcadé 1969, p. 292-293, pl. LIV ; Kreeb 1988, p. 165 : S 9.5 ; Zagdoun 1989, p. 88-89, pl. 20, fig. 81. Sur le type et ses variantes : *Villa Albani* I (1989), p. 288-292, n° 92 (inv. 988) (H.U. Cain) pl. 166-167.

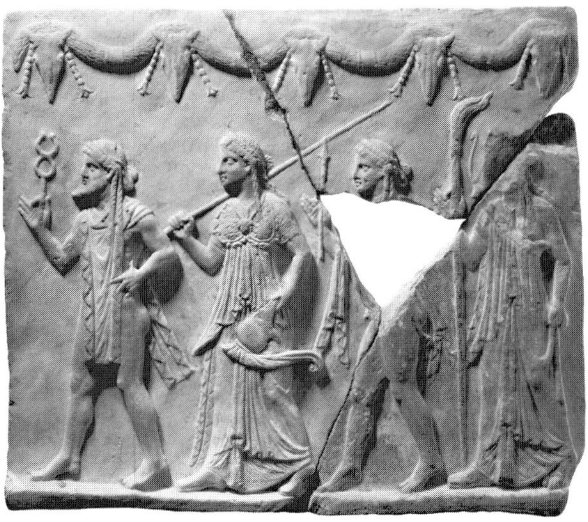

106. « Cratère Borghèse »

Marbre. H. : 1,715 m. Paris, musée du Louvre MA 86.

Trouvé à Rome avant 1594, ce cratère en calice monumental devait décorer le parc de la villa aménagée par César à l'est du Pincio et devenue propriété impériale depuis Tibère. Bien que le pied en soit moderne, c'est le spécimen le plus représentatif d'une production attique destinée à être exportée à Rome : la plupart des exemplaires sont en marbre du Pentélique et les deux seules pièces signées sont l'œuvre d'artistes athéniens, Sôsibios et Salpiôn. Beaucoup ont été trouvés à Rome ou dans l'épave (Anticythère, Madhia) de bateaux partis d'Athènes à destination de Rome.

Comme la majorité de ces vases d'apparat, le « Cratère Borghèse » présente un cortège effervescent de Satyres et de Ménades virevoltant autour de Dionysos, seul immobile, ce qui permet de faire alterner corps nus et drapés représentés dans des attitudes souvent acrobatiques ou inattendues. Peut-être les grands vases en bronze **(73)** ont-ils servi de relais dans la transmission de ces figures de haute virtuosité, dont les plus anciennes remontent au maniérisme de la fin du ve siècle. La relative unité stylistique des figures, la clarté de la mise en page, la qualité graphique des différents éléments décoratifs – godrons du bas de la panse, frise supérieure de feuilles de vigne, languettes de la lèvre – montrent cet art sous son meilleur jour.

Si soigné soit-il, ce cratère fabriqué entre 50 et 25 av. J.-C. n'est pas original : le bateau qui a coulé au large de Madhia (sud de la Tunisie), peu après 86 av. J.-C., en transportait déjà deux exemplaires. Ces objets de prix, destinés à la haute société romaine, sont donc les produits d'une industrie de luxe qui fabriquait aussi en série des candélabres, des margelles de puits (putéals), des bases de formes diverses, des plaques de clôture, fournissant ainsi, depuis la fin du IIe siècle, un débouché nouveau à quelques ateliers attiques spécialisés dans l'exploitation décorative du répertoire.

Bibl. : Truszkowski 1988 ; Grassinger 1991, p. 181-183, n° 23, fig. 1, 83-90. Sur le type : Grassinger 1994.

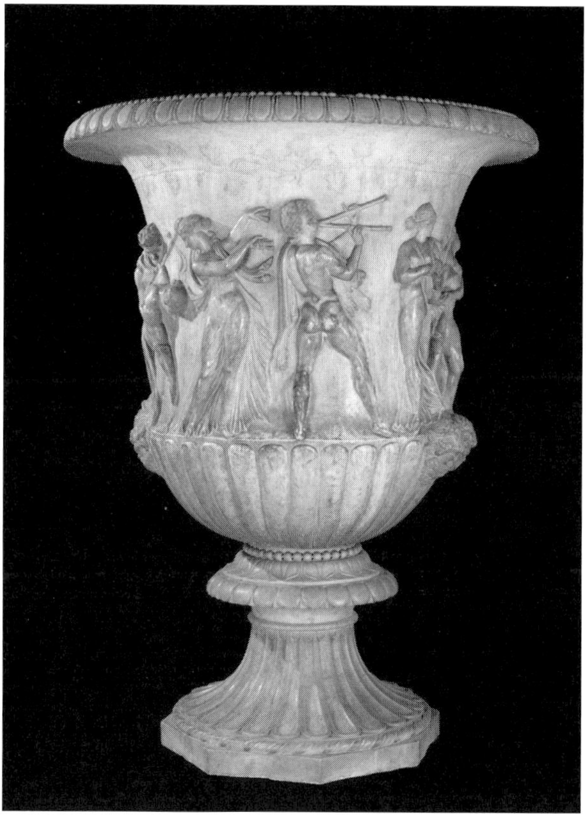

107. « Dionysos chez Icarios »

Copie en marbre. H. : 0,80 m ; l. : 1,29 m.
Paris, musée du Louvre MA 1606.

Ce grand relief en marbre du Pentélique présente la variante la plus élaborée d'une composition connue par d'autres documents du Ier s. av. J.-C. Bien qu'il soit dépourvu du cadre architectural traditionnel, sa forme est celle des reliefs votifs du IVe siècle **(72)**. Mais le face-à-face des dieux et des mortels a fait place à une mise en scène à grand spectacle, où de nombreux personnages évoluent dans un décor architectural très riche.

À gauche, devant la porte d'un bâtiment bas masqué par une tenture, un homme est assis sur un lit de banquet en compagnie d'une femme allongée. Sous le lit, quatre masques de théâtre révèlent la profession du banqueteur qui se retourne, saluant l'arrivée de Dionysos, patron des activités théâtrales, représenté ici à la manière archaïque en vieillard barbu de haute stature que soutient un petit Satyre, tandis qu'un autre lui ôte ses sandales car il va s'allonger sur le lit vacant derrière lui. Il s'agit donc ici d'une théoxénie*. Le groupe effervescent qui suit le dieu est formé d'un Satyre portant un grand thyrse*, d'un Silène jouant de l'*aulos**, d'un autre jeune Satyre dansant et d'un Satyre âgé soutenant une Ménade prête à tomber. La scène se passe dans un sanctuaire : tout à gauche, derrière une vasque, se dresse une colonne portant sur un petit pilier hermaïque* ce qui semble être une triple Hécate coiffée d'un *polos** ; à droite, entre Dionysos et le Satyre au thyrse*, apparaît à l'arrière-plan un relief votif rectangulaire porté par un haut pilier. Au-delà s'élève un long bâtiment vu de biais, avec deux doubles-fenêtres à l'étage.

Le pittoresque de ce décor et l'éclectisme iconographique des figures, où voisinent le thème du banquet **(45, 95)**, un Dionysos archaïsant et un thiase* hellénistique, sont caractéristiques des reliefs décoratifs dits « néoattiques » diffusés par Athènes depuis la fin du IIe siècle av. J.-C.

Bibl. : Bieber 1961, p. 154, fig. 656-657 ; Hesberg 1980 : formation du thème ; Ridgway 2002, p. 236-238, pl. 110.

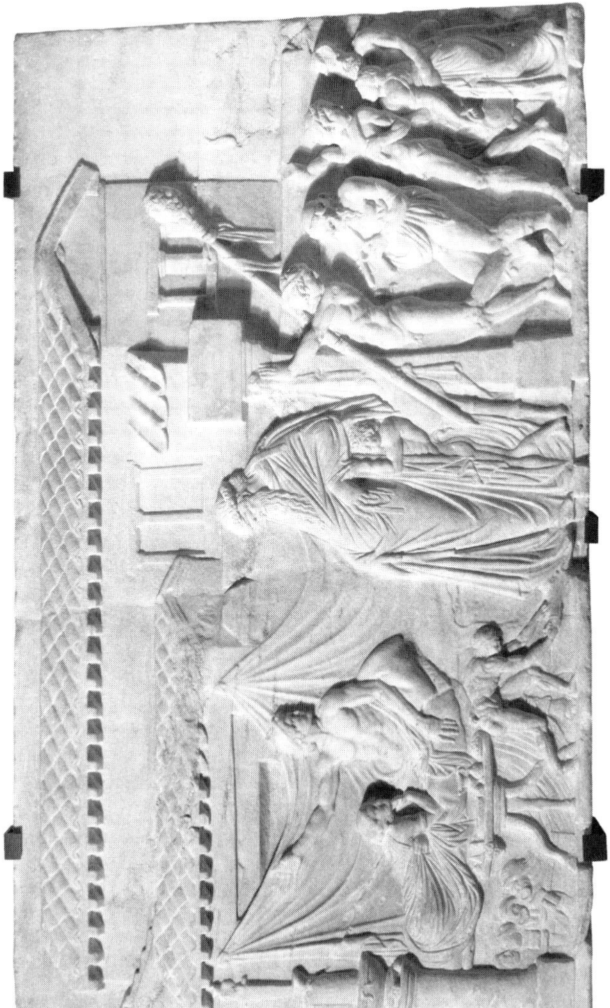

108. L'« Apollon de Piombino »

Bronze. H. : 1,16 m. Paris, musée du Louvre Br 61.

Cette statue de petite taille, trouvée en mer près de Piombino en 1834, a longtemps été considérée comme le seul grand bronze archaïque entièrement conservé. De fait, la silhouette est celle d'un *couros* : frontalité et symétrie absolues, jambes tendues, la gauche avancée. Mais les bras sont détachés du corps, comme le permet la technique de la fonte en creux... La main gauche fermée tenait un arc, la droite ouverte une phiale* retenue par le pouce. Il s'agit donc d'un Apollon faisant une libation*, sujet bien connu, mais il est singulier qu'il ait été dédié à Athèna, comme l'indique l'inscription gravée sur le cou-de-pied gauche. La longueur excessive des jambes, le modelé du dos, plus prononcé que celui de la poitrine, la gracilité des traits du visage, les effets décoratifs incompatibles de la coiffure : tous ces indices d'une facture archaïsante plutôt qu'archaïque étaient corroborés, dès le nettoyage entrepris en 1842, par la découverte, à l'intérieur de la statue, d'une lamelle de plomb portant la signature de deux artistes rhodiens actifs au Ier s. av. J.-C. Mais il fallut attendre 1967 pour que la juste appréciation de la statue soit établie, confirmée dix ans plus tard par la découverte, dans une maison de Pompéi, d'un Apollon de bronze presque identique, dont le style néoarchaïque est incontestable. Les deux œuvres ont été probablement fabriquées vers 50 av. J.-C. par le même atelier de bronziers rhodiens originaires de Tyr, dont l'activité est attestée entre 154 et 23 av. J.-C., non seulement à Rhodes, mais aussi à Halicarnasse, Athènes et Delphes. La clandestinité de la signature et l'incongruité de la dédicace suggèrent que ces sculpteurs très en vue ont fabriqué un faux archaïque, abusant la clientèle romaine, puis les savants modernes, séduits par le charme de cette perle de culture.

Bibl. : Ridgway 1967 ; Goodlett 1991, p. 677-678 ; Mattusch 1996, p. 139-140, pl. 5-6 (les deux statues d'Apollon en regard) ; Fuchs 1999, p. 23-28, pl. 24-25.

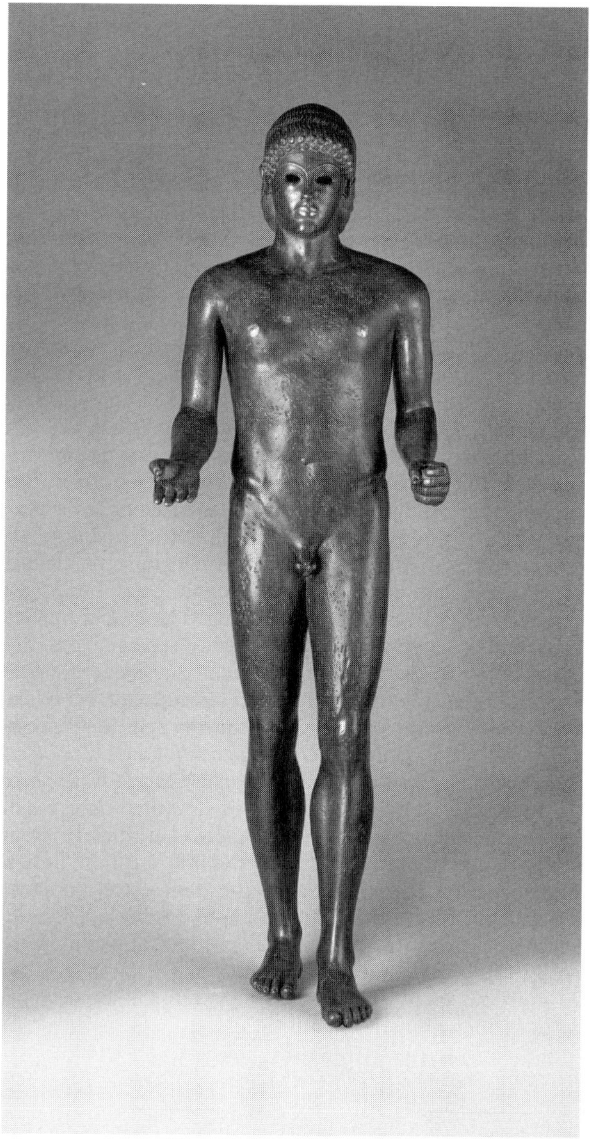

109. Ajax méditant son suicide

Bronze. H. : 0,29 m. Genève, coll. George Ortiz.

Au Ier siècle av. J.-C., la demande d'art grec de la part de la classe dirigeante romaine en cours d'hellénisation ne peut plus être satisfaite seulement par les rapines faites dans le monde grec et par l'achat d'originaux, pourtant importés en Italie par cargaisons entières : des artistes grecs, comme Pasitélès, s'installent en Italie pour produire des répliques en bronze et surtout des transpositions en marbre d'œuvres célèbres, voire des pastiches qu'on peut faire passer pour des originaux **(108)**. De plus, d'excellentes reproductions de petit format en bronze sont proposées à une clientèle moins fortunée.

C'est de cet artisanat d'art raffiné que procède la statuette de cet homme d'âge mûr, saisi dans un moment de désarroi. Assis probablement sur un rocher, les jambes écartées dans une position instable semblable à celle de certaines statues de Lysippe – l'une avancée et l'autre repliée –, le coude droit appuyé sur la cuisse et la main soutenant la tête inclinée dans une attitude pensive, il tient le pommeau d'une épée dont la lame a disparu, tandis que la main gauche tenait probablement le fourreau d'où il venait d'extraire l'arme. Le contraste entre la puissance du corps, vigoureusement modelé, et la faiblesse qu'exprime l'attitude, est hérité des Hèraclès dolents ou fatigués du même Lysippe. Rien n'indiquant qu'il s'agit ici de ce héros, lui aussi victime d'un accès de folie, l'identification avec Ajax paraît très probable : bien que le suicide d'Ajax ait été le sujet d'une tragédie de Sophocle, le thème n'est bien attesté dans l'art qu'à l'époque hellénistique, sans doute à la suite d'une création importante, peut-être encore du IIIe siècle, dont cette réduction doit être un écho fidèle, tandis que le célèbre « Torse du Belvédère », œuvre d'Apollonios d'Athènes (musées du Vatican 1192), semble s'en inspirer librement. Il est rare que des créations non « classiques » aient fait l'objet de telles reproductions miniatures en bronze.

Bibl. : Ortiz 1996, no 220 (2 fig.).

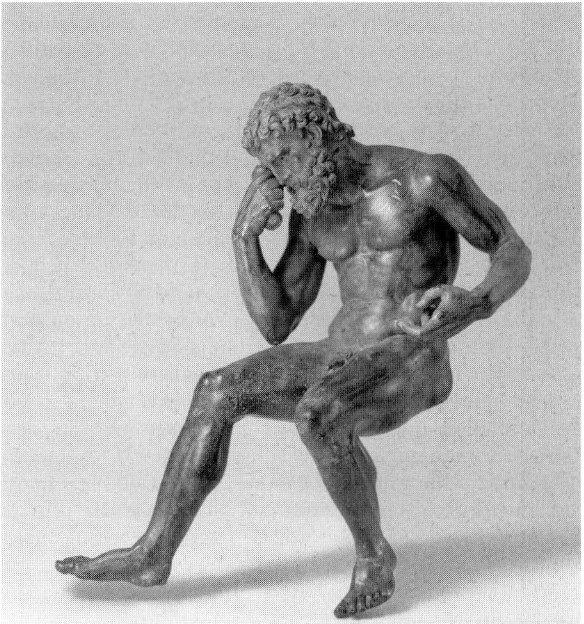

110. Statue d'un jeune homme

Bronze. H. : 1,40 m. Hèracleion, MArch Br 2677.

Cette statue, découverte en 1958 profondément enfouie verticalement dans le sable d'une plage de Hiérapétra, sur la côte sud de la Crète, est exceptionnelle. D'abord par l'excellence de sa conservation ; seuls manquent les yeux, qui étaient rapportés selon l'usage. La plinthe circulaire (diam. : 0,46 m), à mouluration ionique, participe d'un type qui se répand au Ier siècle av. J.-C. La pondération est empruntée à Lysippe : la jambe droite fléchie est écartée de la jambe d'appui, mais les pieds, chaussés de sandales élaborées, sont sur la même ligne. Le manteau, qui masque tout le corps, est drapé d'une façon très singulière : à la diagonale volumineuse que forme sur le torse le bord du manteau qui descend du cou vers la main gauche correspond la diagonale moins marquée qui remonte du genou droit saillant vers le flanc gauche ; ces deux plis sont reliés à droite par un double pli vertical, tandis que la taille est curieusement parcourue par un pli horizontal creux ; la retombée du manteau contre le flanc gauche est accompagnée d'un grand pli triangulaire provoqué par la main gauche. Ce dispositif complexe et original procède d'une création importante, puisqu'il se retrouve sur deux statues en marbre (MNRome ; Budapest 4743).

La boîte cylindrique qui flanque cette statue suggère que l'archétype devait représenter un philosophe ou tout au moins un lettré : c'est le réceptacle habituel des rouleaux de papyrus, support des textes antiques. Ce jeune homme aux traits encore enfantins, en dépit d'une expression soucieuse, presque tourmentée, qu'accentue sa coiffure en longues mèches désordonnées, serait donc un intellectuel, auquel sa patrie a probablement voulu rendre hommage après sa mort prématurée en le représentant à la manière du maître dont il était le disciple local. La proximité de Rhodes invite à y voir l'œuvre d'un atelier de cette île, dont les bronziers sont alors très en vogue.

Bibl. : Raftopoulou 1975 ; Ridgway 2002, p. 124-125, pl. 45 a-f ; Moreno 2005, p. 204, fig. 26-29 : Césarion.

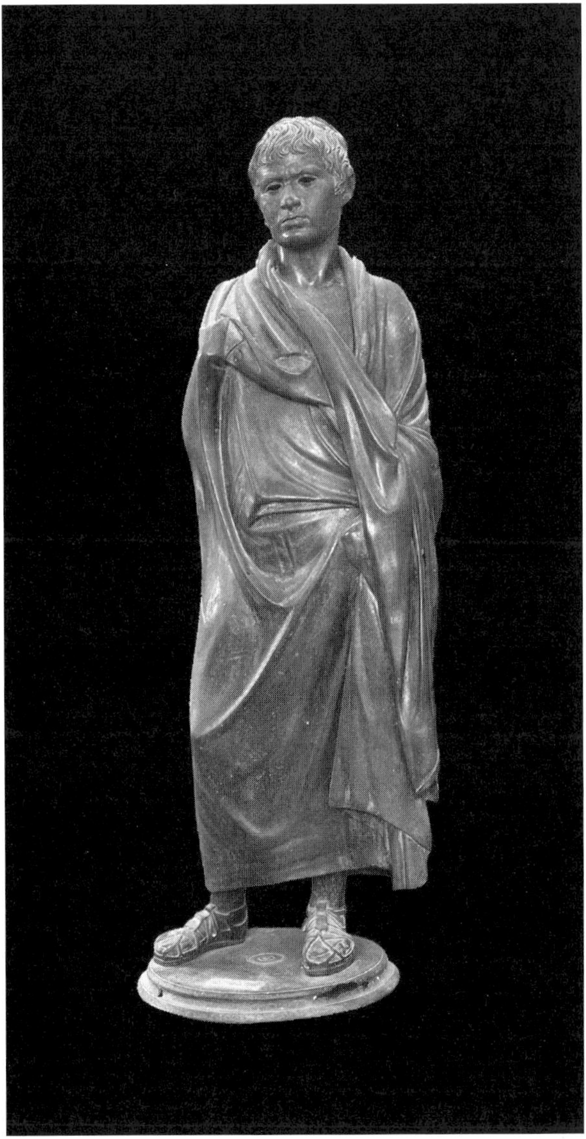

PÉRIODE IMPÉRIALE (Ier-Ve siècles)

Après Auguste (27 av. J.-C. – 14 ap. J.-C.), qui, sous l'apparence d'une restauration de la République, instaure à Rome une monarchie de type hellénistique, la Méditerranée va connaître plus de deux siècles de paix complète, ce qui permet au monde grec de cultiver ses particularités en toute quiétude [1]. L'une d'entre elles reste la sculpture : en marge de l'art romain officiel très hellénisant [2], les sculpteurs grecs continuent à produire pendant deux siècles d'innombrables copies plus ou moins fidèles [3], participant ainsi au dévoiement décoratif de leur art [4], ce qui nous a permis d'en avoir une connaissance indirecte **(37, 50, 51, 52, 60, 61, 64, 67, 69, 70, 71, 75, 76, 81, 84, 87, 88, 93, 94, 99, 100, 104, 111, 112)** précieuse, puisque les originaux ont disparu à la fin de l'Antiquité.

Le centre principal de cet artisanat d'art est Athènes [5], qui exploite systématiquement son incomparable fonds « classique », non seulement en fournissant des copies en marbre du Pentélique d'un savoir-faire souvent remarquable, mais en développant une industrie décorative depuis le Ier siècle av. J.-C., comme le montre la cargaison d'un bateau parti du Pirée qui a fait naufrage près de Mahdia, en Tunisie, vers 80 av. J.-C. [6]. C'est tout un mobilier en marbre à décor ornemental ou figuré qui est proposé à la clientèle romaine : vases **(106)**, candélabres, tables, margelles de puits, plaques de parapet… À partir du milieu du IIe siècle ap. J.-C., la production intensive de sarcophages à scènes mythologiques donnera pendant plus d'un siècle un nouveau débouché, largement exporté

---

1. Veyne 2005, p. 163-257 : « L'identité grecque contre et avec Rome : "collaboration" et vocation supérieure. » 2. Zanker 1974 ; Zanker 1989 B ; Kleiner 1992 ; Turcan 2002 ; La Rocca 2004. 3. Bieber 1977 ; Ridgway 1984 ; Holtzmann 2000 A. Les plus fidèles dérivent de moulages faits sur les originaux : Landwehr 1985, p. 12-25. 4. Vermeule 1977. 5. Fittschen 2008. 6. *Wrack* 1994.

dans l'Empire, à cette exploitation décorative du répertoire classique, pratiquée aussi **(121)** ou perpétuée **(124)** dans les ateliers des villes d'Asie Mineure qui n'ont pas été touchées par la première incursion de Barbares, les Hérules (en 267 à Athènes [1]).

Tandis que les stèles funéraires figurées **(115, 118)** se banalisent au prix d'une sclérose iconographique croissante, que les reliefs votifs [2] les plus ambitieux font volontiers référence à des compositions antérieures **(114, 120)** et que les frises à reliefs se bornent à reproduire des types divins anciens [3], le portrait seul garde une capacité de renouvellement qui en fait un guide chronologique à peu près sûr. Qu'il s'agisse de portraits restreints sur pilier hermaïque* [4] comme ceux des directeurs d'un gymnase d'Athènes **(117)**, de portraits d'Hérode Atticus et de son entourage **(119)**, voire d'un portrait royal **(122)**, la qualité attique se maintient dans ce domaine et survivra même à la catastrophe de 267 [5], alors que la plupart des genres anciens périclitent à ce moment.

De même, quelques villes d'Asie Mineure, comme Éphèse et Aphrodisias **(125)**, prolongent jusqu'au seuil du VIe siècle le genre de la statue honorifique [6], mais dans un style qui s'écarte de plus en plus de la tradition antique en abandonnant les conventions essentielles de la figuration grecque : la nudité, la *mimèsis*, la beauté plastique…

Le corps humain entre dans un purgatoire d'où il ne sortira qu'à la Renaissance [7].

---

1. KOCH 1993. 2. SCHÖRNER 2003. 3. DESPINIS 2003. 4. FITTSCHEN 2008, p. 329-332. 5. DATSOULIS-STAVRIDIS 1985 ; DONTAS 2004. 6. INAN, ALFÖLDI-ROSENBAUM 1979. 7. Sur les modalités et les causes de cette mutation, qui s'accomplit peu à peu durant l'Antiquité tardive (IVe-Ve siècles), VEYNE 2005, p. 749-865 : « Pourquoi l'art gréco-romain a-t-il pris fin ? » Le christianisme n'y serait pour rien : c'est une réaction, parfois brutale, contre l'académisme dans lequel s'était figé le naturalisme devenu le style commun de la sculpture gréco-romaine. Comme au XXe siècle, l'épuisement de la tradition « classique » débouche sur un néoprimitivisme plus ou moins outrancier.

111. Tête d'Ulysse, détail de « L'Aveuglement de Polyphème »

Copie en marbre. H. : 0,195 m. Sperlonga, MN.

À la fin de son règne, Tibère (14-37) s'était retiré dans les grandes villas côtières situées entre Terracina et Sorrente. À Sperlonga, il aimait fréquenter une grotte marine aménagée en salle de banquet et ornée de divers groupes en marbre, parmi lesquels « L'Aveuglement du Cyclope Polyphème » (*Odyssée* IX, 170-435).

Suivant la reconstitution de la scène que suggère un relief de sarcophage du IIe siècle ap. J.-C. (Catane), Ulysse s'apprête à aveugler le Cyclope enivré avec la pointe du madrier porté par ses compagnons – moment crucial qui justifie l'intensité de l'expression. Le front et les sourcils contractés, les yeux grands ouverts sous le surplomb extrême des arcades sourcilières, la bouche ouverte comme s'il dirigeait la manœuvre, les mèches folles de la chevelure sortant du bonnet de marin (*pilos*) et celles de la barbe, plus courtes : l'expressionnisme est ici aussi manifeste qu'au Grand Autel de Pergame.

Dans la même grotte ont été trouvés les fragments d'un groupe pittoresque encore plus ambitieux, représentant un autre épisode pathétique de *L'Odyssée* (XII, 222-259) : Scylla dévorant plusieurs compagnons d'Ulysse. Y apparaît la signature de trois artistes rhodiens, Athanadôros, Hagèsandros et Polydôros, auteurs de la « Mort de Laocoon et ses fils » **(112)**, qui semblent donc avoir formé, entre 50 et 25 av. J.-C., un atelier de marbriers virtuoses – créant pour le goût romain des groupes décoratifs spectaculaires ou bien spécialisés dans la transcription en marbre d'originaux rhodiens en bronze du IIe siècle, comme semblerait l'indiquer la présence d'étais très voyants ? La découverte d'une tête en bronze (musée de Houston 2001.150) très proche de celle d'Ulysse renforcerait l'hypothèse de copies.

Bibl : Moreno 1994, p. 391-405 (copie d'un original rhodien du IIe siècle) ; Andreae 2001, p. 147-151, fig. 122-125 (copie de l'époque de Tibère) ; *GaB* 2007, p. 319-327 (Ch. Vorster), fig. 330-333 ; fig. 334 : bronze de Houston (original rhodien de 50-25).

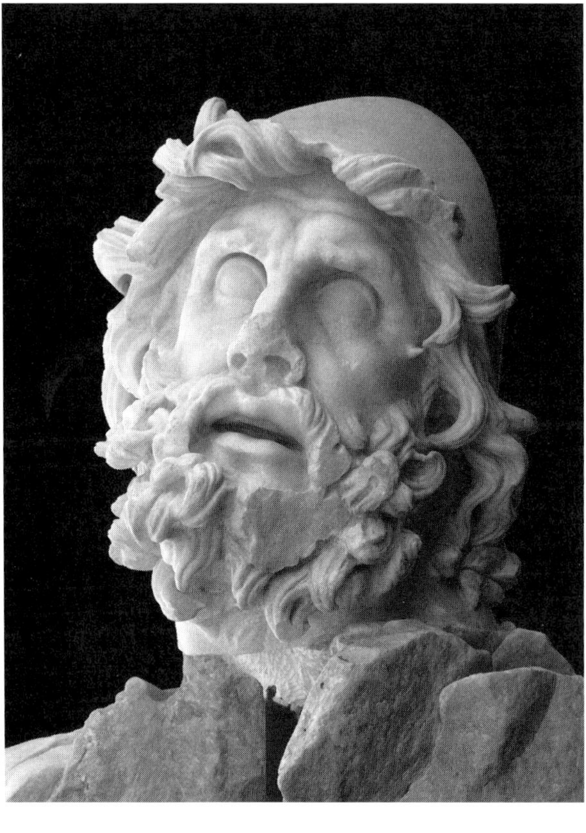

112. « Mort de Laocoon et de ses fils »

Copie en marbre. H. : 1,84 m.
Vatican, musées 1059, 1064, 1067.

Découvert à Rome en 1506, ce groupe fut aussitôt identifié par Michel-Ange grâce à un passage de Pline (XXXVI, 37) donnant son sujet, le nom de ses trois sculpteurs et le lieu de son exposition, avec cette remarque que, taillé dans un seul bloc, il « doit être mis au-dessus de tout ce qu'ont produit la peinture et la sculpture ». Mais la découverte du Grand Autel de Pergame **(97)**, puis des ensembles de Sperlonga **(111)**, l'a sorti de son « splendide isolement » : l'œuvre est moins originale qu'on ne l'avait cru.

Comme les groupes de Sperlonga, celui-ci illustre une scène de l'épopée : Laocoon, prêtre troyen d'Apollon, qui va tâcher de dissuader ses concitoyens d'introduire dans la ville le cheval de bois laissé par les Grecs, est tué sur la plage où il s'apprête à officier, avec ses deux jeunes fils, par des serpents dépêchés par Athèna – ce qui scelle la perte de Troie. Scène doublement dramatique donc, où le style pathétique peut se déployer – ici sans profondeur, puisque les trois personnages sont représentés sur le même plan, contre l'autel. Ce retour à la frontalité découle sans doute du mode d'exposition du groupe, ce qui implique qu'il était plutôt décoratif, comme les groupes de Sperlonga, œuvres du même atelier rhodien.

L'étreinte des deux serpents, l'un aux jambes, l'autre aux bras, a déjà immobilisé les trois victimes qui se débattent en vain : à gauche, le fils vient d'être mordu et se pâme ; au centre, Laocoon va l'être au flanc. Les contorsions des enfants affolés s'opposent à la résistance désespérée du père, dont le corps gigantesque se déploie diagonalement tout comme celui d'Alkyoneus à l'Autel de Pergame, également aux prises avec un serpent **(97)**. La filiation stylistique est patente – directe (vers 50-25) ou par l'intermédiaire d'un groupe en bronze créé à Pergame vers 140 ?

Bibl. : Andreae 2001, p. 188-194, fig. 182-183 (copie d'un original pergaménien de 140 av. J.-C.) ; *Laocoon* 2003 ; *GaB* 2007, p. 327-331 (Ch. Vorster), fig. 336 a-f (original en marbre de 50-25 av. J.-C.).

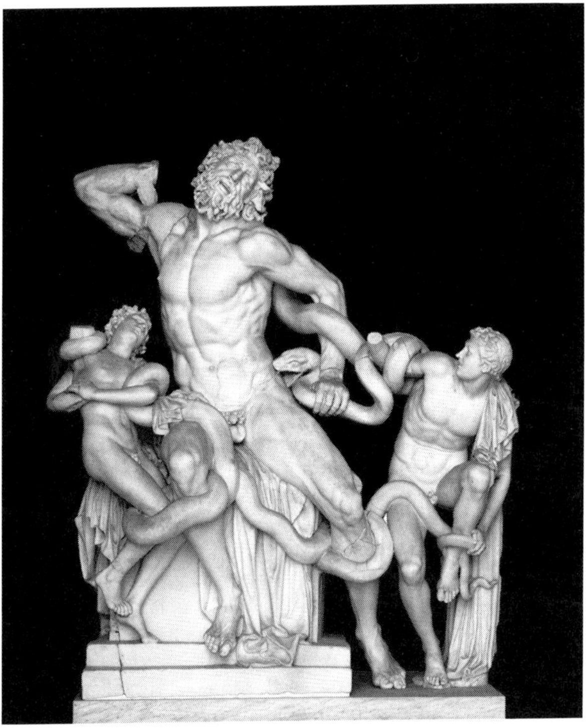

113. Statuette d'Aphrodite au bain

Marbre. H. : 0,63 m. Naples, MNArch 152 798.

Les riches demeures de Dèlos, détruites en 88 et 69 av. J.-C., et celles des villes de Campanie, enfouies par l'éruption du Vésuve en 79 ap. J.-C., permettent de suivre l'essor, depuis le Ier siècle av. J.-C., d'une sculpture grecque dévoyée : les thèmes, essentiellement mythologiques, restent les mêmes, mais la fonction des œuvres est désormais sociale ; elles attestent un goût, une culture ou, plus souvent, la prétention à ceux-ci. La qualité et le format de cette « sculpture d'appartement » s'en ressentent : ce sont en majorité des statuettes de facture médiocre, qui reproduisent ou varient les grandes créations grecques de l'époque classique ou de la haute période hellénistique. Les sujets de prédilection sont Dionysos, avec son thiase* de Satyres et de Ménades, et Aphrodite, divinités tutélaires de Pompéi.

La statuette, qui était installée sur la table centrale de la cour d'un petit lupanar (?) de Pompéi (I, XI, 6), illustre bien les mérites et les limites de cette sculpture privée du début de notre ère. Le motif de l'Aphrodite ôtant sa sandale avant d'entrer dans le bain, attesté par plus de cent quatre-vingts exemplaires, remonte à une création de 200 av. J.-C. environ, qui se place dans la riche lignée hellénistique des Aphrodites dénudées **(99-101)** issues du chef-d'œuvre de Praxitèle **(69)**. S'il n'est pas sûr que l'original en bronze (?) ait eu besoin d'un appui extérieur, l'auteur de cette réplique n'a pas hésité à les multiplier pour accentuer le caractère décoratif de son œuvre : outre l'étai massif qui soutient la fesse gauche, il a placé sous le pied gauche de la déesse un petit Éros assis et, sous l'avant-bras gauche, une statuette de Priape installée sur un haut socle rond. Le modelé limité de la figure est compensé par l'ajout de détails peints, essentiellement dorés, qui donnent à ce produit une préciosité vulgaire confinant au kitsch.

Bibl. : Jashemski 1979, I, p. 125-128, fig. 200 ; II, p. 51, n° 70 ; *CollezioniMNNapoli* 1989, p. 146, n° 254 ; sur le type, Künzl 1970, p. 142 : M 50, fig. 24-25.

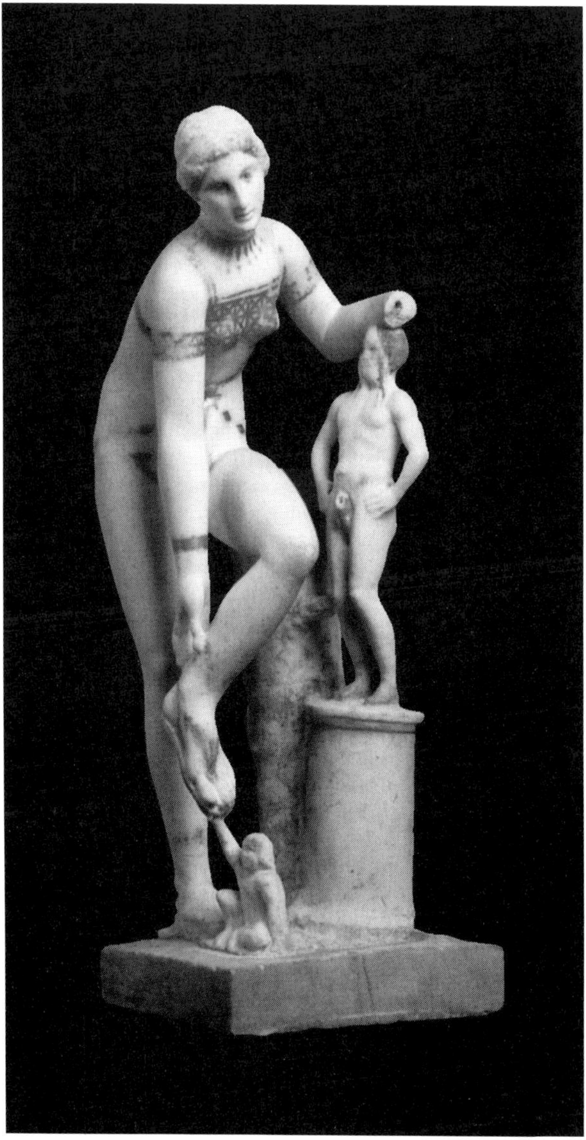

114. Relief à la mémoire d'un lettré héroïsé

Marbre. H. : 0,91 m. Thasos, MArch 651.

Ce relief massif s'inspire des reliefs votifs attiques du IVe siècle, aussi bien par son encadrement architectural que par son thème : une composition en diptyque articulée autour de l'autel **(72)**. Mais le rite qui s'y accomplit n'est pas un sacrifice, c'est une offrande de nourriture préparée : sur l'autel rectangulaire représenté en perspective, aux parois ornées de bucranes* et de guirlandes, l'officiant dépose ce que lui présente sur un plateau le jeune desservant représenté de face à l'arrière-plan. Autour de l'officiant sont regroupés au moins quatre personnages, dont trois sont drapés de la même façon dans un manteau qui forme sur le torse de longs plis transversaux. Le second personnage du premier plan est un homme barbu qui fait le geste traditionnel de l'adoration : la main droite levée, paume ouverte ; derrière lui apparaît la tête d'un jeune homme. Face à ce groupe compact d'adorants, apparemment tous masculins, sont figurés les deux personnages, plus grands et plus espacés, qui font l'objet de cet hommage cultuel. De trois quarts et légèrement plus grand, un homme debout reproduit le type ordinaire des statues honorifiques : la jambe droite est fléchie, l'avant-bras droit porté devant le buste par un repli du manteau. La main gauche tient un rouleau de papyrus, ce qui suffit à le définir comme un lettré – poète, rhéteur*, philosophe ? – et permet d'identifier la femme de profil derrière lui, qui touche légèrement sa tête : ce pourrait bien être la Muse qui l'a inspiré.

On est donc ici, probablement au début de notre ère, en face d'une héroïsation culturelle : un groupe de Thasiens admirateurs d'un artiste ou d'un intellectuel local lui rend hommage, en recourant à une formule attique d'époque classique. En tout cas, si la démarche est classicisante, l'exécution ne l'est guère : l'artiste thasien n'est pas très à l'aise dans cette reprise.

Bibl. : Sur l'héroïsation des hommes de culture depuis le IIIe siècle av. J.-C. : Marrou 1938, p. 231-257.

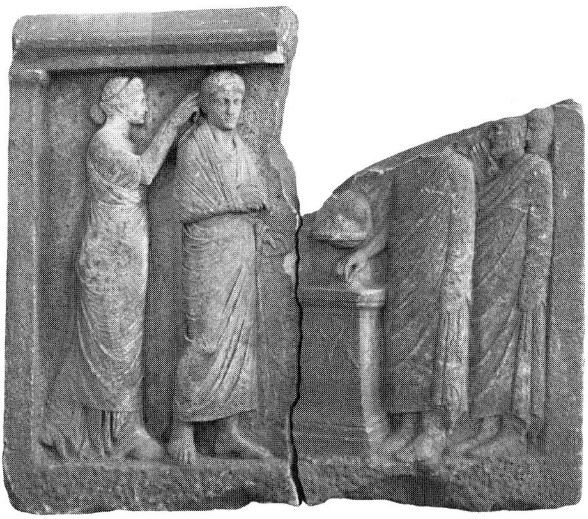

115. Stèle de l'Athénien Dèmètrios

Marbre. H. : 0,98 m. Paris, musée du Louvre MA 816.

L'interdiction des stèles funéraires figurées, édictée à Athènes par Dèmètrios de Phalère en 317 av. J.-C., semble avoir été levée dans le courant du Ier siècle av. J.-C., peut-être après le sac d'Athènes par Sylla en 86 av. J.-C. La production, d'abord assez limitée à cause de la dureté des temps, se développe durant les Ier et IIe siècles ap. J.-C., avant d'être supplantée par celle des sarcophages. La forme la plus pratiquée est la stèle à *naïscos* : le cadre architectural, flanqué en haut de rosettes héritées des stèles du IVe siècle, est limité à la zone figurée, avec une nouveauté typique de cette troisième phase de l'art funéraire attique : un épistyle* à arcature, ici en plein cintre et à trois fasces*, dont les premiers exemples apparaissent à la fin du IIe siècle av. J.-C. à Dèlos.

Le défunt, Dèmètrios, fils de Dèmètrios, de la commune de Sphettos, est représenté de face, comme c'est l'usage depuis l'époque hellénistique. Il est drapé conventionnellement, suivant le type dit du *palliatus*, d'un long manteau qui couvre également ses deux bras, le droit ramené sur le buste, le gauche contre le flanc. Sa coiffure – une coupe « en bol » compensée par une très longue mèche qui apparaît au-dessus de l'épaule gauche – indique son jeune âge. À gauche, un esclave minuscule, en très faible relief, est campé de profil dans une attitude polyclétéenne ; il tend à son maître un objet indistinct.

Ce document modeste, sans particularités marquantes de morphologie ou d'iconographie, est difficile à dater précisément. Plus subtile que l'exécution plastique, la graphie de l'inscription, due sans doute à un lapicide* de profession, peut dater encore d'avant le milieu du Ier siècle ap. J.-C., avec sa mise en page rigoureuse et ses maniérismes, comme les empattements (*apices*) décoratifs aux extrémités des lignes droites.

Bibl. : Conze 1914, IV, n° 2060 ; Moock 1998, p. 174, n° 470, pl. 60 d.
Insc. : IG II² 7512.

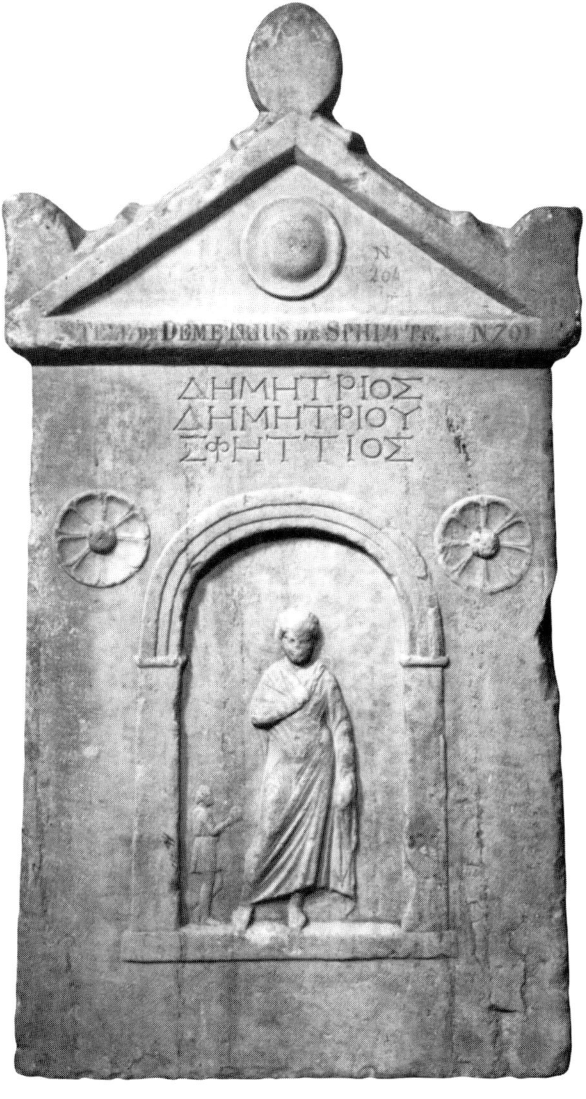
ΔΗΜΗΤΡΙΟΣ
ΔΗΜΗΤΡΙΟΥ
ΣΦΗΤΤΙΟΣ

116. Statue d'Antinoos héroïsé

Marbre. H. : 1,80 m. Delphes, MArch 1718.

Aussitôt après sa mort accidentelle dans le Nil, en 130 ap. J.-C., le jeune favori de l'empereur Hadrien fit l'objet d'un culte qui s'est d'autant mieux répandu dans la partie grecque et hellénisée de l'Empire romain que sanctuaires et cités avaient tout intérêt à manifester leur attachement à leur généreux bienfaiteur à l'occasion de cette épreuve. Plus d'une centaine de sculptures en marbre en témoignent ; la plupart procèdent d'un original en bronze perdu, dont l'exemplaire de Delphes est l'une des variantes les plus soignées, avec le poli extrême de la chair comme on l'appréciait à l'époque impériale.

Selon une pratique attestée depuis la fin du IIe siècle av. J.-C., l'auteur inconnu de cette statue-portrait a recouru à un style antérieur pour lui conférer une dignité supérieure. Il a choisi un corps d'athlète du « style sévère » **(48)**, avec la pondération typique de cette phase et le hanchement restreint qu'elle provoque. La cambrure très accentuée du dos relève du même style, qui préférait les figures d'athlètes à forte carrure. Sur ce corps solidement charpenté, à l'attitude austère, est greffée la tête inclinée d'un adolescent dont la chevelure épaisse masque de longues boucles désordonnées les oreilles et une partie du front. Les sourcils presque droits, où les poils sont suggérés par des stries comme sur les bronzes, le grand nez droit, les lèvres épaisses et les joues pleines, presque enfantines, composent une physionomie singulière, à la fois languide et réservée. Une couronne faite de deux tiges tressées recevait des éléments rapportés – probablement des feuilles de bronze ; si c'était de laurier, elles assimilaient le bel adolescent au maître des lieux, Apollon ; si c'était de lierre, à son substitut hivernal à Delphes, Dionysos. Des monnaies locales qualifient Antinoos de héros *propylaios*, c'est-à-dire « protecteur de l'entrée » – une fonction apotropaïque* traditionnelle chez les héros grecs.

Bibl. : *GDelphes Musée* 1991, p. 133-135 ; Meyer 1991, p. 17-23, p. 36-38, n° I, 15, pl. 13-15.

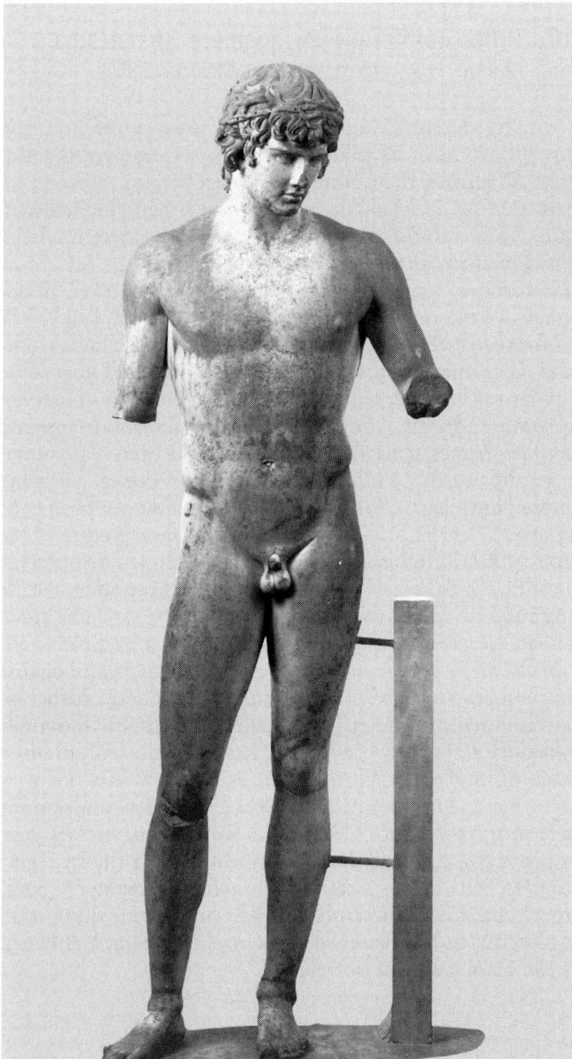

117. Pilier hermaïque du cosmète Sôsistratos

Marbre. H. : 1,94 m. Athènes, MNArch 385.

Installés depuis la fin du VIe siècle aux carrefours et le long des chemins, les piliers hermaïques* portèrent d'abord la tête d'Hermès, dieu protecteur des voyageurs, ainsi qu'un phallus dressé, symbole de bon augure. À l'époque hellénistique, ils se multiplient dans les gymnases, devenus lieux d'enseignement autant que d'activités sportives. C'est pourquoi certains représentent des poètes, orateurs et philosophes dont les œuvres étaient étudiées là.

Trouvé en 1861 à Athènes avec trente-deux autres portraits de cosmètes (proviseurs) du « gymnase de Diogénès », ce pilier est l'un des seuls qui soient entièrement conservés. Au sommet du fût, une première inscription nous apprend que « les jeunes gens faisant leur éphébie sous l'archontat de Publius Aelius Philéas (141-142) ont dressé [ce pilier représentant] leur cosmète Sôsistratos, de la commune de Marathon, en raison du soin qu'il a pris d'eux ». Une seconde inscription, sous le sexe masculin dont subsiste seule la toison, précise : « Abascantos, fils d'Eumolpos, de la commune de Kiphissia, étant entraîneur à vie » – une fonction qu'il exerça pendant trente-quatre ans à partir de 136.

Avec son visage massif encadré par une chevelure épaisse aux boucles courtes et désordonnées et une barbe au contraire peu fournie et bien peignée, Sôsistratos ressemble beaucoup à Hadrien (117-138). Les rides qui encadrent la racine du nez et ses ailes, les cernes sous les yeux, les paupières supérieures lourdes semblent indiquer un homme d'âge mûr, sans doute idéalisé. Les sourcils et l'iris des yeux sont incisés – un procédé qui s'est imposé à la fin du règne.

Par le biais de ces portraits sur pilier hermaïque*, peut-être inventés à Athènes, c'est la tradition grecque du portrait en pied qui se trouve remise en cause, là même, à Athènes, où elle est sciemment entretenue.

Bibl. : Graindor 1915, p. 320-323, pl. XVIII ; Lattanzi 1968, p. 41-42, pl. 8 a-b. ; Datsouli-Stavridi 1985, p. 95-96, pl. 141-142 ; Rhomiopoulou 1997, p. 55-56, n° 45 ; Fittschen 2008, p. 329-332.

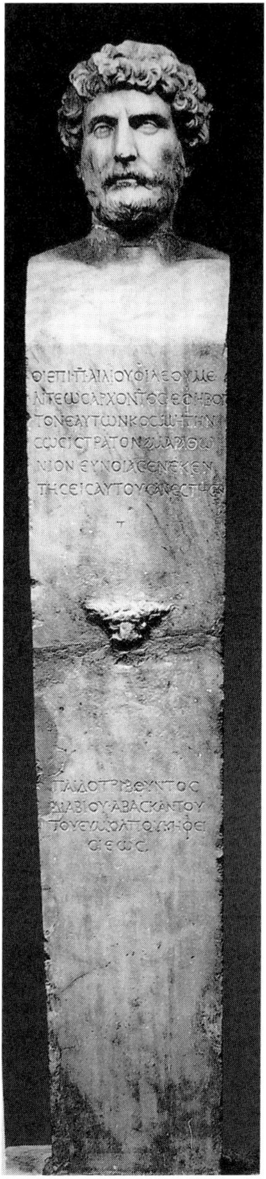
ΝΙΟΝ ΕΥΝΟΙΑCΕΝΕΚΕΝ
ΠΑΙΔΟΤΡΙΒΟΥΝΤΟC
ΑΒΑCΚΑΝΤΟΥ

118. Stèle de Sôtiris, femme de l'intendant Hespéros

Marbre. H. : 1,18 m. Brousse, MArch.

Cette stèle funéraire du milieu du IIe siècle ap. J.-C. illustre l'accession de la classe moyenne à la représentation figurée dans la partie la plus hellénisée de l'Asie Mineure. L'inscription nous révèle que « Hespéros, fils d'Hespéros, intendant de Tibérius Claudius Pôliôn Phaitros [l'a fait faire] en mémoire de Sôtiris, l'épouse qui partagea sa vie durant sept ans, lui laissant trois enfants lorsqu'elle mourut à vingt ans ». Elle conserve la morphologie traditionnelle des stèles grecques (une plaque à axe vertical), mais l'artisan, grâce à la place réservée à l'inscription et au dédoublement du champ sculpté en deux registres, a retrouvé un axe horizontal propice à la représentation du banquet.

Depuis que tous les morts peuvent être qualifiés de héros, le thème du banquet a perdu son sens premier **(45)** et ne signale plus que l'existence d'un couple **(95)**, comme l'indique le geste de dévoilement (*anacalypsis*) que fait la femme devant son maître, qui brandit ici une couronne et tient un diptyque évoquant sa fonction d'intendant. Alors que l'homme était traditionnellement le personnage essentiel de la scène, c'est ici la femme, placée au centre, en sorte que peuvent être déployés derrière elle divers attributs du couple : une servante tenant un miroir, beaucoup plus grande que le serviteur qui se tient au chevet de son maître ; un coffre-fort, un double peigne, deux grosses fleurs de pavot (?).

Le registre inférieur est plus équitablement partagé : à gauche, un palefrenier tient un cheval par la bride ; à droite, le fuseau, la quenouille et la corbeille à laine évoquent l'une des activités les plus spécifiquement féminines, le tissage ; la coquille Saint-Jacques pourrait être un vase à parfums (?). Ainsi l'artisan a ajouté au poncif du banquet une sorte de rébus social, que l'inscription complète en fournissant l'âge de la défunte au moment de son mariage – treize ans, ce qui n'est pas exceptionnel – et le nombre de ses enfants.

Bibl. : Pfuhl, Möbius 1979, II, p. 283 et 345, no 1142, pl. 172.

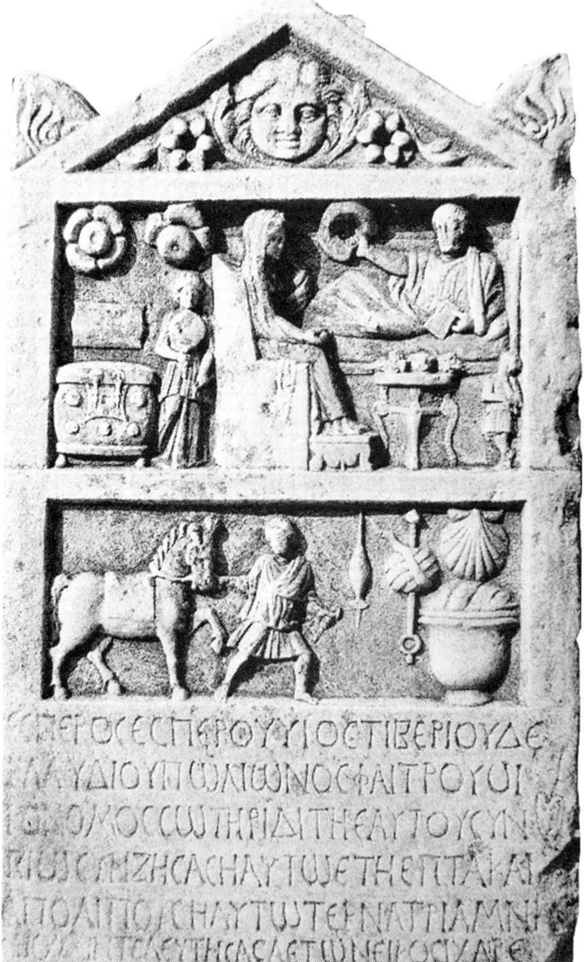

119. Buste d'Hérode Atticus

Marbre. H. : 0,62 m. Paris, musée du Louvre MA 1164.

Trouvé à Probalinthos, près de Marathon, en même temps que les bustes de Marc Aurèle (Louvre MA 1161) et de Lucius Vérus (Oxford, Ashmolean Museum), ce portrait représente le précepteur de ces deux coempereurs, Hérode Atticus (vers 100-177), rhéteur* athénien, mais aussi homme politique, puisqu'il exerce la plus haute magistrature d'Athènes, l'archontat éponyme*, dès 126-127 et que sa qualité de citoyen romain de rang sénatorial le mène, à Rome, jusqu'à la charge suprême de consul ordinaire en 143. Une fortune colossale, dont l'origine reste inconnue, lui permit de financer à Delphes, à Olympie, à Athènes, la construction d'édifices fastueux et d'orner ses vastes propriétés de statues et de reliefs à la gloire de ses élèves **(120)** et de lui-même.

Le portrait de Probalinthos, en marbre du Pentélique, illustre la double culture du personnage : bien que de facture attique, il s'agit d'un buste à la romaine **(85)**, type plastique étranger aux Grecs qui pratiquaient le portrait en pied, où la personnalité transparaît aussi bien dans l'attitude et le drapé que dans les traits du visage. Sans doute est-ce la contiguïté avec les bustes des deux nouveaux coempereurs qui a dicté ici le choix de ce type romain, attesté aussi par deux autres portraits. Toutefois, il est probable que ces bustes dérivent d'un portrait en pied en bronze, dont nous avons quelques répliques en marbre. Même si les yeux sont incisés, comme c'est l'usage depuis la fin du règne d'Hadrien, la facture est de tradition grecque, peut-être même classicisante, par son évocation très discrète de l'âge et son traitement retenu du système pileux : l'usage du foret est limité aux plis du manteau, la chevelure et la barbe sont travaillées au ciseau. Le sculpteur rapproche ainsi son œuvre de certaines figures d'hommes qu'il pouvait voir sur les stèles funéraires du IVe siècle av. J.-C., toujours visibles alors.

Bibl. : Kersauson 1996, p. 290-293, n° 132 ; Bol 1998 ; sur le personnage : Tobin 1997.

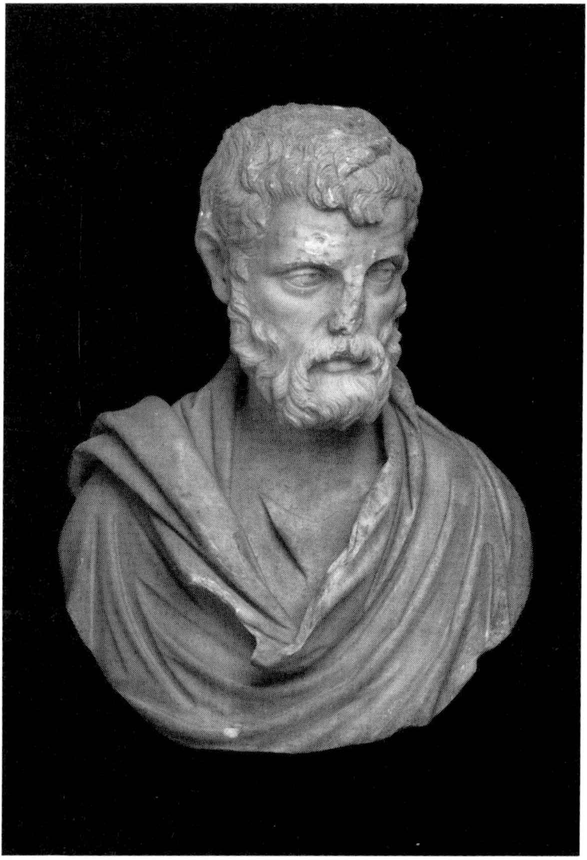

120. Relief dédié à un jeune garçon héroïsé

Marbre du Pentélique. H. : 0,68 m ; l. : 0,97 m.
Athènes, MN 1450.

Trouvé au début du XIXe siècle dans la région d'Astros, où Hérode Atticus **(119)** possédait une vaste propriété, ce relief d'une facture soigneuse mais froide, réalisé entre 150 et 175, illustre le goût classicisant de ce rhéteur* richissime, puisqu'il renoue avec la représentation en cavalier, militaire ou chasseur, d'un mortel héroïsé.

La forme et l'encadrement de la scène imitent ceux des reliefs votifs attiques du IVe siècle **(72)**. Le centre du champ est occupé par un jeune garçon vu de face, vêtu seulement de la cape des cavaliers, la chlamyde ; il tient par la bride un cheval représenté de profil à l'arrière-plan, aussi grand que son maître : la règle classique de l'isocéphalie* est respectée. En revanche, le serviteur qui lui apporte son casque est minimisé, comme le sont généralement les comparses de statut social inférieur sur les reliefs funéraires d'époque hellénistique et impériale. Dès la seconde moitié du IVe siècle, le thème du héros cavalier a reçu une recharge héroïsante avec l'adjonction du grand serpent (*dracôn*), qui incarne la puissance chthonienne* des héros **(95)**. Enroulé autour d'un arbre, dont les frondaisons ont pris de l'importance durant l'époque hellénistique, il est ici directement nourri par le héros, ce qui est rare. Autre ajout pittoresque : les deux oiseaux perchés sur les branches. La cuirasse, le bouclier, la lance et l'épée représentés à gauche ne font pas non plus partie de la composition classique : ils soulignent le caractère militaire du héros, en dépit du jeune âge que suggère la gracilité de son anatomie. Ce pourrait être une manière d'assimiler le défunt au héros épique Achille, guerrier entre tous, s'il s'agit bien ici d'Achilleus, un élève adopté par Hérode Atticus et mort prématurément. La loutrophore* dressée sur une base en haut à droite peut être une allusion à la pratique de l'époque classique consistant à décorer de ce type de vase la tombe de jeunes gens disparus trop tôt pour avoir été mariés.

Bibl. : BÖHM 1995 ; GOETTE 2001 ; KALTSAS 2001, p. 347, n° 736.

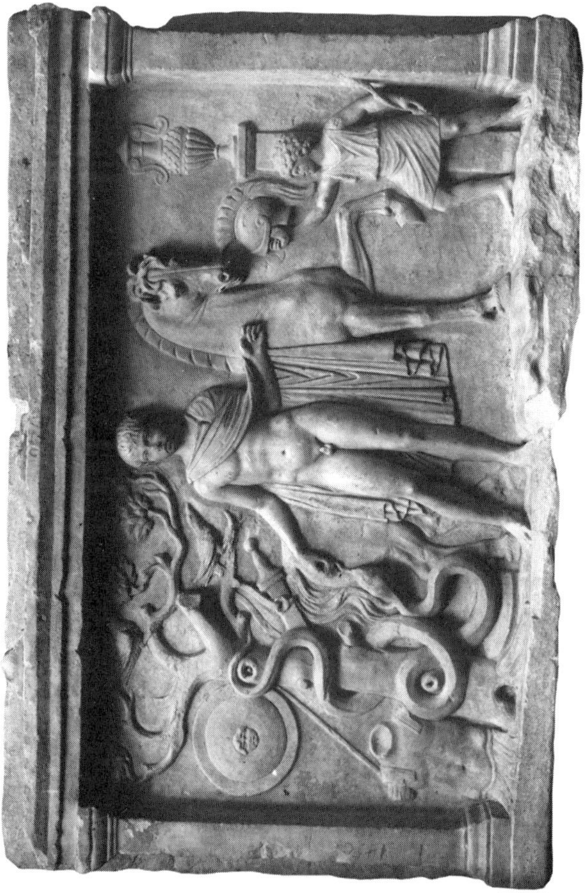

121. Trapézophore à décor dionysiaque

Marbre. H. : 1,275 m. Athènes, MNArch 5706.

Au cours du IIe siècle ap. J.-C. apparaît un nouveau meuble d'apparat en marbre qui va avoir une faveur durable : c'est la table (*trapéza*) de grandes dimensions portée par un pied central (*trapézophoron*) orné d'une ou plusieurs figures en ronde-bosse* appliquée, généralement empruntées au répertoire des Ve et IVe siècles av. J.-C. Le présent exemplaire, réalisé entre 150 et 200 ap. J.-C., mais de provenance inconnue, étant apparemment en marbre de Dokimeion (en Phrygie centrale ; aujourd'hui Iscehisar, en Turquie), où de grandes carrières ont été exploitées à l'époque impériale, c'est à un atelier de la côte orientale de la mer Égée qu'il faut l'attribuer.

Singulière, cette œuvre l'est d'abord par ses dimensions : il est rare qu'un trapézophore* atteigne cette hauteur. Elle l'est aussi par sa virtuosité, puisque l'ensemble a été taillé dans un seul bloc de marbre ; elle l'est encore par le contraste frappant entre la négligence extrême du support lui-même, dont les contours et les moulures sont approximatifs, et la maîtrise de l'ensemble figuré, dont le polissage extrême, suivant le goût du IIe siècle, donne au marbre une allure d'albâtre. Elle l'est enfin par la complexité pittoresque de la scène : si la figure de Dionysos est le motif le plus courant pour ces trapézophores* installés pour la plupart dans les salles de banquet, il est unique qu'il soit campé sur un fond de pampres exubérants, auquel semble presque appartenir l'énorme couronne de vigne et de lierre dont il est ceint. Ni le rhyton – vase plastique, ici en forme de panthère – qu'il tient dans sa main droite, soutenue opportunément par un petit chèvre-pied à la trogne difforme, ni le petit Satyre grimpeur qui cueille du raisin n'appartiennent à un type connu : la fantaisie décorative de l'artiste s'est donné ici libre cours pour produire une œuvre que sa polychromie* (des restes de rouge et de jaune sont conservés en divers points) devait enrichir encore, peut-être jusqu'à l'excès…

Bibl. : Stephanidou-Tiveriou 1989 ; Rhomiopoulou 1997, p. 101, n° 102.

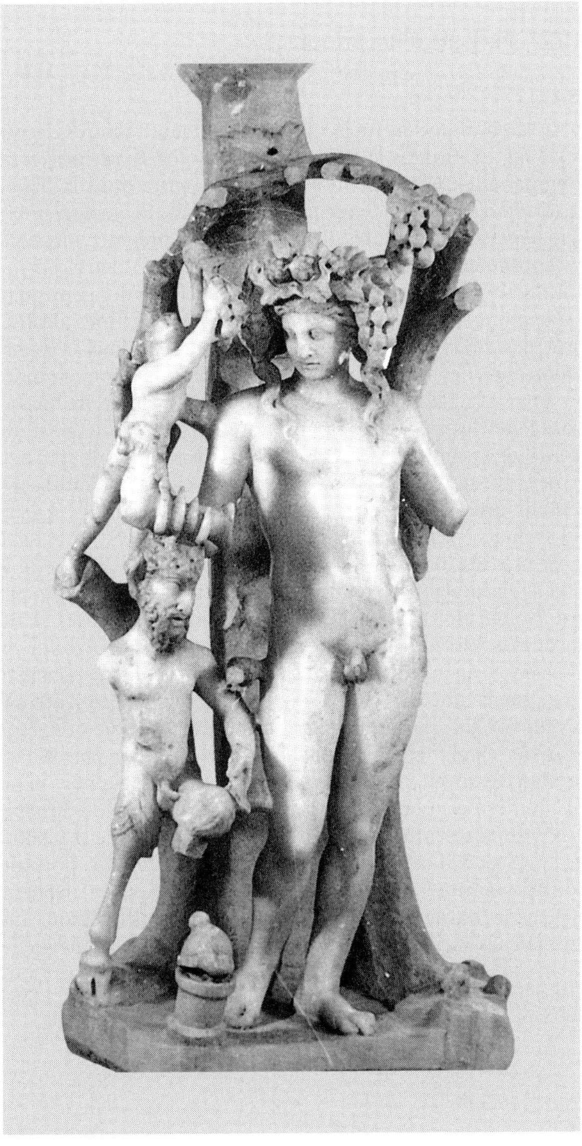

122. Portrait d'un prince (?)

Marbre. H. : 0,49 m. Athènes, MAcr (ex-MNArch 419).

Cette grande tête masculine d'excellente facture, découverte en 1876 dans le théâtre de Dionysos à Athènes, reste énigmatique ; elle était montée sur un buste dont la base a la forme d'un culot d'acanthe, ce qui indique généralement que le personnage représenté est mort. La présence plastique exceptionnelle de ce portrait tient en partie à deux caractéristiques apparemment contradictoires : un traitement quasi expressionniste de la chevelure et une très fine idéalisation des traits. La chair est lisse et tendue, sous la masse ondoyante des mèches en bataille, profondément refouillée au foret ; la barbe minime, les sourcils et les yeux incisés semblent des concessions consenties à regret au goût du jour. Les arcades sourcilières presque rectilignes, le nez nettement busqué, la bouche large et sensuelle évoquent discrètement une origine non grecque, assez comparable à celle du Pseudo-Mausole d'Halicarnasse **(65)**.

Si une datation à l'époque des Sévères (193-235) reste la plus vraisemblable, l'hypothèse du portrait d'un roi protégé par Rome est fragile : à cette date tardive, tous les petits royaumes vassaux de Rome ont été annexés, sauf celui du Bosphore, au nord de la mer Noire ; Sauromatès II (175-211) serait alors un candidat possible. Mais représenterait-on un roi ami sans le diadème qui est le symbole obligé du pouvoir royal ? Faut-il alors se rabattre sur un personnage de lignage royal, comme le fut plus tôt Philopappos, petit-fils du dernier roi de Commagène, qui passa sa vie à Athènes et s'y fit construire le célèbre tombeau qui domine la Colline des Muses ? Toujours est-il qu'on est loin des portraits compassés du IIe siècle athénien, comme ceux des cosmètes **(117)** : on retrouve ici quelque chose du souffle épique qui animait les meilleurs des portraits de princes hellénistiques.

Bibl. : Fittschen 1971, p. 244-249 ; Bergmann 1977, p. 80-82 ; Smith 1988, p. 142-143, pl. 73 : 1-4 ; Kaltsas 2001, p. 362-363, n° 775.

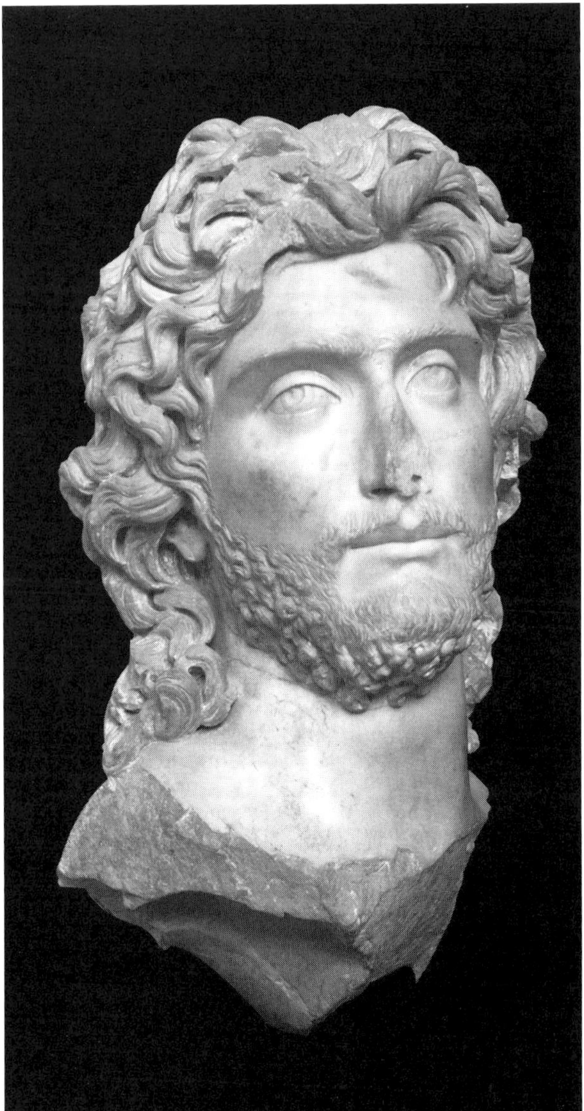

123. Sarcophage attique : Phèdre et Hippolyte

Marbre. L. : 2,35 m. Arles, MArch FAN. 92.00.541 (cuve) et 2681 (couvercle).

Depuis 140 environ et jusqu'à l'invasion des Hérules en 267, les ateliers de marbriers attiques trouvent un ultime regain dans la fabrication de grands sarcophages en marbre du Pentélique, ornés de scènes du répertoire classique, littéraire et figuré. On a calculé que la réalisation d'un tel sarcophage par une équipe de quatre marbriers demandait à peu près 250 jours, or environ 1500 exemplaires sont connus, qui ne représentent probablement qu'une très faible partie (de 2 à 5 % ?) de la production. Il s'agissait donc d'une véritable industrie, qui exportait plus que les ateliers de Rome, et souvent très loin, comme le prouve cet exemplaire retrouvé à Trinquetaille (Arles), en 1891, près du Rhône.

Le couvercle évoque un lit de banquet (*clinè*) sur lequel est allongé, accoudé, le défunt vêtu d'une toge romaine. Il s'agit en fait d'une altération du modèle ordinaire avec couple allongé, livré avec les têtes seulement dégrossies, selon la technique du « prêt-à-portrait » également pratiquée pour certaines statues honorifiques. Ici, l'homme situé à droite a été arasé, et la femme transformée sommairement en homme ; de plus, un cartouche a été aménagé sur la tranche antérieure du lit, pour recevoir une inscription qui n'a pas été gravée.

Le petit côté droit et l'arrière de la cuve sont décorés de scènes de chasse au pittoresque rustique, dont la finition est très négligée, tandis que le petit côté gauche et la face antérieure présentent des scènes de la légende de Phèdre et Hippolyte, traitées en haut relief, avec une telle densité de la figuration que le fond s'en trouve escamoté. Ce sujet se retrouve sur une vingtaine de sarcophages attiques, traité chaque fois d'une manière un peu différente. Seul un sarcophage d'Apollonia de Cyrénaïque, qui présente la même conjonction chasse-Phèdre, pourrait provenir du même atelier, en activité peu avant 250.

Bibl. : Ward-Perkins 1956 ; Koch 1993, p. 97-112 (sarcophages attiques) ; Gaggadis-Robin 2005, p. 72-90, n° 14.

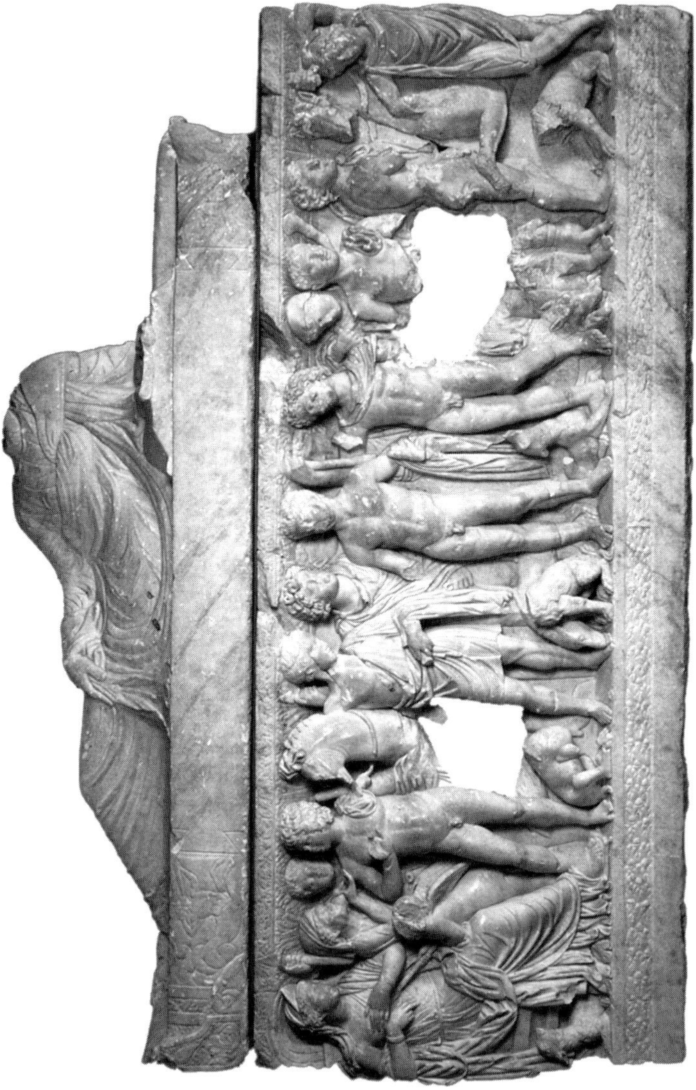

124. Plaque décorative avec Hèraclès tuant Géryon

Marbre. H. : 1,55 m. Toulouse, musée Saint-Raymond.

Dans les ruines d'une grande villa romaine dominant la Garonne, au lieu-dit Chiragan de Martres Tolosane, à 60 km au sud-ouest de Toulouse, ont été trouvées, au cours de fouilles peu documentées faites au XIXe siècle, des sculptures en marbre d'une qualité exceptionnelle. Outre une galerie de portraits d'empereurs, il s'agit de bustes de divinités en médaillon (*tondo*), de reproductions de statues de divinités et de plaques décoratives illustrant les exploits d'Hèraclès.

Celle qui représente Hèraclès achevant Géryon, monstre à trois têtes dont deux sont déjà défaillantes, est la plus grande et la mieux conservée. C'est ici qu'on peut le mieux apprécier le style néobaroque de ces plaques, qui s'inspire de la Gigantomachie* du Grand Autel de Pergame **(97)**. Comme c'est souvent le cas, les imitateurs en rajoutent, pour que la référence stylistique soit patente : les attitudes étant outrées, le pathétique vire au théâtral, d'autant que la virtuosité froide des détails – les lambrequins figurés de la cuirasse et le bouclier de Géryon – contraste avec l'extravagance de l'anatomie boursouflée et contorsionnée d'Hèraclès.

Cette esthétique de l'invraisemblance, digne d'une *opera seria* baroque, il est douteux qu'un atelier local en ait été capable, et pourtant le marbre semble bien celui des carrières toutes proches de Saint-Béat. Faut-il alors supposer que des sculpteurs venus d'un centre possédant une longue tradition ont été appelés à décorer cette villa ? Les rapprochements faits avec certaines sculptures d'Aphrodisias, où la sculpture a été pratiquée plus longtemps que partout ailleurs **(125)**, conduiraient à abaisser la date de cet ensemble jusqu'au milieu du IVe siècle ap. J.-C. Les données insuffisantes de la fouille ne permettent pas de trancher le débat, particulièrement épineux quand il s'agit de reprises stylistiques aussi arbitraires et ponctuelles.

Bibl. : Esperandieu 1908, p. 38, n° 899-8 ; Bergmann 1999, p. 32-43, pl. 1-3. ; Cazes 1999, p. 85-99 ; Bergmann 2004.

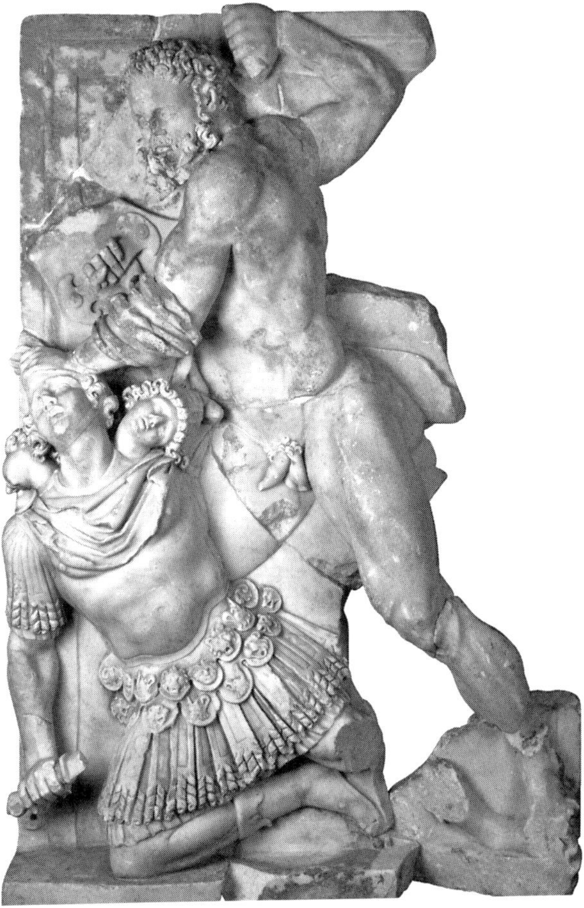

125. Statue honorifique de Flavius Palmatus

Marbre. H. : 2,015 m. Geyre (Aphrodisias), MArch.

Découverte à Aphrodisias en 1972, cette statue était dressée sur une base haute de 1,01 m portant l'inscription :

À la Bonne Fortune
Le rénovateur
fondateur de la métropole
et bienfaiteur de toute
la Carie Flavius Palmatus
Son Excellence le gouverneur consulaire, faisant aussi fonction
de Vicaire très magnifique
Flavius Athènéos
illustrissime Père de
la métropole illustrissime des Aphrodisiens
a dédié sa statue
pour le remercier

Il est frappant de voir ici se perpétuer, vers 500 ap. J.-C., la pratique désormais presque millénaire de la statue honorifique : les titres et les mérites ont changé, mais la formule de dédicace est restée identique dans ce milieu protégé d'Aphrodisias, où la statuaire a subsisté très longtemps.

La statue est faite en deux pièces : un assistant aura réalisé, dans le marbre local, le corps qui disparaît derrière un vêtement à manches longues, sans doute cousu, que l'on ne peut plus décrire en termes antiques, tandis que le maître se réservait la partie originale de l'œuvre, la tête réalisée dans un marbre plus fin. Le réalisme rude des traits est démenti par le contraste artificiel entre la chevelure, où le foret a profondément creusé en tous sens pour suggérer des mèches en désordre, et les petits coups de pointe fine sur le visage déjà poli pour rendre barbe et moustache.

La main droite tient la *mappa*, serviette qui donnait le signal des jeux du cirque ; la gauche un court sceptre. Un paquet de papyrus suggérant la culture fait discrètement office d'étai à la gauche de ce très haut fonctionnaire d'autorité.

Bibl. : Inan, Alföldi-Rosenbaum 1979, p. 236-238 (K. Erim), pl. 264-265. Sur l'inscription, Roueché 1989, p. 102-104, pl. XVI. Sur l'emplacement : Smith 1999, p. 168-170.

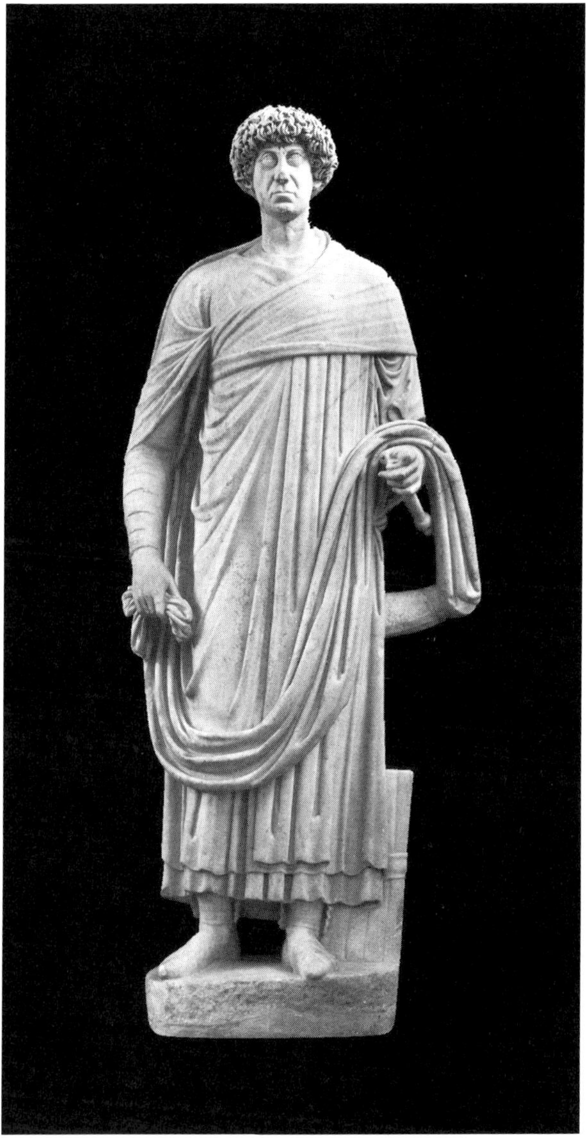

ÉPILOGUE

La sculpture grecque depuis l'Antiquité

Déracinement matériel[1] massif et détournement de sens très fréquent : les Romains avaient infléchi violemment le cours de la sculpture grecque au moment même où sa créativité s'étiolait, lui offrant, avec le portrait et les genres décoratifs qu'ils affectionnaient, un long crépuscule paisible. Rome était ainsi devenue, à l'instar des sanctuaires panhelléniques et d'Athènes, un des réceptacles majeurs d'œuvres grecques : les monuments en regorgeaient et les collections privées étaient nombreuses[2]. Les statues grecques, désormais anciennes et précieuses, étaient entretenues, voire restaurées[3]. La culture classique, qui culmine au IIe siècle avec les empereurs hellénisants Hadrien (117-138) et Marc Aurèle (161-180), assurait à la sculpture grecque un prestige éminent.

1. L'empereur Néron (54-68), lors de sa tournée en Grèce, procéda au dernier pillage de sculpture grecque : selon Pausanias (X, 7, 1), il aurait fait enlever 500 statues de bronze du sanctuaire d'Apollon à Delphes. 2. Comme l'atteste le texte que Pline (livre XXXVI) consacre au marbre ; ISAGER 1991, p. 157-183. 3. Pline (XXXVI, 32) mentionne, dans le temple d'Apollon palatin, à Rome, une statue d'Artémis de Timothéos, dont la tête avait été remplacée (ou remise en place) par Evander, un sculpteur athénien de la seconde moitié du Ier siècle av. J.-C. Durant l'époque impériale, les sculptures – métopes* et frontons* – du temple de Zeus à Olympie ont fait l'objet d'une campagne importante de restauration ; SYMEONOGLOU 1988.

VERS L'EFFACEMENT

Cette situation privilégiée se trouve remise en cause durant la seconde moitié du IIIe siècle. Au moment même où l'invasion des Hérules en mer Égée (267-269) perturbe, voire interrompt, la production de grands centres traditionnels de la sculpture en marbre (Proconnèse, Thasos, Athènes), la pratique « académique » – au sens péjoratif du terme… – de la sculpture se sclérose rapidement, tandis qu'apparaît avec le christianisme une critique radicale de l'esthétique mimétique* qui la domine depuis huit siècles. Le néoprimitivisme qui résulte de la conjonction de ces facteurs de crise n'aura qu'un temps, celui de la Tétrarchie [1] (285-324), mais il inaugure avec éclat une période de transition complexe, l'Antiquité tardive (IVe-Ve siècles), durant laquelle la tradition esthétique gréco-romaine va s'altérer. Si elle subsiste longtemps dans les arts mineurs précieux, dont la clientèle aristocratique reste férue de culture antique [2], elle périclite rapidement en sculpture, bien que le portrait en pied soit pratiqué jusqu'après Justinien [3] (527-565). Sans doute cet art apparaissait-il irrémédiablement lié, par sa thématique, au polythéisme : les croyances peuvent survivre longtemps dans la discrétion des bibliothèques privées et l'intimité des esprits, mais leur expression plastique est trop flagrante pour subsister en un temps de « révolution culturelle ». La sculpture est un art spectaculaire auquel le volume confère une présence emphatique, qui, devenue gênante ou odieuse, incite à la destruction.

Il était donc inévitable que l'édit solennel du

---

1. VEYNE 2005, p. 803-813, à propos des Tétrarques de Venise et de l'arc de Constantin à Rome. 2. Le passage au christianisme n'implique pas l'abandon de l'éducation classique : HANFMANN 1980. 3. KIILERICH 1993 ; *Age of Spirituality* 1979, p. 2-33 : p. 26-27, n° 20, statuette en marbre d'Aelia Flacilla, épouse de Théodose Ier (vers 380), au Cabinet des médailles de la Bibliothèque nationale, Paris (inv. 13). Plus de statue attestée après le VIIIe siècle : MANGO 1963, p. 71, n. 96.

8 novembre 392 confirmant l'interdiction du polythéisme fût pour elle un coup fatal : dépouillées de leur aura religieuse, les innombrables statues à sujet mythologique se trouvaient à la merci de la vindicte chrétienne [1]. Le passage à l'acte, préparé dès longtemps par les pamphlets chrétiens dénonçant l'idolâtrie païenne [2], était désormais licite : on put remployer les statues, récupérer les matériaux [3], détruire tout simplement. Les textes font état de certaines émeutes iconoclastes [4] ; l'archéologie en a révélé d'autres [5] ; parfois, la disparition est organisée d'une manière rationnelle, mais non moins violente [6] ; certains enfouissements, en revanche, peuvent être considérés comme des tentatives de sauvegarde [7]. Il semble même que l'administration impériale ait tenté de mettre un frein aux destructions en invitant à considérer les statues antiques comme des œuvres d'art sans plus de contenu religieux [8], qu'on pouvait regrouper dans des lieux de culte désaffectés [9]. Ces dispositions, inégalement

1. GRAMACCINI 1996, p. 17-47 : « Von der Toleranz zur Dämonisierung ». 2. Au premier rang desquels, du côté grec, Clément d'Alexandrie, un converti de la fin du IIe siècle, dont le *Protreptique* propose un argumentaire érudit des raisons qui devraient rendre ridicule ou odieux le culte des statues païennes et mettre fin à l'exercice de cet art de perdition qu'est la sculpture sous ses dehors agréables (livre IV). 3. Une loi de 349 (*Code de Théodose* IX, 17, 2) tente déjà de réglementer ces pratiques en plein essor. 4. CHUVIN 1991, p. 108-114 : un exemple pittoresque, près d'Alexandrie en 485-487 ; p. 246-252 sur la survie de certaines statues. 5. Par ex. à Thasos, où la plupart des statues en marbre ornant le centre monumental ont été débitées et leurs fragments dispersés : HOLTZMANN 1993 B ; à Rhamnonte, où le sanctuaire de Némésis et les monuments funéraires du IVe siècle bordant le chemin y conduisant ont été systématiquement concassés : PETRAKOS 1999. 6. HOUSER 1983, sur les têtes de statues en bronze ; plus généralement DONDERER 1991-1992, avec listes par matériau et type de disparition. 7. Ainsi à Calymnos, où ont été retrouvées dernièrement près de trente statues enfouies avec soin (exposées depuis 2009 dans un nouveau musée). 8. LEPELLEY 1994. 9. Pour Alexandrie, une épigramme de Palladas (*Anthologie Palatine* IX, 529) le confirme : « Devenus chrétiens, les dieux aux demeures olympiennes habitent ici à l'abri des outrages ; et le creuset qui produit la petite monnaie nourricière ne les mettra pas au feu. »

observées suivant les circonstances locales, s'avérèrent transitoires : en fait, n'échappèrent durablement à ce désastre obscur que les œuvres muséalisées dans les deux capitales, Rome et Constantinople. Mais la situation des deux villes, vis-à-vis de la sculpture antique, était très différente.

Rome, depuis l'époque hellénistique, n'avait cessé d'accumuler des statues, mais, victime des désordres endémiques qui déchirent l'Empire en Occident, elle ne tarda pas à s'en trouver progressivement délestée : le pillage de la Ville par Alaric, en 410, est le point de départ d'un déclin et de déprédations qui vont durer plusieurs siècles, malgré la présence de la Papauté [1]. Cependant l'abondance de statues y avait été telle [2] qu'elles n'ont jamais tout à fait disparu du paysage urbain [3], même si la présence de la plupart est devenue virtuelle à cause de l'accumulation rapide des ruines, qui en a protégé un bon nombre.

Constantinople, au contraire, est fondée en 330 sur le site de la cité grecque de Byzance pour devenir la nouvelle Rome : elle se doit donc d'avoir un patrimoine statuaire prestigieux, tant il est vrai que le décor sculpté est encore un signe majeur de l'urbanité, malgré le discours négatif dont l'entoure la nouvelle idéologie dominante. Ainsi les empereurs du IVe siècle, quoique convertis au christianisme, ont-ils prélevé de toutes parts des statues païennes pour en orner leur nouvelle capitale. Quelques textes témoignent de cette confluence paradoxale et des croyances curieuses qui n'ont pas tardé à s'attacher à ces statues déraci-

---

1. KRAUTHEIMER 1999. 2. Un préposé aux statues (*curator statuarum*) y est attesté à partir de 335. À la fin du Ve siècle encore, Cassiodore qualifie les habitants de Rome de *populus copiosissimus statuarum* : peuple très riche en statues (*Variae* 7, 13, 1). 3. Ainsi la statue équestre de Marc Aurèle en bronze doré, dont l'original nettoyé est, depuis décembre 2005, abrité au musée du Capitole, semble n'avoir jamais été enfouie : GRAMACCINI 1996, p. 145-158.

nées[1]. Cependant, le patrimoine ainsi constitué est rapidement entamé par diverses catastrophes : en 475, le palais de Lausos, seul grand collectionneur byzantin connu, est détruit par un incendie où disparaissent, entre autres, le Zeus chryséléphantin* de Phidias rapporté d'Olympie, l'Aphrodite cnidienne de Praxitèle **(69)**, le Kairos de Lysippe…[2] ; en 532, ce sont les thermes de Zeuxippe qui sont la proie des flammes, avec les quatre-vingts statues évoquées par Christodôros (*Anthologie palatine,* vol. II). La notion de musée ou de collection de sculpture ne parvient pas à s'imposer à Constantinople : il n'y aura pas de glyptothèque* byzantine, comme il y eut des bibliothèques. Ainsi les textes seuls se sont conservés grâce à l'activité des monastères, tandis que les œuvres sculptées, trop compromises avec une religion condamnée, disparaissaient peu à peu au gré des circonstances. Le pillage de Constantinople par les croisés, en 1204, est significatif de la déperdition déjà très avancée du patrimoine plastique grec : hormis quelques statues et reliefs qui prennent par bateau le chemin de Venise[3], ce sont essentiellement des objets d'art, il est vrai plus maniables et la plupart postantiques, qui se retrouvent en Occident dans les trésors des princes ou des églises. Lorsque les Turcs prennent enfin la ville en 1453, il ne s'y trouvait plus, semble-t-il, que deux œuvres antiques en place : une série de bas-reliefs représentant les travaux d'Hèraclès et la Colonne serpentine offerte à Delphes par les Grecs vainqueurs des Perses[4].

---

1. Dagron 1984, p. 128-150. 2. Mango 1963, p. 58. 3. Brown 1997. Les colonnes antiques qui marquent l'entrée de la Piazetta (Gramaccini 1996, p. 72, fig. 37-38), surmontées de statues antiques en bronze complétées, reproduisent un dispositif qui était fréquent à Constantinople. Les œuvres antiques les plus célèbres sont les quatre chevaux placés sur le balcon de la façade de la basilique de Saint-Marc : *Chevaux de Saint-Marc* 1981. 4. Mango 1963, p. 75.

RETROUVAILLES AMBIGUËS : LES « ANTIQUES »

C'est donc d'Occident, paradoxalement, que va resurgir la sculpture gréco-romaine, qui n'avait jamais totalement disparu, même hors de Rome [1], notamment à la faveur des tentatives de reviviscence de l'Empire romain par Charlemagne (771-814) ou Frédéric II de Hohenstaufen (1220-1250). Ces rares dépouilles, conservées ou retrouvées par hasard et la plupart du temps mal interprétées, seront alors volontiers mises en composition avec des œuvres nouvelles pour valoriser celles-ci [2]. Désormais et jusqu'au début du XIXe siècle, on les qualifie d'« antiques », au féminin [3] : la distinction entre art grec et art romain s'est effacée de la conscience occidentale et restera longtemps méconnue en raison de l'absence de rapports directs avec la Grèce, l'occupation turque de l'espace égéen rendant les voyages très hasardeux [4].

Rome est donc, à partir du XVe siècle, le centre de la redécouverte de la sculpture antique : le renouveau monumental de la ville y conduit à de multiples découvertes qui forment la base de la nouvelle esthétique **(67, 112)**. Les recueils de dessins, puis de gravures répandent en Europe les « antiques » romaines qui forment le

---

1. ESCH 1969 ; GRAMACCINI 1996 ; *D'après l'Antique* 2000, p. 30-44 (N. Gramaccini). 2. Un exemple de ces greffes est fourni par deux statues de saints conservées au Département des sculptures du Louvre, qui proviennent de la façade du dôme de Florence détruite en 1587. Les corps datent du XIVe siècle et les têtes sont antiques : l'une est une copie du portrait d'Eschyle créé vers 330 pour le théâtre d'Athènes (voir **75**) ; l'autre un portrait d'inconnu du début du IIe siècle ; JUCKER 1982. De même, au XVIe siècle, la façade sur les jardins de la villa Médicis, à Rome, a été incrustée d'antiques. Même procédé encore, jusqu'au début du XXe siècle, pour certaines maisons construites sur le site antique de Thasos. 3. *D'après l'Antique* 2000. 4. Le premier des « voyageurs » plus ou moins érudits qui tentent malgré tout l'aventure est Cyriaque d'Ancône, humaniste, négociant et diplomate, qui parcourt la mer Égée entre 1425 et 1452, recopiant les inscriptions et dessinant les ruines et les sculptures qu'il rencontre en vue de « Commentaires sur les choses antiques » en latin qu'il n'eut pas le loisir de rédiger ; COLIN 1981 ; BROWN 1997, p. 81-91.

nouveau répertoire des arts plastiques[1]. À l'instar des papes qui accumulent au Vatican une collection sans pareille, les cardinaux de leur famille et leur entourage réunissent eux aussi de très riches collections, parfois installées dans des édifices spécialement destinés à les mettre en valeur[2] (Villa Médicis, Farnesina, Villa Borghèse, etc.). Le dernier exemple de ces grandes collections privées romaines est celle constituée par Winckelmann pour le cardinal Albani (1692-1779) au milieu du XVIIIe siècle[3].

Les princes européens n'ont pas tardé à vouloir suivre l'exemple romain : François Ier, grâce à l'entremise du Primatice, put, dès les années 1540, se procurer pour Fontainebleau des copies en bronze d'« antiques » romaines célèbres[4], dont d'autres tirages furent faits pour différentes cours d'Europe. Au XVIIe siècle, les cardinaux Richelieu et Mazarin léguèrent au roi de nombreuses « antiques[5] », avant que Louis XIV n'entreprenne d'en acquérir systématiquement pour orner les palais et les jardins de Versailles et de Marly et n'institue l'Académie de France en 1666, afin que les artistes français puissent faire sur place des copies fidèles[6] et des variantes modernes des modèles antiques. Cet intérêt des souverains pour les « antiques » est fréquent : en 1570, le duc de Bavière Albert V fait construire pour sa collection de portraits antiques en plein essor un *Antiquarium* qui reste l'élément le plus original de la Résidence de Munich[7]. À partir de la fin du XVIIe siècle, la haute aristocratie vient

---

1. BOBER, RUBINSTEIN 1987. 2. Sur les collections romaines du XVIe siècle, BOBER, RUBINSTEIN 1987, p. 471-480. 3. Le catalogue exhaustif de cette collection, toujours privée, donne seul jusqu'ici une idée précise de l'ampleur de ces collections romaines : *Villa Albani* 1989-1998 ; le quatrième volume du recueil très sélectif *Helbig*, qui embrasse les grandes collections d'antiquités de Rome, lui était consacré. 4. HASKELL, PENNY 1988, p. 15-20 ; PRESSOUYRE 1969. 5. *Antikensammlungen* 2000, p. 182-190 sur les collections françaises des XVIIe et XVIIIe siècles (A. Linfert) ; *Antiques du Louvre* 2004. 6. HASKELL, PENNY 1988, p. 52-58. 7. WESKI, FROSIEN-LEINZ 1987.

également se fournir à Rome[1] : les lords anglais qui y séjournent au cours de leur « grand tour » méditerranéen constituent des collections, dont certaines subsistent encore, peu connues, dans leurs somptueuses résidences de campagne[2] ; les princes allemands, moins fortunés, sont plus modestes[3].

Le goût des Modernes, de la Renaissance au milieu du XIXe siècle[4], veut que ces « antiques » soient complètes : très peu étant intactes, la restauration, souvent extensive, devient une activité très lucrative pour les quelques ateliers romains qui s'y consacrent. Non seulement on complète des statues, mais on assemble aussi des fragments, non sans une certaine fantaisie, d'autant que la plupart des acheteurs de passage s'y connaissent assez peu[5]. Ainsi sont créées des œuvres hybrides, de peu de valeur pour la connaissance de la sculpture gréco-romaine, mais qu'on s'efforce aujourd'hui d'apprécier comme témoins d'un moment du goût européen[6].

Face à cette ultime dégradation mercantile de la sculpture antique, réduite à un salmigondis de fragments de copies romaines et d'ajouts modernes, une réaction se dessine dès la fin du XVIIIe siècle, en rapport avec la résurgence de l'art grec proprement dit. Ce n'est pas un hasard si Winckelmann (1717-1768), auteur de la première histoire de l'art antique, qui rétablit la distinction entre art grec et

---

1. *Antikensammlungen* 2000, p. 182-190. 2. Michaelis 1882, p. 1-184 : historique de la constitution des collections britanniques depuis le début du XVIIe siècle. La collection *Monumenta artis romanae*, dirigée par l'Université de Cologne, a consacré un certain nombre de fascicules à ces collections privées. 3. Peu de collections antérieures au XIXe siècle ont subsisté, comme celle du comte d'Erbach-Erbach : Fittschen 1977. 4. B. Thorvaldsen complète encore les frontons d'Égine en 1817, alors que Canova a refusé en 1815 de toucher aux marbres du Parthénon rapportés à Londres par lord Elgin. 5. *History of Restoration* 2003 ; *« Wiedererstandene Antike »* 2003. 6. Sur Cavaceppi (1716 ?-1799), le plus habile de ces sculpteurs-restaurateurs romains, ami de Winckelmann : Howard 1982 ; *Schönheit weissen Marmors* 1999.

art romain en mettant fin au quiproquo des « antiques [1] », avait entrepris, dès son arrivée à Rome, la rédaction d'un ouvrage sur la restauration des sculptures antiques, ouvrage resté inachevé [2]. À l'exception de très rares œuvres grecques retrouvées à Rome [3], Winckelmann fonde en effet son histoire de l'art grec sur les « antiques » plus ou moins frelatées de Rome, dont l'autopsie* technique, en distinguant fragments originaux et compléments modernes, peut seule fonder une juste appréciation esthétique.

LA SCULPTURE GRECQUE DANS TOUS SES ÉTATS

La démarche critique, qui, à partir des copies, essaye de remonter aux originaux perdus des grands maîtres, mais connus par les textes, va connaître un grand essor au XIXe siècle : les savants allemands, combinant la recherche sur les maîtres (*Meisterforschung*) et celle sur les copies (*Kopienforschung*), vont ainsi reconstituer en partie la trame déchirée ou brouillée de la sculpture de l'époque classique [4]. Plus modestement, cette étude des copies débouche sur l'élaboration d'un grand nombre de catalogues de musées et de collections – sources documentaires essentielles, dont la rédaction devrait être reprise environ tous les demi-siècles pour tenir compte de l'évolution des recherches et des moyens de communiquer celle-ci [5].

---

1. A. Potts : « Vie et mort de l'art antique : historicité et beau idéal chez Winckelmann », p. 9-38, in *Winckelmann* 1991. 2. M. Kunze : « Über das Ergänzen... », p. 155-166, in *« Wiedererstandene Antike »* 2003. 3. Quelques-unes, trouvées en Grèce, sont parvenues à Venise (FAVARETTO-TRAVERSARI 1993), d'autres dans la collection de lord Arundel, aujourd'hui à l'Ashmolean Museum d'Oxford (HAYNES 1975). 4. Apogée de cette démarche, la somme toujours valable de FURTWÄNGLER 1893. 5. Le plus ancien qui soit toujours en usage est celui du musée d'archéologie d'Istanbul : MENDEL 1912-1914. Depuis une trentaine d'années, quelques catalogues très substantiels ont vu le jour : à la glyptothèque de Munich : VIERNEISEL-SCHLÖRB 1979 ; à la *Villa Albani* 1989-1998 ; au *Museo nazionale romano* (Musée des Thermes, Rome), en douze volumes. De même, un catalogue exhaustif des sculptures du Musée national d'Athènes est en cours d'élaboration sous la direction de G. Despinis. En revanche, les gran-

Cette approche philologique* et stylistique, qui s'applique surtout aux grands sculpteurs des Ve et IVe siècles, dont l'œuvre a été commentée et copiée dans l'Antiquité, correspond bien à l'esprit du XIXe siècle, sensible avant tout aux personnalités exceptionnelles : il s'agit de reconstituer l'œuvre de Polyclète, de Phidias, de Praxitèle, de Scopas, de Lysippe... C'est pourtant durant ce siècle, parallèlement à cette quête des grands artistes, que se produit peu à peu une mutation essentielle dans la connaissance de la sculpture grecque : l'essor de l'archéologie* provoque la découverte d'œuvres directement issues du sol grec, mais la plupart anonymes. Le dépouillement du Parthénon par lord Elgin en 1801-1802 (au British Museum en 1816) **(53-55)**, les fouilles de Cockerell à Égine en 1811 (à la glyptothèque* de Munich en 1830) **(35)** et à Bassae en 1812 (au British Museum en 1816) révèlent l'importance de la sculpture monumentale, jusque-là méconnue. Après la fondation de l'État grec moderne, les fouilles[1] de Dèlos (1873) **(9, 22, 33 ; 102, 103, 105)**, d'Olympie (1875) **(2, 3, 38 ; 49, 56 ; 70)**, de l'Acropole (1885) **(24, 26, 30, 36 ; 57, 59)**, de Delphes (1892) **(7, 11, 17, 20, 28 ; 42, 74)** font apparaître des phases inconnues ou à peine connues de la sculpture grecque : la petite plastique en bronze de l'époque géométrique (Olympie et Delphes), la grande sculpture de marbre archaïque (Dèlos, Acropole, Delphes), la sculpture hellénistique (Dèlos). Toutes ces découvertes faites sur le sol grec y sont désormais conservées, soit dans les musées établis sur les principaux sites, soit au Musée national d'archéologie d'Athènes, inauguré en 1889. Ce n'est pas le cas pour les découvertes faites sur les sites grecs des îles ou de la côte d'Asie Mineure apparte-

---

des collections de Londres, Paris et Berlin, dernièrement redéployées, n'ont pas été récemment cataloguées comme il conviendrait.

1. Les dates données plus bas sont celles du début des fouilles ; la plupart durent encore.

nant à l'Empire ottoman : le Monument des Néréides de Xanthos (1842) **(62)** et le Mausolée d'Halicarnasse (1856, 1865) **(65)** sont exposés au British Museum ; la « Victoire de Samothrace » (1864) **(92)** au Louvre ; les sculptures de Pergame (1878) **(97)** à Berlin, celles d'Éphèse à Londres (1857) et à Vienne (1895) ; mais l'organisation progressive d'un Musée impérial à Constantinople, inauguré en 1908, a mis fin à la dispersion des œuvres.

Sauf exceptions, qui font souvent sensation **(17, 23, 26, 32, 39, 40, 42, 47, 48, 66)**, ces œuvres nous parviennent en mauvais état : si les bronzes doivent être traités, parfois très longuement pour pouvoir endurer leur changement de milieu [1], les marbres sont désormais laissés dans leur état de découverte ; ni complétés ni maquillés, ils sont seulement nettoyés. Depuis un siècle, l'archéologie nous a ainsi habitués à voir et à apprécier des fragments – au point qu'on en est venu à « dérestaurer » des œuvres qui avaient été indiscrètement complétées au XIXe siècle. L'exemple le plus célèbre de ce retour à l'état archéologique est la libération des frontons d'Égine des adjonctions de Thorvaldsen, à l'occasion de la reconstruction de la glyptothèque* de Munich [2]. Un exemple très positif de cette démarche a été fourni dernièrement par le Louvre, où les compléments de Simart à la « tête Laborde » du Parthénon ont été enlevés, comme l'avaient été depuis longtemps ceux de la plaque de la frise des Panathénées, dite des Ergastines [3] : ces œuvres d'une qualité suprême, ainsi rendues à leur vérité archéologique, ne sont-elles pas plus justes, plus émouvantes aussi, qu'affublées de prothèses modernes assez besogneuses ? En l'occurrence, il n'y a pas de règle absolue, il n'y a que des cas d'espèce [4],

1. *Bronzi Riace* 1984. 2. OHLY 1976. 3. PASQUIER 2007. 4. Comme le montre M. Moltesen à propos de la glyptothèque Carlsberg de Copenhague : « De-restoring and Re-restoring », p. 207-224, in *History of Restoration* 2003.

où la valeur respective des éléments anciens et modernes est chaque fois différente.

Un grand nombre de fragments sculptés trouvés en fouille, trop mutilés pour être exposés dans l'espace limité des salles de musées, restaient entreposés dans les réserves de ceux-ci ; leur étude systématique, sous différents aspects, a suscité depuis un demi-siècle ce qu'on pourrait appeler une approche matérialiste de la sculpture en marbre [1]. Les identifications et raccords de fragments ont permis de recomposer des œuvres importantes et de les placer dans leur juste contexte : dans la suite des raccords spectaculaires réalisés par H. Payne dans les années 1930, qui ont assuré la provenance de la « tête Rampin » du Louvre **(24)** et de la « *corè* de Lyon [2] », on peut citer : à l'Acropole, le raccord de trois fragments d'une statue de femme assise, qui s'avère être l'original de la « Suppliante Barberini » du Louvre [3], et le raccord de la petite « tête Fauvel » du Louvre à l'une des statuettes de scribe [4] ; à Delphes, le raccord des bras des « danseuses » de la Colonne d'acanthe, la recomposition de plusieurs métopes* extérieures de la rotonde de Marmaria [5], ainsi que celle des frontons du temple du IVe siècle [6] ; à Samos, la recomposition d'un *couros* colossal [7] ; à Thasos, celle d'une sphinge archaïque [8] ; à Chypre, celle d'une statue d'Apollon du Ve siècle [9]. D'autre part, l'identification des marbres, en révélant des provenances parfois inattendues, place les œuvres dans un contexte nouveau [10]. Enfin, l'observation de procédés techniques, qui sont souvent la signature d'une période – les têtes rapportées, par exemple

1. Dont les protagonistes sont J. Marcadé (« Recomposition, restauration, restitution dans la sculpture antique », p. 75-83, *in* MARCADÉ 1993) et G. Despinis. 2. BROUSKARI 1974, p. 57-58, p. 63-64. 3. DESPINIS 1988. 4. TRIANTI 1998. 5. MARCADÉ 1993, p. 153-168 : « Les bras des Danseuses » ; p. 207-226 : « Les métopes mutilées de la Tholos de Marmaria ». 6. CROISSANT 2003. 7. ECKSTEIN 1962. 8. HOLTZMANN 1991 A et B. 9. HERMARY 1988. 10. HOLTZMANN 2005 A.

(77) –, d'une école[1] ou d'un atelier[2], donne des indications précieuses sur l'origine des œuvres et leur diffusion. Ainsi la sculpture grecque échappe à l'arbitraire de l'approche stylistique traditionnelle, dont bien des bévues étaient dues à la méconnaissance de la matérialité des œuvres : avant de s'intéresser à l'iconographie et à l'esthétique d'une œuvre, c'est elle qu'il faut observer.

Plus récemment encore, l'attention s'est portée sur le contexte politique, social et culturel de la sculpture grecque : sur les modalités de la commande et de la réalisation[3], sur la réception immédiate et ultérieure des œuvres[4], jusqu'à nos jours. Ainsi entendue, non plus comme expérience esthétique, mais comme signe social, comme document plus que comme œuvre d'art, la sculpture grecque offre un témoignage essentiel sur l'évolution d'une culture dont l'Occident n'a cessé de se nourrir. Depuis la seconde guerre mondiale, plusieurs méthodes des sciences humaines – l'histoire des mentalités, l'anthropologie culturelle, la sémiologie – ont ainsi été appliquées à l'art grec, avec des résultats plus ou moins substantiels[5], mettant fin à la prépondérance de l'approche esthétique.

Cette multiplication des points de vue n'a rien d'alarmant, malgré le pessimisme de certains spécialistes qui annoncent ou redoutent la fin de l'histoire de l'art antique[6], si chacun d'entre eux – esthétique, matériel, sociologique, etc. – ne prétend pas exclure les autres :

1. Jockey 2000. 2. Braunstein 2000. 3. Sur les aspects socioculturels de la présence des œuvres sculptées, *Storie dell'arte antica* 2004, p. 19-23 (T. Hölscher). 4. Sur la survivance de la civilisation grecque en général, voir les nombreux essais réunis in *Greci III* 2001, p. 537-1464. Pour Venise, où des « antiques » arrivent depuis le XIIIe siècle et se dispersent en Europe jusqu'au XIXe siècle, voir les travaux de L. Beschi signalés *in* Brown 1997 et ceux de I. Favaretto ; p. 181-184, in *Storie dell'arte antica* 2004. 5. *Storie dell'arte antica* 2004, p. 8-10 (M. Barbanera), p. 18-19 (T. Hölscher). 6. « Is there a Place for Aesthetics in Archaeology ? », *CAJ* 4 (1994), p. 249-269 (réponse de cinq spécialistes anglais) ; Belting 1995 ; A. Borbein, p. 33-38, in *Storie dell'arte antica* 2004.

l'appréciation d'une œuvre devrait désormais résulter de la combinaison de ces différentes approches, dont l'importance relative est évidemment variable d'une œuvre à l'autre. La crise de l'approche esthétique établie par Winckelmann ne résulte pas d'une dépréciation moderne de la sculpture grecque en elle-même, c'est bien plutôt une crise de croissance : il s'agit d'intégrer de nouveaux paramètres d'analyse, ce qui est plus difficile à admettre et à pratiquer là où la stylistique a régné longtemps sans partage, au point de se crisper en une sorte de scholastique qui ne se soucie plus guère de la réalité complexe des phénomènes [1], telle que l'évolution des recherches durant le XXe siècle l'a dégagée peu à peu.

La publication de catalogues, de monographies, d'actes de colloques et d'articles dans les revues, qui ne cessent de se multiplier, montre que, quantitativement au moins, les recherches sur la sculpture grecque vont bon train. Quant au public, il fréquente plus que jamais les musées [2], qui ont rénové pour la plupart leur présentation, mais plus encore les expositions temporaires que ceux-ci organisent. On peut même penser que la disparition de la culture littéraire classique dans l'enseignement secondaire, organisée depuis un demi-siècle dans presque tous les pays d'Europe, déplace l'intérêt pour la Grèce antique des textes aux œuvres d'art et qu'ainsi la sculpture se retrouve au premier rang pour représenter l'hellénisme dans la culture mondiale qui s'élabore – qui sera précisément une culture de l'image, dit-on. Encore faut-il s'entendre sur ce qu'est une image : est-ce une icône, au sens byzantin héritier du sens antique, c'est-à-dire le réceptacle exaltant d'une présence divine ou humaine, ou bien cet artefact indéfiniment reproductible et modifiable à volonté qui grouille sur la Toile ? La façon dont Rome a manipulé la sculpture grecque jusqu'à épuisement ne

1. HOLTZMANN 2005 B. 2. Voir l'Appendice.

préfigure-t-elle pas ce qui risque de lui advenir dans l'ère de la facticité généralisée où nous venons d'entrer [1] ?

Si ce petit livre pouvait rappeler à quelques-uns que les statues grecques, par leur volume, par leur immobilité, sont autre chose que les images plates, fugaces et altérables dont nous sommes saturés, il aurait atteint son but.

Athènes, 14 octobre 2009

---

1. À l'occasion de l'inauguration du nouveau musée de l'Acropole, le 20 juin 2009, on a vu, entre autres, projetés sur les murs avoisinants, la « *corè* en *péplos* » **(26)** et l'« Éphèbe de Critios » **(36)** faire de l'œil aux spectateurs fascinés : « c'était magique »... Les statues, radicalement niées dans leur spécificité, étaient ainsi ravalées au rang de dessins animés.

APPENDICE

Les hauts lieux de la sculpture grecque

Très rares sont désormais les sculptures antiques *in situ* **(34, 53)** : les dommages subis par celles qui le sont restées jusqu'à ces dernières années, soit qu'elles aient été toujours visibles[1], soit qu'elles aient été installées dans les fouilles après leur découverte[2], ont conduit à les abriter et à les remplacer éventuellement par des copies. Cet art surtout hypèthre* ou de semi plein air[3] se trouve donc exposé aujourd'hui dans des conditions qui modifient sa perception sous deux aspects essentiels : l'espace et la lumière. Aussi les musées ne doivent-ils pas être seulement évalués suivant leur contenu, mais aussi suivant les solutions qu'ils offrent à ce changement de milieu.

Le seul musée où l'on puisse suivre avec un grand

1. Comme, à Athènes, les caryatides de l'Érechtheion et la frise continue du côté ouest du Parthénon : HOLTZMANN 2003, p. 269-271 ; ou la statue équestre de Marc Aurèle au Capitole de Rome. 2. Comme les statues de Cléopatra et Dioscouridès à Dèlos : *SculpDél* 1996, p. 208-209, n° 94 (F. Queyrel). 3. Quand il était à l'abri de portiques, comme le sont aujourd'hui, au rez-de-chaussée du Portique d'Attale II reconstruit, les sculptures en marbre trouvées dans la fouille de l'agora d'Athènes (HOLTZMANN, PASQUIER 1998, p. 246-247), ou bien quand il était installé dans une loge votive construite à cet effet, comme à Thasos **(77)**.

nombre d'œuvres de premier plan l'évolution de la sculpture grecque du VIIIe siècle av. J.-C. jusqu'au Ve ap. J.-C. est le Musée national d'archéologie, à Athènes, appelé plus couramment le Musée national. La présentation des collections a peu varié depuis la seconde guerre mondiale : le parcours chronologique a été poussé jusqu'à l'Antiquité tardive ; la distribution des œuvres dans les salles a été rendue plus cohérente ; quelques salles consacrées à des catégories précises de matériel (bronzes, céramiques, terres cuites) ont été réaménagées ; l'éclairage naturel a été renforcé par un appoint artificiel, la climatisation installée. Dans sa simplicité monumentale, ce musée construit durant la seconde moitié du XIXe siècle et dépouillé de tout décor intérieur, témoigne d'une époque où la muséologie n'était pas encore de la mise en scène. En attendant le catalogue général des sculptures [1], le catalogue succinct des sculptures exposées [2] est très commode.

Le musée d'archéologie d'Istanbul **(80)**, qui présente également une exposition chronologique continue de la sculpture grecque, complète bien celui d'Athènes, puisque les œuvres proviennent ici d'îles qui restèrent ottomanes jusqu'en 1912 et, pour l'essentiel, des sites grecs de la côte orientale de la mer Égée. L'extension inaugurée en 1991, pour le centenaire du musée, a permis le redéploiement des sculptures. Dans l'attente d'un nouveau catalogue bien illustré, celui de G. Mendel, très détaillé, fait toujours autorité [3].

Outre ces deux musées centraux, deux musées provinciaux ont pris de l'importance au cours du XXe siècle : le musée de Salonique, capitale de la Macédoine redevenue grecque en 1912, et le musée de Smyrne, renée des

1. Le premier volume, consacré à la sculpture archaïque, exposée et dans les réserves, doit paraître en 2011, sous la direction de G. Despinis (un volume de texte ; un volume de planches : environ cinq cents pièces). 2. Kaltsas 2001 (une traduction anglaise est disponible). 3. Mendel 1912-1914.

cendres de 1922. Le musée de Salonique **(73)**, réaménagé en 2008 suivant un principe thématique qui disperse les sculptures provenant de Grèce du Nord (quelques-unes de Thrace turque), a bénéficié dernièrement d'un catalogue très substantiel de ses sculptures, en majorité d'époque impériale[1]. Le musée de Smyrne, installé dans un bâtiment moderne depuis 1984, présente des sculptures de toutes époques provenant des grandes cités grecques de la côte égéenne de Turquie ; il n'en existe pas de catalogue[2].

Ces musées centraux et provinciaux de Grèce et de Turquie n'accroissent plus guère leurs collections, en dépit des très nombreuses découvertes faites en fouilles : la création de musées de sites, devenue systématique depuis les années 1980, laisse au plus près de leur lieu d'origine les trouvailles de sculpture faites récemment. Certains exposent des sculptures majeures : Dèlos **(105)**, Olympie **(3, 49, 56, 70)**, Delphes **(7, 11, 17, 20, 28, 42, 74, 116)** en Grèce ; Selçuk ou Antalya, en Turquie, par exemple ; Paestum en Campanie, Syracuse en Sicile. D'autres, moins étendus, sont cependant importants pour la sculpture, parce qu'ils illustrent la production locale : ceux de Samos **(10, 18)**, Thasos **(77, 114)**, Paros **(21, 41)** – sans oublier celui du Pirée, où sont conservées des œuvres de premier ordre trouvées en Attique **(58, 66)**.

Il convient ici de faire un sort au plus ancien (décidé en 1862) et au plus prestigieux de ces musées de site, celui de l'Acropole d'Athènes **(24, 26, 30, 36, 53, 57)**, qui, depuis juin 2009, a connu une métamorphose prodigieuse avec l'inauguration d'un bâtiment dix fois plus grand que celui qui existait sur l'Acropole même et que

1. *CatSalonique* 1997-. 2. On peut consulter à défaut le catalogue de l'exposition du Louvre, *Smyrne* 2009, p. 20-25, où la sculpture est représentée par quelques pièces.

l'afflux des visiteurs avait rendu presque impraticable. Cette collection incomparable pour les périodes archaïque et classique, désormais exposée dans des conditions dignes d'elle, a été renforcée par l'ajout de pièces importantes plus tardives, jusqu'ici non exposées, et par des œuvres provenant de l'Acropole exposées jusqu'ici au Musée national : un choix significatif des bronzes et des marbres provenant des sanctuaires environnants, notamment de l'Asclèpieion. L'originalité spectaculaire du bâtiment, le parti pris presque réussi d'exposer ces chefs-d'œuvre à la lumière naturelle en font le premier musée contemporain de sculpture grecque qui puisse se mesurer aux plus beaux musées du XIXe siècle : les glyptothèques de Munich et de Copenhague. Il devrait faire maintenant l'objet d'un nouveau catalogue semblable à celui qui s'élabore au Musée national.

Si les trois grands musées de Rome n'offrent que peu d'originaux grecs de première importance, leur richesse en « produits dérivés », statues antiques ou partiellement antiques, est vertigineuse. Tous trois ont connu depuis une trentaine d'années des redéploiements plus ou moins importants. La collection la plus stable est celle des musées du Vatican, fondée au début du XVIe siècle **(67, 69, 75, 112)**, et constamment enrichie jusqu'en 1870 : disposée dans un cadre palatial somptueux, en partie réalisé pour elle, elle illustre la reviviscence de la conception romaine, décorative, de la sculpture. Le catalogue de photographies, dont B. Andreae dirige la publication, complète heureusement les ouvrages antérieurs, dont l'illustration était très insuffisante, voire inexistante[1]. Les collections de l'État italien, rassemblées naguère au musée des Thermes, ont été redéployées aussitôt après la publi-

1. *Bildkatalog Vatikan* 1995, 1998, illustration somptueuse des catalogues précédents : de Benndorf, Schöne, 1867 ; Amelung, 1903 ; Kaschnitz-Weinberg, 1936-1937 ; Lippold, 1956 ; *Helbig* I (1963).

cation d'un catalogue général en douze volumes [1], grâce à l'annexion de deux autres bâtiments : le palais Massimo alle Terme **(50, 86)** et le palais Altemps **(87)**, où la collection Ludovisi, outre le « Trône Ludovisi », comprend plusieurs copies en marbre du Pentélique d'œuvres importantes [2]. Les collections de la Ville de Rome, autrefois réunies dans les deux palais de la place du Capitole, ont elles aussi été débridées : depuis 2005, à l'occasion d'une présentation nouvelle **(99)**, l'ancienne centrale électrique Montemartini a été annexée et propose, dans son espace industriel restauré, un dialogue étonnant entre œuvres antiques et machinisme contemporain [3]. Enfin, le Musée national de Naples [4], avec les marbres de la collection Farnèse **(37)** et les sculptures trouvées dans les villes enfouies par le Vésuve en 69 ap. J.-C. **(113)**, restitue la même ambiance culturelle que les collections romaines, mais avec l'authenticité plus grande que lui confèrent des objets trouvés en fouilles, c'est-à-dire dont le milieu d'origine est connu.

Les trois grands musées européens à vocation universelle qui se sont développés au XIXe siècle, le British Museum (1753), le Louvre (1793) et les Staatliche Museen de Berlin (1830), ont hérité à la fois de collections anciennes faites d'œuvres tardives provenant d'Italie et du produit d'expéditions organisées en Grèce jusqu'en 1830, puis dans l'Empire ottoman jusqu'à la fin du siècle. Ils présentent donc une vue complète de l'évolution de la sculpture grecque, mais avec des points forts différents. Au British Museum, c'est évidemment la sculpture architecturale qui est à l'honneur, avec les marbres du Parthénon **(54, 55)**, la frise de Bassae, le Monument des Néréides

1. *MusNazRom* 1979-1995. 2. *PalAltemps* 2002. 3. Le catalogue général de Stuart-Jones 1912, 1926, reproduit en 1968-1969, n'a pas été remplacé ; en attendant, voir *Helbig* II (1966). 4. *MusNazNap* 1989, p. 8-65, 96-181 (L. A. Scatozza Höricht, E. La Rocca).

(62) et le Mausolée d'Halicarnasse[1] **(65)**. Le Louvre, héritier des collections royales constituées d'« antiques » romaines[2] **(60, 71, 76, 93, 94, 104, 106, 107)**, s'est enrichi durant tout le XIXe siècle d'œuvres grecques majeures acquises au coup par coup, grâce à l'appui des régimes qui se sont succédé[3] **(8, 19, 24, 27, 72, 92, 95, 101, 108, 115, 119)** : il en résulte une collection de sculptures moins spectaculaire, mais plus homogène qu'à Londres, qui peine à trouver une place correcte dans l'espace pseudo-palatial du Louvre, de plus en plus inadapté à l'évolution de la muséologie et à l'afflux des visiteurs, comme l'attestent les incessants remaniements de la présentation depuis les années 1970[4]. La collection de Berlin, développée plus récemment, dispose de moins d'« antiques[5] » et de plus d'originaux[6] **(2, 39, 46, 89, 96)**, que domine l'imposante reconstitution du Grand Autel de Pergame **(97)**. La restauration et le remodelage des bâtiments de l'« île des musées » n'étant pas achevés, la réunification des collections (sculpture et architecture d'une part, petits objets de l'autre) reste à faire.

En marge de ces très grandes institutions publiques, deux musées nés d'une initiative individuelle sont devenus avec le temps des collections de sculpture grecque considérables, abritées l'une et l'autre dans des bâtiments conçus pour les mettre en valeur. Ce sont les glyptothèques* de Munich et de Copenhague, à qui leur spécialisation épargne la déambulation de masse qui étouffe peu à peu les très grands musées et les oblige à réviser leur

---

1. Le dernier catalogue général des sculptures date de 1928, mais de nombreuses études thématiques et des guides plus généraux sont régulièrement publiés. 2. *Antiques du Louvre* 2004. 3. Cette politique d'achat se poursuit aujourd'hui ; en témoigne l'acquisition récente d'une tête de cheval de la fin de l'époque archaïque : PASQUIER 2005. 4. En l'absence d'un grand catalogue raisonné, abondamment illustré, HAMIAUX 2001 et 1998 resteront longtemps très utiles ; PASQUIER, MARTINEZ 2007. 5. BLÜMEL 1931. 6. BLÜMEL 1963, 1966.

présentation selon ce critère, qui n'a plus grand-chose à voir avec la culture.

La glyptothèque* de Munich, fondée et financée d'abord par Louis Ier de Bavière (1825-1848), construite par L. von Klenze et reconstruite après la seconde guerre mondiale, a perdu son décor d'origine, qui participait de l'esthétique décorative romanisante : le dépouillement des surfaces, l'abondance et la variété de l'éclairage naturel assurent aux œuvres une présence plastique qui ne se retrouve nulle part ailleurs. Quoique moins abondante que celle des grands musées européens, la collection de Louis Ier se distingue par sa qualité ; on y trouve effectivement des originaux de première importance – deux *couroï* archaïques complets et les frontons du temple d'Aphaia à Égine **(35)** – et d'excellentes copies d'un grand nombre d'originaux grecs perdus **(88, 90)**. Tandis que progresse l'imposant catalogue scientifique [1], des guides et choix d'œuvres sont proposés au public [2].

À Copenhague, les collections rassemblées à la fin du XIXe siècle par Carl Jacobsen, propriétaire de la brasserie Carlsberg, sont exposées dans un bâtiment construit en trois phases, selon les mêmes principes que ceux de la glyptothèque de Munich et qui procurent le même confort de visite. La collection de sculpture grecque témoigne de la raréfaction des œuvres originales sur le marché de l'art depuis le milieu du XIXe siècle avec le développement des services archéologiques d'État en Grèce, en Italie et dans l'Empire ottoman : seules des œuvres archaïques fragmentaires étaient encore accessibles et l'essentiel fut à nouveau fourni par les anciennes collections italiennes [3] **(51, 84)**.

Aux États-Unis, deux grands musées ont développé depuis leur fondation, en 1870, une collection cohérente

1. Ohly 1976 ; Vierneisel-Schlörb 1979, 1988. 2. Wünsche 2005.
3. Un nouveau catalogue, en une dizaine de fascicules, tantôt chronologiques et tantôt thématiques, a paru depuis une vingtaine d'années à l'initiative de F. Johansen et M. Moltesen.

de sculpture grecque : le Museum of Fine Arts de Boston **(6)** et le Metropolitan Museum of Art de New York **(25)**. Le premier propose peu d'œuvres majeures [1], mais un nombre suffisant d'œuvres caractéristiques, la plupart fragmentaires [2] ; le second, superbement réaménagé entre 1999 et 2007, a bénéficié d'un mécénat constant et fastueux depuis son origine, en sorte que toutes les périodes et tous les genres sont représentés par quelques pièces de premier plan [3], originaux ou copies « romaines ».

Depuis la seconde guerre mondiale, enfin, deux musées d'antiquités sont devenus des institutions importantes. L'Antikenmuseum de Bâle, créé en 1961, a profité du mécénat suisse et de la donation de la collection Ludwig [4]. Grâce à des achats importants quoique rarement spectaculaires, A. Berger a pu y constituer en trente ans une collection substantielle **(13)**, complétée par le développement de la Skulpturenhalle, musée de moulages qui constitue un outil pédagogique et de recherche de premier ordre : on y trouve notamment réuni tout le décor sculpté du Parthénon [5]. En Californie, la collection du magnat du pétrole J. Paul Getty est devenue, dans la villa des Papyrus d'Herculanum reconstruite sur les hauteurs de Malibu, le noyau initial d'un musée d'antiquités qui a connu durant deux décennies une expansion fabuleuse [6] grâce à des ressources qui furent un temps presque illimitées. Celles-ci ont donné au trafic clandestin des œuvres d'art antique et aux prix du marché de l'art une « exubérance » indécente.

L'entrée en vigueur progressive et tardive de la convention de l'UNESCO protégeant les biens culturels a

1. Si ce n'est le « trône de Boston », dont l'authenticité a été longtemps contestée : Holtzmann, Pasquier 1998, p. 164-165. 2. Comstock, Vermeule 1976, complété en 1988 par les mêmes auteurs. 3. *Art of the Classical World* 2007. 4. Berger 1990. 5. Berger 1986 ; Berger, Gisler-Huwiler 1996. 6. *Getty Museum Antiquities* 2002 (avant les restitutions, mais avec la reconnaissance de l'achat de deux faux).

provoqué une réaction de la part des trois États principalement concernés ; des demandes de restitution argumentées ont été faites et ont fini par aboutir [1] : les musées de Boston, New York et Malibu ont dû rendre des pièces majeures, sorties illégalement de Turquie, de Grèce et d'Italie. Une exposition conjointe, à Rome et à Athènes [2], en 2008, a donné à ces restitutions, qui jusqu'ici concernent peu la sculpture [3], un éclat particulier et mis en lumière l'ampleur du phénomène, stimulé par l'éclosion de fortunes colossales. La production de faux [4] est une autre conséquence de cet emballement, à laquelle les musées et collections d'Amérique du Nord, apparemment moins aguerris, sont particulièrement exposés.

Les collections privées américaines, la plupart rapidement composées avec le conseil de conservateurs de musées, aboutissent généralement très vite dans ces institutions [5]. En Europe, depuis la donation Ludwig au musée de Bâle, seul G. Ortiz semble poursuivre ouvertement la grande tradition du collectionnisme européen de sculpture antique : sa collection, composée surtout de petits bronzes grecs, a été exposée à Londres, Berlin et Saint-Pétersbourg [6] **(4, 109)**.

On ne saurait terminer ce panorama des lieux où la sculpture grecque est visible sans évoquer des institutions pédagogiques qui eurent leur heure de gloire entre le

1. Elles ne peuvent concerner que des œuvres apparues sur le marché de l'art depuis 1972, date où cette convention a été élaborée. 2. *Nostoi* 2008. 3. Le musée Getty devra-t-il rendre aussi à l'Italie la statue d'une déesse provenant de Sicile, achetée 18 millions de dollars en 1988, voire le « bronze Getty » **(79)** ? Quant au « *couros* Getty », l'incertitude régnant sur son authenticité l'exclut pour le moment du mouvement de restitution : *Getty Kouros* 1993. 4. Türr 1984 ; Wünsche 1986. 5. De là une grande dispersion des œuvres, comme le montre le recueil de Vermeule 1981, avant même que ne débute la plus grande période d'achats. Des œuvres importantes apparaissent ainsi dans des musées inattendus : la meilleure copie du Doryphore de Polyclète à Minneapolis **(52)** : *Polykleitos* 1995, p. 65-115 (H. Meyer) ; une réplique en bronze de l'Apollon Sauroctone de Praxitèle à Cleveland : *Praxitèle* 2007, p. 206-208 (M. Bennett). 6. Ortiz 1996.

début du XIXe et le milieu du XXe siècle : les musées de moulages [1]. Après avoir joué un rôle important dans la formation des artistes et des étudiants, comme le prouve la place généreuse qui leur était accordée dans les écoles d'art et les universités, le goût exclusif pour l'authentique, l'essor de la photographie, la facilité croissante des voyages et surtout le déclin de la culture classique les ont marginalisés, sauf dans les pays de culture germanique (Allemagne, Autriche, Suisse, Danemark), où les universités anciennes ont réussi à les garder vivants en y donnant cours et conférences, voire en y organisant des expositions didactiques avec la participation d'étudiants avancés [2]. Il s'en est même créé un, à Bâle, qui permet d'expérimenter raccords et reconstitutions concernant le Parthénon ; l'un des mieux installés et entretenus est celui de l'université de Bonn [3].

Le sort des collections françaises de moulages est beaucoup plus incertain : le Musée des monuments français, au Palais de Chaillot, n'a été sauvé qu'*in extremis* et les collections de moulages antiques ont failli disparaître durant les années 1960-1970, lorsque le vandalisme a prêté la main au besoin d'espace des universités. Seules celles de Montpellier et de Lyon sont aujourd'hui accessibles, dans de nouveaux locaux ; celle de Strasbourg, installée depuis sa constitution par A. Michaelis au premier étage du Palais universitaire, n'est toujours pas sortie des caves où elle avait été remisée durant la guerre, en dépit de diverses tentatives [4]. Quant à celles de Paris (Louvre, Institut d'art de la Sorbonne, École des beaux-arts), elles ont bien trouvé un nouveau gîte digne d'elles, les Petites Écuries qui font face au château de Versailles, mais elles y restent inaccessibles

1. BARBANERA 2000. 2. Sur l'histoire des moulages d'« antiques » et leur intérêt, BORBEIN B 2000. 3. HIMMELMANN 1989, fig. 69, p. 187 ; il comprend plus de 2000 pièces, qui ont fait l'objet d'un catalogue par N. Himmelmann : *Verzeichnis der Abguss Sammlung 1820-1980*. 4. SIEBERT 1988.

faute du petit budget nécessaire pour ouvrir cet espace et l'entretenir. Le désintérêt manifeste pour cet aspect du patrimoine [1] en dit long sur la place tenue par l'Antiquité dans la culture française contemporaine.

La sculpture, art du volume, a besoin d'espace, c'est là son grand handicap : passe encore pour des originaux et des copies antiques, mais pour des moulages modernes ? Et pourtant, ceux-ci permettent des confrontations d'œuvres que les expositions d'originaux, toujours très dispendieuses, ne procurent qu'exceptionnellement. Et surtout, ils permettent d'apprécier ce qui fait la caractéristique d'une sculpture en tant qu'œuvre d'art : sa plasticité, son rapport à l'espace – ce que la photographie ne peut que suggérer quand elle est à son meilleur [2]. C'est pourquoi le primat accordé durant le XXe siècle à la photographie pour l'enseignement et l'appréciation de la sculpture peut être considéré comme une régression, puisque, ne pouvant rendre qu'imparfaitement la spécificité de la sculpture, la photographie n'éduque pas à sa juste perception [3].

Peut-être la constitution de bases documentaires numériques permettant de tourner à distance autour des œuvres pour en apprécier tous les aspects et les détails rendra-t-elle un jour la photographie obsolète, voire même la visite au musée superflue. En attendant, pour une génération au moins, l'autopsie* restera le seul moyen d'établir un contact véritable avec la sculpture.

---

1. Il y a là des pièces uniques, comme le moulage effectué par Fauvel avant la Révolution de la plaque est VI de la frise ionique du Parthénon, aujourd'hui presque perdue ; HOLTZMANN 2003, fig. 120, p. 133. 2. Les clichés en noir et blanc, avec les dégradés de gris qu'ils procurent, sont plus à même d'évoquer le volume de la sculpture que la photographie en couleurs ; l'illustration remarquable de la collection *Antike Plastik* l'atteste encore. Les photographies de quelques chefs-d'œuvre de l'Acropole **(26, 36)** réalisées en plein air par H. Wagner en 1936 (LANGLOTZ-SCHUCHHARDT 1941, pl. 10-13, 41-43) et celles de Delphes réalisées par G. de Miré (LA COSTE-MESSELIÈRE 1943) représentent le sommet de cet art suranné. 3. HIMMELMANN 1989, p. 185-186, *in* « Ein Plädoyer für Gipsabgüsse ».

Glossaire

acrotère (m.) : élément, ornemental ou figuré, décorant les angles faîtiers et latéraux d'une toiture à double pente.

agonistique : qui a trait aux compétitions (*agôn, -es*) sportives ou artistiques organisées dans certains sanctuaires.

agora (f.) : espace public à multiples fonctions qui se transforme peu à peu en place entourée de monuments.

alabastre (m.) : petit vase à parfum oblong, à embouchure très étroite.

andrôn (m.) : dans la maison grecque, pièce de réception réservée aux hommes (*andres*).

anguipède : se dit des monstres chthoniens*, dont le corps se termine en serpent.

antéfixe (f.) : élément décoratif ponctuant le faîte ou la bordure d'un toit, aux extrémités des tuiles couvre-joints.

anthropomorphisme : fait, notamment pour les divinités, d'avoir la forme humaine.

apotropaïque : qui repousse les mauvaises intentions et actions.

archéologie : discipline apparue au XVIIIe siècle, qui met au jour par des fouilles, étudie et conserve les vestiges matériels de l'activité humaine.

archégète : se dit d'un personnage, mythique ou réel, considéré comme fondateur.

aryballe (m.) : petit vase globulaire, utilisé notamment par les athlètes pour contenir l'huile dont ils s'enduisent.

atrium (m) : cour centrale des grandes demeures romaines.

aulos (m.) : instrument à vent grec, typique de la musique dionysiaque, composé de deux tuyaux ; souvent appelé double-flûte, quoique pourvu d'une anche double.

autopsie : fait de voir les choses soi-même.

baldaquin : petit édifice sans parois pouvant abriter une ou plusieurs statues.

bucrane (m.) : crâne de bovidé ; motif décoratif fréquent depuis l'époque hellénistique.

canthare (m.) : coupe profonde à deux anses verticales ; symbole de Dionysos.
cécryphale (m.) : pièce d'étoffe enserrant la chevelure des femmes ; à la mode au Vᵉ siècle.
céramographie : décor graphique des vases grecs.
chéneau : élément décoratif, peint ou sculpté, qui borde la toiture (en grec, *sima*, f.).
chiasme : figure de rhétorique composée de deux paires d'éléments, les uns écartés, les autres rapprochés (ABBA).
chryséléphantin : désigne un type de statue composite mettant en œuvre l'or et l'ivoire.
chthonien : qui a rapport avec la terre, notamment dans la religion grecque, où l'on distingue dieux ouraniens (du ciel) et dieux chthoniens.
cinéraire : qui contient les cendres d'un mort.
coroplathe (m.) : fabricant de figurines en terre cuite.
diadoque (m.) : successeur ; plus particulièrement, les généraux d'Alexandre qui se sont partagé son empire.
diptère : temple entouré d'une double rangée de colonnes.
distique (m.) : texte composé de deux vers.
dynaste (m.) : petit souverain vassal d'une grande puissance.
égide (f.) : peau de la chèvre Amalthée, portée par Athèna en guise de cuirasse.
engobe (m.) : couverte appliquée sur un objet en terre cuite pour en modifier la couleur.
entablement (m.) : partie haute d'un bâtiment, portée par les colonnes ; composée de l'architrave surmontée de la frise* et de la corniche.
épisème (m.) : motif ornemental ou figuré, sur un bouclier ou une monnaie.
épistyle (m.) : bloc rectiligne ou courbe porté par deux éléments verticaux, colonnes ou piliers.
éponyme : qui donne son nom à quelque chose ou à quelqu'un.
évergétisme (m.) : à partir du IVᵉ siècle surtout, pratique consistant, pour un potentat ou une personne privée très riche, à faire une donation importante à une cité ou à un groupe.
fasces (f. pl.) : sur l'architrave de l'ordre ionique, bandeaux superposés (le plus souvent trois) en légère saillie progressive.
frise (f.) : élément supérieur de l'entablement*, au-dessus de

l'architrave ; continue dans l'ordre ionique ; formée de triglyphes et de métopes* dans l'ordre dorique.

frontalité (f.) : principe de la sculpture suivant lequel la figure représentée doit être vue de face.

fronton (m.) : sur les petits côtés (façades) d'un édifice, espace triangulaire déterminé par les pentes du toit et pouvant recevoir, dans l'architecture religieuse, un décor figuré.

foudre (m.) : instrument tenu par Zeus, d'où jaillit la foudre.

Gigantomachie (f.) : guerre entre les dieux olympiens et les Géants, gagnée par les premiers.

glyptothèque (f.) : édifice abritant des statues ; musée de sculpture.

graphisme (m.) : décor dessiné ou gravé et peint.

hanchement (m.) : à partir du Vᵉ siècle, déséquilibre du bassin entraîné par la différence de tension entre jambe d'appui et jambe libre.

hermaïque : qui concerne Hermès ; en particulier, les piliers postés aux carrefours, puis dans certains lieux publics placés sous la protection de ce dieu.

hoplite (m.) : fantassin, dans les armées grecques.

hybris (f.) : démesure qui provoque la perte de celui qu'elle aveugle.

hypèthre : qui n'a pas de toit, qui est en plein air.

iconographie (f.) : étude de la signification des scènes figurées.

isocéphalie (f.) : règle formelle suivant laquelle tous les personnages d'une même scène doivent avoir la même hauteur.

lagide : qui concerne la dynastie grecque des Lagides, qui règne en Égypte d'Alexandre à Auguste.

lapicide (m.) : graveur d'inscription sur pierre.

lécythe (m.) : petit vase étroit utilisé dans le rituel funéraire et, par dérivation, monument funéraire souvent décoré d'une vignette en bas relief.

libation (f.) : offrande rituelle d'un liquide à une divinité.

loutrophore (f.) : grand vase à long col flanqué de deux anses, utilisé dans le rituel nuptial et, par dérivation, monument funéraire pour les jeunes gens morts avant le mariage.

métèque (m.) : homme libre résidant dans une cité dont il n'est pas citoyen.

métope (f.) : dans l'ordre dorique, plaque quadrangulaire comprise entre les triglyphes pouvant recevoir un décor figuré.

mimétique : qui concerne la *mimèsis*, c'est-à-dire la reproduction fidèle du monde extérieur.

mitra (f.) : haute parure de tête d'origine orientale.

omphalos (m.) : monticule ovoïde représentant le nombril du monde, situé dans le sanctuaire d'Apollon à Delphes ; de là, symbole de Delphes et d'Apollon.

pancratiaste (m.) : athlète spécialiste du pancrace, combinaison de lutte et de boxe.

parèdre : qui accompagne quelqu'un ; se dit notamment de divinités secondaires présentes auprès d'une divinité majeure.

parotide : qui longe les oreilles ; se dit des mèches isolées qui reviennent sur le buste.

pentathlon : épreuve sportive combinant, dans la Grèce antique, la course de sprint, le saut en longueur, le lancer du disque, le lancer du javelot et la lutte.

péplophore : qui porte un *péplos*, lourd vêtement féminin de laine avec rabat sur le buste et parfois un bouffant masquant la ceinture.

phiale (f.) : coupe plate, sans pied, utilisée dans divers rituels pour procéder à une libation*.

philologie (f.) : étude des textes.

plectre (m.) : petite corne de bois ou d'ivoire avec laquelle on touche les cordes d'un instrument de musique.

plinthe : dans la sculpture en pierre, sol taillé dans le même bloc que la figure ; encastrée dans la base ou le socle.

polos : coiffe circulaire, plus ou moins haute, portée par diverses divinités surtout chthoniennes*.

polychromie (f.) : peinture de couleurs diverses appliquée sur les formes sculptées ou architecturales.

prémimétique : antérieur à la recherche de la reproduction du monde extérieur (*mimèsis*).

protome (f.) : visage ; particulièrement offrande en terre cuite faite à une divinité féminine.

pythique : qui concerne Delphes, où Apollon conseille les humains par le truchement d'une prophétesse, la Pythie.

quadrige (m.) : char tiré par quatre chevaux.

repoussé (m.) : technique permettant d'obtenir un décor en relief en travaillant de l'intérieur une tôle de métal encore malléable.

rhéteur (m.) : orateur professionnel, virtuose du discours.

ronde-bosse (f.) : par opposition au relief, haut ou bas, sculpture installée dans l'espace.

satrape (m.) : dans l'Empire perse, gouverneur de province.

séleucide : qui concerne la dynastie grecque des Séleucides régnant sur le Proche-Orient.

statique (f.) : équilibre d'une masse pondéreuse et inerte.

strigile (m.) : lame de bronze recourbée avec laquelle les athlètes, après l'entraînement, ôtent la poussière sur leur corps enduit d'huile.

***symplegma* (pl. *-ta*)** (m.) : groupe dont les figures sont en contact physique.

terminus ante (post) quem : date butoir avant (ou après) laquelle un événement s'est produit.

théoxénie (f.) : réception d'une divinité par un mortel.

thiase (m.) : groupe ; autour de Dionysos, cortège de Satyres et de Ménades.

thyrse (m.) : long bâton couronné d'une pomme de pin ; symbole de Dionysos.

toreutique (f.) : artisanat des métaux produisant notamment des vases.

trapézophore (m.) : élément vertical à décor sculpté portant une table en marbre.

trésor (m.) : petit édifice votif édifié dans un grand sanctuaire, la plupart du temps par une cité qui commémore ainsi un événement heureux.

triade (f.) : groupe de trois personnages.

tumulus (m.) : tertre dressé pour signaler la présence d'une tombe.

zoomorphe : qui a une forme animale.

Abréviations

MUSÉES

BrMus : British Museum (Londres)
GNC : Glyptothèque Ny Carlsberg (Copenhague)
KHM : Kunsthistorisches Museum (Vienne)
MAcr : Musée de l'Acropole (Athènes)
MArch : Musée d'archéologie
MetrMus : Metropolitan Museum of Art (New York)
MFA : Museum of Fine Arts (Boston)
MNArch : Musée national d'archéologie (Athènes ; Naples)
MNR : Museo Nazionale Romano (Rome)
SammLudwig : Antikenmuseum Sammlung Ludwig (Bâle)
StaatMusAnt : Staatliche Museen Antikenabteilung (Berlin)

PUBLICATIONS

AA : *Archäologischer Anzeiger*, Berlin, Mayence, depuis 1889.
ABSA : *Annual of the British School at Athens*, Londres, depuis 1894.
AEMTh : *Το Αρχαιολογικό Εργο στη Μακεδονία και στη Θρακη*, Salonique, depuis 1987.
AION : *Annali dell'Istituto universitario orientale di Napoli*, depuis 1979.
AJA : *American Journal of Archaeology*, Princeton, depuis 1897.
AM : *Athenische Mitteilungen*, Athènes, depuis 1876.
AntCl : *L'Antiquité classique*, Bruxelles, depuis 1932.
AntK : *Antike Kunst*, Bâle, depuis 1958.
AntPl : *Antike Plastik* (recueil de sculpture ; 30 volumes parus) Berlin, Munich, depuis 1962.
ArchDelt : *Αρχαιολογικόν Δελτίον*, Athènes, depuis 1915.
ArchEph : *Αρχαιολογική Εφημερίς*, Athènes, depuis 1837.
ASAtene : *Annuario della Scuola archeologica di Atene*, Rome, depuis 1914.
BCH : *Bulletin de correspondance hellénique*, Athènes, depuis 1877.
BIAB : *Bulletin de l'Institut archéologique bulgare*, Sofia, depuis 1922.

BJ : *Bonner Jahrbücher des Vereins von Altertumsfreunden im Rheinlande*, Bonn, depuis 1842.
BullMon : *Bulletin Monumental,* Paris, depuis 1834.
BullMusBrux : *Bulletin des Musées royaux d'art et d'histoire*, Bruxelles, depuis 1929.
CAJ : *Cambridge Archaeological Journal*, Cambridge, depuis 1991.
CArch : *Cahiers archéologiques – Fin de l'Antiquité et Moyen Âge*, Paris, depuis 1945.
CRAI : *Comptes rendus de l'Académie des Inscriptions et belles-lettres*, depuis 1857.
CVA : *Corpus Vasorum Antiquorum* (corpus des vases grecs, par pays et musée), depuis 1919.
DNP : *Der neue Pauly* (encyclopédie), Stuttgart, Weimar, 1996-2007.
DOP : *Dumbarton Oaks Papers*, Washington, depuis 1941.
EAA : *Enciclopedia dell'Arte Antica*, Rome, depuis 1958.
EAD : *Exploration archéologique de Délos*, Athènes, depuis 1909.
FD : *Fouilles de Delphes*, Athènes, depuis 1902.
GaB 2002, 2004, 2007 : *Die Geschichte der antiken Bildhauerkunst* (coll.) : I. *Frühgriechische Plastik*, Mayence 2002 ; II. *Klassische Plastik*, Mayence 2004 ; III. *Hellenistische Plastik*, Mayence 2007.
GDélos 2005 : *Guide de Délos*, 4e éd., Athènes.
GDelphes Musée 1991 : *Guide de Delphes, Le musée*, Athènes.
GDelphes Site 1991 : *Guide de Delphes, Le site* (J.-F. Bommelaer éd.), Athènes.
GThasos 2000 : *Guide de Thasos*, 2e éd. (Y. Grandjean, F. Salviat éd.), Athènes.
Hesp : *Hesperia*, Princeton, depuis 1932.
IG : *Inscriptiones Graecae* (corpus des inscriptions grecques), Berlin, depuis 1903.
IGR : *Inscriptiones Graecae ad res Romanas pertinentes*, Paris, 1906-1927 (Chicago, 1975).
JdI : *Jahrbuch des deutschen archäologischen Instituts*, Berlin, depuis 1918.
JHS : *Journal of Hellenic Studies*, Londres, depuis 1880.
JKSBW : *Jahrbuch der staatlichen Kunstsammlungen in Baden-Würtemberg*, Munich, depuis 1964.
JRS : *Journal of Roman Studies*, Londres, depuis 1911.

JSav : *Journal des Savants*, Paris, depuis 1665.
LIMC : *Lexicon Iconographicum Mythologiae Classicae*, Zürich, 1981-1999.
MemLincei : *Accademia nazionale dei Lincei, Classe di Scienze morali, storiche e filologiche, Memorie*, Rome, depuis 1884.
MonPiot : *Monuments et mémoires de la fondation Eugène Piot*, Paris, depuis 1894.
MusNazNap 1989 : *Le Collezioni del Museo Nazionale di Napoli : La scultura greco-romana, le sculture antiche della collezione Farnese...* (coll.), Rome.
MusNazRom 1979-1995 : *Museo Nazionale Romano : Le sculture*, 12 vol., Rome.
NAC : *Numismatica e Antichità Classiche (Quaderni Ticinesi di...)*, Lugano, depuis 1972.
NachrGöttingenPhHKl : *Nachrichten der Akademie der Wissenschaften zu Göttingen, Philologisch-historische Klasse*, Göttingen, depuis 1943.
OeJh : *Jahreshefte des österreichischen archäologischen Instituts in Wien*, Vienne, depuis 1898.
RA : *Revue archéologique*, Paris, depuis 1844.
REA : *Revue des études anciennes*, Bordeaux, depuis 1899.
REG : *Revue des études grecques*, Paris, depuis 1888.
RM : *Römische Mitteilungen*, Rome, depuis 1886.
SbBerlin : *Sitzungberichte der königlich preussischen Akademie der Wissenschaften zu Berlin*, Berlin, depuis 1882.
SculpDél 1996 : *Sculptures déliennes* (J. Marcadé éd.), Athènes.
SEG : *Supplementum epigraphicum graecum* (recueil des inscriptions nouvellement publiées), Leyde, Amsterdam, depuis 1923.
ThesCRA 2004 : *Thesaurus Cultus et Rituum Antiquorum* II, Los Angeles.

Bibliographie

ADAMS L. 1978 : *Orientalizing Sculpture in Soft Limestone from Crete and Mainland Greece*, Oxford.

Age of Spirituality 1979 : *Age of Spirituality, Late Antique and Early Christian Art, Third to Seventh Century*, catalogue de l'exposition du Metropolitan Museum of Art de New York, New York.

ALAIN 1958 : *Les Arts et les Dieux*, coll. « La Pléiade », Paris.

Alexandrie 1998 : *La Gloire d'Alexandrie*, catalogue de l'exposition du Petit Palais (J.-Y. Empereur éd.), Paris.

AMANDRY P. 1944-1945 : « Statuette en ivoire d'un dompteur de lion, découverte à Delphes », *Syria* 24, p. 141-174, pl. X-XI.

— 1953 : *La Colonne des Naxiens…*, *FD* II, Paris.

— 1977 : « Statue de taureau en argent », p. 277-293 (pl. en couleurs), in *Études delphiques*, *BCH Suppl* IV, Athènes.

AMEDICK R. 1995 : « Unwürdige Greisinnen », *RM* 102, p. 141-170.

Ancient Macedonia 1988 : *Ancient Macedonia*, Athènes (catalogue de l'exposition de Melbourne, Brisbane, Sidney).

ANDREAE B. 1998 : *Schönheit des Realismus : Auftraggeber, Schöpfer, Betrachter hellenistischer Plastik*, Mayence.

— 2001 : *Skulptur des Hellenismus*, Munich.

ANDRONIKOS M. 1984 : *Vergina, the Royal Tombs and the Ancient City*, Athènes.

Antikensammlung… Berlin 1998 : *Die Antikensammlung : Altes Museum, Pergamonmuseum, Staatliche Museen zu Berlin* (coll.), 2e éd., Mayence.

Antikensammlungen 2000 : *Antikensammlungen des europäischen Adels im 18. Jahrhundert*, actes du colloque de Düsseldorf 1996 (D. Boschung, H. von Hesberg éd.), Mayence.

Antiques du Louvre 2004 : *Les Antiques du Louvre : une histoire du goût d'Henri IV à Napoléon Ier* (J.-L. Martinez éd.), Paris.

Art of the Classical World 2007 : *Art of the Classical World in the*

Metropolitan Museum of Art (C. A. Picón éd.), New Haven (Conn.).
Artisti e artigiani in Grecia : guida storica e critica 1980 (F. Coarelli éd.), Rome-Bari.
Asmosia 2009 : *ΛΕΥΚΟΣ ΛΙΘΟΣ* Actes du VIIIe colloque international d'*ASMOSIA* (Ph. Jockey éd.), Paris.
Babut D. 1985 : « Sur la notion d'imitation dans les doctrines esthétiques de la Grèce classique », *REG* 98, p. 72-92.
Balty J.-C. 1978 : « Une nouvelle réplique du Démosthène de Polyeuctos », *BullMusBrux* 50, p. 49-74.
Bammer A. 1984 : *Das Heiligtum der Artemis von Ephesos*, Graz.
Barbanera M. 2000 : « Les collections de moulages au xixe siècle : étapes d'un parcours », p. 57-73, in *Les Moulages de sculptures antiques et l'histoire de l'archéologie*, actes du colloque de Paris, 1997 (H. Lavagne, F. Queyrel éd.), Paris.
Barr-Sharrar B. 1987 : *The Hellenistic and Early Imperial Decorative Bust*, Mayence.
— 2008 : *The Derveni Krater*, Princeton.
Bartman E. 1988 : « Decor et duplicatio : Pendants in Roman Sculptural Display », *AJA* 92, p. 211-225.
Bayer E. 1983 : *Fischerbilder in der hellenistischen Plastik*, Bonn.
Bélis A. 1999 : *Les Musiciens dans l'Antiquité*, Paris.
Belting H. 1995 : *Das Ende der Kunstgeschichte. Eine Revision nach zehn Jahren*, Munich.
Bergemann J. 1997 : *Demos und Thanatos*, Munich.
Berger E. 1986 : *Der Parthenon in Basel : Dokumentation zu den Metopen*, Mayence.
— 1990 : *Antike Kunstwerke aus der Sammlung Ludwig* III, Mayence.
—, Gisler-Huwiler M. 1996 : *Der Parthenon in Basel : Dokumentation zum Fries*, Mayence.
Bergmann M. 1977 : *Studien zum römischen Porträt des 3. Jahrhunderts n. Chr.*, Bonn.
— 1999 : *Chiragan, Aphrodisias, Konstantinopel : Zur mythologischen Skulptur der Spätantike*, Wiesbaden.
— 2004 : « Forme retrospettive e sculture mitologiche nella tarda antichità », p. 117-123, in *Storie dell'arte antica*.
Besques S. 1994 : *Figurines et reliefs grecs en terre cuite*, Paris.

BETTINETTI S. 2001 : *La statua di culto nella pratica rituale greca*, Bari.
BEYER I. 1976 : *Die Tempel von Dreros und Prinias A*, Fribourg-en-Brisgau.
BIEBER M. 1961 : *The Sculpture of the Hellenistic Age*, 2e éd., New York.
— 1967 : *Entwicklungsgeschichte der griechischen Tracht*, 2e éd., Berlin.
— 1977 : *Roman Copies*, New York.
BIESANTZ M. 1965 : *Die thessalischen Grabreliefs*, Mayence.
Bildkatalog Vatikan 1995, 1998 : *Bildkatalog der Skulpturen des vatikanischen Museums* (B. Andreae éd.) : *Museum Chiaramonti*, 3 vol., Berlin 1994 ; *Museo Pio Clementino, Cortile ottagono*, Berlin 1998.
BLANCK H. 1969 : *Wiederverwendung alter Statuen als Ehrendenkmäler bei Griechen und Römern*, Rome.
BLÜMEL C. 1931 : *Römische Kopien griechischer Skulpturen des fünften Jahrhunderts vor Chr.*, Berlin.
— 1963 : *Die archaisch griechischen Skulpturen der Staatlichen Museen zu Berlin*, Berlin.
— 1966 : *Die klassisch griechischen Skulpturen der Staatlichen Museen zu Berlin*, Berlin.
BLÜMNER H. 1879 : *Technologie und Terminologie der Gewerbe und Künste bei Griechen und Römern* II, Leipzig.
BOARDMAN J. 1994 A : *La Sculpture grecque archaïque*, Londres.
— 1994 B : *La Sculpture grecque classique*, Londres.
— 1995 : *Les Grecs outremer : colonisation et commerce archaïques*, Naples.
— 1998 : *La Sculpture grecque du second classicisme*, Londres.
— 2001 : *Greek Gems and Finger Rings*, 2e éd., Londres.
BOBER PH. P., RUBINSTEIN R. 1987 : *Renaissance Artists and Antique Sculpture*, New York.
BÖHM S. 1995 : « Griechische Sepulkralkunst im römischen Klassizismus », *JdI* 110, p. 405-429.
— 2007 : *Dädalische Kunst Siziliens*, Wurtzbourg.
BOL P. C. 1985 : *Antike Bronzetechnik*, Munich.
BOL R. 1998 : « Die Porträts des Herodes Atticus und seiner Tochter Athenaïs », *AntK* 41, p. 118-129, pl. 21-28.
BOMMELAER J.-F. 1991 : *Guide de Delphes : Le site*, Athènes.

BONFANTE L. 1989 : « Nudity as a Costume in Classical Art », *AJA* 93, p. 543-570.

BOOKIDIS N. 1982 : « A Hellenistic Terracotta Group from Corinth », *Hesp* 51, p. 239-247, pl. 67-68.

BORBEIN A. 1973 : « Die griechische Statue des 4. Jahrhunderts v. Chr. Formanalytische Untersuchungen zur Kunst der Nachklassik », *JdI* 88, p. 43-212.

— 1985 : « Kanon und Ideal. Kritische Aspekte der Hochklassik », *AM* 100, p. 253-270.

— 2000 A : « Formanalyse », p. 109-128, in *Klassische Archäologie – eine Einführung* (A. Borbein, T. Hölscher, P. Zanker éd.), Berlin.

— 2000 B : « Zur Geschichte der Wertschätzung und Verwendung von Gipsabgüssen antiker Skulpturen (insbesondere in Deutschland und in Berlin) », p. 29-43, in *Les Moulages de sculptures antiques et l'histoire de l'archéologie*, actes du colloque de Paris, 1997 (H. Lavagne, F. Queyrel éd.).

BORELL B., RITTIG D. 1998 : *Orientalische und griechische Bronzereliefs aus Olympia : der Fundkomplex aus Brunnen 17*, Berlin.

BOURGEOIS B., JOCKEY PH. 2005 : « La dorure des marbres grecs », *JSav*, p. 253-316.

— 2007 : « Le marbre, l'or et la couleur. Nouveaux regards sur la polychromie de la sculpture hellénistique de Délos », p. 162-191, in *Peinture et couleur* 2007.

BOURGEOIS B., PASQUIER A. 1997 : *Le « Gladiateur Borghèse » et sa restauration*, Paris.

BRAUNSTEIN D. 2000 : « L'usage de la scie dans la sculpture archaïque », p. 63-73, in *L'Artisanat en Grèce ancienne : les productions, les diffusions*, actes du colloque de Lyon, déc. 1998 (F. Blondé, A. Muller éd.), Lille.

BRINKE M. 1996 : « Die Aphrodite Louvre – Neapel », *AntPl* 25, Munich, p. 7-64, pl. 1-50.

BRINKMANN V. 1994 : *Beobachtungen zum Formalen Aufbau… der Friese des Siphnierschatzhauses*, Ennepetal.

— 1998 : *Frisuren in Stein. Arbeitsweisen frühgriechischer Bildhauer*, Munich.

— 2003 : *Die Polychromie der archaischen und frühklassischen Skulptur*, Munich.

— 2004 : « Mädchen oder Göttin ? » p. 52-59, in *Bunte Göt-*

ter, catalogue de l'exposition de Munich 2002-2003, Munich.
BROMMER F. 1963 : *Die Skulpturen der Parthenon-Giebel*, Mayence.
— 1967 : *Die Metopen des Parthenon*, Mayence.
— 1977 : *Der Parthenonfries*, Mayence.
Bronzi Riace 1984 : *Due Bronzi da Riace* (coll.), Suppl. du *Bollettino d'Arte*, 2 vol., Rome.
BROUSKARI M. 1974 : *Musée de l'Acropole, catalogue descriptif*, Athènes.
— 1998 : Tò θωράκιο τοῦ ναοῦ τῆς Αθηνᾶς Νίκης, *ArchEph*, p. 1-268 (résumé en allemand, p. 239-251), 86 pl.
BROWN P. F. 1996 : *Venice and Antiquity*, New Haven, Conn.
BRULÉ P. 2006 : « Le corps sportif », p. 263-287, in *Penser et représenter le corps dans l'Antiquité*, actes du colloque de Rennes, sept. 2004, F. Prost, J. Wilgaux éd., Rennes.
BRUNNSÅKER S. 1971 : *The Tyrant-Slayers of Kritios and Nesiotes*, 2e éd., Stockholm.
BRUNS-ÖZGAN CH., ÖZGAN R. 1994 : « Eine bronzene Bildnisstatue aus Kilikien », *AntPl* 23, p. 81-92, pl. 37-43.
BÜHLER B., PÜLZ A. M. 2008 : « Die Goldfunde aus dem Artemision von Ephesos und ihre Herstellung », p. 167-172, in *Die Archäologie der ephesischen Artemis*, U. Muss éd., Vienne.
BULARD M. 1906 : « Aphrodite, Pan et Éros, groupe en marbre », *BCH* 30, p. 610-631, pl. 13-16.
BUMKE H. 2004 : *Statuarische Gruppen in der frühen griechischen Kunst*, Berlin.
BURZACHECHI M. 1962 : « Ogetti parlanti nelle epigrafi greche », *Epigraphica* 24, p. 3-54.
CABANES P. 2004 : *Introduction à l'histoire de l'Antiquité*, Paris.
CAIN H.-U. 1985 : *Römische Marmorkandelaber*, Mayence.
CAROUSO F. 2004 : « Sul centauro di Lefkandi », p. 391-401, in Το Αιγαίο στην πρώιμη εποχή του σιδήρου, actes du colloque de Rhodes, nov. 2002, Athènes.
CARPENTER R. 1929 : *The Sculpture of the Nike Temple Parapet*, Cambridge (Mass.).
— 1960 : *Greek Sculpture*, Chicago.
CARROLL-SPILLECKE M. 1985 : *Landscape Depictions in Greek Relief Sculpture*, Francfort.

CARTER J. B. 1985 : *Greek Ivory-Carving in the Orientalizing and Archaic Periods*, New York.
CASKEY M. 1986 : *Keos 2, 1 : The Temple at Ayia Irini : the Statues*, Princeton.
CatSalonique 1997- : *Κατάλογο γλυπτών του Αρχαιολογικού Μουσείου Θεσσαλονίκης* I, II, III (G. Despinis, Th. Stephanidou-Tiveriou, E. Voutyras éd.), Athènes.
CAZES D. et autres 1999 : *Le Musée Saint-Raymond, Musée des Antiques de Toulouse*, Paris.
CHAMOUX F. 1955 : *L'Aurige*, *FD* IV, 5, Paris.
— 1985 : *La Civilisation hellénistique*, Paris.
CHANKOWSKI A. S. 1998 : « La procédure législative à Pergame au Ier siècle avant J.-C. » *BCH* 122, p. 159-199.
CHARBONNEAUX J. 1943 : *La Sculpture grecque classique*, Paris.
—, MARCADÉ J. 1970 : *Grèce hellénistique* (« L'univers des formes »), Paris.
CHEVALLIER R. 1991 : *L'artiste, le collectionneur et le faussaire ; pour une sociologie de l'art romain*, Paris.
Chevaux de Saint-Marc 1981 : *Les Chevaux de Saint-Marc*, catalogue de l'exposition du Grand Palais, Paris.
CHILDS W. A. P., DEMARGNE P. 1989 : *Le Monument des Néréides : le décor sculpté, Fouilles de Xanthos VIII, 1 et 2*, Paris.
CHRISTOF E. 2001 : *Das Glück der Stadt*, Francfort.
CHUVIN 1991 : *Chronique des derniers païens*, Paris.
CLAIRMONT CH. W. 1970 : *Gravestone and Epigram*, Mayence.
— 1983 : *Patrios Nomos*, Oxford.
— 1993 : *Classical Attic Tombstones*, Kilchberg (7 volumes + Supplément).
CLARIDGE A. 1990 : « Ancient Techniques of Making Joins in Marble Statuary », p. 135-162, in *Marble*, actes du colloque de Malibu, 1988, Los Angeles.
COLDSTREAM J. N. 2003 : *Geometric Greece*, 2e éd., Londres.
COLIN J. 1981 : *Cyriaque d'Ancône*, Paris.
Collezioni MNNapoli 1989 : *Le Collezioni del Museo Nazionale di Napoli* I, 2, Rome.
COLLIGNON M. 1911 : *Les Statues funéraires dans l'art grec*, Paris.
COMSTOCK M. B., VERMEULE C. C. 1976 : *Sculpture in Stone :*

The Greek, Roman and Etruscan Collections of the Museum of Fine Arts Boston, Boston (Mass.).
CONZE A. 1892 : « Über die Darstellung des menschlichen Auges in der antiken Skulptur », *SbBerlin*, p. 47-58.
— 1893-1914 : *Die attischen Grabreliefs* I-IV, Berlin-Leipzig.
CORSO A. 1992 : « L'Afrodite Capitolina e l'arte di Cefisodoto il giovane », *NAC* 21, p. 131-149, pl. 1-7.
— 2004 : *The Art of Praxiteles* I, Rome.
COUILLOUD M.-TH. 1974 : *Les Monuments funéraires de Rhénée*, *EAD* 30, Athènes.
CROISSANT F. 1983 : *Les Protomés féminines archaïques*, Paris.
— 1990 : « Hygieia », p. 554-572, pl. 381-395, in *LIMC* V.
— 2003 : *FD* IV, 7 : *Les Frontons du temple du* IVe *siècle*, Athènes.
— 2007 : « Style et identité dans l'art grec archaïque », *Pallas* 73, p. 27-37, pl. I-VII.
CURTIUS L. 1938 : *Die antike Kunst* II, 1, Berlin.
— 1947 : *Interpretationen von sechs griechischen Bildwerken*, Berne.
DAGRON G. 1984 : *Constantinople imaginaire*, Paris.
DAMASKOS D. 1999 : *Untersuchungen zu hellenistischen Kultbildern,* Stuttgart.
DANNER P. 1993 : « Figuren an Simaecken », p. 253-260, pl. XXVI-XXVIII, in *Les Grands Ateliers d'architecture dans le monde égéen du* VIe *siècle av. J.-C.* (J. des Courtils, J.-C. Moretti éd.), Stamboul.
— 1997 : *Westgriechische Akrotere*, Mayence.
D'après l'Antique 2000 : *D'après l'Antique* (catalogue de l'exposition du Louvre), Paris.
DATSOULI-STAVRIDI A. 1985 : *Ρωμαϊκά πορτραίτα στο Εθνικό Αρχαιολογικό Μουσείο της Αθήνας*, Athènes.
DAUX G. 1967 : « Dionysermos, fils d'Anténor, au Louvre », *BCH* 91, p. 491-493.
DE CESARE M. 1997 : *Le statue in immagine, Studi sulle raffigurazioni di statue nella pittura vascolare greca*, Rome.
DELIVORRIAS A. 1995 : « Fidia », p. 644-658 in *EAA*, 2e supplément (1971-1994), Rome.
—, MAVROMMATIS S. 2008 : *The Parthenon Frieze*, Athènes.
DEMANGEL R. 1932 : *La Frise ionique*, Athènes.
DENTZER J.-M. 1982 : *Le Motif du banquet couché dans le*

Proche-Orient et le monde grec, du VIIe *au* IVe *s. av. J.-C.*, Rome.

DEONNA W. 1906 : *Les Statues de terre cuite en Grèce*, Athènes.

— 1930 : *Dédale ou la statue de la Grèce archaïque, I. Problèmes techniques et esthétiques*, Paris.

DEPPERT-LIPPITZ B. 1985 : *Griechischer Goldschmuck*, Mayence.

DESBOROUGH V.R., NICHOLLS R. V., POPHAM M. 1970, « A Euboean Centaur », *ABSA* 65, p. 21-30, pl. 7-11.

DESCAMPS-LEQUIME S. 2006 : « La polychromie des bronzes grecs et romains », p. 79-92, in *Couleurs et matières dans l'Antiquité*, A. Rouveret, S. Dubel, V. Noas éd., Paris.

DESPINI A. 1979 : *Προβλήματα της παριανής πλαστικής του ςου αιώνα π. Χ.*, Salonique.

— 1996 : *Ελληνική τέχνη : αρχαία χρυσά κοσμήματα*, Athènes.

DESPINIS G. 1971 : *Συμβολή στὴ μελέτὴ τοῦ ἔργοῦ τοῦ Αγορακριτου*, Athènes.

— 1988 : « *Η ικέτιδα Barberini* », p. 65-69, in *Πρακτικά του XII Διεθνούς Συνεδρίου Κλασικής Αρχαιολογίας*, III, Athènes.

— 1995 : « Studien zur hellenistischen Plastik I : Zwei Künstlerfamilien aus Athen », *AM* 110, p. 321-372, pl. 62-83.

— 2003 : *Hochrelieffriese des 2. Jahrhunderts n. Chr. aus Athen*, Munich.

— 2004 A : « Zu Akrolithstatuen griechischer und römischer Zeit », *NachrGöttingen PhHKl* n° 8, p. 243-301.

— 2004 B : « Die Kultstatuen der Artemis in Brauron », *AM* 119, p. 261-315, pl. 64-75.

— 2007 : « Neues zu der spätarchaischen Statue des Dionysos aus Ikaria », *AM* 122, p. 103-137, pl. 11-23.

— 2008 : « Klassische Skulpturen von der Athener Akropolis : I. Die sogenannte Schutzflehende Barberini », *AM* 123, p. 238-268, pl. 24-35.

DEVAMBEZ P. 1966 : « Une nouvelle statue archaïque au Louvre », *RA*, p. 195-215, pl. I-III.

— 1968 : « Piliers hermaïques et stèles », *RA*, p. 139-154.

DI CESARE R. 2004 : « L'Apollo dei Nassii a Delo e le iscrizioni della base », *Eidola* 1, p. 23-60.

DIEPOLDER H. 1931 : *Die attischen Grabreliefs des 5. und 4. Jhs. v. Chr.*, Berlin.

DOHRN T. 1960 : *Die Tyche von Antiochia*, Berlin.

DOMERGUE C. 2008 : *Les Mines antiques : La production des métaux aux époques grecque et romaine*, Paris.

DONDERER M. 1991-1992 : « Irreversible Deponierung von Grossplastik bei Griechen, Etruskern und Römern », *OeJh Beiblatt* 61, col. 193-276.

D'ONOFRIO A. M. 1982 : « *Korai* e *Kouroi* funerari attici », *AIΩN* 4, p. 135-170.

DONOHUE A. A. 1988 : *Xoana ant the Origins of Greek Sculpture*, Atlanta.

Dons des Muses 2003 : *Musique et danse en Grèce ancienne*, catalogue de l'exposition de Bruxelles, fév.-mai 2003, Athènes.

DONTAS G. 2004 : *Les Portraits attiques au musée de l'Acropole*, Athènes.

DOW S. 1941 : « A family of sculptors from Tyre », *Hesp* 10, p. 351-360.

DUCAT J. 1971 : *Les kouroi du Ptoïon*, Athènes.

— 1976 : « Fonctions de la statue dans la Grèce archaïque : *kouros* et *kolossos* », *BCH* 100, p. 239-251.

DUPLOUY A. 2006 A : « L'individu et la cité : Quelques stratégies identitaires et leur contexte », *REA* 108, p. 61-78.

— 2006 B : « L'atelier du *kouros* d'Ischès », *REA* 108, p. 249-269.

Early... Portraiture 2007 : *Early Hellenistic Portraiture : Image, Style, Context* (P. Schultz, R. von den Hoff éd.), Cambridge.

EAVERLY M. A. 1995 : *Archaic Greek Equestrian Sculpture*, Ann Arbor (Mich.).

ECKSTEIN F. 1962 : « Archaischer Jünglingskopf in Istanbul », *AntPl* I, p. 47-57, pl. 45-54.

EDELMANN M. 1999 : *Menschen auf griechischen Weihreliefs*, Munich.

Entwurf 1992 : *Der Entwurf des Künstlers, Bildhauerkanon in der Antike und Neuzeit*, catalogue de l'exposition de Bâle (E. Berger, B. Müller-Huber, L. Thommen éd.), Bâle.

ESCH A. 1969 : « Zur Wiederverwendung antiker Baustücke und Skulpturen im mittelalterlichen Italien », *Archiv für Kulturgeschichte* 51, p. 1-64.

Espace grec 1996 : *L'Espace grec* (R. Étienne éd.), Paris.

Espérandieu E. 1908 : *Recueil général des bas reliefs de la Gaule romaine* II, Paris.
Eule J. C. 2001 : *Hellenistische Bürgerinnen aus Kleinasien, Weibliche Gewandstatuen in ihrem antiken Kontext*, Istanbul.
Faulstich E. I. 1997 : *Hellenistische Kultstatuen und ihre Vorbilder*, Francfort.
Faure P. 1985 : « Les Dioscures à Delphes », *AntCp* 54, p. 56-65, pl. 1-6.
Favaretto I., Traversari G. 1993 : *Tesori di scultura greca a Venezia*, Venise.
Felten F. 1984 : *Griechische tektonische Frise archaischer und klassischer Zeit*, Waldsassen.
Feyel Ch. 2006 : *Les Artisans dans les sanctuaires grecs*, Athènes.
Fittschen K. 1971 : « Zum angeblichen Bildnis des Lucius Verus im Thermen-Museum », *JdI* 86, p. 214-252.
— 1977 : *Katalog der antiken Skulpturen in Schloss Erbach*, Berlin.
— 1988 : *Griechische Porträts* (K. Fittschen éd.), Darmstadt.
— 1991 : « Zur Rekonstruktion griechischer Dichterstatuen : 1. Die Statue des Menander », *AM* 106, p. 243-279, pl. 52-78.
— 1995 : « Eine Stadt für Schaulustige und Müssiggänger », p. 55-77, in *Stadtbild und Bürgerbild im Hellenismus* (M. Wörrle, P. Zanker éd.), Munich.
— 2008 : « Über den Beitrag der Bildhauer in Athen zur Kunstproduktion im römischen Reich », p. 325-336, in *Αθήνα κατά τη ρωμαϊκη εποχή*, actes du colloque d'Athènes, oct. 2006 (S. Vlizos éd.), Athènes.
Fleischer R. 1991 : *Studien zur seleukidischen Kunst I : Herscherbildnisse*, Mayence.
Forbes R. J. 1963 et 1964 : *Studies in Ancient Technology*, VII (minerais), VIII (métallurgie), Leyde.
Forsen B. 1996 : *Griechische Gliederweihungen*, Helsinki.
Frel J. 1982 : *The Getty Bronze*, 2e éd., Malibu.
Freyer-Schauenburg B. 1974 : *Samos XI : Bildwerke der archaischen Zeit und des strengen Stils*, Bonn.
From the Parts... 2000 : *From the Parts to the Whole* I (actes du XIIIe congrès sur les bronzes antiques, 1996 ; C. C. Mattusch, A. Brauer, S. E. Knudsen éd.), Porthsmouth (R. I.).

FRONTISI-DUCROUX F. 2000 : *Dédale, Mythologie de l'artisan en Grèce ancienne*, 2e éd., Paris.

FUCHS M. 1999 : *In hoc etiam genere Graeciae nihil cedamus*, Mayence.

FUCHS W. 1961 : « Attisches Weihrelief im Vatikan », *RM* 68, p. 167-181, pl. 74-77.

FULLERTON M. 1990 : *The Archaistic Style in Roman Statuary*, Leyde.

FURTWÄNGLER A. 1893 : *Meisterwerke der griechischen Plastik*, Leipzig-Berlin.

GAGGADIS-ROBIN V. 2005 : *Les Sarcophages païens du musée de l'Arles antique*, Arles.

GAUTHIER PH. 1985 : *Les Cités grecques et leurs bienfaiteurs*, Paris.

— 2000 : « Le décret de Thessalonique pour Parnassos : l'évergète et la dépense pour sa statue à la basse époque hellénistique », Τεκμήρια 5, p. 39-62.

GEOMINY W. 1984 : *Die Florentiner Niobiden*, Bonn.

Getty Kouros 1993 : *The Getty Kouros Colloquium*, actes du colloque d'Athènes, mai 1992, Athènes.

Getty Handbook 2002 : *The J. Paul Getty Museum : Handbook of the Antiquities Collection* (coll.), Los Angeles.

GETZ-GENTLE P. 2001 : *Personal Styles in Early Cycladic Sculpture*, Madison (Wisc.).

GETZ-PREZIOSI P. 1987 : *Sculptors of the Cyclades*, Ann Arbor (Mich.).

GIULIANI L. 1987 : « Die seligen Knüppel. Zur Deutung von Missgestalten in der hellenistischen Kleinkunst », *AA*, p. 701-721.

GIULIANO A., PALMA B. 1978 : *La maniera ateniese di età romana. I Maestri dei sarcofagi attici*, Rome.

GOETTE H. R. 2001 : « Heroenreliefs von Herodes Atticus für seine Trophimoi », p. 419-427 in *Agalma* (Mélanges G. Despinis), Salonique.

Goldsmith 1998 : *The Art of the Greek Goldsmith* (D. Williams éd.), Londres.

GOODLETT V. C. 1991 : « Rhodian Sculpture Workshops », *AJA* 95, p. 669-681.

— 2005 : *Collaboration in Greek Sculpture : the Literary and Epigraphical Evidence*, Ann Arbor (Mich.).

GRAEVE V. VON 1970 : *Der Alexandersarkophag und seine Werkstatt*, Berlin.
— 1979 : « Zum Zeugniswert der bemalten Grabstelen von Demetrias für die griechische Malerei », p. 111-137, pl. 1-6, in *La Thessalie* (B. Helly éd.), Lyon.
GRAINDOR P. 1915 : « Les cosmètes du musée d'Athènes », *BCH* 39, p. 241-401, pl. XVI-XXVI.
GRAMACCINI N. 1996 : *Mirabilia. Das Nachleben antiker Statuen vor der Renaissance*, Mayence.
GRASSINGER D. 1991 : *Römische Marmorkratere*, Mayence.
— 1994 : « Die Marmorkratere », p. 259-283, in *Wrack* 1994.
Greci 3 2001 : *I Greci. 3 : I Greci oltre la Grecia* (S. Settis éd.), Turin.
Gruppen 1999 : *Hellenistische Gruppen* (Mélanges A. Linfert, P. C. Bol éd.), Mayence.
GSCHWANTLER K., FREIBERGER V. 2008 : « Zur Technologie zweier Goldstatuetten aus dem Artemision von Ephesos », p. 118-126, in *Das Artemision von Ephesos*, catalogue de l'exposition d'Istanbul, mai-sept. 2008.
GUALANDI G. 1976 : « Sculture di Rodi », *ASAtene* 38, p. 7-259.
GURY F. 2006 : « La disponibilité à l'Autre : le geste de la séduction passive dans l'art romain », p. 267-283, in *L'Expression des corps : Gestes, attitudes, regards dans l'iconographie antique* (L. Bodiou, D. Frère, V. Mehl éd.), Rennes.
HÄGER-WEIGEL E. 1997 : *Griechische Akrolith-Statuen des 5. und 4. Jhs. v. Chr.*, Berlin.
HALLETT CH. H. 2005 : *The Roman Nude : Heroic Portrait Statuary 200 BC-AD 300*, Oxford.
HALLIWELL S. 2002 : *The Aesthetics of Mimesis*, Princeton.
HAMDORF F. W. 1964 : *Griechische Kultpersonifikationen der vorhellenistischen Zeit*, Mayence.
HAMIAUX M. 1998 : *Les Sculptures grecques du Louvre* II, Paris.
— 2001 : *Les Sculptures grecques du Louvre* I, 2e éd., Paris.
— 2007 : *La Victoire de Samothrace*, Paris.
HAMPE R., SIMON E. 1980 : *Un millénaire d'art grec* (tr. D. et M. Knoepfler), Fribourg.
HANFMANN G. M. A. 1980 : « The Continuity of Classical Art : Culture, Myth, and Faith », p. 75-99, in *Age of Spirituality : a Symposium* (K. Weitzmann éd.), New York.

HASKELL F., PENNY N. 1988 : *Pour l'amour de l'antique : la statuaire gréco-romaine et le goût européen 1500-1900*, Paris.
HAVELOCK CH. 1971 : *Hellenistic Art*, Londres.
HAYNES D. 1975 : *The Arundel Marbles*, Oxford.
— 1992 : *The Technique of Greek Bronze Statuary*, Mayence.
HEILMEYER W.-D. 1972 : *Frühe olympische Tonfiguren*, Berlin.
— 1979 : *Frühe olympische Bronzefiguren, Die Tiervotive*, Berlin.
— 1982 : *Frühgriechische Kunst*, Berlin.
Helbig : *Führer durch die öffentlichen Sammlungen... Rom*, I-IV, 4e éd., 1963-1972, Tübingen.
HENRY A. S. 1983 : *Honours and Privileges in Athenian Decrees*, Hildesheim-New York.
HERMARY A. 1979 : « À propos de l'Hermès Propylaios de Délos », *BCH* 103, p. 137-149.
— 1988 : « Un nouvel Apollon chypriote au Louvre », *CRAI*, p. 814-833.
— 1991 : « Les débuts de la grande plastique chypriote en terre cuite », p. 139-147, pl. 36-41 in *Cypriote Terracottas*, actes du colloque de Bruxelles-Liège, Amsterdam, mai 1989, Bruxelles-Liège.
— 1997 : « Un petit *kouros* en bois de Marseille », *RA*, p. 227-242.
— 2006 : « Le corps colossal et la valeur hiérarchique des tailles dans la littérature et la sculpture grecques archaïques », p. 115-131, in *Penser et représenter le corps dans l'Antiquité* (F. Prost, J. Wilgaux éd.), Rennes.
— 2007 : « L'offrande de la Parienne Krinô à l'Artémis délienne », p. 484-493, in *Ἀμύμονα ἔργα* (Mélanges V. Lambrinoudakis), Athènes.
— 2008 : « *Kouroi* à ceinture, de la Crète aux Cyclades », p. 183-197, in *La Sculpture des Cyclades à l'époque archaïque* (Y. Kourayos, F. Prost éd.), *BCH Suppl.* 48, Athènes.
HERRMANN H.-V. 1975 : « Zum Problem der Entstehung der griechischen Grossplastik », p. 35-48, in *Wandlungen* (Mélanges E. Homann-Wedeking), Waldsassen.
— 1988 : « Die Siegerstatuen von Olympia : schriftliche Überlieferung und archäologischer Befund », *Nikephoros* I, p. 119-183.

HESBERG H. VON 1980 : « Eine Marmorbasis mit dionysischen und bukolischen Szenen », *RM* 87, p. 272-275, pl. 81-89.

HEUZEY L. 1922 : *Histoire du costume antique d'après les études sur le modèle vivant*, Paris.

HILLER H. 1975 : *Ionische Grabreliefs der ersten Hälfte des 5. Jahrhunderts v. Chr.*, Tübingen.

HIMMELMANN N. 1979 : « Zur Entlohnung künstlicher Tätigkeit in klassischen Bauinschriften », *JdI* 94, p. 127-142.

— 1980 : *Über Hirten-Genre in der antiken Kunst*, Opladen.

— 1983 : *Alexandria und der Realismus in der griechischen Kunst*, Tübingen.

— 1989 : *Herrscher und Athlet : Die Bronzen vom Quirinal*, catalogue de l'exposition de Bonn (N. Himmelmann éd.), Milan.

— 1990 : *Ideale Nacktheit in der griechischen Kunst*, Berlin.

— 1994 : *Realistische Themen in der griechischen Kunst der archaischen und klassischen Zeit*, Berlin.

— 2005 : *Grundlagen der griechischen Pfanzendarstellung*, Paderborn.

HIMMELMANN-WILDSCHÜTZ N. 1956 : *Studien zum Ilissos-Relief*, Munich.

HIRSCH-DYCZEK O. 1983 : *Les Représentations des enfants sur les stèles funéraires attiques*, Varsovie.

History of Restoration 2003 : *History of Restoration of Ancient Stone Sculptures*, actes du colloque du J. P. Getty Museum, oct. 2001 (J. B. Grossman, J. Podany, M. True éd.), Los Angeles.

HITZL I. 1991 : *Die griechischen Sarkophage der archaischen und klassischen Zeit*, Jonsered.

HOEPFNER W. 2003 : *Der Koloss von Rhodos und die Bauten des Helios*, Mayence.

HOFF R. VON DEN 1994 : *Philosophenporträts des Früh-und Hochhellenismus*, Munich.

HOFFMANN G. 2006 : « Ordre et variété dans la gestuelle des monuments funéraires attiques de l'époque classique », p. 61-74, in *L'Expression des corps : gestes, attitudes, regards dans l'iconographie antique* (L. Bodiou, D. Frère, V. Mehl éd.), Rennes.

HÖLSCHER T. 1973 : *Griechische Historienbilder des 5. und 4. Jahrhunderts v. Chr.*, Wurtzbourg.

— 1974 : « Die Nike der Messenier und Naupaktier in Olympia », *JdI* 89, p. 70-111.
— 1985 : « Die Geschlagenen und Ausgelieferten in der Kunst des Hellenismus », *AntK* 28, p. 120-136, pl. 30.
HOLTZMANN B. 1984 : *LIMC* II, *s.v.Asklepios*, p. 863-897, pl. 631-667.
— 1989 : *La Grèce*, Paris ; *Griechenland*, Fribourg.
— 1991 A : « Une sphinge archaïque de Thasos », *BCH* 115, p. 125-165.
— 1991 B : « À propos d'une sphinge archaïque recomposée », *CRAI*, p. 89-102.
— 1993 A : « Le graphisme dans l'art grec », *Histoire de l'art* 24, p. 3-11.
— 1993 B : « Un Dionysos dispersé et mal entendu », *REA* 95, p. 247-256.
— 1994 : *La Sculpture de Thasos : Corpus des reliefs I*, Athènes.
— 1995 : « Le monde grec », p. 167-305, in *L'Art de l'Antiquité : 1. Les origines de l'Europe* (B. Holtzmann éd.), Paris.
— 1996 : « Note sur le Colosse des Naxiens », *Topoi* 6, p. 199-204.
—, PASQUIER A. 1998, *Histoire de l'art antique : l'art grec*, Paris.
— 2000 A : « Aspects du goût antique pour l'antique », p. 23-29, in *D'après l'antique*, exposition du musée du Louvre 2000-2001, Paris.
— 2000 B : « Phidias », p. 1003-1007, in *Dictionnaire de la Grèce antique*, Paris.
— 2000 C : « Rituel funéraire aristocratique », p. 1162-1165, in *Dictionnaire de la Grèce antique*, Paris.
— 2003 : *L'Acropole d'Athènes : Monuments, cultes et histoire du sanctuaire d'Athèna Polias*, Paris.
— 2005 A : « Praxias et fils : un atelier de sculpture attique actif à Thasos », p. 169-177, in *Meisterwerke* (actes du colloque de Fribourg en Brisgau 2003 ; V. M. Strocka éd.), Munich.
— 2005 B : Compte-rendu de *GaB* 2002, *Topoi* 12-13, p. 523-527.
— 2007 : « Ανάγλυφα του αυστηρού ρυθμού στη Θάσο », p. 41-52, in *Methods of Approach and Research in Ancient Greek and Roman Sculpture* (G. Kokkorou-Alevras, K. Kopanias éd.), Athènes.
— 2008 : « Une nouvelle tête archaïque de Thasos », p. 73-

86, in *La Sculpture des Cyclades à l'époque archaïque* (Y. Kourayos, F. Prost éd.), Athènes.

HOMOLLE TH. 1909 : *FD IV, 1 : Art archaïque du Péloponnèse et des îles*, Paris.

HORN R. 1972 : *Samos XII : Hellenistische Bildwerke auf Samos*, 1972.

HORSTER G. 1970 : *Statuen auf Gemmen*, Bonn.

HOUSER C. 1988 : « Slain Statues : Classical Murder Mysteries », p. 112-115, in *Πρακτικά του XII διεθνούς συνεδρίου κλασικής αρχαιολογίας*, t. III, Athènes.

HOWARD S. 1982 : *Bartolomeo Cavaceppi*, New York.

INAN J., ALFÖLDI-ROSENBAUM E. 1979 : *Römische und frühbyzantinische Porträtplastik aus der Türkei. Neue Funde*, Mayence.

INTZESISOGLOU CH. G. 2000 : « A newly discovered Archaic bronze statue from Metropolis (Thessaly) », in *From the Parts...* I, p. 65-68.

ISAGER J. 1991 : *Pliny on Art and Society*, Londres-New York.

JACOB-FELSCH M. 1969 : *Die Entwicklung griechischer Statuenbasen und die Aufstellung der Statuen*, Waldsassen.

JACOBSTHAL P. 1931 : *Die melischen Reliefs*, Berlin.

JACQUEMIN A. 1999 A : *Offrandes monumentales à Delphes*, Athènes.

— 1999 B : *Pausanias, Description de la Grèce V*, coll. « Des Universités de France », Paris.

JASHEMSKI W. F. 1993 : *The Gardens of Pompei*, 2e éd., New Rochelle (N. Y.).

JEFFERY L. H. 1990 : *The Local Scripts of Archaic Greece*, 2e éd., Oxford.

JENKINS R.J.H. 1936 : *Dedalica : a Study of Dorian plastic Art in the seventh Century B.C.*, Cambridge.

JOCKEY PH. 2000 : « "Aphrodite express" : à propos d'une école (?) délienne de sculpture », p. 75-90, in *L'Artisanat en Grèce ancienne : les productions, les diffusions*, actes du colloque de Lyon, déc. 1998 (F. Blondé, A. Muller éd.), Lille.

JOHANSEN F. 1992 : *Ny Carlsberg Glyptotek : Greek Portraits*, Copenhague.

JORDAN-RUWE M. 1995 : *Das Säulenmonument : zur Geschichte der erhöhten Aufstellung antiker Porträtstatuen*, Bonn 1995.

Jucker H. 1950 : *Vom Verhältnis der Römer zur bildenden Kunst der Griechen*, Francfort.
— 1982 : « Zwei wunderliche Heilige », *Boreas* 5, p. 143-151.
Kabus-Preisshofen R. 1989 : *Die hellenistische Plastik der Insel Kos*, Berlin.
Kähler H. 1949 : *Das griechische Metopenbild*, Munich.
Kaltsas N. 2001 : Εθνικό Αρχαιολογικό Μουσείο. Τα γλυπτά, Κατάλογος, Athènes.
— 2002 : « Die Kore und der Kuros aus Myrrhinous », *AntPl* 28, p. 7-26, pl. 1-12.
Kaninia E. 1997 : « An early fifth-century BC grave stele from Rhodes », p. 144-149, fig. 259-262, in *Sculptors and Sculpture of Caria and the Dodecanese*, (I. Jenkins, G. B. Waywell éd.), Londres.
Karusos Ch. 1961 : *Aristodikos, Zur Geschichte der spätarchaisch-attischen Plastik und der Grabstatue*, Stuttgart.
— 1972 : « Empfindungen und Gedanken der archaischen Griechen um die Kunst », p. 85-152, in *Inschriften der Griechen : Grab-, Weih- und Ehreninschriften*, (G. Pfohl éd.), Darmstadt.
Keesling C. M. 2007 : « Early Hellenistic Portrait Statues on the Athenian Acropolis », p. 141-160, in *Early... Portraiture*, Cambridge.
Kersauson K. de 1996 : *Musée du Louvre : catalogue des portraits romains* II, Paris.
Kiilerich B. 1993 : *Late Fourth Century Classicism in the Plastic Arts*, Odense.
Kissas K. 2000 : *Die attischen Statuen- und Stelenbasen archaischer Zeit*, Bonn.
Klassik 2002 : *Die griechische Klassik, Idee oder Wirklichkeit*, catalogue de l'exposition de Berlin-Bonn (W.-D. Heilmeyer éd.).
Kleemann I. 1984 : *Frühe Bewegung : Untersuchungen zur archaischen Form*, Mayence.
Kleiner D. 1992 : *Roman Sculpture*, New Haven (Conn.).
Knell H. 1990 : *Mythos und Polis. Bildprogramme griechischer Bauskulptur*, Darmstadt.
— 1995 : *Die Nike von Samothrake : Typus, Form, Bedeutung...*, Darmstadt.

KNOEPFLER D. 2001 : *Décrets érétriens de proxénie et de citoyenneté,* Lausanne.

KOCH G. 1993 : *Sarkophage der römischen Kaiserzeit*, Darmstadt.

KOCH-HARNACK G. 1983 : *Knabenliebe und Tiergeschenke*, Berlin.

KOKKOROU-ALEWRAS G. 1995 : « Die archaische naxische Bildhauerei », *AntPl* 24, p. 37-138, pl. 9-55.

KOKULA G. 1984 : *Marmorlutrophoren*, Cologne.

KONTOLEON N. M. 1970 : « Une stèle funéraire d'Icarie », p. 1-21, pl. 1 et 5, in *Aspects de la Grèce préclassique*, Paris.

KOPCKE G. 1967 : « Neue Holzfunde aus dem Heraion von Samos », *AM* 82, p. 100-115, pl. 48-58.

KORRÈS M. 1992 : *Vom Penteli zum Parthenon*, Munich.

— 2000 : « The Underground Quarries of Paros », p. 61-82, in *Paria Lithos.*

KOURAYOS Y., BURNS B. 2004-2005 : « Exploration of the archaic sanctuary at Mandra on Despotiko », *BCH* 128-129, p. 133-174.

KRAUTHEIMER R. 1999 : *Rome, portrait d'une ville 312-1308*, Paris.

KREEB M. 1988 : *Untersuchungen zur figürlicher Ausstattung delischer Privathäuser*, Chicago.

KRON U. 1977 : « Eine Pandion-Statue in Rom », *JdI* 92, p. 139-168.

KRUMEICH R. 1997 : *Bildnisse griechischer Herrscher und Staatsmänner im 5. Jahrhundert v. Chr.*, Munich.

— 2002 : « Porträts und Historienbilder der klassischen Zeit », p. 209-240, in *Klassik* 2002.

KRUSE H.-J. 1975 : *Römische weibliche Gewandstatuen des zweiten Jahrhunderts n. Ch.*, Göttingen.

KRZYSZKOWSKA O. 1990 : *Ivory and Related Materials,* Londres.

KUNZE CH. 1999 : « Verkannte Götterfreunde : zur Deutung und Funktion hellenistischer Genreskulpturen », *RM* 106, p. 43-82.

— 2002 : *Zum Greifen nah : Stilphänomene in der hellenistischen Skulptur und ihre inhaltliche Interpretation*, Munich.

— 2003 : « Die Konstruktion einer realen Begegnung : zur Statue des Barberinischen Fauns in München », p. 9-47 in *Neue Forschungen zur hellenistischen Plastik* (Mélanges G. Daltrop, G. Zimmer éd.), Eichstätt.

— 2004 : « Forme artistiche e loro significato. Prospettive di un' interpretazione stilistico-formale », p. 39-44, in *Storie dell'arte antica* 2004.
KUNZE E. 1930 : « Zu den Anfängen der griechischen Plastik », *AM* 55, p. 147-155, pl. V-VIII, Beil. 40-41.
— 1940 : « *Zeus und Ganymedes : eine Terrakottagruppe aus Olympia* », p. 25-50, *100. Berliner Winckelmannsprogramm*, Berlin.
— 1961 : *Olympiabericht* VII, Berlin.
KÜNZL E. 1970 : « Venus vor dem Bade », *BJ* 170, p. 102-162.
KURTZ D., BOARDMAN J. 1971 : *Greek Burial Customs*, Londres.
KYRIELEIS H. 1969 : *Throne und Klinen*, Berlin.
— 1975 : *Bildnisse der Ptolemäer*, Berlin.
— 1980 : « Archaische Holzfunde aus Samos, *AM* 95, p. 87-147, pl. 18-40, Beil. 7.
— 1995 : « Eine neue Kore des Cheramyes », p. 7-36, pl. 1-8, *AntPl* 24, Munich.
— 1996 : *Samos XI : Der große Kuros von Samos*, Bonn.
LA COSTE-MESSELIÈRE P. DE 1936 : *Au musée de Delphes*, Paris.
— 1942 : « Les corés de l'Acropole », *JSav*, p. 18-36, 55-66.
— 1943 : *Delphes*, Paris (2e éd., 1957).
— 1957 : *Fouilles de Delphes IV-4 : Sculptures du Trésor des Athéniens*, Athènes.
LACROIX L. 1949 : *Les Reproductions de statues sur les monnaies grecques ; la statuaire archaïque et classique*, Liège.
LANDWEHR CH. 1985 : *Die antiken Gipsabgüsse aus Baiae*, Berlin.
LANGLOTZ E. 1927 : *Frühgriechische Bildhauerschulen*, Nuremberg.
—, SCHUCHHARDT W. H. 1941 : *Archaische Plastik auf der Akropolis*, Francfort.
—, HIRMER M. 1963 : *Die Kunst der Westgriechen*, Munich.
— 1968 : « Beobachtungen über die antike Ganosis », *AA*, p. 470-474.
— 1979 : « Über das Photographieren griechischer Skulpturen », *JdI* 94, p. 1-17.
Laocoon 2003 : *Le Laocoon : histoire et réception* (E. Décultot, J. Le Rider, F. Queyrel éd.), Paris.
LAPALUS E. 1947 : *Le Fronton sculpté en Grèce*, Athènes.

LAPATIN K. D. S. 1997 : « Pheidias ἐλεφαντουργός », *AJA* 101, p. 663-682.

— 2001 : *Chryselephantine Statuary in the Ancient Mediterranean World*, Oxford-New York.

LA ROCCA E. 1985 : *Amazzonomachia : le sculture frontonali del tempio di Apollo Sosiano*, Rome.

— 1996 : « "Graeci artifices" nella Roma repubblicana : lineamenti di storia della scultura », p. 607-626, in *I Greci in Occidente*, catalogue de l'exposition de Venise.

— 2004 : « La fragile misura del Classico. L'arte augustea e la formazione di una nuova classicità », p. 67-116, in *Storie dell'arte antica.*

LATTANZI E. 1968 : *I ritratti dei Cosmeti*, Rome.

LATTIMORE S. 1976 : *The Marine Thiasos in Greek Sculpture*, Los Angeles.

LAUBSCHER P. 1982 : *Fischer und Landleute. Studien zur hellenistischen Genreplastik*, Mayence.

LAUTER H. 1976 : *Die Koren des Erechtheion*, *AntPl* XVI, Berlin.

— 1980 : « Zur wirtschaftlichen Position der Praxitelesfamilie », *AA*, p. 525-531.

LAWRENCE A. W. 1948 : « Cessavit ars : turning points in hellenistic sculpture », *RA* (Mélanges C. Picard), p. 581-585.

LAWTON C. 1995 : *Attic Document Reliefs*, Oxford.

LAZZARINI M. L. 1976 : « Le formule delle dediche votive nella Grecia arcaica », *MemLincei* 19-2, p. 47-354.

LEBESSI A. 1976 : *Οἱ στήλες τοῦ Πρινιᾶ*, Athènes (avec résumé en anglais, p. 165-179).

— 1985 : *Το ιερό του Ερμή και της Αφροδίτης στη Σύμη βιάννου : I, 1 Χάλκινα κρητικά τορεύματα*, Athènes (avec résumé en anglais, p. 221-240).

— 1999 : « Σχέσεις Σάμου και Κρήτης τον 7ο αι.π.Χ. », p. 148-157 *in Φως κυκλαδικόν* (*Mélanges N. Zaphiropoulos*), Athènes.

— 2002 : *Το ιερό του Ερμή... III Τα χάλκινα ανθρωπόμορφα ειδώλια*, Athènes (avec résumé en anglais, p. 315-357).

LE DINAHET M.-TH. 2001 : « L'image de l'enfance à l'époque hellénistique : la valeur de l'exemple délien », p. 90-106, in *Les Pierres de l'offrande* (G. Hoffmann éd.), Kilchberg.

LE DINAHET-COUILLOUD M.-TH., MOURET N. 1993 : « Les stèles funéraires grecques : études stylistiques et iconographiques, années 1980-1992 » *Topoi* 3, p. 109-166.

LEFÈVRE F. 2007 : *Histoire du monde grec antique*, Paris.
LEPELLEY C. 1994 : « Le musée des statues divines : la volonté de sauvegarder le patrimoine artistique païen à l'époque théodosienne », *CArch* 42, p. 5-15.
LÉVÊQUE P. 1997 : *L'Aventure grecque*, Paris (éd. de poche).
LÉVY E., MARCADÉ J. 1972 : « Au musée de Lycosoura », *BCH* 96, p. 967-1004.
LEWERENTZ A. 1993 : *Stehende männliche Gewandstatuen im Hellenismus*, Hambourg.
LINFERT A. 1994 : « Boethoi », p. 831-847 in *Wrack* 1994.
— 1976 : *Kunstzentren hellenistischer Zeit. Studien an weibliche Gewandstatuen*, Wiesbaden.
LORIMER H. L. 1936 : « Gold and Ivory in Greek Mythology », p. 14-33, in *Greek Poetry and Life* (Mélanges G. Murray), Oxford.
LULLIES R. 1954 : *Die kauernde Aphrodite*, Munich.
LULOF P. S., MOORMANN E. M. 2000 : « Man or Sphinx ? An early Archaic bronze head in the Allard Pierson Museum », p. 59-64, in *From the Parts…* I.
LUSCHEY H. 2002 : *Rechts und Links, Untersuchungen über Bewegungsrichtung…*, Tübingen.
LYDAKIS S. 2004 : *Ancient Greek Painting and its Echoes in Later Art*, Athènes.
MAASS M. 1978 : *Die geometrischen Dreifüße von Olympia*, Berlin.
MANGO C. 1963 : « Antique Statuary and the Byzantine Beholder », *DOP* 17, p. 53-75.
MARANGOU E.-L. 1969 : *Lakonische Elfenbein- und Beinschnitzereien*, Tübingen.
MARCADÉ J. 1950 : « Notes sur trois sculptures archaïques… », *BCH* 74 (1950), p. 181-215, pl. XXX-XXXIII.
— 1953, 1957 : *Recueil des signatures de sculpteurs grecs* I-II, Athènes.
— 1969 : *Au Musée de Délos*, Athènes.
— 1982 : « Sur un type d'Asclépios imberbe attesté à Argos », p. 237-246, pl. 23-25, in *Rayonnement grec, Hommages à C. Delvoye*, Bruxelles (repris dans MARCADÉ 1993, p. 445-457).
— 1986 : « Rapports techniques et publications archéolo-

giques : à propos des bronzes de Riace », *RA* p. 89-100 (repris dans MARCADÉ 1993, p. 93-111).
— 1993 : *Scripta Varia, 1941-1991, Études de sculpture et d'iconographie antiques*, Paris.
— 2001 : « De Lycosoura à Claros », p. 271-284, in ΚΑΛΛΙΣΤΕΥΜΑ (Mélanges O. Tsachou-Alexandri), Athènes.
— 2008, « À propos des sculptures archaïques de l'*ἀγορὰ θεων* de Délos », p. 263-281, in *La Sculpture des Cyclades à l'époque archaïque* (colloque d'Athènes, sept. 1998), Athènes.
MARROU H. I. 1938 : *Μουσικὸς ἀνήρ*, Grenoble.
MARTIN R. 1965 : *Manuel d'architecture grecque* I, Paris.
MARTINEZ J.-L. 1988 : « Le marbre MA 441 du Louvre et les copies du type de l'Apollon Sauroctone », *Histoire de l'art* 3, p. 17-28.
— 2000 : *La Dame d'Auxerre*, Paris.
— 2001 : *Au Louvre avec... : la corè de Samos*, Paris.
MARTINI W. 1990 : *Die archaische Plastik der Griechen*, Darmstadt.
MASSA-PAIRAULT F.-H. 2007 : *La Gigantomachie de Pergame*, Athènes.
MATTERN T. 2007 : « Griechische Kultbildschranken », *AM* 122, p. 139-159, pl. 24-25.
MATTHAIOS A. P. 2008 : « Τὸ ἀνάγλυφο τῆς Ἰκαρίας I » p. 481-483, in *La Sculpture des Cyclades à l'époque archaïque* (Y. Kourayos, F. Prost éd.), Athènes.
MATTUSCH C. C. 1988 : *Greek Bronze Statuary*, Ithaca (N. Y.).
— 1994 : « Bronze Herm of Dionysos », p. 431-450 in *Wrack* 1994.
— 1996 : *Classical Bronzes, The Art and Craft of Greek and Roman Statuary*, Ithaca (N. Y.).
— 2005 : *The Villa dei Papiri at Herculaneum*, Los Angeles.
MAXMIN J. 1975 : « Meniskoi and the Birds », *JHS* 95, p. 175-180.
MEIGGS R. 1982 : *Trees and Timber in the Ancient Mediterranean World*, Oxford.
MENDEL G. 1912-1914 : *Catalogue des sculptures grecques, romaines et byzantines du Musée impérial*, I-III Constantinople.
Mer Égée 1979 : *Mer Égée, Grèce des îles*, catalogue de l'exposition du musée du Louvre, Paris.

MERKER G. 1973 : *The Hellenistic Sculpture of Rhodes*, Göteborg.
MESSERSCHMIDT W. 2003 : *Prosopopoiia : Personifikationen politischen Charakters in spätklassischer und hellenistischer Kunst*, Cologne.
MEYER H. 1991 : *Antinoos*, Munich.
MICHAELIS A. 1882 : *Ancient Marbles in Great Britain*, Cambridge.
MICHALOWSKI C. 1932 : *EAD XIII* : *Les Portraits hellénistiques et romains*, Athènes.
Mildenberg Coll. III 1996 : *Animals in Ancient Art from the Leo Mildenberg Collection*, Part III, (A. S. Walker éd.), Mayence.
MOOCK D. W. VON 1998 : *Die figürlichen Grabstelen Attikas in der Kaiserzeit*, Mayence.
MORENO P. 1994 : *Scultura Ellenistica*, 2 vol., Rome.
— 1995 : *Lisippo, l'arte e la fortuna*, catalogue de l'exposition de Rome.
— 2005 : « Archeologia filologica... », p. 203-221, in *Meisterwerke* (colloque de Fribourg-en-Brisgau, juillet 2003, V.-M. Strocka éd.), Munich.
MORETTI J.-C. 1987 : « Une vignette de traité à Delphes », *BCH* 111, p. 157-166.
MORIZOT Y. 2003 : « Les Grecs, leurs vêtements, leur image », p. 37-48, in *Costume et société dans l'Antiquité et le haut Moyen Âge* (F. Chausson, H. Inglebert éd.), Paris.
MOUSTAKA A. 1993 : *Grossplastik aus Ton in Olympia*, Berlin.
MULLER A. 1996 : *Les Terres cuites votives du Thesmophorion de Thasos*, Athènes.
—, TARTARI F. 2004 : « Les terres cuites votives du sanctuaire d'Aphrodite à Dyrrhachion », p. 609-622, in *L'Illyrie méridionale et l'Épire dans l'Antiquité* IV (colloque de Grenoble 2002, J.-L. Lamboley éd.), Paris.
MULLER-DUFEU M. 2002 : *La Sculpture grecque : Sources littéraires et épigraphiques*, Paris.
— 2006 : « Les couleurs du bronze dans les statues grecques d'après les descriptions antiques », p. 93-102, in *Couleurs et matières dans l'Antiquité*, Paris, 2006.
NEUDECKER R. 1988 : *Die Skulpturenaustattung römischer Villen in Italien*, Mayence.
NEUGEBAUER K. A. 1951 : *Die griechischen Bronzen der klassischen Zeit und des Hellenismus*, Berlin.

NEUMANN G. 1965 : *Gesten und Gebärden in der griechischen Kunst*, Berlin.
— 1979 : *Probleme des griechischen Weihreliefs*, Tübingen.
NEWBY Z. 2007 : « Reading the allegory of the Archelaos relief », p. 156-178, in *Art and Inscriptions* (Z. Newby, R. Leader-Newby éd.), Cambridge.
NICK G. 2002 : *Die Athena Parthenos*, Mayence.
NICOLET-PIERRE H. 2002 : *Numismatique grecque*, Paris.
NIEMEIER W.-D. 2002 : *Der Kuros vom Heiligen Tor*, Mayence.
NOLTE S. 2006 : *Steinbruch – Werkstatt – Skulptur*, Göttingen.
Nostoi 2008 : *Nostoi, Επαναπατριεθέντα αριστουργήματα*, catalogue de l'exposition d'Athènes (M. Pantou éd.), Athènes.
Nouveau choix… Délos 2002 : *Nouveau choix d'inscriptions de Délos* (C. Prêtre éd.), Athènes.
OBERLÄNDER P. 1967 : *Griechische Handspiegel*, Hambourg.
OENBRINK W. 1997 : *Das Bild im Bilde : zur Darstellung von Götterstatuen und Kultbildern auf griechischen Vasen*, Francfort.
OHLY D. 1953 : « Holz », *AM* 68, p. 77-126, Beil. 13-42.
— 1959 : « Zur Rekonstruktion des samischen Geräts mit dem Elfenbeinjüngling », *AM* 74, p. 48-56, Beil. 87-93.
— 1967 : « Neue Holzfunde aus dem Heraion von Samos : Befund und Rekonstruktion der Herastatuette », *AM* 82, p. 89-99, Beil. 43-47.
— 1976 : *Die Aegineten* I *: Die Ostgiebelgruppe*, Munich.
Olympia Skulpturen 1987 : *Die Olympia-Skulpturen* (H.-V. Herrmann éd.), Darmstadt.
ORTIZ G. 1996 : *The George Ortiz Collection*, catalogue de l'exposition *Faszination der Antike*, Berlin.
OTTO W. 1993 : *Les Dieux de la Grèce*, Paris.
OVERBECK J. 1868 : *Die antiken Schriftquellen zur Geschichte der bildenden Künste bei den Griechen*, Leipzig.
PALAGIA O. 1980 : *Euphranor*, Leyde.
— 1993 : *The Pediments of the Parthenon*, Leyde.
— 2003 : « The Impact of *Ares Macedon* on Athenian Sculpture », p. 140-151, in *The Macedonians in Athens 322-229 B.C.* (O. Palagia, S. V. Tracy éd.), Oxford.
Palaiokastro Kouros 2000 : *The Palaiokastro Kouros, A Minoan Chryselephantine Statuette and its Aegean Bronze Age Context*

(J. M. Driessen, J. A. MacGillivray, L. H. Sackett éd.), Athènes.

PalAltemps 2002 : *Scultura antica in Palazzo Altemps* (M. De Angelis d'Ossat éd.), Milan.

PANDERMALIS D. 1971 : « Zum Programm der Statuenausstattung in der Villa dei Papiri », *AM* 86, p. 173-209, pl. 82-89, Beil. 7-10.

PAPAPOSTOLOU J. A. 1993 : *Achaean Grave Stelai*, Athènes.

PAPASTAMATI-VON MOOCK CH. 2007 : « Menander und die Tragikergruppe, Neue Forschungen zu den Ehrenmonumenten im Dionysostheater von Athen », *AM* 122, p. 273-327, pl. 36-45.

Paria Lithos 2000 : *Paria lithos* (actes du colloque de Paros, sept. 1997), D. U. Schilardi, D. Katsonopoulou éd., Athènes.

Parthenon 2005 : *The Parthenon* (J. Neils éd.), Cambridge.

PASQUIER A. 1985 : *La Vénus de Milo et les Aphrodites du Louvre*, Paris.

— 2001 : « L'Hermès d'Olympie », p. 241-271, in *Olympie* (A. Pasquier éd.), Paris.

— 2005 : « Une nouvelle acquisition du musée du Louvre : une tête de cheval archaïque en marbre », *CRAI*, p. 159-172.

— 2007 : « La tête Laborde rendue à elle-même », *CRAI*, p. 125-140.

—, MARTINEZ J.-L. 2007 : *Cent chefs-d'œuvre de la sculpture grecque au Louvre,* Paris.

PATAY-HORVATH A. 2008 : *Metallanstückungen an griechischen Marmorskulpturen in archaischer und klassischer Zeit*, Rahden/Westf.

PAYNE H.,YOUNG G. M. 1936 : *Archaic Marble Sculpture from the Acropolis*, Londres.

PEEK W. 1960 : *Griechische Grabgedichte*, Berlin.

Peinture et couleur 2007 : *Peinture et couleur dans le monde grec antique* (actes du colloque du Louvre, mars 2004), S. Descamp-Lequine éd., Paris-Milan.

PEKARY TH. 1978 : « Statuen in kleinasiatischen Inschriften », p. 727-744, in *Mélanges K. Dörner* II, Leyde.

Pergamonaltar 1997 : *Der Pergamonaltar : die neue Präsentation nach Restaurierung des Telephosfrieses*, Tübingen-Berlin.

PERRIN-SAMINADAYAR E. 2004 : « Aere perennius. Remarques

sur les commandes publiques de portraits en l'honneur des grands hommes à Athènes à l'époque hellénistique : modalités, statut, réception » p. 109-137, in *Iconographie impériale, iconographie royale, iconographie des élites dans le monde gréco-romain*, Y. Perrin éd., Saint-Étienne.

Personal Styles 1996 : *Personal Styles in Greek Sculpture* (O. Palagia, J. J. Pollitt éd.), Cambridge.

PERROT G. 1903 : *Histoire de l'art dans l'Antiquité VIII : La Grèce archaïque. La sculpture*, Paris.

PETRAKOS B. 1999 : *Ὁ δῆμος τοῦ Ῥαμνοῦντος* I, Athènes.

PFUHL E.-MÖBIUS H. 1977-1979 : *Die ostgriechischen Grabreliefs* I, II, Mayence.

PHILADELPHEUS A. 1922 : « Bases archaïques dans le mur de Thémistocle à Athènes », *BCH* 46, p. 2-17, pl. I-III.

PHILIPP H. 1968 : *Tektonon Daidala*, Berlin.

— 1990 : « Handwerker und bildende Künstler in der griechischen Gesellschaft », p. 79-110 et 512-518, in *Polyklet.*

— 2004, *Archaische Silhouettenbleche und Schildzeichen in Olympia*, Berlin.

PICARD C. 1920 : « Portrait d'homme inconnu », *MonPiot* 24, p. 83-100, pl. III-IV.

—, LA COSTE-MESSELIÈRE P. DE 1928 : *FD* IV, 2 : *Sculpture archaïque, les trésors ioniques*, Paris.

—, LA COSTE-MESSELIÈRE P. DE 1931 : *FD* IV, 3 : *Art archaïque : Sculpture des temples*, Paris.

— 1963 : *Manuel d'archéologie grecque : La sculpture* IV-2, Paris.

PINKWART D. 1965 : « Das Relief des Archelaos von Priene, *AntPl* 4, p. 55-65, pl. 28-35.

POLLITT J. J. 1995 : « The *Canon* of Polykleitos and Other Canons », p. 19-24, in *Polykleitos* 1995.

Polykleitos 1995 : *Polykleitos, the Doryphoros, and Tradition* (W. G. Moon éd.), Madison.

Polyklet 1990 : *Polyklet : Der Bildhauer der griechischen Klassik*, catalogue de l'exposition du Liebighaus de Francfort.

POSAMENTIR R. 2006 : *Bemalte attische Grabstelen klassischer Zeit*, Munich.

POURSAT J.-C. 2009 : *L'Art égéen I : Grèce, Cyclades, Crète*, Paris.

Praxitèle 2007 : *Praxitèle*, catalogue de l'exposition du Louvre (A. Pasquier, J.-L. Martinez éd.), Paris.
Πραξιτέλης 2007 : Πραξιτέλης, catalogue de l'exposition du Musée national d'Athènes (en grec), (N. Kaltsas, G. Despines éd.), Athènes.
PREISSHOFEN R. 2002 : « Der Apollon Sauroktonos des Praxiteles », *AntPl* 28, Munich, p. 41-115, pl. 21-64.
PRESSOUYRE S. 1969 : « Les fontes de Primatice à Fontainebleau », *BullMon* 127, p. 223-239.
PRITCHETT W. K. 1998 : *Pausanias Periegetes* I, Amsterdam.
— 1999 : *Pausanias Periegetes* II, Amsterdam.
PROST F. 1998 : « Notes de sculpture grecque I : La barbe du Cavalier Rampin », *Topoi* 8, p. 9-29.
PROTZMANN H. 1977 : « Realismus und Idealität in Spätklassik und Frühhellenismus », *JdI* 92, p. 169-203.
PRÜCKNER H. 1968 : *Die lokrischen Tonreliefs*, Mayence.
QUEYREL F. 2003 : *Les Portraits des Attalides*, Athènes.
— 2005 : *L'Autel de Pergame*, Paris.
RADT W. 1999 : *Pergamon*, Darmstadt 1999.
RAFTOPOULOU E. 1975 : *L'Enfant d'Hiérapétra*, Paris.
RAUBITSCHEK A. 1938 : « Die Technik und Form der altattischen Statuenbasen », *BIAB* 12 (1938), p. 132-181.
— 1939-1940 : « Early Attic Votive Monuments », *ABSA* 40 (1939-1940), p. 17-37, pl. 7-13.
REINACH A. 1985 : *Recueil Milliet : Textes grecs et latins relatifs à l'histoire de la peinture ancienne*, 2e éd., (A. Rouveret éd.), Paris.
REUTERSWÄRD P. 1960 : *Studien zur Polychromie der Plastik*, Stockholm.
RHOMIOPOULOU K. 1997 : *Ελληνορωμαϊκά γλυπτά του Εθνικού Αρχαιολογικού Μουσείου*, Athènes.
RICHTER G. M. A. 1960 : *Kouroi*, 2e éd., Londres.
— 1961 : *The Archaic Gravestones of Attica*, Londres.
— 1966 : *The Furniture of the Greeks, Etruscans and Romans*, Londres.
— 1968 : *Korai*, Londres.
— 1984 : *The Portraits of the Greeks* (R.R.R. Smith éd.), Oxford.
RIDGWAY B. S. 1967 : « The Bronze Apollo from Piombino in the Louvre », *AntPl* VII, Berlin, p. 43-75, pl. 24-34.

— 1970 : *The Severe Style in Greek Sculpture*, Princeton.
— 1981 : *Fifth Century Styles in Greek Sculpture*, Princeton.
— 1984 : *Roman Copies of Greek Sculpture : The Problem of the Originals*, Ann Arbor (Mich.).
— 1986 : « The Nike of Archermos and her Attire », p. 259-274 in *Chios : a conference at the Homereion in Chios*, 1984, Oxford.
— 1990 A : *Hellenistic Sculpture I : The Styles of ca. 331-200 B.C.*, Bristol.
— 1990 B : « Birds, "Meniskoi" and Head Attributes in Archaic Greece », *AJA* 94, 1990, p. 583-612.
— 1993 : *The Archaic Style in Greek Sculpture*, 2e éd., Chicago.
— 1997 : *Fourth Century Styles in Greek Sculpture*, Madison.
— 1999 : *Prayers in Stone : Greek Architectural Sculpture, ca. 600-100 B.C.E.*, Berkeley.
— 2000 : *Hellenistic Sculpture II : The Styles of ca. 200-100 B.C.*, Madison (Wisc.).
— 2002 : *Hellenistic Sculpture III : The Styles of ca. 100-31 B.C.*, Madison (Wisc.).
ROBERT L. 1940 : *Les Gladiateurs dans l'Orient grec*, Paris.
RODENWALDT G. 1939 : *Korkyra II : Die Bildwerke des Artemistempels*, Berlin.
ROLLEY C. 1969 : *FD V, 2 : Les statuettes de bronze*, Athènes.
— 1977 : *FD V, 3 : Les trépieds à cuve clouée*, Athènes.
— 1978 : « L'espace ou le temps. Points de vue sur la sculpture grecque archaïque », *Formes* 2, p. 3-14.
— 1983 : *Les Bronzes grecs*, Fribourg.
— 1990 : « En regardant l'Aurige », *BCH* 114, p. 285-297.
— 1994 : *La Sculpture grecque I, Des origines au milieu du Ve siècle*, Paris.
— 1999 : *La Sculpture grecque II, La période classique*, Paris.
ROMANO I. B. 1989 : *Early Greek Cult Images*, Ann Arbor (Mich.).
— 2000 : « The Dreros Sphyrelata : a re-examination of their date and function », p. 40-50, in *From the Parts...* I.
ROUECHÉ C. 1989 : *Aphrodisias in Late Antiquity*, Londres.
ROUSE W. H. D. 1902 : *Greek Votive Offerings*, Cambridge.
ROUSSER R. 2005 : « Creating the Past : The Venus de Milo and the Hellenistic Reception of Classical Greece », *AJA* 109, p. 227-250.

ROUVERET A. 1989 : *Histoire et imaginaire de la peinture ancienne : du Ve siècle av. J.-C. au Ier s. ap. J.-C.*, Paris.
—, WALTER PH. 2004 : *Peintures grecques antiques. La collection hellénistique du Louvre,* Paris.
ROUX G. 1962 : « Qu'est-ce qu'un *κολοσσός* ? », *REA* 60, p. 5-40.
SAATSOGLOU-PALIADELI CH. 1988 : « Νέα στοιχεία για την τεχνική των γραπτών στυλών της βεργίνας », *AEMTh* 2, p. 137-146 (résumé en anglais).
SALVIAT F. 2007 : « La pensée de Pindare et la 2e Olympique », *JSav*, p. 3-85, 173-259.
SammLudwig II 1982 : *Antike Kunstwerke aus der Sammlung Ludwig, II : Terrakotten und Bronzen* (E. Berger éd.), Bâle.
SCHANZ H. L. 1980 : *Greek Sculptural Groups, Archaic and Classical,* New York.
SCHATTNER TH. G. 1990 : *Griechische Hausmodelle*, Berlin.
SCHEER T. S. 2000 : *Die Gottheit und ihr Bild*, Munich.
SCHEFOLD K. 1997 : *Die Bildnisse der antiken Dichter, Redner und Denker*, 2e éd., Bâle.
SCHERRER P. 1983 : « Das Weihgeschenk von Mikkiades und Archermos auf Delos », *OeJh* 54, p. 19-25.
SCHILD-XENIDOU V. 2008 : *Corpus der boiotischen Grab- und Weihreliefs des 6. bis 4. Jahrhunderts v. Chr.,* Mayence.
SCHLÖRB B. 1965 : *Timotheos*, Berlin.
SCHMALTZ B. 1970 : *Untersuchungen zu den attischen Marmorlekythen*, Berlin.
— 1983 : *Griechische Grabreliefs*, Darmstadt.
— 1998 : « Peplos und Chiton – Frühe griechische Tracht und ihre Darstellungskonventionen », *JdI* 113, p. 1-30.
SCHMIDT E. 1982 : *Geschichte der Karyatide*, Wurtzbourg.
SCHMIDT I. 1995 : *Hellenistische Statuenbasen*, Francfort.
SCHMIDT S. 1991 : *Hellenistische Grabreliefs*, Cologne-Vienne.
SCHNEIDER E. 1999 : *Untersuchungen zum Körperbild attischer Kuroi*, Möhnesee.
SCHOBER A. 1951 : *Die Kunst von Pergamon*, Vienne.
SCHOLL A. 1995 : « ΧΟΗΦΟΡΟΙ : Zur Deutung der Korenhalle des Erechtheion », *JdI* 110, p. 179-212.
— 1996 : *Die attischen Bildfeldstelen des 4. Jhs. vor Chr.*, Berlin.
Schönheit weissen Marmors 1999 : *Von der Schönheit weissen Marmors, Eine Ausstellung zum 200. Todestag Bartolomeo*

Cavaceppis, catalogue de l'exposition de Dessau-Wörlitz (I. Pfeifer éd.), Mayence.

SCHÖRNER G. 2003 : *Votive im römischen Griechenland*, Stuttgart.

SCHRADER H. 1939 : *Die archaischen Marmorbildwerke der Akropolis*, Francfort.

SCHREIBER TH. 1894 : *Die hellenistischen Reliefbilder*, 2 vol., Leipzig.

SCHUCHHARDT W.-H. 1978 : « Relief mit Pferd und Negerknaben im National-Museum in Athen N.M. 4464 », *AntPl* XVII, p. 75-99, pl. 41-49.

SCHÜRMANN W. 1988 : « Die Karlsruher Nike – Ein Rekonstruktionsversuch », *JKSBW* 25, p. 16-47.

SCHWARZMAIER A. 1997 : *Griechische Klappspiegel*, Berlin.

SCHWEITZER B. 1934 : « *Mimesis* und *Phantasia* », *Philologus* 89, p. 286-300.

— 1963 : *Zur Kunst der Antike, Ausgewählte Schriften* II, Tübingen.

— 1969 A : *Die geometrische Kunst Griechenlands*, Cologne.

— 1969 B : « Das Problem der Form in der Kunst des Altertums », p. 163-203, in *Allgemeine Grundlagen der Archäologie* (U. Hausmann éd.), Munich.

SCULLARD H. H. 1974 : *The Elephant in the Greek and Roman World*, Londres.

Sculptors… of Caria… 1997 : *Sculptors and Sculpture of Caria and the Dodecanese* (I. Jenkins – G. B. Waywell éd.), Londres.

Sculpture 1978 : *Inventaire général des monuments et des richesses artistiques de la France. Principes d'analyse scientifique : La Sculpture*, Paris.

Sculpture grecque 2002 : *La Sculpture grecque. Sources littéraires et épigraphiques*, M. Muller-Dufeu éd., Paris.

SÈVE M. 2007 : « Une stèle à banquet de Cyzique », *Mètis* n.s. 5, p. 221-237.

— 2008 : « Le dossier épigraphique du sculpteur Damophon de Messène », *Ktèma* 33, p. 117-128.

SIEBERT G. : 1988 : « La collection de moulages de l'Université de Strasbourg », p. 215-221, in *Le Moulage*, actes du colloque de Paris 1987, Paris.

SIEDENTOPF H. B. 1968 : *Das hellenistische Reiterdenkmal*, Waldsassen.
SIMON E. 1976 : *Die griechischen Vasen*, Munich.
SMITH R. R. R. 1988 : *Hellenistic Royal Portraits*, Oxford.
— 1991 : *Hellenistic Sculpture*, Londres.
— 1999 : « Late antique portraits in a public context : Honorific statuary at Aphrodisias in Caria, AD 300-600 », *JRS* 89, p. 155-189, pl. 1-13.
Smyrne 2009 : *D'Izmir à Smyrne : Découverte d'une cité antique* (I. Hasselin-Rous, Ludovic Laugier, J.-L. Martinez éd.), catalogue de l'exposition du Louvre 2009-2010, Paris.
SPIVEY N. 1995 : « Bionic Statues », p. 442-459, in *The Greek World* (A. Powell éd.), Londres.
STAFFORD E. 2000 : *Worshipping Virtues. Personification and the Divine in Ancient Greece*, Londres.
STÄHLI A. 1999 : *Die Verweigerung der Lüste, Erotische Gruppen in der antiken Plastik*, Berlin.
Statua di Mozia 1988 : *La statua marmorea di Mozia* (N. Bonacasa, A. Buttitta éd.), Rome.
STEINER D. 2001 : *Images in Mind*, Princeton.
STEINHAUER G. 2001 : *Το αρχαιολογικό μουσείο Πειραιώς*, Athènes.
STEPHANIDOU-TIVERIOU TH. 1979 : *Νεοαττικά*, Athènes (résumé en allemand, p. 181-190).
— 1989 « Ένα μικρασιατικὸ γλυπτὸ στὸ Ἐθνικὸ Μουσεῖο τῆς Ἀθήνας », *ArchEph*, p. 39-66.
— 1993 : *Τρα πεζοφόρα με πλαστική διακόσμηση : η αττική ομάδα*, Athènes (résumé en allemand, p. 301-309).
STEWART A. 1977 : *Skopas of Paros*, Park Ridge (NJ).
— 1978 : « The Canon of Polycleitos : a question of evidence », *JHS* 98, p. 122-131.
— 1979 : *Attika, Studies in Athenian Sculpture of the Hellenistic Age*, Londres.
— 1990 : *Greek Sculpture : An exploration*, 2 vol., New Haven (Con.).
— 1993 : *Faces of Power : Alexander's Image and Hellenistic Politics*, Berkeley.
— 1997 : *Art, Desire, and the Body in Ancient Greece*, Cambridge.
— 2004 : *Attalos, Athens, and the Akropolis : the Pergamene*

« little barbarians » and their Roman and Renaissance legacy, Cambridge.

Stieber M. 2004 : *The Poetics of Appearance in the Attic Korai*, Austin.

Storie dell'arte antica 2004 : *Storie dell'arte antica*, actes du colloque *Storia dell'arte antica nell'ultima generazione : tendenze e prospettive*, Rome, févr. 2001 (M. Barbanera éd.), Rome.

Strenz J. 2001 : *Männerfrisuren der Spätarchaik,* Mayence.

Strocka V. M. 1965 : « Die Brunnenreliefs Grimani », *AntPl* IV, p. 87-102, pl. 53-57.

— 1979 : « Variante, Wiederholung und Serie in der griechischen Bildhauerei », *JdI* 94, p. 143-173.

Stuart-Jones H. 1968-1969 : *A Catalogue of the Ancient Sculptures preserved in the Municipal Collections of Rome* (reproduction de l'édition de 1912-1926), Rome.

Süsserott H. K. 1938 : *Griechische Plastik des 4. Jahrhunderts vor Christus, Untersuchungen zur Zeitbestimmung*, Francfort.

Symeonoglou S. 1988 : « Μια καινούργια ἀποοψη σχετικά με τα γλυπτά του ναού του Διός στην Ολυμπία », p. 257-267, in *Πρακτικά του XII διεθνούς συνεδρίου κλασικής αρχαιολογίας*, t. III, Athènes.

Szabo M. 1994 : *Archaic Terracottas of Boeotia*, Rome.

Tanagra... 2003 : *Tanagra, Mythe et archéologie,* catalogue de l'exposition du Louvre (V. Jeammet éd.), Paris.

Tanagras 2007 : Tanagras, De l'objet de collection à l'objet archéologique (actes du colloque de Paris, nov. 2003, V. Jeammet éd.), Paris.

Themelis P. 1998 : « Attic Sculpture from Kallipolis (Aitolia) : a Cult Group of Demeter and Kore », p. 47-59, in *Regional Schools in Hellenistic Sculpture* (O. Palagia, W. Coulson éd.), Oxford.

Thomas R. 1981 : *Athletenstatuetten der Spätarchaik und des strengen Stils*, Rome 1981.

— 1992 : *Griechische Bronzestatuetten*, Darmstadt.

Tobin J. 1997 : *Herodes Attikos and the City of Athens*, Amsterdam.

Todisco L. 1993 : *Scultura greca del IV secolo*, Milan.

Tölle R. 1966 : « Zum Apollon des Leochares », *JdI* 81, p. 142-172.

Tölle-Kastenbein R. 1980 : *Frühklassische Peplosfiguren. Originale*, Mayence.
Tombe de Vix 2003 : *La Tombe princière de Vix* (C. Rolley éd.), Paris.
Touloupa E. 2002 : Τα εναέτια γλυπτά του ναού του Απόλλωνος Δαφνηφόρου στην Ερέτρια (p. 95-96, résumé en anglais), Athènes.
Treuil R., Darcque P., Poursat J.-C., Touchais G. 2008 : *Les Civilisations égéennes du néolithique et de l'âge du bronze*, 2e éd., Paris.
Trianti I. 1998 : « La statue 629 de l'Acropole et la tête Ma 2718 du musée du Louvre », *MonPiot* 76, p. 1-33.
Truszkowski E. 1988 : « Sur la date du cratère Borghèse », *Histoire de l'art* 3, p. 3-16.
Tuchelt K. 1970 : *Die archaischen Skulpturen von Didyma*, Berlin.
Turcan R. 2002 : *L'Art romain dans l'histoire*, Paris.
Türr K. 1984 : *Fälschungen antiker Plastik seit 1800*, Berlin.
Valéry P. 1960 : *Œuvres* II, coll. « La Pléiade », Paris.
Vallois R. 1922 : « L'“agalma” des Dionysies de Délos », *BCH* 46, p. 94-112.
Vance Watrous L. 1998 : « Crete and Egypt in the seventh century BC : Temple A at Prinias », p. 75-79 *in Post-Minoan Crete*, Londres.
Venezia e Bisanzio 1974 : *Venezia e Bisanzio*, catalogue de l'exposition du Palais Ducal, Venise.
Vermeule C. C. 1974 : *Greek and Roman Sculpture in Gold and Silver*, Boston.
— 1977 : *Greek Sculpture and Roman Taste*, Ann Arbor (Mich.).
— 1981 : *Greek and Roman Sculpture in America, Masterpieces in Public Collections in the United States and Canada*, Malibu-Berkeley.
Veyne P. 2005 : *L'Empire gréco-romain*, Paris.
Viacava A. 1994 : *L'atleta di Fano*, Rome.
Vierneisel-Schlörb B. 1979 : *Glyptothek München, Katalog der Skulpturen II : Klassische Skulpturen des 5. und 4. Jahrhunderts v. Chr.*, Munich.
— 1988 : *Glyptothek München, Katalog der Skulpturen III : Klassische Grabdenkmäler und Votivreliefs*, Munich.

VIKELA E. 1994 : *Die Weihreliefs aus dem Athener Pankrates-Heiligtum am Ilissos*, Berlin.
— 1997 : « Attische Weihreliefs und die Kulttopographie Attikas », *AM* 112, p. 167-246, pl. 20-31.
Villa Albani 1989-1998 : *Forschungen zur Villa Albani, Katalog der antiken Bildwerke* I-V, Berlin.
VILLARD L. 1997 : « Tychè », p. 115-125, pl. 85-89, in *LIMC* VIII.
VIVIERS D. 1992 : *Recherches sur les ateliers de sculpteurs et la cité d'Athènes à l'époque archaïque*, Bruxelles.
VOUTIRAS E. 1980 : *Studien zur Interpretation und Stil griechischer Porträts des 5. und frühen 4. Jahrhunderts*, Bonn.
— 1989 : « Περί της κρατητείου αιρέσεως », *Egnatia* 1, p. 129-170, (résumé en allemand p. 169-170).
WALDE E. 2008 : « Schöne Männer : die Körperkunst der Kouroi », p. 1115-1128, in *Thiasos* (Mélanges E. Pochmarski), Graz.
WARD-PERKINS J. B. 1956 : « The Hippolytus Sarcophagus from Trinquetaille », *JRS* 46, p. 10-16, pl. I-III.
WAYWELL G. B. 1978 : *The Free-Standing Sculptures of the Mausoleum at Halicarnassus in the British Museum*, Londres.
WEILL N. 1985 : *La Plastique archaïque de Thasos I*, Athènes.
WEINBERG S. 1957 : « Terracotta Sculpture at Corinth », *Hesp* 25, p. 289-319, pl. 64-75.
WEIS A. 1992 : *The Hanging Marsyas and its Copies*, Rome.
WENNING H. 1978 : *Die Galateranatheme Attalos I.*, Berlin.
WESKI E., FROSIEN-LEINZ H. 1987 : *Das Antiquarium der Münchner Residenz : Katalog der Skulpturen*, Munich.
WEST M. L. 1992 : *Ancient Greek Music,* Oxford.
Western Greeks 1996 : *The Western Greeks,* catalogue de l'exposition de Venise, Milan.
« Wiedererstandene Antike » 2003 : *« Wiedererstandene Antike » : Ergänzungen antiker Kunstwerke seit der Renaissance*, colloque de 1999 (M. Kunze, A. Rügler éd.), Munich.
WILL ED. 1979-1982 : *Histoire politique du monde hellénistique* (323-30 av. J.-C.), 2 vol., 2e éd., Nancy.
Winckelmann 1991 : *Winckelmann : la naissance de l'histoire de l'art à l'époque des Lumières,* conférences faites au musée du Louvre (E. Pommier éd.), Paris.
WOJCIK M. R. 1986 : *La Villa dei Papiri ad Ercolano*, Rome.

WOYSCH-MÉAUTIS D. 1982 : *La Représentation des animaux et des êtres fabuleux sur les monuments funéraires grecs de l'époque archaïque à la fin du* IVe *s. av. J.-C.*, Lausanne.
Wrack 1994 : *Das Wrack : der antike Schiffsfund von Mahdia*, G. Hellenkemper Salies éd., 2 vol., Cologne.
WULFMEIER J.-CH. 2004 : *Griechische Doppelreliefs*, Munster.
WÜNSCHE R. 1986 : « Fälschungen und Ergänzungstechniken antiker Plastik », p. 187-219, in *Studien zur klassischen Archäologie* (Mélanges F. Hiller), Saarbruck.
— 2005 : *Glyptothek München*, Munich.
YALOURIS N. 1992 : *Die Skulpturen des Asklepiostempels in Epidauros*, *AntPl* 21, Munich.
ZAGDOUN M. 1989 : *La Sculpture archaïsante dans l'art hellénistique et dans l'art romain du Haut-Empire*, Paris.
ZANKER P. 1974 : *Klassizistische Statuen*, Mayence.
— 1989 A : *Die trunkene Alte, Das Lachen der Verhöhnten*, Francfort.
— 1989 B : *The Power of Images in the Age of Augustus*, Ann Arbor (Mich.).
ZAPHIROPOULOU PH. 2000 : « Parische Skulpturen », *AntPl* 27, p. 7-35, pl. 1-19.
— 2008 : « Το ανάγλυφο της Ικαρίας II », p. 485-489, in *La Sculpture des Cyclades à l'époque archaïque* (Y. Kourayos, F. Prost éd.), Athènes.
ZAZOFF P. 1983 : *Die antiken Gemmen*, Munich.
ZIMMER G. 1990 : *Griechische Bronzegusswerkstätten*, Mayence.
—, BAÏRAMI K. 2008 : Ροδιακά εργαστήρια χαλκοπλαστικής (résumé en anglais et en allemand), Athènes.
ZIMMERMANN J.-L. 1989 : *Les Chevaux de bronze dans l'art géométrique grec*, Mayence.

Liste alphabétique des œuvres commentées

Index

(Note : les chiffres entre parenthèses renvoient aux notes)

Crédits iconographiques

AKG : p. 197, 243, 253. **Archives B. H.** : p. 97, 129, 137, 141, 153, 165, 167, 185, 195, 199, 201, 203, 205, 231, 247, 261, 263, 265, 273, 287, 297, 345, 355. **Archives LGF** : p. 111, 135. **BPK, Berlin/Distr. RMN** : p. 113, 193, 207, 295, 309. **D. Braunstein** : 219. **Bridgeman** : p. 123, 127, 143, 155, 159, 169, 173, 189, 209, 211, 223, 259, 275, 291, 311, 329. **Ch. Durand, CNRS, Centre Camille Jullian, Aix-en-Provence** : p. 365. **Collection George Ortiz** (www.georgeortiz.com) : p. 117, 335. **Courtesy of New York University Excavations at Aphrodisias** : p. 369. **DAI, Athènes** : p. 115, 131, 139, 147, 163, 171, 175, 177, 187, 191, 213, 221, 227, 229, 233, 241, 251, 255, 271, 299, 359, 363. **Dagli-Orti/The Picture Desk** : p. 121, 315, 323, 337. **EfA-Archives** : p. 125, 133, 145, 179, 237, 269, 327, 347, 351. **N. Kyriakidis** : p. 281. **Leemage** : p. 151, 215, 249, 267, 289, 317, 341, 343. **Musée du Louvre, Paris** : p. 349. **Musée national archéologique, Athènes** : p. 157, 321, 353, 361. **Musée Saint-Raymond, Toulouse** : p. 367. **Ny Calsberg Glyptothek, Copenhague** : p. 217, 285. **RMN** : p. 149, 235, 257, 279, 301, 303, 305, 307, 319, 325, 331, 333, 357. **Skulpturensammlungen, Staatliche Kunstsammlungen, Dresde** : p. 277. **Staatliche Antikensammlungen und Glyptothek, Munich** : p. 293. **The British Museum, Londres/Distr. RMN** : p. 225, 239, 245, 313. **The Metropolitan Museum of Art, New York/Distr. RMN** : p. 161.

Recherches iconographiques : Chloé Martinez
Maquette : Studio LGF.

Composition réalisée par NORD COMPO

Achevé d'imprimer en septembre 2010 en France par
La Nouvelle imprimerie Laballery
Dépôt légal 1re publication : octobre 2010
Numéro d'impression : 009032
Librairie Générale Française – 31, rue de Fleurus – 75278 Paris Cedex 06

42/0599/3